# SOLID 필수 영문법

KB181889

DARAKWON

## 저자 소개

### 신문섭
- 혜화여자고등학교 교사
- 서울대학교 사범대학 영어교육과 졸업,
  EBS 교재 집필 위원

### 안세정
- 중경고등학교 교사
- 서울대학교 사범대학 영어교육과 졸업,
  EBS 교재 집필 위원

### 김효신
- 서울국제고등학교 교사
- 서울대학교 사범대학 영어교육과 졸업,
  EBS 교재 집필 위원

# SOLID 필수 영문법

**지은이** 신문섭, 안세정, 김효신
**펴낸이** 정규도
**펴낸곳** (주)다락원

**초판 1쇄 인쇄** 2023년 6월 30일
**초판 1쇄 발행** 2023년 7월 17일

**편집** 안혜원, 정연순, 서정아
**디자인** 박보희
**영문 감수** Ted Gray

**다락원** 경기도 파주시 문발로 211
**내용문의** (02)736-2031 내선 532, 501
**구입문의** (02)736-2031 내선 250~252
**Fax** (02)732-2037
**출판등록** 1977년 9월 16일 제406-2008-000007호

Copyright © 2023 신문섭, 안세정, 김효신

저자 및 출판사의 허락 없이 이 책의 일부 또는 전부를 무단 복제·전재·발췌할 수 없습니다. 구입 후 철회는 회사 내규에 부합하는 경우에 가능하므로 구입문의 처에 문의하시기 바랍니다. 분실·파손 등에 따른 소비자 피해에 대해서는 공정거래위원회에서 고시한 소비자 분쟁 해결 기준에 따라 보상 가능합니다. 잘못된 책은 바꿔 드립니다.

ISBN 978-89-277-0472-0 54740
    978-89-277-0471-3 54740 (set)

http://www.darakwon.co.kr
다락원 홈페이지를 방문하시면 상세한 출판정보와 함께
동영상 강좌, MP3 자료 등의 다양한 어학 정보를 얻으실 수 있습니다.

# SOLID 필수 영문법

# Structures & Features | 구성과 특징

## 세분화한 문법 항목

필수 문법 사항을 좀 더 쉽고 빠르게 이해할 수 있도록 문법 항목을 세분화하여 제시했습니다.

**Chapter 1**

## 동사의 종류와 문장 형식

Unit 1 1형식 문장
Unit 2 2형식 문장
Unit 3 3형식 문장
Unit 4 4형식 문장
Unit 5 5형식 문장 I
Unit 6 5형식 문장 II

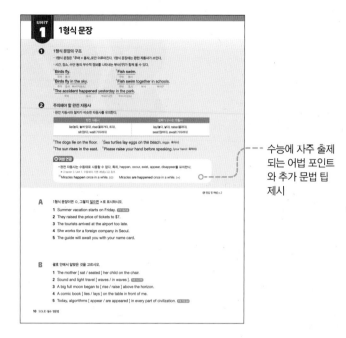

수능에 자주 출제되는 어법 포인트와 추가 문법 팁 제시

## 간결한 문법 설명과 다양한 확인 문제

중요 문법 사항을 학습 후, 다양한 객관식·주관식 유형의 연습문제로 문법을 잘 이해했는지 확인할 수 있습니다.

어법성 판단 문제 유형으로 구성

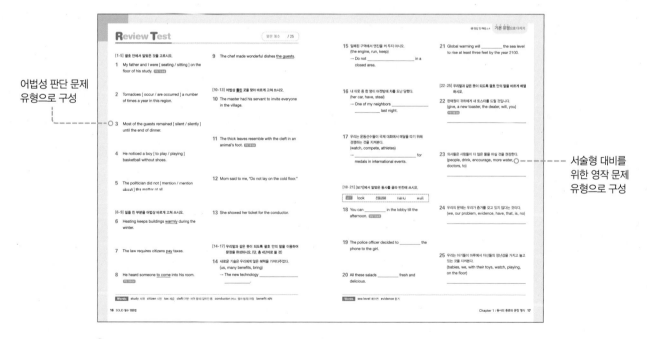

서술형 대비를 위한 영작 문제 유형으로 구성

## Review Test
### 기본 유형으로 다지기

체계적으로 구성된 단계별 문제를 통해 해당 Chapter에서 배운 문법 사항을 종합적으로 점검할 수 있습니다.

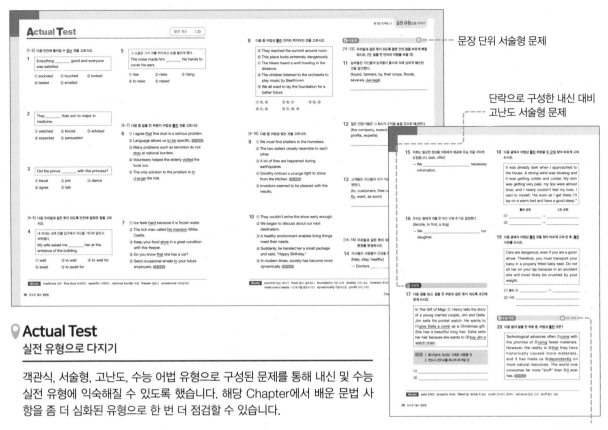

문장 단위 서술형 문제

단락으로 구성한 내신 대비 고난도 서술형 문제

수능형 문제

## Actual Test
### 실전 유형으로 다지기

객관식, 서술형, 고난도, 수능 어법 유형으로 구성된 문제를 통해 내신 및 수능 실전 유형에 익숙해질 수 있도록 했습니다. 해당 Chapter에서 배운 문법 사항을 좀 더 심화된 유형으로 한 번 더 점검할 수 있습니다.

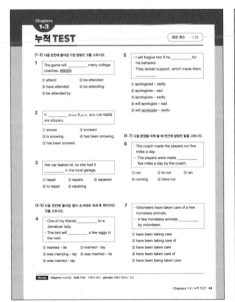

## 누적 TEST

3개의 Chapter마다 구성된 누적 TEST를 통해 좀 더 통합적으로 문법을 확인하고 중요 문법 사항을 제대로 이해했는지 확실히 점검할 수 있습니다.

📱 온라인 부가자료 | www.darakwon.co.kr

다락원 홈페이지에서 무료로 부가자료를 다운로드하거나 웹에서 이용할 수 있습니다.
· 단어리스트 · 단어테스트

# Contents | 목차

# Chapter 1

# 동사의 종류와 문장 형식

# 1형식 문장

## ❶ 1형식 문장의 구조

- 1형식 문장은 「주어 + 동사」로만 이루어진다. 1형식 문장에는 **완전 자동사**가 쓰인다.
- 시간, 장소, 수단 등의 부수적 정보를 나타내는 **부사(구)**가 함께 올 수 있다.

¹**Birds fly.**
주어 동사

²**Fish swim.**
주어 동사

³**Birds fly** in the sky.
주어 동사 부사구(장소)

⁴**Fish swim** together in schools.
주어 동사 부사 부사구

⁵**The accident happened** yesterday in the park.
주어 동사 부사(시간) 부사구(장소)

## ❷ 주의해야 할 완전 자동사

- 완전 자동사와 철자가 비슷한 타동사를 유의한다.

| 완전 자동사 | 철자가 유사한 타동사 |
| --- | --- |
| lie(눕다, 놓여 있다), rise(올라가다, 뜨다), sit(앉다), wait(기다리다) | lay(놓다, 낳다), raise(올리다), seat(앉히다), await(기다리다) |

⁶**The dogs lie** on the floor.  ⁷**Sea turtles lay** eggs on the beach. (eggs: 목적어)

⁸**The sun rises** in the east.  ⁹**Please raise** your hand before speaking. (your hand: 목적어)

### ▶ 어법 연결

- 완전 자동사는 수동태로 사용할 수 없다. 특히, happen, occur, exist, appear, disappear를 유의한다.
  ▶ Chapter 3. Unit 1. 수동태의 기본 개념(p.32) 참조
¹⁰Miracles **happen** once in a while. (o)    Miracles **are happened** once in a while. (×)

⊘ 정답 및 해설 p.2

**A** 1형식 문장이면 O, 그렇지 <u>않으면</u> ×로 표시하시오.

**1** Summer vacation starts on Friday. 학평기출응용

**2** They raised the price of tickets to $7.

**3** The tourists arrived at the airport too late.

**4** She works for a foreign company in Seoul.

**5** The guide will await you with your name card.

**B** 괄호 안에서 알맞은 것을 고르시오.

**1** The mother [ sat / seated ] her child on the chair.

**2** Sound and light travel [ waves / in waves ]. 학평기출응용

**3** A big full moon began to [ rise / raise ] above the horizon.

**4** A comic book [ lies / lays ] on the table in front of me.

**5** Today, algorithms [ appear / are appeared ] in every part of civilization. 학평기출응용

# 2형식 문장

**①** **2형식 문장의 구조**

• 2형식 문장은 「주어 + 동사 + 주격보어」로 이루어진다. 2형식 문장에는 **불완전 자동사**가 쓰인다.

• 불완전 자동사는 주어의 상태, 상태 변화, 외견, 감각 등을 나타낸다.

| 상태 | 상태 변화 | 외견·감각 |
|---|---|---|
| be, remain, stay, keep 등 | become, grow, turn 등 | look, seem, appear, sound, smell, taste, feel 등 |

¹My sister **is a lawyer** and **busy** these days.
　주어　동사(상태) 보어1　　　　보어2

²The band **became famous** for their latest album.
　주어　　동사(상태 변화)　　보어

³The blanket **feels soft** and **comfortable**.
　주어　　동사(감각) 보어1　　　보어2

**②** **2형식 문장의 주격보어**

• 주격보어로는 명사(구), 형용사(구), 분사(구), 명사의 성격을 가진 어구(to부정사(구), 동명사(구), 명사절)가 쓰인다.

⁴My aim is **to become an excellent athlete.** (to부정사구)

⁵One solution to the problem is **finding a new job.** (동명사구)

⁶The problem is **that we cannot predict the outcome.** (명사절)

**▶ 어법 연결**

• 부사는 불완전 자동사의 보어가 될 수 없다.

⁷My grandma remains **active** even at 85. (o)　　My grandma remains **actively** even at 85. (×)

◎ 정답 및 해설 p.2

**A** 자연스러운 문장이 되도록 괄호 안의 말을 바르게 배열하시오.

**1** The rich old man _____. (alone, in, remained, his house) 학평기출응용

**2** All the children _____. (to have, a fantastic, seemed, time)

**3** In autumn, _____, orange and red. (turn, yellow, tree leaves)

**4** My favorite holiday activity _____. (walking, is, in the park, my dog)

**5** One obstacle is that _____. (would, years, such a trip, take) 학평기출응용

**B** 우리말과 같은 뜻이 되도록 어법상 **틀린** 곳을 찾아 바르게 고쳐 쓰시오.

**1** 발표 중에는 조용히 해 주시기를 바랍니다.

Please keep quietly during the presentation.

**2** 공연자의 기본 과제는 곡의 의미를 이해하는 것이다.

The performer's basic task is understand the meaning of the music. 학평기출응용

**3** 그는 경기 내내 자신감 있고 편안해 보였다.

He looked confidently and comfortable throughout the game.

# 3형식 문장

**❶ 3형식 문장의 구조**

• 3형식 문장은 「주어 + 동사 + 목적어」로 이루어진다. 3형식 문장에는 **완전 타동사**가 쓰인다.

[1]A few days later, **she called me** early in the morning.
　　　　　　　　　주어　동사　목적어

[2]**We consume a lot of electricity** every day at home.
　주어　　동사　　　　목적어

[3]Nowadays, **many people search information** on the Internet.
　　　　　　　주어　　　　동사　　　목적어

**❷ 3형식 문장의 목적어**

• 목적어로는 명사(구), 대명사 및 명사의 성격을 가진 어구(to부정사(구), 동명사(구), 명사절)가 쓰인다.

[4]The team decided **to take a trip to Milan.** (to부정사구)

[5]You should avoid **drinking too much coffee.** (동명사구)

[6]I know **that you have a lot of work to do.** (명사절)

[7]We wonder **whether they will arrive on time.** (명사절)

> **▶ 어법 연결**
>
> • 자동사로 착각하기 쉬운 완전 타동사가 있다. 특히, discuss, mention, enter, join, attend, marry, resemble, approach, reach를 유의한다.
>
> [8]We'll **discuss** the matter later. (○)　　We'll **discuss about** the matter later. (×)
> [9]She **joined** the team as a coach. (○)　　She **joined with** the team as a coach. (×)
> [10]The ship **approached** the island. (○)　　The ship **approached to** the island. (×)

⊘ 정답 및 해설 p.2

**A** 3형식 문장이면 ○, 그렇지 <u>않으면</u> ×로 표시하시오.

**1** She keeps healthy with jogging every day.

**2** Some of my friends want to study abroad.

**3** I finished packing a present for her. 학평기출응용

**4** The aircraft disappeared suddenly from radar screens.

**5** He realized that an animal feels the pain of loss, too. 학평기출응용

**B** 괄호 안에서 알맞은 것을 고르시오.

**1** Sarah [ married / married to ] her college-aged friend.

**2** Bob [ awaited / waited ] her at the front door.

**3** I remember [ meet / meeting ] him last year at a party.

**4** She [ resembles / resembles with ] her mother in every respect.

**5** We've successfully [ risen / raised ] enough money to remodel the library building. 학평기출응용

# 4형식 문장

## ❶ 4형식 문장의 구조

- 4형식 문장은 「주어 + 동사 + 간접목적어 + 직접목적어」로 이루어진다. 4형식 문장에는 **수여동사**가 쓰인다.
- 간접목적어는 '~에게'에 해당하는 말이다.

[1] <u>Nature</u> <u>gives</u> <u>us</u> <u>everything</u> for free.
　　주어　　동사　간·목　직·목

[2] <u>He</u> <u>bought</u> <u>his children</u> <u>their favorite cake.</u>
　　주어　동사　　간·목　　　　　　직·목

[3] <u>You</u> can <u>ask</u> <u>the speaker</u> <u>questions</u> after the presentation.
　　주어　　　동사　　간·목　　　직·목

[4] <u>Sandy</u> <u>told</u> <u>me</u> <u>that she would come on Monday.</u>
　　주어　동사　간·목　　　　　직·목

## ❷ 4형식 문장 → 3형식 문장 전환

- 4형식 문장은 「주어 + 동사 + 직접목적어 + 전치사 + 간접목적어」의 3형식 문장으로 흔히 전환된다.
  이때, 동사에 따라 간접목적어가 수반하는 전치사가 달라진다.

| 전치사 | 수여동사 |
|---|---|
| to | give, offer, hand, show, lend, send, teach 등 |
| for | make, buy, get, find, cook 등 |
| of | ask 등 |

[5] The national park **offers** a 50 percent discount **to** senior citizens.

[6] They **found** a good apartment **for** us.

[7] We wouldn't normally **ask** a favor **of** a stranger.

### ▶ 어법연결

- 수여동사로 착각하기 쉬운 완전 타동사가 있다. 특히, explain, say, describe, introduce, suggest를 유의한다.
[8] He didn't explain the reason **to** me. (○) 　 He didn't explain **me** the reason. (×)

⊘ 정답 및 해설 p.3

## A
자연스러운 문장이 되도록 괄호 안의 말을 바르게 배열하시오.

**1** Can you _____, please? (me, a glass, get, of water)

**2** Mom smiled really big and _____. (me, handed, to, a book) 〔학평기출응용〕

**3** Plato _____ was a sphere. (taught, Earth, his students, that)

**4** Please _____. (your, us, logo design proposal, send) 〔학평기출응용〕

## B
빈칸에 to, for, of 중 알맞은 전치사를 골라 쓰시오.

**1** Banks lend money _____ businesses and individuals.

**2** People are now starting to ask questions _____ him.

**3** He was very excited to be able to buy a bouquet _____ her. 〔학평기출응용〕

**4** She explained the history of this country _____ me.

# 5형식 문장 I

## ❶ 5형식 문장의 구조

- 5형식 문장은 「주어 + 동사 + 목적어 + 목적격보어」로 이루어진다. 5형식 문장에는 **불완전 타동사**가 쓰인다.
- 목적격보어는 목적어를 보충 설명하는 말로 **목적어의 상태** 또는 **동작**을 나타낸다.

[1] **The film's success made the actor a big star.**
  주어　　　　　　동사　　목적어　　목적격보어(명사구)

[2] **You will find the information useful** for you.
  주어　　동사　　　목적어　　　목적격보어(형용사)

## ❷ 5형식 문장의 목적격보어

- 목적격보어로는 명사(구), 형용사(구) 외에도 **분사(구)**, **to부정사(구)**가 쓰인다. 분사(구)가 쓰일 경우, 목적어와 목적격보어가 **능동** 관계이면 **현재분사**, 수동 관계이면 **과거분사**를 쓴다.

| 목적격보어로 명사(구), 형용사(구)를 취하는 동사 | 목적격보어로 to부정사(구)를 취하는 동사 |
|---|---|
| make, call, name, consider, keep, leave, find 등 | allow, enable, expect, force, cause, ask, require, tell, get, teach, advise, encourage, inspire, persuade 등 |

[3] **We found** *a herd of elephants* **crossing** the road. (현재분사: 능동 관계)

[4] **Keep** *your desk* **organized** for better productivity. (과거분사: 수동 관계)

[5] **The Internet allows** *you* **to communicate anytime, anywhere.** (to부정사구)

> ▶ **어법 연결**
>
> - 부사는 불완전 타동사의 목적격보어가 될 수 없다.
> [6] Love makes your life **beautiful**. (○)　　　　Love makes your life **beautifully**. (×)

⊘ 정답 및 해설 p.3

**A** 괄호 안에서 알맞은 것을 고르시오.

**1** We always keep our home [ neat / neatly ].

**2** You will find birds [ to sing / singing ] in the surrounding trees.

**3** My teacher encouraged me [ to apply / applying ] to law school.

**4** The result made him [ to disappoint / disappointed ] again and again.

**5** She inspired her students [ pursue / to pursue ] their dreams of flying to space. (학평기출응용)

**B** 우리말과 같은 뜻이 되도록 괄호 안의 말을 이용하여 문장을 완성하시오.

**1** 이제 선원들은 그를 자신들의 선장으로 생각했다. (considered, their captain)
→ Now the crew _____.

**2** 우리는 귀하에게 우리 회사를 위한 로고를 만들 것을 요청합니다. (ask, create, a logo)
→ We _____ for our company. (학평기출응용)

**3** 많은 사람들은 스스로가 자신들의 옛 습관으로 돌아가는 것을 발견한다. (find, return)
→ Many people _____ to their old habits. (학평기출응용)

# 5형식 문장 Ⅱ

**❶ 사역동사: let, have, make**

• 사역동사는 목적어와 목적격보어가 **능동** 관계이면 목적격보어로 **원형부정사**를 쓰고, 수동 관계이면 **과거분사**를 쓴다.

[1] **Let** *me* **introduce** my colleague to you. (원형부정사: 능동 관계)
　　목적어　목적격보어(원형부정사)

[2] The boss **had** *us* **work** an extra three hours.
　　　　　　목적어　목적격보어(원형부정사)

[3] More relaxing music **makes** *the driver* **drive** slower.
　　　　　　　　　　　　목적어　　목적격보어(원형부정사)

[4] David **had** *his computer* **repaired** by a technician. (과거분사: 수동 관계)
　　　　　　목적어　　　　목적격보어(과거분사)

**❷ 지각동사: see, watch, hear, listen to, notice, feel, smell 등**

• 지각동사는 목적어와 목적격보어가 **능동** 관계이면 목적격보어로 **원형부정사** 또는 **현재분사**를 쓰고, 수동 관계이면 **과거분사**를 쓴다.

[5] I **saw** *a pair of parrots* **fly** across the road. (원형부정사: 능동 관계)

[6] We **heard** *the little girl* **playing** the violin. (현재분사: 능동 관계, 동작의 진행 강조)

[7] I **noticed** *a truck* **parked** in front of my house. (과거분사: 수동 관계)

> **▶ 어법 연결**
>
> • 동사 help는 목적격보어로 to부정사 또는 원형부정사를 모두 취할 수 있다.
> [8] You can help us (**to**) **collect** food for families in need.

⊘ 정답 및 해설 p.3

**A** 괄호 안에서 알맞은 것을 고르시오.

1 Good food always makes me [ feel / to feel ] better. 학평기출응용

2 The company had their product [ testing / tested ] several times.

3 We watched a man [ perform / to perform ] a show with dry ice.

4 I listened to her [ tell / told ] interesting stories from her childhood.

5 The night sky [ enabled / helped ] past generations keep track of time. 학평기출응용

**B** 밑줄 친 부분이 어법상 맞으면 ○표 하고, **틀리면** 바르게 고치시오.

1 Let's to buy some books for our book club. 학평기출응용

2 She felt her arm grabbing suddenly by a rough hand.

3 He had his daughter do her homework all afternoon.

4 I noticed them walked towards me from a distance.

5 This program will help poor people to improve their life.

# **R**eview **T**est

[1-5] 괄호 안에서 알맞은 것을 고르시오.

**1**  My father and I were [ seating / sitting ] on the floor of his study. 학평기출응용

**2**  Tornadoes [ occur / are occurred ] a number of times a year in this region.

**3**  Most of the guests remained [ silent / silently ] until the end of dinner.

**4**  He noticed a boy [ to play / playing ] basketball without shoes.

**5**  The politician did not [ mention / mention about ] the matter at all.

[6-9] 밑줄 친 부분을 어법상 바르게 고쳐 쓰시오.

**6**  Heating keeps buildings <u>warmly</u> during the winter.

**7**  The law requires citizens <u>pay</u> taxes.

**8**  He heard someone <u>to come</u> into his room. 학평기출응용

**9**  The chef made wonderful dishes <u>the guests</u>.

[10-13] 어법상 틀린 곳을 찾아 바르게 고쳐 쓰시오.

**10**  The master had his servant to invite everyone in the village.

**11**  The thick leaves resemble with the cleft in an animal's foot. 학평기출응용

**12**  Mom said to me, "Do not lay on the cold floor."

**13**  She showed her ticket for the conductor.

[14-17] 우리말과 같은 뜻이 되도록 괄호 안의 말을 이용하여 문장을 완성하시오. (단, 총 4단어로 쓸 것)

**14**  새로운 기술은 우리에게 많은 혜택을 가져다주었다.
(us, many benefits, bring)
→ The new technology _____
_____.

---

**Words**  study 서재  citizen 시민  tax 세금  cleft (지면·바위 등의) 갈라진 틈  conductor (버스·열차 등의) 차장  benefit 혜택

**15** 밀폐된 구역에서 엔진을 켜 두지 마시오.
(the engine, run, keep)

→ Do not _____ in a
closed area.

**16** 내 이웃 중 한 명이 어젯밤에 차를 도난 당했다.
(her car, have, steal)

→ One of my neighbors _____
_____ last night.

**17** 우리는 운동선수들이 국제 대회에서 메달을 따기 위해
경쟁하는 것을 지켜본다.
(watch, compete, athletes)

→ _____ for
medals in international events.

**[18-21]** [보기]에서 알맞은 동사를 골라 빈칸에 쓰시오.

| 보기 | look | cause | hand | wait |

**18** You can _____ in the lobby till the
afternoon. 학평기출응용

**19** The police officer decided to _____ the
phone to the girl.

**20** All these salads _____ fresh and
delicious.

**21** Global warming will _____ the sea level
to rise at least three feet by the year 2100.

**[22-25]** 우리말과 같은 뜻이 되도록 괄호 안의 말을 바르게 배열
하시오.

**22** 판매원이 귀하에게 새 토스터를 드릴 것입니다.
(give, a new toaster, the dealer, will, you)
학평기출응용

_____

**23** 의사들은 사람들이 더 많은 물을 마실 것을 권장한다.
(people, drink, encourage, more water,
doctors, to)

_____

**24** 우리의 문제는 우리가 증거를 갖고 있지 않다는 것이다.
(we, our problem, evidence, have, that, is, no)

_____

**25** 우리는 아기들이 마루에서 자신들의 장난감을 가지고 놀고
있는 것을 지켜본다.
(babies, we, with their toys, watch, playing,
on the floor)

_____

**Words** sea level 해수면 evidence 증거

# **Actual Test**

**[1-3]** 다음 빈칸에 들어갈 수 <u>없는</u> 것을 고르시오.

**1**

Everything _____ good and everyone was satisfied.

① sounded　　② touched　　③ looked

④ tasted　　⑤ smelled

**2**

They _____ their son to major in medicine.

① watched　　② forced　　③ advised

④ expected　　⑤ persuaded

**3**

Did the prince _____ with the princess?

① travel　　② join　　③ dance

④ agree　　⑤ talk

**[4-5]** 다음 우리말과 같은 뜻이 되도록 빈칸에 알맞은 말을 고르시오.

**4**

내 아내는 내게 건물 입구에서 자신을 기다려 달라고 부탁했다.
My wife asked me _____ her at the entrance of the building.

① wait　　② to wait　　③ to wait for

④ await　　⑤ to await for

**5**

그 소음은 그가 귀를 막으려고 손을 올리게 했다.
The noise made him _____ his hands to cover his ears.

① rise　　② raise　　③ rising

④ to raise　　⑤ raised

**[6-7]** 다음 중 밑줄 친 부분이 어법상 <u>틀린</u> 것을 고르시오.

**6**　① I agree <u>that</u> fine dust is a serious problem.

② Language allows us <u>to be</u> specific. 학평기출응용

③ Many problems such as terrorism do not <u>stop</u> at national borders.

④ Volunteers helped the elderly <u>visited</u> the local zoo.

⑤ The only solution to the problem is <u>to change</u> the rule.

**7**　① Ice feels <u>hard</u> because it is frozen water.

② The rich man called <u>his mansion</u> White Castle.

③ Keep your food <u>store</u> in a great condition with this freezer.

④ Do you know <u>that</u> she has a car?

⑤ Send occasional emails <u>to</u> your future employers. 학평기출응용

---

**Words**　medicine 의학　fine dust 미세먼지　specific 구체적인　national border 국경　freezer 냉동고　occasional 이따금씩의

**8** 다음 중 어법상 **틀린** 것끼리 짝지어진 것을 고르시오.

> ⓐ They reached the summit around noon.
> ⓑ This place looks extremely dangerously.
> ⓒ The hikers heard a wolf howling in the distance.
> ⓓ The children listened to the orchestra to play music by Beethoven.
> ⓔ We all want to lay the foundation for a better future.

① ⓐ, ⓑ     ② ⓐ, ⓒ     ③ ⓑ, ⓓ
④ ⓒ, ⓓ     ⑤ ⓒ, ⓓ, ⓔ

**[9-10]** 다음 중 어법상 맞는 것을 고르시오.

**9** ① We must find shelters to the homeless.
② The two sisters closely resemble to each other.
③ A lot of fires are happened during earthquakes.
④ Dorothy noticed a strange light to shine from the kitchen. 학평기출 응용
⑤ Investors seemed to be pleased with the results.

**10** ① They couldn't arrive the show early enough.
② We began to discuss about our next destination.
③ A healthy environment enables living things meet their needs.
④ Suddenly, he handed her a small package and said, "Happy Birthday."
⑤ In modern times, society has become more dynamically. 학평기출 응용

**✎ 서술형**

**[11-13]** 우리말과 같은 뜻이 되도록 괄호 안의 말을 바르게 배열하시오. (단, 밑줄 친 단어의 어형을 바꿀 것)

**11** 농부들은 자신들의 농작물이 홍수에 의해 심하게 훼손된 것을 발견했다.
(found, farmers, by, their crops, floods, severely <u>damage</u>)

_____

**12** 많은 전문가들은 그 회사가 수익을 늘릴 것으로 예상한다.
(the company, expect, <u>increase</u>, many, its profits, experts)

_____

**13** 고객들은 자신들의 차가 가능한 한 빨리 수리되기를 원한다.
(to, customers, their cars, as possible, have, <u>fix</u>, want, as soon)

_____

**[14-16]** 우리말과 같은 뜻이 되도록 괄호 안의 말을 이용하여 문장을 완성하시오.

**14** 의사들은 사람들이 건강을 유지하도록 돕는다.
(help, stay, healthy)
→ Doctors _____.

---

**Words**   summit 정상, 꼭대기   howl 울다, 울부짖다   foundation 기반, 토대   shelter 거처, 숙소   investor 투자자   destination 목적지
meet one's needs ~의 욕구를 충족시키다   dynamically 역동적으로   profit 수익, 이익

**15** 저희는 필요한 정보를 저희에게 제공해 주실 것을 귀하께 요청합니다. (ask, offer)

→ We _____ necessary information.

**16** 우리는 딸에게 개를 한 마리 구해 주기로 결정했다. (decide, to find, a dog)

→ We _____ our daughter.

📖 고난도

**17** 다음 글을 읽고, 밑줄 친 부분과 같은 뜻이 되도록 조건에 맞게 쓰시오.

> In *The Gift of Magi*, O. Henry tells the story of a young married couple, Jim and Della. Jim sells his pocket watch. He wants to (1)give Della a comb as a Christmas gift. She has a beautiful long hair. Della sells her hair because she wants to (2)buy Jim a watch chain.

> 조건   1. 동사(give, buy)는 그대로 사용할 것
>        2. 반드시 전치사를 하나씩 추가할 것

(1) _____

(2) _____

**18** 다음 글에서 어법상 틀린 부분을 두 군데 찾아 바르게 고쳐 쓰시오.

> It was already dark when I approached to the house. A strong wind was blowing and it was getting colder and colder. My skin was getting very pale, my lips were almost blue, and I nearly couldn't feel my toes. I said to myself, "As soon as I get there, I'll lay on a warm bed and have a good sleep."

|  | 틀린 표현 |  | 고친 표현 |
|---|---|---|---|
| (1) | _____ | → | _____ |
| (2) | _____ | → | _____ |

**19** 다음 글에서 어법상 틀린 곳을 찾아 바르게 고쳐 쓴 후, 틀린 이유를 쓰시오.

> Cars are dangerous, even if you are a good driver. Therefore, you must transport your baby in a properly fitted baby seat. Do not sit her on your lap because in an accident she will most likely be crushed by your weight.

(1) 틀린 곳: _____ → _____

(2) 이유: _____

_____

📄 수능 어법

**20** 다음 글의 밑줄 친 부분 중, 어법상 틀린 것은?

> Technological advances often ①come with the promise of ②using fewer materials. However, the reality is ③that they have historically caused more materials, and it has made us ④dependently on more natural resources. The world now consumes far more "stuff" than ⑤it ever has. 학평기출응용

---

**Words**   pale 창백한   properly 제대로   fitted (몸·형태에) 꼭 맞는   crush 짓누르다, 뭉개다   advance 발전, 진전   stuff 물자, 재료

# Chapter 2

# 시제

# UNIT 1 기본 시제

### ❶ 현재시제

· 현재의 사실이나 상태, 반복되는 행동, 일반적 사실, 진리 등을 나타낼 때 사용한다.

[1] We **use** smartphones for most of our daily activities. (현재의 사실)

[2] Sarah **goes** grocery shopping on weekends. (반복되는 행동)

[3] At sea level, water **boils** at 100℃. (일반적 사실)

### ❷ 과거시제

· 과거의 상태, 행동, 역사적 사실 등을 나타낼 때 사용한다.

[4] Yesterday the weather **was** perfect for bike riding. (과거의 상태)

[5] They **moved** to a foreign country 10 years ago. (과거의 행동)

[6] In 1879, Edison **invented** the electric light bulb. (역사적 사실)

### ❸ 미래시제

· 미래의 예측, 예정, 계획 등을 나타낼 때 사용하며, 동사원형 앞에 **will** 또는 **be going to**를 쓴다.

[7] You seem really busy. I **will call** you back later. (will: 말하는 순간에 결정한 일)

[8] Next week I **am going to visit** my grandparents. (be going to: 이미 결정한 미래의 계획)

· 시간·조건의 부사절에서는 미래를 현재시제로 나타낸다.

[9] *When* you **return** home, call us immediately.　[10] *If* it **snows** tomorrow, we will go skiing.

> **➕ 문법 PLUS**
> · 확정된 가까운 미래의 일, 일정은 현재시제로 나타낼 수 있다.　[11] The first train for Boston **leaves** at 5:30 a.m.

⊘ 정답 및 해설 p.6

**A** 괄호 안에서 알맞은 것을 고르시오.

1 This author [ writes / wrote ] a paper three years ago.

2 Human eyes [ are / were ] extremely sensitive to light.

3 She [ does / will do ] better on the next presentation. 학평기출응용

4 When he [ comes / will come ] here tomorrow, I will meet him.

5 Neil Armstrong [ lands / landed ] on the moon on July 20, 1969.

**B** 우리말과 같은 뜻이 되도록 괄호 안의 동사를 알맞은 시제로 바꿔 쓰시오.

1 그들은 다음 주에 짧은 휴식을 취할 예정이다. (take)

　→ They ＿＿＿＿＿＿＿＿＿＿ a short break next week.

2 나의 아버지는 일주일에 두 번 재택근무를 하신다. (work)

　→ My father ＿＿＿＿＿＿＿＿＿＿ at home twice a week.

3 제2차 세계 대전 동안, 그녀는 육군에서 대위로 복무했다. (serve)

　→ During World War II, she ＿＿＿＿＿＿＿＿＿＿ as a captain in the Army. 학평기출응용

**22** SOLID 필수 영문법

# UNIT 2 진행형

**①** **현재진행형: am[are/is] + 현재분사(v-ing)**

· 현재 진행 중인 동작, 상황 또는 가까운 미래에 계획된 일을 나타낼 때 사용한다.

[1] I **am baking** a cake for my sister's birthday. (현재 진행 중인 동작)

[2] The days **are getting** longer and longer. (현재 진행 중인 상황)

[3] Laura **is leaving** for France the day after tomorrow. (가까운 미래에 계획된 일)

**②** **과거진행형: was[were] + v-ing**

· 과거의 특정 시점에 진행 중이었던 일을 나타낼 때 사용한다.

[4] When I saw him, he **was getting** into his car.

[5] At that moment they **were standing** at the bus stop.

**③** **미래진행형: will be + v-ing**

· 미래의 특정 시점에 진행 중일 일을 나타낼 때 사용한다.

[6] This time next week I **will be traveling** in Africa.

[7] When you arrive, I **will be cooking** dinner at home.

> **▶ 어법 연결**
>
> • 진행형으로 쓸 수 없는 동사: 소유(have, own, possess, belong), 감정(love, like, hate, prefer, want), 인식(know, believe, remember), 지각(see, hear, feel), 외견(look, resemble) 등을 나타내는 동사
>
> [8] Tigers and lions **are belonging** to the cat family. (×)   Tigers and lions **belong** to the cat family. (○)
>
> [9] I **am preferring** walking to cycling. (×)   I **prefer** walking to cycling. (○)

◎ 정답 및 해설 p.7

**A** 괄호 안에서 알맞은 것을 고르시오.

**1** They [ are / were ] swimming in the pool yesterday afternoon.

**2** Our restaurant [ will be / was ] offering wonderful dishes soon. 학평기출응용

**3** Many species in nature [ resemble / are resembling ] one another.

**4** My parents are [ taken / taking ] me to the aquarium this evening.

**5** In Australia, 63% of households [ own / are owning ] companion animals. 학평기출응용

**B** 우리말과 같은 뜻이 되도록 괄호 안의 단어를 알맞은 형태로 바꿔 쓰시오.

**1** 나는 내일 오후 2시에 세미나에 참석하고 있을 것이다. (attend)

→ I _____ the seminar at 2 p.m. tomorrow.

**2** 오늘 많은 학생들이 학교 도서관에서 공부하고 있다. (study)

→ Today many students _____ in the school library.

**3** 어느 날 한 젊은 방랑자가 길을 따라 걷고 있었다. (walk)

→ One day a young wanderer _____ along a road. 학평기출응용

# 완료형

**①** 현재완료: have[has] + 과거분사(p.p.)

· 과거의 일이나 상태가 현재에 연결되거나 영향을 미치고 있을 때 사용하며, 4가지 용법이 있다.

| 계속 | 경험 | 완료 | 결과 |
|---|---|---|---|
| (지금까지) 계속 ~해 왔다 | ~한 적이 있다 | (이미, 방금) ~했다 | (과거에) ~했다 (그래서 지금 ···이다) |

¹My family **has lived** in this town *for 20 years*. (계속) → for, since 등과 사용

²Scott **has been** to Canada *three times*. (경험) → 횟수(once, twice, ~ times), ever, never, before, so far 등과 사용

³The workers **have** *just* **finished** their work. (완료) → just, yet, already 등과 사용

⁴They **have gone** to a summer camp for two weeks. (→ They're not here.) (결과)

*cf.* have been to: ~에 가 본 적이 있다(경험) / have gone to: ~에 가고 없다(결과)

**②** 과거완료: had + p.p.

· 과거의 특정 시점 이전에 일어난 일이나 특정 시점까지의 '계속, 경험, 완료, 결과'를 나타낼 때 사용한다.

⁵I *realized* that my husband **had done** the dishes.　⁶Betty *said* she **had been** ill in bed for a week.

**③** 미래완료: will have + p.p.

· 미래의 특정 시점까지 완료될 일이나 특정 시점까지의 '계속, 경험, 결과'를 나타낼 때 사용한다.

⁷The package **will have arrived** by then.　⁸By next year, we **will have been** married for 20 years.

> ▶ **어법 연결**
>
> · 현재완료는 현재에 연결된 일을 나타내므로, 과거 시점을 나타내는 부사(구) yesterday, last, ago, 「in + 연도」 등과 함께 쓸 수 없다. ⁹*Yesterday* he **visited** his friend's new house. → has visited (×)

◉ 정답 및 해설 p.7

**A** 괄호 안에서 알맞은 것을 고르시오.

**1** Since last week, she [ is / has been ] in the hospital.

**2** I found that he [ has / had ] slept for nearly 10 hours straight.

**3** He has been to the US, but he has never [ been / gone ] to Las Vegas.

**4** Society [ had / will have ] forgotten all about the issue by this time next year.

**5** She [ received / has received ] the Nobel Prize for Literature in 1928. 학평기출응용

**B** 우리말과 같은 뜻이 되도록 괄호 안의 단어를 알맞은 형태로 바꿔 쓰시오.

**1** 나는 그 동영상을 벌써 다섯 번이나 보았다. (watch)

→ I _____ the video clip five times already.

**2** 5년 후면, 나는 의학 공부를 마치게 될 것이다. (finish)

→ In five years' time, I _____ studying medicine.

**3** 그 농부는 그녀가 어떻게 그 시계를 찾는 데 성공했는지 물었다. (succeed)

→ The farmer asked how she _____ in finding the watch. 학평기출응용

# UNIT 4 완료진행형

**1** **현재완료진행형: have[has] been + v-ing**

· 과거에 시작하여 현재까지 계속 진행되고 있는 일을 나타낼 때 사용한다.

[1] We **have been trying** to clear out the water, but it keeps flowing in.

[2] She **has been driving** an electric car since 2020.

*cf.* '계속'을 나타내는 현재완료와 현재완료진행형은 의미가 비슷하지만, 동작이 진행 중인 것을 강조하고 싶을 때는 현재완료진행형을 쓴다.

**2** **과거완료진행형: had been + v-ing**

· 과거의 특정 시점까지 계속 진행되고 있던 일을 나타낼 때 사용한다.

[3] Josh **had been listening** to music when his mom called him.

[4] Tina said she **had been working** in the garden all afternoon.

**3** **미래완료진행형: will have been + v-ing**

· 미래의 특정 시점까지 지속되고 있을 일을 나타낼 때 사용한다.

[5] She **will have been waiting** for one hour when I arrive.

[6] By next year, I **will have been learning** knitting for 10 years.

### ➕ 문법 PLUS

· '~ 이후로'라는 의미의 since가 쓰인 문장에는 완료형 또는 완료진행형을 쓴다.

[7] *Since* last week, he **has been planning** a picnic. (○)    *Since* last week, he **plans** a picnic. (✕)

---

⊘ 정답 및 해설 p.7

**A** 괄호 안의 단어를 조건에 맞도록 빈칸에 알맞은 형태로 바꿔 쓰시오.

**1** She _____ five emails for two hours. (write, 현재완료진행형)

**2** They _____ there for an hour since daybreak. (sit, 과거완료진행형)

**3** The festival _____ on for 10 days tomorrow. (go, 미래완료진행형)

**4** I _____ as a hobby since last year. (paint, 현재완료진행형)

**5** He _____ for this book for a week. (look, 과거완료진행형)

**B** 우리말과 같은 뜻이 되도록 괄호 안의 단어를 완료진행형으로 바꿔 쓰시오.

**1** 어제부터 계속 비가 내리고 있다. (rain)

→ It _____ since yesterday.

**2** 내년이면 나는 이곳에서 4년 동안 일하고 있는 것이 될 것이다. (work)

→ Next year I _____ here for four years.

**3** 누군가 물을 잠그기 전까지 몇 분간 물이 흐르고 있었다. (run)

→ The water _____ for a few minutes before someone turned it off.

# Review Test

[1-5] 괄호 안에서 알맞은 것을 고르시오.

**1** The chemical formula for water [ is / was ] $H_2O$. 학평기출응용

**2** We're eating out [ tonight / two hours ago ].

**3** Since Monday, they [ are receiving / have received ] several complaints from their customers.

**4** In May next year, I will have been [ studying / studied ] law for three years.

**5** In 1921, she [ became / has become ] the first Black woman to earn an international pilot's license. 학평기출응용

[6-9] 밑줄 친 부분을 어법상 바르게 고쳐 쓰시오.

**6** Starting next month, we <u>were</u> going to approach things differently.

**7** Dogs and wolves <u>are belonging</u> to the same family.

**8** Experts expect that oil prices <u>go up</u> next year. 학평기출응용

**9** Firefighters say that the fire <u>starts</u> in the kitchen last night.

[10-13] 어법상 틀린 곳을 찾아 바르게 고쳐 쓰시오.

**10** Many scientists are believing that the Earth is 4.5 billion years old.

**11** Humans first have stepped on the moon in 1969.

**12** So far, the charity donates over 1 million books to children worldwide.

**13** What a relief! I thought I have lost my dog forever. 학평기출응용

[14-17] 우리말과 같은 뜻이 되도록 괄호 안의 말을 이용하여 문장을 완성하시오. (단, 3단어 이상으로 쓸 것)

**14** 그 도보 여행자들은 오전 7시부터 걷고 있다. (walk)
→ The hikers _____ since 7 in the morning.

---

**Words** chemical 화학의  formula 공식  complaint 항의, 불평  charity 자선 단체  donate 기부하다  relief 안도, 안심

**15** 5년 후에 나는 내 소유의 회사를 운영하고 있을 것이다.
(run)

→ In five years, I _____ my
own company.

**16** 그는 내년이면 수술을 30년간 하고 있는 것이 될 것이다.
(do)

→ Next year, he _____
surgery for 30 years.

**17** 그녀는 개가 어제 이후로 먹이를 먹지 않았다는 것을
발견했다. (eat, not)

→ She found that the dog _____
his food since yesterday.

**[18-21]** [보기]에서 동사를 골라 빈칸에 알맞은 시제로 바꿔
쓰시오. (단, [보기]의 동사는 한 번씩만 사용할 것)

| 보기 | ring | finish | play | wait |
|------|------|--------|------|------|

**18** She _____ _____ _____
reading this novel by the end of next week.

**19** I _____ _____ _____ for him
for an hour when he arrived there.

**20** The test will begin as soon as the bell
_____.

**21** At that time, I _____ _____ soccer
with my friends.

**[22-25]** 우리말과 같은 뜻이 되도록 괄호 안의 말을 배열하여
문장을 완성하시오.

**22** Sam은 자신의 서류 가방을 버스에 두고 내렸다는 것을
깨달았다.
(he, that, had, realized, left, his briefcase)

→ Sam _____
on the bus.

**23** 내 고양이가 한 시간 넘게 소파 밑에 숨어 있다.
(been, hiding, under, has, the sofa)

→ My cat _____
for over an hour.

**24** 11월이면 내 가족은 이 집에서 10년을 살고 있게 될
것이다.
(will, lived, my family, have, in, this house)

→ In November _____
for 10 years.

**25** 10살 이후로 나는 의사가 되는 것을 꿈꿔 왔다.
(a physician, was, becoming, dreamed, since,
I, of, ten, have)

→ I _____
_____.

---

**Words** surgery 수술  briefcase 서류 가방  physician 의사, 내과 의사

**[1-3]** 다음 빈칸에 들어갈 가장 알맞은 것을 고르시오.

**1**

The rabbits _____ peacefully when the fox showed up.

① sleep

② will sleep

③ were sleeping

④ are sleeping

⑤ will have slept

**2**

The First World War _____ out on 28 July, 1914.

① breaks

② broke

③ was breaking

④ has broken

⑤ will break

**3**

Your registration is not complete until you _____ out the form.

① fill

② filled

③ will fill

④ were filling

⑤ will have filled

**[4-5]** 다음 우리말과 같은 뜻이 되도록 빈칸에 알맞은 말을 고르시오.

**4**

그 교수는 예일대에서 20년 동안 학생들을 가르쳐 왔다.

The professor _____ at Yale University for two decades.

① teaches

② taught

③ has taught

④ will teach

⑤ will be teaching

**5**

파도가 모래성을 무너뜨렸을 때 Ben은 두 시간째 모래성을 만들고 있던 중이었다.

Ben _____ a sandcastle for two hours when the waves destroyed it.

① was built

② has been building

③ had been built

④ had been building

⑤ will have been building

**[6-7]** 다음 중 밑줄 친 부분이 어법상 틀린 것을 고르시오.

**6**  ① The explorer has been to Kenya several times.

② In 1893, Dunbar published his first book, *Oak and Ivy*. 학평기출응용

③ All triangles have three sides and three angles.

④ His wife is cooking dinner when he came home.

⑤ They will change their plans about the wedding.

**7**  ① They have built this beautiful temple in the 11th century.

② I was standing right behind the door when he knocked.

③ History shows that humans are remarkably adaptive.

④ I will have returned home by five o'clock.

⑤ At the event, we will be introducing wonderful new dishes. 학평기출응용

**Words** registration 등록, 신고  complete 완료된  explorer 탐험가  angle 각, 각도  remarkably 놀랍게도  adaptive 적응할 수 있는

**8** 다음 중 어법상 **틀린** 것끼리 짝지어진 것을 고르시오.

> ⓐ I have never seen such a picture before.
> ⓑ Type your real name when you will enter the chatroom. 학평기출응용
> ⓒ They have moved there three years ago.
> ⓓ By 2050, eight in ten people will be living in cities.
> ⓔ The twin brothers are incredibly resembling each other.

① ⓐ, ⓑ      ② ⓑ, ⓒ      ③ ⓑ, ⓒ, ⓔ
④ ⓒ, ⓓ      ⑤ ⓒ, ⓓ, ⓔ

**[9-10]** 다음 중 어법상 맞는 것을 고르시오.

**9** ① I am going to meet you in my office last night.
② David told me that he had written the poem for me.
③ They were playing video games when I come back.
④ All the planets revolved around the Sun.
⑤ Maintain a proper diet until your health will return to normal.

**10** ① New Delhi was the capital city of India.
② We humans are possessing the ability to think rationally.
③ She has been to the dentist, and she is not here right now.
④ Email me as soon as you find out what is going on.
⑤ By next month, I have been studying Spanish for three years. 학평기출응용

**[11-13]** 우리말과 같은 뜻이 되도록 괄호 안의 말을 배열하여 문장을 완성하시오. (단, 밑줄 친 단어의 어형을 바꿀 것)

**11** 비가 내리기 시작했을 때 우리는 야구를 하고 있었다.
(baseball, when, it, raining, play, started, were)
→ We _____.

**12** Riede 박사는 자신이 남극에 다섯 번 다녀왔다고 말한다.
(Antarctica, be, to, says, five times, that, she, has)
→ Dr. Riede _____
_____.

**13** Amy는 여러 시간 동안 걷고 있었기 때문에 피곤했다.
(walking, because, for hours, have, was, tired, she, been)
→ Amy _____
_____.

**[14-16]** 우리말과 같은 뜻이 되도록 괄호 안의 말을 이용하여 문장을 완성하시오.

**14** 그녀가 역에 도착할 무렵이면 기차는 떠나버렸을 것이다.
(leave, reach the station)
→ The train _____ by the time she _____.

---

**Words**   revolve 돌다, 공전하다   **maintain** 유지하다   proper 적절한, 제대로 된   **rationally** 이성적으로, 합리적으로   Antarctica 남극

**15** 그 용의자는 자신이 그 범죄를 저질렀다고 인정했다.
(admit, commit the crime)

→ The suspect _____ that

he _____.

**16** 우리는 학교에서 9의 제곱근은 3이라고 배운다.
(learn at school, be)

→ We _____ that the square

root of nine _____.

📖 고난도

**17** 다음 글을 읽고, 조건에 맞게 글을 요약하는 문장을 완성하
시오.

> Judy arrived at 3 o'clock. She began to
> wait for Paul. An hour passed before Paul
> arrived.

조건 1. Judy를 주절의 주어로 할 것
2. 부사절에 when, arrive를 사용할 것

→ _____ for Paul

for an hour _____.

**18** 다음 글에서 어법상 틀린 부분을 두 군데 찾아 바르게 고쳐
쓰시오.

> By the end of this century, the world's
> population has increased by half — that's
> another 3.6 billion people. According to the
> UN, the global population is set to reach
> over 11.2 billion by the year 2100. Several
> years ago, experts have estimated that the
> current population would be 7.6 billion.

|  | 틀린 표현 | | 고친 표현 |
|---|---|---|---|
| (1) | _____ | → | _____ |
| (2) | _____ | → | _____ |

**19** 다음 글에서 어법상 틀린 곳을 찾아 바르게 고쳐 쓴 후, 틀린
이유를 쓰시오.

> According to a poll, most Americans are
> happy to add driving hours to their travel
> time if it means avoiding the airport. In fact,
> when choosing between planes, trains, and
> automobiles, they are preferring traveling
> by plane the least.

(1) 틀린 곳: _____ → _____

(2) 이유: _____

_____

📋 수능 어법

**20** 다음 글의 밑줄 친 부분 중, 어법상 틀린 것은?

> Food labels are a good way ①to find
> the information about the foods you eat.
> Labels on food ②are like the table of
> contents ③which is found in books. The
> main purpose of food labels is to inform
> you of ④what is inside the food you ⑤were
> purchasing. 학평기출응용

---

**Words** suspect 용의자  square root 제곱근  population 인구  estimate 추정하다  poll 여론 조사  automobile 자동차
table of contents 목차

# Chapter 3

# 수동태

# UNIT 1 수동태의 기본 개념

## ❶ 수동태의 개념과 형태

- 능동태 문장의 주어는 행위를 하는 주체이며, **수동태 문장의 주어는 행위에 영향을 받는 대상**이다.
- 수동태의 형태는 「**be + p.p.**」이며, 행위자를 나타낼 때는 「by + 목적격」으로 쓴다.

| 능동태 | 주어 | 동사 | 목적어 |
|---|---|---|---|
| 수동태 | 주어 | 「be + p.p.」 | 「by + 목적격」 |

[1] Farmers **produce** crops in the field.
　　　주어　　　동사　　　목적어

→ Crops **are produced** by farmers in the field.
　　주어　　　be + p.p.　　by + 목적격

## ❷ 수동태 문장의 시제

(1) 현재형 (am[are/is] + p.p.): [2] Search engines **are designed** by programmers.

(2) 과거형 (was[were] + p.p.): [3] The telephone **was invented** by Alexander Graham Bell in 1876.

(3) 미래형 (will be + p.p.): [4] A special event **will be hosted** by the organization next month.

## ❸ 「by + 행위자」의 생략: 행위자가 불분명하거나 중요하지 않을 때 또는 일반인일 경우 생략

[5] The Internet **is used** for many purposes. (행위자가 불특정 다수이므로 생략)

> **▶ 어법연결**
>
> - 자동사와 소유·상태를 나타내는 일부 타동사(have, resemble, fit, suit, lack 등)는 수동태로 사용할 수 없다.
> [6] A cute puppy **is had** by the family. (×)　　The family **has** a cute puppy. (○)

◎ 정답 및 해설 p.10

**A** 괄호 안에서 알맞은 것을 고르시오.

**1** The program [ runs / is run ] by the museum once a month.

**2** The competition will [ hold / be held ] on March 26. 학평기출응용

**3** About 50 people [ came / were come ] to the party yesterday.

**4** Joe [ resembles / is resembled by ] his brother.

**5** She [ took / was taken ] to the hospital right after the accident.

**B** 우리말과 같은 뜻이 되도록 괄호 안의 단어를 알맞은 형태로 바꿔 쓰시오.

**1** 스마트폰이 가까이 있는 탁자 위에 놓여 있다. (place)

　→ A smartphone ＿＿＿＿＿＿＿＿＿＿ on a nearby table.

**2** 그의 주변에 있는 모든 이는 그의 사려 깊음에 의해 감동받았다. (move) 학평기출응용

　→ Everyone around him ＿＿＿＿＿＿＿＿＿＿ his thoughtfulness.

**3** 모든 수상작 사진들은 시청에 전시될 것이다. (exhibit) 학평기출응용

　→ All winning photos ＿＿＿＿＿＿＿＿＿＿ at City Hall.

# UNIT 2 | 4형식 문장의 수동태

**❶ 4형식 문장의 수동태**

· 4형식 문장은 두 개의 목적어(간접목적어, 직접목적어)가 있으므로, 각각의 목적어를 주어로 하는 수동태 문장을 쓸 수 있다.
· 직접목적어가 주어인 수동태일 경우, 간접목적어 앞에는 **전치사 to, for** 등이 온다.

[1] The company **gave** <u>him</u> <u>a lot of responsibility</u>.
　　　　　　　　간접목적어　　　직접목적어

→ *He* **was given** a lot of responsibility by the company. (간접목적어가 주어인 경우)

→ *A lot of responsibility* **was given** to him by the company. (직접목적어가 주어인 경우)

**❷ 간접목적어 앞에 오는 전치사**

| 수여동사 | 간접목적어 앞에 오는 전치사 |
| --- | --- |
| give, offer, send, show, lend, tell, teach, write 등 | to |
| make, buy, get, cook, find 등 | for |
| ask, inquire 등 | of |

[2] A famous designer **made** her *this dress*. → *This dress* **was made** <u>for</u> her by a famous designer.

[3] They **will ask** you *many questions* at the hearing.
　→ *Many questions* **will be asked** <u>of</u> you at the hearing.

> **➕ 문법 PLUS**
>
> · 수여동사 make, buy, get, cook, find 등은 직접목적어만 수동태 문장의 주어로 쓴다.
> [4] Mom **cooked** me *a wonderful meal*. (능동태)
> 　→ *A wonderful meal* **was cooked** for me by Mom. (○) / *I* **was cooked** a wonderful meal by Mom. (×)

⊘ 정답 및 해설 p.11

**A** 괄호 안에서 알맞은 것을 고르시오.

1 My aunt [ made / was made ] me this apple pie.

2 Every child [ gave / was given ] a piece of cake.

3 The notification will [ be sent / be sent to ] all app users.

4 I [ taught / was taught ] how to behave properly by my parents.

5 The film will be shown [ to / for ] the public this autumn.

**B** 다음 문장을 수동태 문장으로 바꿀 때 빈칸에 알맞은 말을 쓰시오.

1 The poet wrote his daughter this poem.

　→ This poem _____ his daughter by the poet.

2 We will buy our employees small gifts.

　→ Small gifts will _____ our employees.

3 Physics professor Eric Mazur asks students difficult questions. 학평기출응용

　→ Difficult questions _____ students by physics professor Eric Mazur.

# UNIT 3 5형식 문장의 수동태

**❶ 5형식 문장의 수동태**

· 5형식 문장의 목적어가 수동태 문장의 주어가 되고, 목적격보어는 동사 뒤에 그대로 둔다.

[1] Children **called** the old man Father Christmas.
　　　　　　　目的語　　　　　　　目的格補語

→ *The old man* **was called** Father Christmas by children.

[2] The Kids Read Project **encourages** *children* to read.

→ *Children* **are encouraged** to read by the Kids Read Project.

**❷ 지각동사·사역동사의 수동태**

· 지각동사, 사역동사의 목적격보어로 쓰인 **원형부정사**는 수동태 문장에서 **to부정사**로 바뀐다.
단, 목적격보어가 분사일 때는 동사 뒤에 그대로 둔다.

[3] We **heard** him *sing* his new song at the concert.

→ He **was heard to sing** his new song at the concert.

[4] People **saw** the player *going* to the locker room.

→ The player **was seen going** to the locker room.

[5] The police **made** the crowd *leave* the park.

→ The crowd **was made to leave** the park by the police. *cf* 사역동사 중 make만 수동태로 쓸 수 있다.

> **▶어법연결**
>
> · 목적격보어는 명사일지라도 수동태 문장의 주어가 될 수 없다.
>
> [6] Everyone **considers** *him a saint*.
>
> → *He* **is considered** *a saint* by everyone. (○)　　*A saint* **is considered** *him* by everyone. (×)

⊘ 정답 및 해설 p.11

**A** 괄호 안에서 알맞은 것을 고르시오.

**1** We [ advise / are advised ] to wash our hands often.

**2** The villagers [ considered / were considered ] her their leader.

**3** The students were made [ writing / to write ] a book report.

**4** A cat was noticed [ run / running ] across the road by him.

**5** Privacy [ makes / is made ] possible by the walls of the houses.

**B** 다음 문장을 수동태 문장으로 바꿔 쓰시오.

**1** The court found him guilty of stealing money.

　→ He _____ by the court.

**2** They do not allow us to eat in the library. 학평기출응용

　→ _____ in the library.

**3** We watched the butterflies dance over the flowers.

　→ _____ over the flowers.

# 다양한 형태의 수동태

**❶ 진행형 수동태: be being + p.p.**

[1]A Korean company **is building** the bridge.
→ The bridge **is being built** by a Korean company.

[2]They **were selling** color pencils in packs of 24 each.
→ Color pencils **were being sold** in packs of 24 each.

[3]They **will be growing** tulips in this garden next month.
→ Tulips **will be being grown** in this garden next month.

**❷ 완료형 수동태: have[has/had] been + p.p.**

[4]We **have preserved** the Bible since it was written.
→ The Bible **has been preserved** since it was written.

[5]They **will have completed** the road by the end of the year.
→ The road **will have been completed** by the end of the year.

**❸ 완료진행형 수동태: have[has/had] been being + p.p.**

[6]Chef Jones **has been preparing** the dinner.
→ The dinner **has been being prepared** by Chef Jones.

**➕ 문법 PLUS**

- 조동사가 있는 문장의 수동태는 「조동사 + be + p.p.」, 「조동사 + have been + p.p.」의 형태로 나타낸다.
[7]The rules **must be observed** by all members.
[8]The structure **may have been constructed** in the 10th century.

⊘ 정답 및 해설 p.12

**A** 밑줄 친 부분에 being 또는 been을 넣어 수동태로 바꿔 쓰시오. (밑줄 친 부분만 다시 쓸 것)

1 A decision <u>was made</u> about the new project. 학평기출응용

2 This computer <u>has used</u> for five years.

3 Tomorrow the books <u>will have sold</u> already.

4 The participants <u>had asked</u> to recall pleasant experiences.

5 The matter <u>had been discussed</u> for many years.

**B** 다음 문장을 수동태 문장으로 바꿀 때 빈칸에 알맞은 말을 쓰시오.

1 You should cancel your reservation in advance. 학평기출응용

→ Your reservation _____ in advance.

2 Volunteers are meeting the animals' needs. 학평기출응용

→ The animals' needs _____ by volunteers.

3 They have been ignoring the government's instructions.

→ The government's instructions _____ by them.

# UNIT 5

## by 이외의 전치사를 쓰는 수동태

**❶ 감정과 관련된 수동태 표현:** 행위자 앞에 전치사 by 대신 at, in, of, about, with 등을 사용

| | | | |
|---|---|---|---|
| be surprised[amazed] at | ~에 놀라다 | be pleased with | ~로 기뻐하다 |
| be satisfied with | ~에 만족하다 | be interested in | ~에 관심이[흥미가] 있다 |
| be disappointed in[with] | ~에 실망하다 | be worried[concerned] about | ~에 대해 걱정하다 |
| be excited about | ~에 흥분하다 | be ashamed of | ~를 부끄러워하다 |

[1]The tourists **were surprised at** the sight of two dolphins.

[2]The committee **was pleased with** his positive feedback.

**❷ 기타 수동태 표현**

| | | | |
|---|---|---|---|
| be filled with | ~로 가득 차다 | be covered with | ~로 덮여 있다 |
| be married to | ~와 결혼하다 | be composed of | ~로 구성되어 있다 |
| be made of/from | ~로 만들어지다 | be known to | ~에게 알려져 있다 |

[3]The mountain top **is covered with** trees and rocks.

[4]The chair **is made of** wood. (재료의 성질이 유지됨)　　[5]Paper **is made from** wood. (재료의 성질이 변함)

> **▶ 어법 연결**
>
> • 전치사에 따라 문장의 의미가 달라지는 것을 유의한다.
> [6]Her real identity **is not known to** anyone. (be known to: ~에게 알려져 있다)
> [7]The city **is known for** its museums and parks. (be known for: ~로 유명하다)
> [8]He **was known as** a "human computer." (be known as: ~로 알려져 있다)

◈ 정답 및 해설 p.12

**A** 괄호 안에서 알맞은 것을 고르시오.

**1** Are you interested [ in / with ] joining the drawing club? 학평기출응용

**2** The athlete will not be satisfied [ to / with ] a bronze medal.

**3** The thin white sheet was filled [ with / for ] stolen goods. 학평기출응용

**4** The goalkeeper was ashamed [ to / of ] his critical mistake.

**5** The air is composed [ of / in ] different gases, mostly nitrogen and oxygen.

**B** 우리말과 같은 뜻이 되도록 괄호 안의 말을 이용하여 수동태 문장을 완성하시오.

**1** 우리 언니는 3년 전에 경찰관과 결혼했다. (marry)

→ My sister ＿＿＿＿＿＿＿＿＿＿＿＿＿＿ a police officer three years ago.

**2** 그녀의 결혼반지는 금으로 만들어졌다. (make)

→ Her wedding ring ＿＿＿＿＿＿＿＿＿＿＿＿＿ gold.

**3** 그 과학자는 그의 세포 연구로 유명하다. (know)

→ The scientist ＿＿＿＿＿＿＿＿＿＿＿＿＿ his cell research. 학평기출응용

# UNIT 6 주의해야 할 수동태

## ① 동사구의 수동태

• 「동사 + 부사/전치사」로 이루어진 동사구를 하나의 동사로 취급하여 수동태로 전환한다.

[1] Most people **laughed at** his idea. → His idea **was laughed at** by most people.

> **cf.** 주요 동사구: deal with(∼를 다루다, 처리하다)  bring up(∼를 양육하다)  look up to(∼를 존경하다)  put off(∼를 미루다)
> pay attention to(∼에 주의를 기울이다)  call off(∼를 취소하다)  run over(∼를 치다)  turn down(∼를 거절하다)

## ② 목적어가 that절인 문장의 수동태

• that절이 목적어인 경우, 가주어 It을 사용하여 「It is[was] + p.p. + that절」 또는 that절의 주어를 문장의 주어로 하여 「**that절의 주어 + be + p.p. + to부정사**」로 전환할 수 있다.

[2] We believe *that education is important in life.*
  → **It is believed that** education is important in life. (가주어 It이 주어)
  → **Education is believed to be** important in life. (that절의 주어가 주어)

> **cf.** believe, say, ask, think, expect, report 등의 동사가 올 경우 위의 두 가지 형태의 수동태가 가능하다.

• that절의 시제가 주절의 시제보다 앞서면, 수동태로 전환할 때 to부정사를 「**to have + p.p.**」 형태로 쓴다.

[3] Some people **say** that he **died of** hunger.
  → It **is said** that he **died of** hunger.
  → He **is said to have died of** hunger.

### ▶어법연결

• 4형식 문장의 직접목적어로 쓰인 that절의 주어는 수동태 문장의 주어가 될 수 없다.

[4] (능동태) They told her that he was a doctor. (he는 수동태 문장의 주어가 될 수 없음)

(수동태) **She was told** that he was a doctor. 또는 **It was told to her** that he was a doctor.

---

정답 및 해설 p.12

**A** 밑줄 친 부분이 어법상 맞으면 ○표 하고, **틀리면** 바르게 고치시오.

**1** My foot <u>ran over</u> by a shopping cart at the store yesterday.

**2** The billionaire <u>is believed to own</u> more than 70 buildings.

**3** <u>This</u> was reported that the company was losing a lot of money.

**4** The meeting <u>has just been called off</u> by the chairman.

**5** This serious issue should <u>be dealt by with</u> the government.

**B** 다음 문장을 수동태 문장으로 바꿀 때 빈칸에 알맞은 말을 쓰시오.

**1** People believe that he has magical powers.

  → It _____ he has magical powers.

**2** The animal welfare center takes care of stray dogs.

  → Stray dogs _____ the animal welfare center.

**3** We know that the Wright brothers flew the world's first airplane. (학평기출 응용)

  → The Wright brothers _____ the world's first airplane.

# Review Test

[1-5] 괄호 안에서 알맞은 것을 고르시오.

**1** The contract will [ sign / be signed ] tomorrow.

**2** Almost all major sporting activities [ play / are played ] with a ball. 학평기출응용

**3** Gardeners [ grow / are grown by ] flowers for many reasons.

**4** The first prize [ gave / was given ] to a team from Denmark.

**5** The gallery will [ hold / be held ] the exhibition on the 1st of March.

[6-9] 다음 문장을 수동태 문장으로 바꿀 때, 밑줄 친 부분을 어법상 바르게 고쳐 쓰시오.

**6** We are sending the data right now.
→ The data <u>send</u> right now.

**7** The hotel must have stored a record of my visits.
→ A record of my visits must <u>store</u> by the hotel. 학평기출응용

**8** They had prepared enough food for the winter.
→ Enough food <u>prepare</u> by them for the winter.

**9** They will have hired all the clerks before the shop opens.
→ All the clerks <u>hire</u> before the shop opens.

[10-13] 어법상 틀린 곳을 찾아 바르게 고쳐 쓰시오.

**10** Most experts are considered his idea impractical.

**11** The grapes were offered for them by the prince.

**12** Men encourage to be successful in competitive work environments. 학평기출응용

**13** She was heard talk at the show by a fellow actor.

[14-17] 우리말과 같은 뜻이 되도록 괄호 안의 말을 이용하여 문장을 완성하시오.

**14** Maggie는 동일한 문장을 계속 반복해서 쓰게 되었다. (make, write)
→ Maggie _____ the same sentence over and over again.

---

**Words** contract 계약(서) gardener 정원사 exhibition 전시회 impractical 비실용적인 competitive 경쟁적인

**15** 10세 미만의 아동은 성인이 동반해야 합니다.
(must, accompany)

→ Children under 10 _____
an adult. 학평 기출 응용

**16** Andy는 그 회의에서 연설하도록 초대받았다.
(invite, speak)

→ Andy _____ at the
conference.

**17** 그 우표 제작자는 더 많은 접착제를 더하라는 말을 들었다.
(tell, add)

→ The stamp producer _____
more glue. 학평 기출 응용

[18-21] [보기]에서 단어를 골라 빈칸에 알맞은 형태로 바꿔
쓰시오. (단, [보기]의 단어는 한 번씩만 사용하고, 과거
시제로 쓸 것)

| 보기 | know | occur | cover | excite |
|---|---|---|---|---|

**18** The artist _____ for her innovative
experiments.

**19** I _____ about the upcoming
Halloween party.

**20** The beds _____ with clean
blankets.

**21** A system error _____ during
processing two days ago.

[22-25] 우리말과 같은 뜻이 되도록 괄호 안의 말을 바르게 배열
하시오.

**22** 그 포도주는 이 지역에서 나는 최고의 포도로 만들어진다.
(grapes, from, that wine, made, in this region,
is, the best)

_____

**23** David의 제안은 그의 상사에 의해 거절되었다.
(turned, suggestion, down, by, was, his boss,
David's)

_____

**24** 대기는 여러 층으로 구성되어 있다.
(composed, the atmosphere, is, of, layers,
several)

_____

**25** 기후 변화는 생태계에 영향을 준다고 여겨진다.
(is, it, ecological systems, that, affects,
believed, climate change)

_____

---

**Words** accompany 동반하다 conference 회의, 회담 innovative 혁신적인 upcoming 곧 있을, 다가오는 atmosphere 대기 layer 층, 겹
ecological system 생태계

# Actual Test

**[1-3]** 다음 빈칸에 들어갈 가장 알맞은 것을 고르시오.

**1**

> She _____ her husband for three decades.

① married to
② was married
③ has married to
④ has been married
⑤ has been married to

**2**

> Slaves _____ extremely long hours.

① made work
② made to work
③ made working
④ were made work
⑤ were made to work

**3**

> The operation _____ by the doctor next week.

① performs
② is performing
③ will be performed
④ will be performing
⑤ has been being performed

**[4-5]** 다음 우리말과 같은 뜻이 되도록 빈칸에 알맞은 말을 고르시오.

**4**

> 그 도시에는 수영장과 같은 여가 시설이 부족하다.
> The town _____ leisure facilities such as a swimming pool.

① lacks
② is lacked
③ will be lacked
④ has been lacked
⑤ is being lacked

**5**

> 매일 아침 우리는 침구를 완벽하게 정돈하도록 요구받았다.
> Every morning we _____ our bed to perfection. 학평기출응용

① required make
② required to make
③ were required make
④ were required making
⑤ were required to make

**6** 다음 중 능동태의 수동태 전환이 **틀린** 것을 고르시오.

① They will show us their new car in 2027.
　→ Their new car will be shown to us in 2027.
② You cannot sell alcohol in any parks.
　→ Alcohol cannot be sold in any parks.
③ People told her that her son was crying.
　→ She was told that her son was crying.
④ People elected him Mayor in the 2020 elections.
　→ Mayor was elected him in the 2020 elections.
⑤ They made the head of the statue of gold.
　→ The head of the statue was made of gold.

**7** 다음 중 어법상 **틀린** 것을 고르시오.

① A tablet was bought for our son for Christmas.
② Water power is taken advantage by turbines.
③ He is said to have run a Chinese restaurant.
④ The paper was filled with various images.
⑤ He was often called Mr. Milk-and-burger.

---

**Words**　decade 10년　operation 수술　facility 시설, 기관　perfection 완벽　election 선거　statue 조각상　turbine 터빈[원동기]

**8** 다음 중 어법상 **틀린** 것끼리 짝지어진 것을 고르시오.

> ⓐ The symphony is known as the Fate Symphony.
>
> ⓑ Hamann's works are resembled with his life and character.
>
> ⓒ These ideas have been supported by research on learning. 학평기출 응용
>
> ⓓ An old woman was seen sing on the street.
>
> ⓔ They were all concerned about his health.

① ⓐ, ⓑ     ② ⓐ, ⓒ     ③ ⓑ, ⓓ
④ ⓑ, ⓓ, ⓔ     ⑤ ⓒ, ⓓ, ⓔ

**[9-10]** 다음 중 어법상 맞는 것을 고르시오.

**9** ① We were cooked a nice Italian meal by him.
② No person has hurt in life by too much education. 학평기출 응용
③ Aid was sent the earthquake victims.
④ They were considered the old man their representative.
⑤ He was introduced to the world of jazz by a schoolmate. 학평기출 응용

**10** ① Such animals have not been known to humans.
② They have been translated her novel into more than eighty languages.
③ The coach satisfied with his team's victory.
④ The rainbow was disappeared as the rain started.
⑤ The subjects were made perform a role play by the researcher.

✎ 서술형

**[11-13]** 다음 문장을 수동태 문장으로 바꿀 때 빈칸에 알맞은 말을 쓰시오.

**11** My sister is looking after our cats.
→ Our cats _____.

**12** The police have found new evidence.
→ New evidence _____.

**13** People estimate that the Chinese market will continue to grow.
→ The Chinese market _____
_____.

**[14-16]** 우리말과 같은 뜻이 되도록 괄호 안의 말을 이용하여 문장을 완성하시오.

**14** 그녀는 자신의 판단을 부끄러워한다고 보도되었다.
(ashamed, judgment)
→ It was reported that she _____
_____.

---

**Words**   symphony 교향곡   aid 도움, 원조   victim 피해자   representative 대표(자)   translate 번역하다   subject 피실험자

**15** 많은 유전자가 체중에 영향을 미친다고 여겨진다.
(believe, affect)

→ Many genes _____
body weight.

**16** 나는 유년기부터 식물학에 관심이 있었다.
(interested, botany)

→ I have _____ since
childhood.

고난도

**17** 다음 글을 읽고, 밑줄 친 문장과 같은 뜻이 되도록 조건에
맞게 바꿔 쓰시오.

> Peter Lundblad, aged 73, had ridden
> his bicycle to Mirror Lake in the early
> afternoon. <u>A witness saw him dive into the
> lake.</u> But shortly thereafter it was clear that
> he was in trouble in the water.

> 조건   1. He를 주어로 할 것
> 2. 수동태 문장으로 쓸 것

**18** 다음 글에서 어법상 **틀린** 부분을 **두 군데** 찾아 바르게 고쳐
쓰시오.

> Climate change expects to continue as a
> result of human activities. Many natural
> systems are affected by climate change —
> particularly temperature increases. In many
> regions, climate change will be resulted in
> extreme weather, diseases and famines.

|  | 틀린 표현 |  | 고친 표현 |
|---|---|---|---|
| (1) | _____ | → | _____ |
| (2) | _____ | → | _____ |

**19** 다음 글에서 어법상 **틀린** 곳을 찾아 바르게 고쳐 쓴 후, 틀린
이유를 쓰시오.

> Devon, the missing service dog, has been
> found. A British couple on vacation found
> Devon wandering in the street. Devon was
> taken care by the couple. The owner is
> looking forward to seeing him soon.

(1) 틀린 곳: _____ → _____

(2) 이유: _____

_____

수능 어법

**20** 다음 글의 밑줄 친 부분 중, 어법상 **틀린** 것은?

> As the pioneers ①pushed the frontier
> further westwards, the Indians became
> ②a problem for the white settlers. In 1830
> Indians were forced ③to abandon their
> land by law. More than 100,000 Indians
> were made ④leave their villages. They
> traveled ⑤from Georgia to Indian Territory
> in Mississippi.   *Indian Territory 인디언 특별 보호구

---

**Words**   gene 유전자  botany 식물학  witness 목격자  extreme weather 기상 이변  famine 기근, 기아  service dog 안내견, 보조견
wander 떠돌아다니다  pioneer 개척자  frontier 변경, 국경  settler 식민지 정착자, 이주자

# 누적 TEST

**[1-3]** 다음 빈칸에 들어갈 가장 알맞은 것을 고르시오.

**1**

The game will _____ many college coaches. 학평기출응용

① attend          ② be attended

③ have attended          ④ be attending

⑤ be attended by

**2**

It _____ since 9 p.m. and the roads are slippery.

① snows          ② snowed

③ is snowing          ④ has been snowing

⑤ has been snowed

**3**

Her car leaked oil, so she had it _____ in the local garage.

① repair          ② repairs          ③ repaired

④ to repair          ⑤ repairing

**[4-5]** 다음 빈칸에 들어갈 말이 순서대로 바르게 짝지어진 것을 고르시오.

**4**

• One of my friends _____ to a Jamaican lady.

• The bird will _____ a few eggs in the nest.

① married – lie          ② married – lay

③ was marrying – lay          ④ was married – lie

⑤ was married – lay

**5**

• I will forgive him if he _____ for his behavior.

• They lacked support, which made them _____.

① apologized – sadly

② apologizes – sad

③ apologizes – sadly

④ will apologize – sad

⑤ will apologize – sadly

**[6-7]** 다음 문장을 바꿔 쓸 때 빈칸에 알맞은 말을 고르시오.

**6**

• The coach made the players run five miles a day.

→ The players were made _____ five miles a day by the coach.

① run          ② to run          ③ ran

④ running          ⑤ have run

**7**

• Volunteers have taken care of a few homeless animals.

→ A few homeless animals _____ by volunteers.

① have been taking care

② have been taking care of

③ have been taken care

④ have been taken care of

⑤ have been being taken care

---

**Words**  slippery 미끄러운  leak (액체·기체가) 새다  garage 자동차 정비소; 차고

**8** 다음 중 어법상 맞는 것을 고르시오.

① Equipment must be shut down while it is being repaired.

② Many people say that good ideas are occurred in the bathroom.

③ The committee will discuss about the matter in the next meeting.

④ Listening to classical music keeps me calmly.

⑤ Dinosaurs have begun to go extinct around 110 million years ago.

**[9-10]** 다음 중 어법상 틀린 것을 고르시오.

**9** ① The police found that the shop had been broken into.

② A squirrel was seen to walk along the telephone line. 학평기출응용

③ The man sounded aggressive and anxious.

④ We offer customers environmentally friendly products.

⑤ Joseph Priestley, an 18th-century scientist, proved that plants produced oxygen.

**10** ① Children should not seat in front of an airbag.

② It is believed that dogs can see the color brown.

③ Boole was forced to leave school at the age of sixteen. 학평기출응용

④ Since last month, there has been a change of our policy.

⑤ Astronomer Edwin Hubble discovered in 1929 that the universe is expanding.

**11** 다음 우리말에 맞게 주어진 단어를 배열하여 문장을 완성할 때, 빈칸 (A)에 들어갈 알맞은 말을 고르시오.

> 다음 달쯤이면, 그들은 2년 동안 그 프로젝트를 개발하는 중일 것이다.
> (project, the, been, have, they, will, developing)
> → By next month, _____ _____ _____
> __(A)__ _____ _____ _____ for two years.

① the      ② been      ③ have

④ will      ⑤ developing

**12** 다음 중 어법상 맞는 문장의 개수를 고르시오.

> ⓐ Everyone considers him diligent.
> ⓑ Participation certificates were given all the participants.
> ⓒ I saw the eagle to soar into the sky.
> ⓓ In many ways, Saturn is resembled by a smaller version of Jupiter.
> ⓔ We are possessing multiple identities.

① 1개   ② 2개   ③ 3개   ④ 4개   ⑤ 5개

**13** 다음 중 어법상 틀린 것끼리 짝지어진 것을 고르시오.

> ⓐ I was on a diet since the beginning of this year.
> ⓑ No one explained me what had happened to her.
> ⓒ Riding motorcycles among cars has been considered dangerously.
> ⓓ The floor of the garage was covered with pieces of broken glass.
> ⓔ Emma had taught in Florida for 10 years before she became a professor.

① ⓐ, ⓒ      ② ⓐ, ⓑ, ⓒ      ③ ⓑ, ⓒ

④ ⓑ, ⓒ, ⓓ      ⑤ ⓑ, ⓒ, ⓔ

---

**Words**   go extinct 멸종되다   squirrel 다람쥐   aggressive 공격적인   environmentally friendly 친환경적인   astronomer 천문학자   expand 팽창하다   certificate 증명서   soar 날아오르다   Saturn 토성   Jupiter 목성   identity 정체성

✏️ 서술형

[14-16] 다음 우리말과 일치하도록 괄호 안의 말을 바르게 배열하시오. (단, 필요시 어형을 바꿀 것)

**14**
교육은 사람들이 사회에 참여하는 것을 가능하게 한다.
(participate, people, society, enable, in, education)

→ _____

_____

**15**
이 이메일은 어제 내 동료에 의해 내게 보내졌다.
(send, me, by, to, this, my, email, be, colleague)

→ _____

yesterday.

**16**
내가 초인종을 울렸을 때 그녀는 저녁 식사를 준비하고 있었다.
(when, be, I, prepare, the doorbell, have, dinner, rang)

→ She _____

_____.

[17-19] 다음 우리말과 일치하도록 괄호 안의 말을 이용하여 문장을 완성하시오.

**17**
이 종(種)은 호수 한가운데에 산다고 한다. (say, live)

→ This species _____ in the middle of the lake.

**18**
당신이 이 편지를 읽을 때쯤에는, 저는 이미 더블린으로 떠났을 거예요. (already, leave)

→ By the time you read this letter, I _____

_____ for Dublin.

**19**
그 군인들은 음식도 물도 없이 몇 시간이나 걷게 되었다. (make, walk)

→ The soldiers _____ for hours without food and water.

🔍 고난도

**20** 다음 ⓐ~ⓓ 중 어법상 틀린 것을 골라 그 기호를 쓰고, 틀린 부분을 고치시오.

ⓐ With animals, play has seen as a way of learning survival skills. 학평기출응용
ⓑ I have lost my password, so I can't log into my email account now.
ⓒ The landlord let the couple to stay in the house.
ⓓ He helped us to review what we had learned before.

(1) ( ): _____ → _____
(2) ( ): _____ → _____

---

**Words** species (생물 분류상의) 종(種) email account 이메일 계정 landlord 집주인, 임대주

**21** 다음 글에서 어법상 틀린 부분을 **두 군데** 찾아 바르게 고쳐 쓰시오.

> Every event that causes you smile makes you feel happy and produces feel-good chemicals in your brain. Therefore, force your face to smile even when you will be stressed or feel unhappy. 학평기출응용

|  | 틀린 표현 | | 고친 표현 |
|---|---|---|---|
| (1) | _____ | → | _____ |
| (2) | _____ | → | _____ |

**[22-23]** 다음 글을 읽고 물음에 답하시오.

> Hot water freezes faster than cold water ①does. This may seem counterintuitive, but it ②calls the Mpemba effect. It ③is believed that the velocities of water particles have a specific tendency while they're hot. This tendency 그것들이 더 쉽게 얼도록 해 준다. This finding could also ④be applied to everyday things, like ⑤cooling down electronic devices.
>
> *counterintuitive 직관에 반하는  **velocity 속도, 속력

**22** 윗글의 밑줄 친 부분 중 어법상 **틀린** 것은?

① ② ③ ④ ⑤

**23** 윗글의 밑줄 친 우리말을 주어진 조건에 맞게 영작하시오.

> 조건 1. 총 6단어로 쓸 것
> 2. allow, them, freeze, readily를 이용할 것

_____

**[24-25]** 다음 글을 읽고 물음에 답하시오.

> Isaac Newton is most famous for his work on gravity, but it is also believed that he ___(A)___ the cat door in the early 18th century. When Newton was working on his experiments at the University of Cambridge, 그는 문을 긁어대는 자신의 고양이들에 의해 방해받았다. So he called a carpenter and had him ___(B)___ two holes in the door, one for the mother cat and the other for her kittens! Apparently these holes can still ___(C)___ at the university today.

**24** 윗글의 빈칸 (A), (B), (C)에 들어갈 말이 바르게 짝지어진 것은?

|  | (A) | (B) | (C) |
|---|---|---|---|
| ① | invented | - saw | - see |
| ② | invented | - saw | - be seen |
| ③ | invented | - to saw | - be seen |
| ④ | has invented | - saw | - see |
| ⑤ | has invented | - to saw | - be seen |

**25** 윗글의 밑줄 친 우리말을 주어진 조건에 맞게 영작하시오.

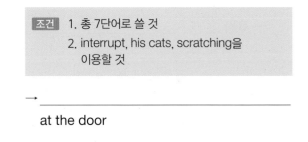

> 조건 1. 총 7단어로 쓸 것
> 2. interrupt, his cats, scratching을 이용할 것

→ _____

at the door

---

**Words** chemical 화학 물질  particle (물리) 분자, 입자  specific 특정한  tendency 경향  electronic device 전자 장치
readily 쉽게, 수월하게  gravity 중력  carpenter 목수  apparently 분명히  saw 톱질하다

# Chapter 4

# to부정사

# UNIT 1

## to부정사의 명사적 용법 I

### ❶ 문장 성분 역할

· to부정사(구)는 명사처럼 쓰여 문장에서 주어, 목적어, 보어 역할을 한다.

[1] **To build** a house requires a lot of time and money.
　　　　주어

[2] The bank refused **to lend** money to the corporation.
　　　　　　　　　　목적어

[3] My life goal is **to have** a degree in psychology. ▶ Chapter 1. Unit 2. 2형식 문장(p.11) 참조
　　　　　　　　　　주격보어

[4] My parents persuaded me **to study** electronic engineering. ▶ Chapter 1. Unit 5. 5형식 문장 I(p.14) 참조
　　　　　　　　　　　　목적격보어

### ❷ 의문사 + to부정사

· 「의문사 + to부정사」도 명사처럼 쓰이며, 문장에서 주로 **목적어 역할**을 한다.

[5] I can't decide **what to study** at university. (= I can't decide **what I should study** at university.)

### ❸ 목적격보어로 쓰이는 원형부정사 ▶ Chapter 1. Unit 6. 5형식 문장 II(p.15) 참조

· 사역동사, 지각동사의 목적격보어로는 to부정사 대신 **원형부정사**를 쓴다.
　단, 동사 help의 목적격보어로는 to부정사와 원형부정사를 모두 쓸 수 있다.

[6] The general *had* his troops **cross** the river. (목적어 – 목적격보어: 능동 관계)
　　　　　　　　목적어　　　목적격보어

[7] The hunter *felt* someone **touch** his shoulder.

[8] She *helped* me **(to)** **find** the way to the mall.

> **▶ 어법 연결**
>
> · to부정사(구)가 문장의 주어로 쓰이면 단수 취급한다. [9] **To have good friends** *is* a blessing from God.

✓ 정답 및 해설 p.18

### A 밑줄 친 부분의 문장에서의 역할을 쓰시오.

1 The merchant pretended to be in a deep sleep. 학평기출응용

2 Electricity allows us to light and heat our homes.

3 He taught me how to edit video clips. 학평기출응용

4 To learn a new language requires patience.

5 The goal of the workshop is to strengthen teamwork.

### B 괄호 안에서 알맞은 것을 고르시오.

1 To exercise regularly [ keeps / keep ] one in good health.

2 We saw a flock of birds [ fly / to fly ] across the sky.

3 The captain helped his crew [ sailing / to sail ] at full speed.

4 The researcher made the participants [ take / to take ] a test.

5 A good parent knows when [ getting / to get ] involved in their child's life.

# to부정사의 명사적 용법 II

## ❶ 가주어 it

- 주어 역할을 하는 to부정사(구)가 길어지면 보통 문장 맨 뒤로 가고, 주어 자리에 가주어 it이 온다.

[1] **To eat fruits and vegetables** is very important.

→ **It** is very important **to eat fruits and vegetables**.
　　가주어　　　　　　　　　　　진주어

## ❷ 가목적어 it

- 「동사 + 목적어 + 목적격보어」 구조가 쓰인 문장에서 to부정사(구)가 목적어 역할을 할 경우, to부정사(구)는 문장 맨 뒤로 가고, 목적어 자리에 가목적어 it이 온다.

[2] We consider **to discuss this matter shortly** proper. (×)

→ We consider **it** proper **to discuss this matter shortly**. (○)
　　　　　　　　가목적어　　　　　진목적어

*cf.* 가목적어 it과 함께 쓰이는 동사: think, consider, make, find 등

## ❸ to부정사의 의미상 주어

- to부정사의 의미상 주어가 문장의 주어나 목적어와 일치하지 않을 때 **to부정사** 앞에 「for + 목적격」으로 나타낸다.
  단, 사람의 성격·태도를 나타내는 형용사 뒤에는 「of + 목적격」으로 나타낸다.

*cf.* 사람의 성격·태도를 나타내는 형용사: kind, nice, thoughtful, clever, wise, foolish, silly, stupid, polite, rude, careless 등

[3] It is necessary **for you** *to finish* your work on time.

[4] It is *thoughtful* **of her** *to include* us in the team.

### ➕ 문법 PLUS

- 가주어 또는 가목적어 자리에 it 대신에 this, that, them 등의 대명사는 사용할 수 없다.

[5] I found **that** easy to learn the skill. (×)　　I found **it** easy to learn the skill. (○)

---

✅ 정답 및 해설 p.18

**A** 괄호 안에서 알맞은 것을 고르시오.

1 [ It / That ] wasn't easy for him to become a scientist. 학평기출응용

2 It was wise [ of / for ] him to take his umbrella.

3 Lower back pain can make [ to walk difficult / it difficult to walk ].

4 I found [ it / this ] impossible to do the work in one day.

5 It is common [ for / of ] them to take naps after lunch.

**B** 밑줄 친 부분이 어법상 맞으면 ○표 하고, 틀리면 바르게 고치시오.

1 <u>This</u> is necessary to save before you spend.

2 It is natural <u>for you</u> to take pleasure in flowers.

3 Everyone in the room found <u>to hear the story interesting</u>.

4 It is foolish <u>of him</u> to throw away such a good chance.

5 This will <u>make easy it</u> for dissatisfied customers to complain. 학평기출응용

# to부정사의 형용사적 용법

**①** **명사 수식**

· to부정사(구)는 명사 뒤에서 **형용사처럼 명사를** 수식한다.

[1]You should not miss *the opportunity* **to get** a job.

[2]There is *a project* **to build** a new hospital in the city.

[3]The children had no *toys* **to play with**. (← play with toys)

**②** **be + to부정사**

· 「be + to부정사」는 주어를 서술하며, **예정, 의무, 가능, 운명, 의도**의 의미를 나타낸다.

[4]Her flight **is to arrive** in Los Angeles at 1:50 p.m. (예정: ~할 예정이다)
　　　　　= is going to arrive

[5]You **are** not **to eat** food or **drink** water here. (의무: ~해야 한다)
　　　= must not eat

[6]On cloudy nights, few or no stars **are to be seen**. (가능: ~할 수 있다)
　　　　　　　　　　　　= can be seen

[7]They **were** never **to live** in their home again. (운명: ~할 운명이다)
　　　　= were destined to never live

[8]If you **are to learn** something new, practice it a lot. (의도: ~하고자 하다)
　　　= intend to learn

**⊕ 문법 PLUS**

· 수식받는 명사가 to부정사구에 쓰인 전치사의 목적어인 경우 전치사를 빠뜨리지 않도록 해야 한다.

[9]I need *someone* **to rely on**. (← rely on someone)

⊘ 정답 및 해설 p.18

**A** 밑줄 친 부분을 우리말로 해석하시오.

**1** Please give me a piece of paper to write on.

**2** The plane is to land in Beijing in 10 minutes.

**3** All visitors are to follow these guidelines.

**4** The best way to make friends is to be curious about people.

**5** If you are to win the game, you must do more training.

**B** 밑줄 친 부분이 어법상 맞으면 O표 하고, **틀리면** 바르게 고치시오.

**1** I have a very urgent matter to talk about.

**2** Everyone needs time to look after their emotional health.

**3** Have a chance enjoy our most popular chocolate bars. 학평기출응용

**4** They were to leave the base camp the next morning.

**5** Nowadays people find groups to belong online.

# to부정사의 부사적 용법

**❶ 동사·형용사·부사·문장 수식**

• to부정사(구)는 부사처럼 동사, 형용사, 부사, 문장 전체를 수식한다.

[1]We got up early **to watch** the sunrise. (목적: ~하기 위해서, ~하려고)

[2]The poor little girl grew up **to be** a famous biologist. (결과: (…해서 결국) ~하다)

[3]The researcher tried a second time **only to fail** again. (결과: …했지만 결국 ~하다(only+to부정사))

[4]They were shocked **to hear** the news. (감정의 원인: ~해서, ~ 때문에)

[5]He must be wise **to plan** ahead for the future. (판단의 근거: ~하다니, ~로 보아)

[6]**To hear** them talk, you would know where they came from. (조건: ~한다면, ~하면)
  = If you heard them talk

[7]The car is expensive **to maintain** in the long term. (형용사 수식: ~하기에)

**❷ 주요 구문**

(1) 형용사/부사 + enough + to부정사: …할 만큼 충분히 ~하다

[8]He is **clever enough to solve** the problem. (= He is **so clever that** he **can solve** the problem.)

(2) too + 형용사/부사 + to부정사: 너무 ~해서 …할 수 없다

[9]She was **too tired to get** out of bed. (= She was **so tired that** she **couldn't get** out of bed.)

**➕ 문법 PLUS**

• 목적의 뜻을 명확하게 하기 위해 in order to, so as to를 쓸 수 있다.
[10]I travel abroad **in order to learn** about other countries. (= so as to learn)

정답 및 해설 p.19

**A** 밑줄 친 부분을 우리말로 해석하시오.

**1** He woke up <u>to find himself</u> lying on a park bench.

**2** We needed to establish trust <u>in order to trade</u>. 학평기출응용

**3** One bad experience <u>can be sufficient to affect us</u> severely. 학평기출응용

**4** I am lucky <u>to be a member of the team</u>.

**5** We are sorry <u>to hear negative feedback</u> from you.

**B** 우리말과 같은 뜻이 되도록 괄호 안의 말과 to부정사를 이용하여 문장을 완성하시오.

**1** 그들은 가능한 모든 수단을 시도했으나, 결국 자신들의 한계를 깨달았다. (realize)

→ They tried every possible means, _____ their limitations.

**2** 그 어린 소년은 왕의 명령을 거역할 만큼 충분히 용감했다. (brave, resist)

→ The little boy was _____ the king's order.

**3** 그 버스는 너무 붐벼서 탈 수가 없었다. (crowded, get on)

→ The bus was _____.

# UNIT 5 to부정사의 부정·시제·태

**❶ to부정사의 부정**

• to부정사의 부정은 to부정사 앞에 **not**이나 **never**를 넣어 나타낸다.

[1]The story teaches us **not to be** jealous of others.   [2]We vowed **never to visit** here again.

[3]She lied **in order not to hurt** her husband's feelings. = so as not to hurt

**❷ to부정사의 시제**

| 단순형 | to + 동사원형 | 문장의 시제와 같을 때 또는 그보다 미래의 일을 나타낼 때 |
|---|---|---|
| 완료형 | to have + p.p. | 문장의 시제보다 이전에 일어난 일을 나타낼 때 |
| 진행형 | to be + v-ing | 일이나 동작의 진행 또는 예정을 나타낼 때 |

[4]He *seems* **to have studied** abroad in France. (= It *seems* that he **studied** abroad in France.)

[5]They *seemed* **to be trying** to reach an agreement.
 (= It *seemed* that they **were trying** to reach an agreement.)

**❸ to부정사의 태**

• to부정사가 의미상 주어와 수동 관계이면 「**to be + p.p.**」로 나타내고, 문장의 시제보다 이전의 일이면 「**to have been + p.p.**」로 나타낸다.

[6]No one wants **to be excluded** from the team.

[7]The child *is* thought **to have been raised** by his aunt.
 (= It *is* thought that the child **was raised** by his aunt.)

> ▶**어법 연결**
>
> • 의미상 주어와의 관계가 능동인지 수동인지에 따라 to부정사의 태가 결정된다.
> [8]I treated others in the way I want **to be treated**.
> 　　　　　　　　　의미상 주어　　to부정사 (→ 내가 대접받는 것이므로 수동 관계)

⊘ 정답 및 해설 p.19

**A** 괄호 안에서 알맞은 것을 고르시오.

1 We decided [ not to / to not ] cancel our trip to Japan.

2 Harry left early [ not so as / so as not ] to miss the bus.

3 Agriculture is going to [ affect / be affected ] by climate change.

4 Birds are widely believed to [ evolve / have evolved ] from dinosaurs.

5 The company seems to be [ focusing / focus ] on profits instead of growth.

**B** 밑줄 친 부분을 어법상 바르게 고쳐 쓰시오.

1 This account appears <u>to have used</u> for illegal activity.

2 Rhonda asked people <u>to not remove</u> the toilet paper. 학평기출응용

3 The treasure is said <u>to be lost</u> in a fire a century ago.

# 6 to부정사의 관용 표현

## ① be + 형용사 + to부정사

• to부정사는 be동사의 보어로 쓰인 형용사와 결합하여 다양한 의미를 나타낸다.

| be sure to v | 반드시 ~하다 | be ready to v | ~할 준비가 되어 있다 |
|---|---|---|---|
| be likely to v | ~할 것 같다, ~힐 가능성이 있다 | be willing to v | 기꺼이 ~하다 |
| be supposed to v | ~하기로 되어 있다 | be apt to v | ~하는 경향이 있다 |
| be about to v | 막 ~하려고 하다 | be eager to v | ~하고 싶어 하다 |

[1] I **was about to leave** the office when Sue called.　　[2] The kids **were eager to hear** scary stories.

## ② 독립부정사: 독립된 의미를 갖는 to부정사구로, 문장 전체를 수식

| to begin with | 우선, 먼저 | to tell the truth | 사실대로 말하자면 |
|---|---|---|---|
| to be honest[frank] | 솔직히 말해서 | to sum up | 요약하자면 |
| strange to say | 이상한 말이지만 | needless to say | 말할 필요도 없이 |
| not to mention | ~는 말할 것도 없이 | to make matters worse | 설상가상으로 |

[3] **To tell the truth**, I have never gone skiing before.

[4] **Needless to say**, you must wear proper hiking shoes.

### ➕ 문법 PLUS

• 「It takes (+ 사람) + 시간 + to부정사」: ~하는 데 …의 시간이 걸리다

[5] **It took him 10 years to earn** a doctor's degree.

⊘ 정답 및 해설 p.19

## A  우리말과 같은 뜻이 되도록 빈칸에 알맞은 말을 쓰시오. (단, 한 단어로 쓸 것)

**1** 가전제품을 사용한 후에는 반드시 끄도록 하라.

→ Be _____ to turn off appliances after using them.

**2** 그러한 자극은 기억력에 부정적인 영향을 줄 가능성이 있다.

→ Those stimulants are _____ to have negative effects on memory. 〔학평기출응용〕

**3** 많은 사람들이 기꺼이 자선 단체에 기부한다.

→ Many people are _____ to donate to a charity organization.

## B  밑줄 친 부분을 우리말로 해석하시오.

**1** <u>To be frank</u>, I forgot all about it.

**2** <u>To sum up</u>, resources can take a variety of forms.

**3** <u>Strange to say</u>, I enjoy my appointments at the dentist.

**4** <u>To make matters worse</u>, it was getting dark and cold.

**5** The artist said, "<u>It took me over sixty years to draw this</u>." 〔학평기출응용〕

**[1-5]** 괄호 안에서 알맞은 것을 고르시오.

**1** He asked voters [ gave / to give ] him another chance. 학평기출 응용

**2** I found [ it / that ] impossible to get accurate information from any of them.

**3** No ladder is [ high enough / enough high ] to reach the building.

**4** It was very difficult [ of / for ] him to get out of the situation.

**5** I would not like to [ invite / be invited ] to the dinner.

**[6-9]** 밑줄 친 부분을 어법상 바르게 고쳐 쓰시오.

**6** The director made the actors <u>to play</u> the scene out again.

**7** The boy was ready <u>running</u> an errand for his mother.

**8** It was very careless <u>for</u> her to do such a thing. 학평기출 응용

**9** I told her that I had no intention <u>offend</u> her.

**[10-13]** 어법상 틀린 곳을 찾아 바르게 고쳐 쓰시오.

**10** Paul didn't have friends to travel this summer.

**11** The fire last night is believed to start in the living room.

**12** I don't know how change a light bulb. 학평기출 응용

**13** You should exercise regularly not in order to lose your health.

**[14-17]** 우리말과 같은 뜻이 되도록 괄호 안의 말과 to부정사를 이용하여 문장을 완성하시오.

**14** 네가 월급을 인상 받을 가능성이 있니? (get)
→ Is there any chance _____ a raise?

---

**Words** voter 유권자  accurate 정확한  ladder 사다리  run an errand 심부름을 하다  intention 의도  offend (~의) 기분을 상하게 하다

**15** 환자들을 돌보기 위해서는 더 많은 간호사들이 필요하다. (care for)

→ More nurses are required
_____ the patients.

**16** 매머드는 사냥당해서 멸종한 것으로 여겨진다. (hunt)

→ The mammoth is believed
_____ to extinction.

**17** 사실대로 말하자면, 나는 그 공연을 전혀 즐기지 못했다. (truth)

→ _____, I didn't enjoy the concert at all.

**[18-21]** [보기]에서 단어를 골라 빈칸에 알맞은 형태로 바꿔 쓰시오. (단, [보기]의 단어는 한 번씩만 사용할 것)

| 보기 | replace | make | go | leave |
|------|---------|------|-----|-------|

**18** I was about _____ _____ grocery shopping.

**19** The broken window is _____
_____ _____ as soon as possible.

**20** The scientist is said _____ _____
_____ a new discovery in 1909.

**21** The child seems _____ _____
_____ _____ alone since yesterday morning.

**[22-25]** 우리말과 같은 뜻이 되도록 괄호 안의 말을 바르게 배열하시오.

**22** 우리는 우리의 브랜드 정체성을 만들어 내는 것을 계획하고 있다.
(our, to, are, create, brand identity, we, planning) 학평기출응용

_____

**23** 새로운 치료법은 그녀가 바이러스에서 회복하도록 도왔다.
(from, the new treatment, the virus, helped, recover, her)

_____

**24** 그는 자신의 시계를 돌려받아서 기뻤다.
(get, delighted, he, was, to, his watch back) 학평기출응용

_____

**25** 당신이 당신의 동료들과 협력하는 것은 언제나 옳다.
(right, you, for, to, with, is, it, always, cooperate, your coworkers)

_____

**Words** extinction 멸종  discovery 발견  treatment 치료법  recover 회복하다  cooperate 협력하다

# Actual Test

**[1-3]** 다음 빈칸에 들어갈 가장 알맞은 것을 고르시오.

**1**

> Curiosity motivates us _____ stressful situations as challenges. 학평기출응용

① view ② views ③ to view
④ viewing ⑤ viewed

**2**

> They have to move to a safer place if they _____ in the long term.

① survive ② will survive
③ are surviving ④ are to survive
⑤ are to be survived

**3**

> The old lady seems _____ sick for several months.

① be ② being
③ to be ④ having been
⑤ to have been

**[4-5]** 다음 우리말과 같은 뜻이 되도록 빈칸에 알맞은 말을 고르시오.

**4**

> 비난당하지 않으려고, 그녀는 잠든 척했다.
> In order _____, she pretended to be asleep.

① to not criticize ② not to criticize
③ to criticize not ④ not to be criticized
⑤ to be not criticized

**5**

> 잡초는 최소한 1년에 세 번 제거되어야 한다.
> Weeds _____ at least three times a year.

① to remove ② are removed
③ must remove ④ are to remove
⑤ are to be removed

**[6-7]** 다음 중 밑줄 친 부분이 어법상 <u>틀린</u> 것을 고르시오.

**6** ① He appeared <u>to regret</u> his decision almost immediately.
② What can we do <u>make</u> the flu go away?
③ Let me <u>take</u> a look at it for a moment.
④ I couldn't get the kids <u>to go</u> to bed.
⑤ She was disappointed <u>to know</u> that she was not on the final list.

**7** ① The elderly couple was <u>to eat out</u> that night.
② I have nobody <u>to talk to</u> about my worries.
③ I advise young people <u>not to skip</u> meals.
④ She seemed <u>to be enjoyed</u> herself at the moment.
⑤ He is rich and smart, <u>not to mention</u> handsome.

---

**Words** motivate 동기를 주다, 자극[유도]하다  in the long term 장기적으로  pretend ~인 척하다  criticize 비난하다  weed 잡초  flu 독감

**8** 다음 중 어법상 **틀린** 것끼리 짝지어진 것을 고르시오.

---
ⓐ I like to read action adventure books.
　[학평기출응용]
ⓑ This diagram shows how to use the machine.
ⓒ Recycling plastics helps us conserved natural resources.
ⓓ Climate change is likely to increasing flood risks.
ⓔ It is stupid for you to lend him your money.

---

① ⓐ, ⓑ　　② ⓐ, ⓒ, ⓓ　　③ ⓑ, ⓒ
④ ⓑ, ⓓ, ⓔ　　⑤ ⓒ, ⓓ, ⓔ

**[9-10]** 다음 중 어법상 **맞는** 것을 고르시오.

**9** ① I saw a kangaroo to run in front of a car.
② The patient was enough healthy to go home.
③ We have a tendency interpret events selectively. [학평기출응용]
④ It took me a week to finish the 2-page report.
⑤ There is a serious problem to pay attention.

**10** ① It is important of them to do their best.
② I found this easy to get him to do the work.
③ Teenagers are apt to doing things they will regret later.
④ To get along with others mean that you value their opinions.
⑤ The accident is said to have been caused by the driver's drunk driving.

**✏서술형**

**[11-13]** 우리말과 같은 뜻이 되도록 괄호 안의 말을 바르게 배열하시오. (단, 밑줄 친 단어의 어형을 바꿀 것)

**11** 강설은 새가 먹이를 찾는 것을 더 어렵게 만든다.
(food, snowfalls, for, harder, birds, find, make, it)

_____

**12** 당신의 기존의 사고 패턴을 바꾸는 것은 쉽지 않다.
(it, change, is, old patterns, not, your, easy, of thinking)

_____

**13** 말할 필요도 없이, 건강이 재산보다 더 중요하다.
(health, than, is, say, more, needless, important, wealth)

_____

**[14-16]** 우리말과 같은 뜻이 되도록 괄호 안의 말을 이용하여 문장을 완성하시오.

**14** 선거에서 투표를 어디에서 하는지 제게 말해 줄 수 있나요?
(tell, vote)
→ Could you _____ _____ _____ _____ _____ in the election? [학평기출응용]

---
**Words** diagram 도표, 그림　conserve 보존하다　tendency 경향　interpret 해석하다　selectively 선택적으로　value 소중하게 생각하다

**15** 나는 그 가게로 달려갔지만 결국 그곳이 문을 닫았음을 발견했다. (only, find, closed)

→ I ran to the store, _____ _____

_____ _____ _____.

**16** 그 웨이터는 주문을 기억하기 어렵다고 생각했다.
(difficult, remember)

→ The waiter found _____ _____

_____ _____ the order.

고난도

**17** 다음 글을 읽고, 밑줄 친 부분과 같은 뜻이 되도록 조건에 맞게 쓰시오.

Elephants can sleep both standing up and lying down. This may depend on whether they live in captivity or in the wild. Wild elephants prefer to sleep standing up because they are so vulnerable to predators that they can't lie down.

조건 1. 「too ~ to …」 구문을 이용할 것
2. 총 9단어로 쓸 것

_____

**18** 다음 글에서 어법상 **틀린** 부분을 **두 군데** 찾아 바르게 고쳐 쓰시오.

Dogs help humans socializes, and this is a great benefit for seniors. Getting together with neighbors who have companion animals is a great way for older adults to keep up a social life. When you have a loyal friend, you are much less likely feeling loneliness.

|  | 틀린 표현 |  | 고친 표현 |
|---|---|---|---|
| (1) | _____ | → | _____ |
| (2) | _____ | → | _____ |

**19** 다음 글에서 어법상 **틀린** 곳을 찾아 바르게 고쳐 쓴 후, **틀린** 이유를 쓰시오.

Starting from birth, babies are immediately attracted to faces. Scientists were able to show this by having babies to look at two simple images, one that looks more like a face than the other. 학평기출응용

(1) 틀린 곳: _____ → _____

(2) 이유: _____

_____

수능 어법

**20** 다음 글의 밑줄 친 부분 중, 어법상 **틀린** 것은?

Since scientists discovered bacteria, we ①have been trying to control those germs ②to keep ourselves from getting sick. What if we could create a surface ③that didn't allow germs and bacteria ④growing in the first place? That would be a new way of stopping them from making us ⑤sick.

---

**Words**　captivity 포획, 감금　vulnerable 취약한　predator 포식자　socialize 사회화되다, 어울리다　companion animal 반려동물　germ 세균
in the first place 우선, 먼저

# Chapter 5

## 동명사

# UNIT 1 동명사의 기본 용법

**❶ 문장 성분 역할**

· 동명사(구)는 명사처럼 쓰여 문장에서 **주어, 보어, 목적어** 역할을 한다.

¹ **Preventing infection** requires a great deal of effort.
　　　　주어

² The most important thing is **trusting your partner.**
　　　　　　　　　　　　보어

³ I like **going** for a walk in the park with my dog.
　　　　　목적어

⁴ Imitating is a necessary step *for* **making** a new creation.
　　　　　　　　　　　　　　　전치사의 목적어

**cf** 동명사(구)는 to부정사(구)와 달리 전치사의 목적어 역할을 할 수 있다.

**❷ 동명사의 의미상 주어**

· 동명사의 의미상 주어가 문장의 주어나 목적어와 일치하지 않을 경우, **동명사** 앞에 **소유격** 또는 **목적격**으로 나타낸다.

⁵ Do you mind **my** [**me**] *staying* here for a few days?

⁶ She became aware of **Eric('s)** *moving* back and forth.

> **▶ 어법 연결**
>
> · 동명사(구)가 문장의 주어로 쓰이면 단수 취급한다.
> ⁷ **Answering emails** *takes* a big part of our work time.
> · 명령문의 동사 자리에 동명사를 쓰지 않도록 주의한다.
> ⁸ **Having** a good sleep for your skin. (×)　　**Have** a good sleep for your skin. (○)

정답 및 해설 p.22

## A　동명사구에 밑줄을 긋고, 문장에서의 역할을 쓰시오.

**1** The company started selling their products online.

**2** No one can succeed without making any mistakes.

**3** Rewarding success doesn't always have to be done in a material way. 학평기출응용

**4** There are many advantages in taking part in physical activity.

**5** The focus of our program is helping our students develop world-class skills.

## B　괄호 안에서 알맞은 것을 고르시오.

**1** Playing board games [ is / are ] a form of entertainment.

**2** [ Make / Making ] eye contact with others is incredibly important.

**3** [ Allow / Allowing ] children a chance to try new foods.

**4** Do not underestimate the value of [ making / to make ] small improvements. 학평기출응용

**5** What they see in their head are images of [ they / them ] dropping the ball! 학평기출응용

# UNIT 2 동명사의 부정·시제·태

## ❶ 동명사의 부정

· 동명사의 부정은 **동명사 앞에 not**이나 **never**를 넣어 나타낸다.

[1] The important thing is **not being** afraid to take a chance.

## ❷ 동명사의 시제

| 단순형 | 동사원형-ing | 문장의 시제와 같을 때 또는 그보다 미래의 일을 나타낼 때 |
|---|---|---|
| 완료형 | having + p.p. | 문장의 시제보다 이전에 일어난 일을 나타낼 때 |

[2] I *am* proud of **being** a part of the project. (= I *am* proud that I **am** a part of the project.)

[3] She *apologized* for **having lied** to me. (= She *apologized* that she **had lied** to me.)

## ❸ 동명사의 태

· 동명사가 의미상 주어와 수동 관계일 때 「**being + p.p.**」로 나타내고, 문장의 시제보다 이전의 일이면 「**having been + p.p.**」로 나타낸다.

[4] We prefer learning on our own rather than **being taught**.

[5] I *am* happy about **having been chosen** as a finalist.
   (= I *am* happy that I **was chosen** as a finalist.)

> ➕ 문법 PLUS
>
> • 완료형 동명사와 완료수동형 동명사의 부정은 「not having + p.p.」, 「not having been + p.p.」이다.
> [6] Peter acknowledged **not having completed** the task on time.

✅ 정답 및 해설 p.23

**A** 괄호 안에서 알맞은 것을 고르시오.

1 Loneliness is [ not being / being not ] alone; it's the feeling that no one cares.

2 She is thankful for having [ found / been found ] a great team to work with.

3 The criminal denied [ taking / having taken ] part in the robbery.

4 I am sorry for [ not having / having not ] been in touch recently.

5 If you never take the risk of [ rejecting / being rejected ], you can never have a friend. 학평기출응용

**B** 우리말과 같은 뜻이 되도록 괄호 안의 말을 이용하여 문장을 완성하시오.

1 나는 이 그림을 그린 것에 대한 생생한 기억이 있다. (draw)

   → I have a vivid memory of _____ this picture.

2 창조자는 작품이 만들어지는 것의 최초의 관객이다. (produce)

   → The creator is the first audience of the artwork _____. 학평기출응용

3 그녀는 파티에 초대되지 않았다는 것에 대해 화가 나 있다. (not, invite)

   → She is angry about _____ to the party.

# 동명사와 to부정사

**❶ 동명사/to부정사를 목적어로 취하는 동사**

| 동명사만 목적어로 취하는 동사 | to부정사만 목적어로 취하는 동사 |
|---|---|
| enjoy, avoid, finish, quit, give up, admit, deny, keep, mind, imagine, put off 등 | want, hope, decide, plan, agree, expect, choose, promise, refuse, learn, manage 등 |

[1] The young man *admitted* **stealing** the bike.

[2] Some people *enjoy* **taking** risks and **trying** new things.

[3] We *decided* **to postpone** our holiday until next month.

**❷ 동명사와 to부정사를 둘 다 목적어로 취하는 동사**

(1) 의미 차이가 거의 없는 동사: like, love, prefer, hate, begin, start, continue 등

[4] I *began* **learning** Spanish. / I *began* **to learn** Spanish.

(2) 의미 차이가 있는 동사

| 동사 | + 동명사 | + to부정사 |
|---|---|---|
| remember/forget | (과거에) ~했던 것을 기억하다/잊다 | (미래에) ~할 것을 기억하다/잊다 |
| regret | (과거에) ~했던 것을 후회하다 | (미래·현재에) ~하게 되어 유감이다 |
| try | (시험 삼아) ~해 보다 | ~하려고 노력하다 |

[5] We *remember* **meeting** your family in 2014.

[6] I *regret* **to inform** you that your request has been refused.

[7] She *tried* **opening** the door, but it was locked.

**➕ 문법 PLUS**

• 「stop + 동명사」: ~하는 것을 멈추다 / 「stop + to부정사」: ~하기 위해 멈추다
[8] They *stopped* **working** at five o'clock.    [9] They *stopped* **to take** a break.

정답 및 해설 p.23

**A** 밑줄 친 부분이 어법상 맞으면 O표 하고, 틀리면 바르게 고치시오.

**1** Kevin, please remember <u>to call</u> me tomorrow morning.

**2** Many people avoid <u>to talk</u> about sensitive issues.

**3** I have decided <u>using</u> kind words more just like you. 학평기출응용

**4** During the 20th century they continued <u>producing</u> timber.

**5** Do your all family members agree <u>having</u> a pet?

**B** 괄호 안의 단어를 빈칸에 알맞은 형태로 바꿔 쓰시오.

**1** When animals' stomachs are full, they stop _____. (eat) 학평기출응용

**2** I was really busy and forgot _____ my mom on her birthday. (call)

**3** She regretted _____ her job to raise her children. (quit)

# 동명사의 관용 표현

**❶** (in)/to + 동명사

| | |
|---|---|
| (in) + 동명사 | • be busy (in) -ing ~하느라 바쁘다　　• spend ~ (in) -ing …하는 데 ~를 쓰다<br>• have difficulty[trouble/a hard time] (in) -ing ~하는 데 어려움을 겪다 |
| to + 동명사 | • be used[accustomed] to -ing ~하는 데 익숙하다　• look forward to -ing ~하기를 고대하다<br>• object to -ing ~하는 것에 반대하다　　　　• be devoted to -ing ~하는 데 전념하다 |

¹He **spent a whole day repairing** his little son's bicycle.
²No one **objected to building** a new library in the town.
³She has **been devoted to studying** plants in Korea.

**❷** 기타 관용 표현

| | |
|---|---|
| on[upon] -ing ~하자마자<br>be worth -ing ~할 가치가 있다<br>feel like -ing ~하고 싶다<br>prevent A from -ing A가 ~하는 것을 막다[예방하다]<br>discourage A from -ing A가 ~하는 것을 단념시키다 | It is no use -ing ~해도 소용없다<br>There is no -ing ~하는 것은 불가능하다<br>cannot help -ing ~하지 않을 수 없다, ~할 수밖에 없다<br>(= cannot but + 동사원형 / have no choice but to + 동사원형)<br>never ~ without -ing ~하면 반드시 …하다 |

⁴**On getting** off the bus, we hurried to the station.
⁵**It was no use asking** her to change her mind.
⁶Washing hands **prevents us from catching** a cold.

**▶ 어법 연결**

> • 전치사 to 뒤에는 동명사가 오고, to부정사의 to 뒤에는 동사원형이 온다.
> ⁷Mike is used *to* **eating** kimchi.　　⁸We use cabbage *to* **make** kimchi.

⊘ 정답 및 해설 p.23

**A**　밑줄 친 부분이 어법상 맞으면 ○표 하고, 틀리면 바르게 고치시오.

**1** My sister had difficulty <u>booking</u> them. 〔학평기출응용〕

**2** The thief was busy <u>gather</u> expensive-looking items. 〔학평기출응용〕

**3** We are used <u>to recycle</u> at home and work.

**4** I'm looking forward to <u>watching</u> the movie tonight. 〔학평기출응용〕

**5** The heavy snow discouraged me <u>to going</u> outside.

**B**　밑줄 친 부분을 우리말로 해석하시오.

**1** <u>There is no telling</u> the future of social media.

**2** <u>The novel is worth reading</u> because of its colorful descriptions.

**3** <u>On returning home</u>, he threw himself upon his bed.

**4** We <u>cannot help canceling</u> today's performance.

**5** Most of us <u>are accustomed to staying up late at night</u>.

# **R**eview **T**est

**[1-5]** 괄호 안에서 알맞은 것을 고르시오.

**1** I forgot [ to bring / bringing ] my laptop. Can I use yours for a moment? `학평기출응용`

**2** We should avoid [ to work / working ] overtime or long hours.

**3** The boy didn't mind [ leaving / being left ] alone in the house for a few hours.

**4** She refused [ to lend / lending ] her tablet PC to her sister.

**5** [ Make / Making ] some good friends to have fun with.

**[6-9]** 밑줄 친 부분을 어법상 바르게 고쳐 쓰시오.

**6** Lack of sleep increases the risk of <u>develop</u> serious diseases. `학평기출응용`

**7** The audience was looking forward <u>to see</u> their performance.

**8** I remember <u>to swim</u> in the lake when I was a kid.

**9** He won the marathon as a result of <u>having training</u> hard.

**[10-13]** 어법상 틀린 곳을 찾아 바르게 고쳐 쓰시오.

**10** Skip meals is bad for your health. `학평기출응용`

**11** Humans are benefited by use machines.

**12** My parents were against I being married to her.

**13** She stopped to take the medicine because of the side effects.

**[14-17]** 우리말과 같은 뜻이 되도록 괄호 안의 말을 이용하여 문장을 완성하시오.

**14** Catherine은 독서에 집중하는 데 어려움을 겪고 있었다. (trouble, concentrate)
→ Catherine was having _____ on reading.

---

**Words** work overtime 초과 근무를 하다  **develop** (병에) 걸리다  **benefit** ~에게 도움이 되다, 이롭다  **side effect** 부작용

**15** 그 백신은 우리가 바이러스로 심하게 앓는 것을 예방한다. (get)

→ The vaccine prevents _____

seriously ill with the virus.

**16** 나는 당신에게 작별 인사도 하지 않고 떠나버린 것을 후회한다. (regret, leave)

→ I _____ without saying goodbye to you.

**17** 그는 야외 행사에 초대받는 것을 즐긴다. (enjoy, invite)

→ He _____ to outdoor events.

[18-21] [보기]에서 단어를 골라 빈칸에 알맞은 형태로 바꿔 쓰시오. (단, 한 번씩만 사용할 것)

| 보기 | buy | ask | walk | do |

**18** Everyone in the office was busy _____ their job.

**19** It is no use _____ them to do the task.

**20** My parents promised _____ me a bike for Christmas.

**21** My favorite thing is _____ around here and there.

[22-25] 우리말과 같은 뜻이 되도록 괄호 안의 말을 바르게 배열하시오.

**22** 그 개는 큰 소리로 짖고 그를 뒤쫓기 시작했다. (barking, him, began, running after, and, loudly, the dog)

_____

**23** 저희는 특별한 도움을 저희에게 제공해 달라고 귀하께 요청하지 않을 수 없습니다. (to provide, help, asking, us, you, cannot, we, special assistance, with)

_____

**24** 엄마는 내가 방 청소를 한 것을 칭찬해 주셨다. (praised, my room, me, for, having, my mom, cleaned)

_____

**25** 그들은 자신들이 다른 지역으로 옮겨지는 것에 반대한다. (to, their, they, moved, different areas, object, being, to)

_____

**Words** assistance 도움, 원조 praise 칭찬하다

**[1-3]** 다음 빈칸에 들어갈 가장 알맞은 것을 고르시오.

**1**

> We think that you are interested in _____ our firm.

① employing by
② having employed by
③ being employed
④ being employed by
⑤ having been employed

**2**

> I don't mind _____ here a bit longer.

① they staying
② their staying
③ them to stay
④ for them to stay
⑤ for them staying

**3**

> She was disappointed about _____ the promotion.

① not to get
② not getting
③ getting not
④ not being got
⑤ not having been got

**[4-5]** 다음 우리말과 같은 뜻이 되도록 빈칸에 알맞은 말을 고르시오.

**4**

> 그가 그곳을 여행할 수 없는 이유가 뭡니까?
> What's the reason for _____ able to travel there?

① he being not
② he not being
③ his being not
④ his not being
⑤ him being not

**5**

> 누구든 비웃음당하는 것을 피하고 싶어 한다.
> Everyone wants to avoid _____ at.

① to laugh
② to be laughed
③ being laughed
④ laughing
⑤ to laughing

**[6-7]** 다음 중 밑줄 친 부분이 어법상 **틀린** 것을 고르시오.

**6**
① I tried <u>opening</u> it, but it wouldn't open.
② A villager spoke about his <u>having been arrested</u>.
③ The company managed <u>to develop</u> a successful product. 학평기출응용
④ The car stopped <u>to let</u> a pedestrian cross the street.
⑤ Remember <u>putting</u> on sunscreen when you go out.

**7**
① His suggestion is worth <u>considering</u> seriously.
② I offer my congratulations on <u>your</u> moving to LA.
③ Consumers are accustomed <u>to buy</u> products online.
④ We agreed <u>to meet</u> again to discuss the matter.
⑤ I'll never forget <u>hearing</u> Segovia play the guitar.

**Words** firm 회사　employ 고용하다　promotion 승진　manage 간신히 해내다　pedestrian 행인, 보행자

**8** 다음 중 어법상 <u>틀린</u> 것끼리 짝지어진 것을 고르시오.

> ⓐ The farmer refused to use chemicals on his crops.
> ⓑ I'm not used to writing business emails.
> ⓒ Elderly people usually have difficulty using mobile devices.
> ⓓ Do you mind I asking what you do for a living?
> ⓔ I never dreamed of there was a lake there.

① ⓐ, ⓑ  ② ⓐ, ⓒ  ③ ⓑ, ⓓ
④ ⓒ, ⓓ, ⓔ  ⑤ ⓓ, ⓔ

**[9-10]** 다음 중 어법상 맞는 것을 고르시오.

**9** ① Wear a face mask is required. 학평기출응용
② They were busy to package the presents.
③ I cannot help complaining about high prices.
④ I heard of her get married to Max.
⑤ I have decided accepting the job offer.

**10** ① His new strategy resulted in he winning the game.
② We thank her for having contributed to the project.
③ He was sorry for having not called me back.
④ He did not want hurting the feelings of that poor man. 학평기출응용
⑤ Brushing your teeth in order to keep them healthy.

**서술형**

**[11-13]** 우리말과 같은 뜻이 되도록 괄호 안의 말을 바르게 배열하시오. (단, 밑줄 친 단어의 어형을 바꿀 것)

**11** 새로운 곳들로 여행을 가는 것은 당신의 시야를 넓힌다. (broadens, new places, your horizons, to, <u>travel</u>)

_____

**12** 전문가들은 교통 혼잡을 줄이기 위한 방법을 찾는 데 몇 달을 썼다.
(<u>find</u>, several months, ways, reduce, experts, spent, to, traffic congestion)

_____

**13** 그녀는 새로운 교육 과정을 개발하는 데 전념해 왔다.
(to, she, <u>develop</u>, has, devoted, new curriculums, been)

_____

**[14-16]** 우리말과 같은 뜻이 되도록 괄호 안의 말을 이용하여 문장을 완성하시오.

**14** 내가 Sue의 집을 방문하면 반드시 그녀의 개가 자는 것을 보게 된다. (see, her dog)
→ I never visit Sue's home _____
_____ sleeping.

**15** 그는 시카고 시장으로 선출된 것으로 유명하다.
(known, for, have, elect)
→ He is _____
the Mayor of Chicago.

---

**Words**  device 기기, 장치  strategy 전략  contribute to ~에 기여[공헌]하다  traffic congestion 교통 혼잡

**16** 그 학생은 숙제를 하지 않은 것에 대해 변명을 했다.
(do, his homework)

→ The student gave excuses for _____

_____.

고난도

**17** 다음 글을 읽고, 밑줄 친 문장과 같은 뜻이 되도록 조건에 맞게 바꿔 쓰시오.

> Today Jane and I were to play tennis at the local court. But as soon as we entered the court, it began to rain heavily. We couldn't play tennis because of the heavy rain.

조건 1. The heavy rain을 주어로 할 것
2. prevent를 이용하여 총 8단어로 쓸 것

_____

**18** 다음 글에서 어법상 틀린 곳을 찾아 바르게 고쳐 쓴 후, 틀린 이유를 쓰시오.

> Megan and Alex decided to go to a restaurant for dinner. While they were eating, Megan realized she had forgotten bringing her purse. She couldn't help asking Alex to lend her some money. The problem was that Alex didn't have enough money to lend to her.

(1) 틀린 곳: _____ → _____
(2) 이유: _____
_____
_____

**19** 다음 글의 밑줄 친 우리말을 [보기]에 주어진 단어를 모두 써서 조건에 맞게 영작하시오.

> When people are isolated, it has an impact on individual mental health. The opposite of that is when we have a connected life — when we have friends and family who we can connect with. 반려동물을 키우는 것은 사람들이 더 연결되고 외로움을 극복하는 방법이다.

보기   have companion animals, be, a way, for people, be

조건 1. [보기]의 밑줄 친 단어의 어형을 바꿀 것
2. 총 10단어로 쓸 것

→ _____

more connected and overcome loneliness.

수능 어법

**20** 다음 글의 밑줄 친 부분 중, 어법상 틀린 것은?

> When you're in a car, you ①are protected from things outside, but it is not the same with motorbikes. ②Ride a motorbike, especially in the rain or snow, makes it about 100 times less ③safe than normal. Other drivers have difficulty ④seeing you when the weather ⑤becomes bad.

---

**Words**   isolate 고립시키다   have an impact on ~에 영향을 주다

# Chapter 6

# 분사

# 분사의 종류와 쓰임

**❶ 분사의 종류**

• 현재분사는 능동, 진행의 의미이고, 과거분사는 수동, 완료의 의미이다.

| 현재분사(v-ing) | 과거분사(p.p.) |
|---|---|
| 능동(~한, ~하는) / 진행(~하고 있는) | 수동(~된, ~해진) / 완료(~된) |
| **crying** baby(우는 아기), **developing** countries(개발도상국) | **broken** window(깨진 창문), **developed** countries(선진국) |

**❷ 분사의 쓰임**

(1) 명사 수식: [1]She listened to the sound of the **falling** rain.

(2) 보어 역할: [2]This new application looks **interesting**.
주격보어

[3]Anna heard her name **called** from a distance.
목적격보어

(3) 동사 형태 구성

• 진행형 (be + v-ing): [4]The children are **playing** in the park.

• 수동태 (be + p.p.): [5]She was **shocked** by the news.

• 완료형 (have + p.p.): [6]I have **read** this chapter many times.

**▶ 어법 연결**

• 분사가 목적격보어로 쓰이는 경우, 목적어와의 관계가 능동이면 현재분사, 수동이면 과거분사를 쓴다.
  ▶ Chapter 1. Unit 6. 5형식 문장 II(p.15) 참조
[7]He finally got *the computer* **working** again. (컴퓨터는 작동하는 주체이므로 능동 관계)
[8]We need to have *the car* **repaired** today. (차는 수리되는 대상이므로 수동 관계)

⊘ 정답 및 해설 p.26

**A** 괄호 안에서 알맞은 것을 고르시오.

**1** A [ rolling / rolled ] stone gathers no moss.

**2** Do you know where I can get my smartphone [ fixing / fixed ]?

**3** [ Shocking / Shocked ] news rocked the quiet town.

**4** The bath was so [ relaxing / relaxed ] that I fell asleep.

**5** She stayed in the house because of a [ breaking / broken ] leg. 학평기출응용

**B** 우리말과 같은 뜻이 되도록 괄호 안의 단어를 빈칸에 알맞은 분사 형태로 바꿔 쓰시오.

**1** 나는 그들이 도서관에서 크게 웃고 있는 것을 들었다. (laugh)

→ I heard them _____ loudly in the library.

**2** 공원에서, 그 남자아이는 잠자는 개를 보았다. (sleep)

→ In the park, the boy saw a _____ dog.

**3** 티켓은 미리 구입해야 한다. (purchase)

→ Tickets must be _____ in advance. 학평기출응용

# 분사의 수식

## ① 명사 앞에서 수식

· 분사는 **형용사 역할**을 하여 **명사 앞에서** 단독으로 **명사를 수식**하거나 **한정**한다.

[1] Look at those **falling** leaves.

[2] I loved the **grilled** salmon with lemon butter sauce.

## ② 명사 뒤에서 수식

· **분사** 또는 목적어나 수식어(구)를 동반한 **분사구**가 **명사 뒤에서 명사를 수식**하거나 **한정**할 수 있다.
이때 분사(구)는 관계사절과 같은 역할을 한다.

[3] Only those **invited** can come to the awards ceremony.
= who are invited

[4] The reporters **covering the accident** interviewed the survivors.
= who covered the accident

[5] Most of the people **taken to hospitals** were children.
= who were taken to hospitals

> ▶ 어법 연결
>
> · 수식받는 명사와 분사가 능동 관계이면 현재분사, 수동 관계이면 과거분사를 쓴다.
> [6] The man **sitting** in the corner is my cousin. (남자는 앉아 있는 주체이므로 능동 관계)
> [7] The data **required** for the report was not available online. (데이터는 요구되는 대상이므로 수동 관계)

정답 및 해설 p.27

## A  밑줄 친 부분이 어법상 맞으면 O표 하고, **틀리면** 바르게 고치시오.

1 He looked up at the <u>rising</u> sun.

2 The houses <u>locating</u> in this area are built with wood.

3 This is the only ticket <u>left</u> for tonight's show.

4 The <u>impressing</u> tourists took a lot of photos.

5 Within seconds, the dog <u>raced</u> after the bird was out of sight.

## B  우리말과 같은 뜻이 되도록 괄호 안의 말을 바르게 배열하시오.

1 뇌는 들어오는 데이터를 해석하는 방법을 배워야 한다. (coming, the data, in)

→ The brain must learn how to interpret _____. 학평기출응용

2 그 남자는 자신의 사무실 바깥에 놓여 있는 상자를 발견했다. (his office, placed, outside, a box)

→ The man found _____.

3 지구를 도는 인공위성의 수가 급격히 증가하고 있다. (the Earth, satellites, orbiting)

→ The number of _____ is increasing dramatically.

# 감정을 나타내는 분사

**❶ 감정을 나타내는 현재분사 vs. 과거분사**

· 분사가 수식하거나 보충 설명하는 대상이 **감정을 일으키는 주체**인 경우 **현재분사**를 쓴다.
반면, 분사가 수식하거나 보충 설명하는 대상이 **감정을 느끼는 대상**인 경우 **과거분사**를 쓴다.

¹It was **surprising** news that affected the lives of many people.
  ↳ 놀라게 하는, 놀라운 (소식은 놀라운 감정을 일으키는 주체임)

²People were **surprised** by the results of the experiment.
  ↳ 놀란 (사람들은 놀란 감정을 느끼는 대상임)

³Early morning exercise is very **exhausting**.
  ↳ 지치게 하는 (이른 아침 운동은 지치게 만드는 주체임)

⁴The **exhausted** students just wanted to lie down for a minute.
  ↳ 지친 (학생들은 지친 상태가 된 대상임)

**❷ 감정을 나타내는 동사의 분사형**

| | | | |
|---|---|---|---|
| interesting 흥미로운 | - interested 흥미를 느끼는 | annoying 성가신 | - annoyed 짜증난 |
| amusing 재미있는 | - amused 재미있어하는 | amazing 놀라운 | - amazed 놀란 |
| frightening 무섭게 하는 | - frightened 겁먹은 | confusing 혼란시키는 | - confused 혼란스러워하는 |
| shocking 충격적인 | - shocked 충격을 받은 | tiring 피곤하게 만드는 | - tired 피곤한 |
| boring 지루하게 하는 | - bored 지루해하는 | satisfying 만족감을 주는 | - satisfied 만족하는 |
| disappointing 실망스러운 | - disappointed 실망한 | terrifying 겁먹게 하는 | - terrified 겁먹은 |

**▶ 어법 연결**

· 사람이 주어이거나 사람을 수식하는 경우에 감정을 나타내는 분사로는 보통 과거분사를 쓰지만, 문맥에 따라 그렇지 않은 경우도 있다.

⁵He is an **interesting** writer who knows how to keep readers *interested*.
  ↳ 흥미로운 (사람들로 하여금 흥미를 느끼게 만드는 작가라는 의미)

⊘ 정답 및 해설 p.27

**A** 괄호 안에서 알맞은 것을 고르시오.

**1** It's been a long and [ tiring / tired ] day.

**2** He was [ frightening / frightened ] when he saw the snake.

**3** She turned on the TV, but there was nothing [ interesting / interested ] on. 학평기출 응용

**4** I did my best to pay attention to the [ boring / bored ] lecture.

**5** The comedian was [ disappointing / disappointed ] when his show got canceled.

**B** 괄호 안의 단어를 빈칸에 알맞은 형태로 바꿔 쓰시오.

**1** The rules of chess are very _____. (confuse)

**2** The student was _____ with the test results. (satisfy)

**3** My little brother, who makes so much noise, is very _____. (annoy)

**4** A bad night's sleep can make you feel _____. (exhaust)

**5** The park has a _____ roller coaster on top of the mountain. (terrify)

# UNIT 4 분사구문의 형태와 의미

## ❶ 분사구문의 형태

· 분사구문은 「접속사 + 주어 + 동사」의 부사절을 분사로 시작하는 부사구로 바꾼 것이다. 부사절과 주절의 주어가 같은 경우, 부사절에서 **접속사와 주어를 생략**하고 동사를 **현재분사**로 바꿔 분사구문을 만든다.

[1]When he *saw* the police officer, the man ran away.
→ **Seeing** the police officer, the man ran away.

## ❷ 분사구문의 의미

(1) 동시동작: [2]I took a walk in the park **listening to my favorite music.** (= as I listened to my favorite music)

(2) 연속동작: [3]He put down his book, **picking up his pen.** (= and he picked up his pen)

(3) 이유·원인: [4]**Being sick**, she had to cancel her business meeting. (= Because she was sick)

(4) 결과: [5]It rained for three days in a row, **ruining my vacation.** (= so it ruined my vacation)

(5) 시간: [6]**Finishing her essay**, she crawled up onto the bed. (= After she finished her essay)

(6) 조건: [7]**Turning to the right**, you will see the clock tower. (= If you turn to the right)

(7) 양보: [8]**Being so young**, he has a lot of experience in teaching. (= Although he is so young)

> ▶ **어법 연결**
>
> · 분사구문이 의미하는 바가 문맥상 명확하지 않을 때는 접속사를 생략하지 않는 경우도 있다.
> [9]**Since** living alone, I have to cook for myself.

⊘ 정답 및 해설 p.27

## A
두 문장이 같은 뜻이 되도록 [보기]에서 알맞은 접속사를 골라 빈칸에 쓰시오.

| 보기 | If | Because | Although |

**1** Being left alone, he didn't feel alone at all.

= _____ he was left alone, he didn't feel alone at all.

**2** Pressing this button, you will be able to download the file.

= _____ you press this button, you will be able to download the file.

**3** Being located by the sea, Newport Beach has beautiful views.

= _____ Newport Beach is located by the sea, it has beautiful views.

## B
밑줄 친 부분을 분사구문으로 바꿔 쓰시오.

**1** As he was a bookworm, he spent most of his weekends at the library.

**2** Although I understand your point of view, I don't agree with you.

**3** After he took a deep breath, the conductor raised the baton.

**4** Because I had nothing to do, I watched TV all day.

**5** Alex picked up the dishtowel, and he dried the dishes.

# 분사구문의 부정 · 시제 · 태

**①** 분사구문의 부정

- 분사구문의 부정은 분사 앞에 **not**이나 **never**를 넣어 나타낸다.

[1] **Not knowing** what to do, the boy wandered around the town.

**②** 분사구문의 시제

- 부사절이 주절과 시제가 같으면 단순형 v-ing로 나타내고, 부사절의 시제가 주절의 시제보다 앞선 경우에는 완료형 「**having + p.p.**」로 나타낸다.

[2] **Having had** a big lunch, I'm planning to skip dinner today.
<u>(= Because I had a big lunch)</u>

**③** 분사구문의 태

- 부사절에 「be + p.p.」가 사용된 경우에 분사구문은 수동형 「**being + p.p.**」로 나타낸다. 주절의 시제보다 앞선 경우에는 완료수동형 「**having been + p.p.**」로 나타낸다. 이때, being, having been은 주로 생략된다.

[3] **(Being) Relieved** to see her son again, she tried to calm herself down.
(= As she was relieved to see her son again)

[4] **(Having been) Told** the shocking news, Katie sat down and cried.
(= After she had been told the shocking news)

> ▶ **어법 연결**
>
> ● 과거분사로 시작하는 분사구문은 분사와 주절의 주어가 수동 관계임을 나타낸다.
> [5] **Written** in Swedish, <u>the documents</u> were hard to understand. (= As they were written in Swedish, ~)
> └── 수동 관계 ──┘

◎ 정답 및 해설 p.28

**A** 괄호 안에서 알맞은 것을 고르시오.

**1** [ Finishing / Having finished ] his report yesterday, he is free today.

**2** [ Having / Having had ] some time to kill, we decided to go to a café.

**3** [ Being not / Not being ] able to speak, the girl just stared at it with surprise.

**4** [ Been / Being ] worn properly, safety belts reduce your chances of being injured.

**5** [ Viewed / Viewing ] from this side, the rock looks like a dragon.

**B** 자연스러운 문장이 되도록 괄호 안의 말을 바르게 배열하시오.

**1** _____, we learned additional skills. (mastered, the basics, having)

**2** _____ the enemy, the soldiers marched out. (terrified, by, not)

**3** _____ 10 years ago, these pants are out of style. (bought, having, been)

**4** _____ a partnership, he decided to accept it. (been, having, offered)

**5** _____ by a dog, she is not afraid of dogs. (bitten, been, never, having)

# 6 독립분사구문 / with+(대)명사+분사

**❶ 독립분사구문**

• 분사구문의 의미상 주어가 주절의 주어와 일치하지 않을 경우, 의미상 주어는 분사 앞에 둔다.

[1]**The weather being terrible**, the school was closed.
　　└▸ 분사구문의 의미상 주어　　　└▸ 주절의 주어

　(= Because the weather was terrible, the school was closed.)

🔲 「접속사 + there + be」로 시작하는 부사절을 분사구문으로 바꿀 경우, there는 생략하지 않고 There being ~으로 쓴다.

**❷ 비인칭 독립분사구문**

• 분사구문의 의미상 주어가 일반인인 경우, 주절의 주어와 일치하지 않아도 의미상 주어를 생략하여 숙어처럼 사용할 수 있다.

[2]**Generally speaking**, education is the key to success.

| | |
|---|---|
| generally speaking 일반적으로 말하면 | strictly/frankly speaking 엄밀히/솔직히 말하면 |
| judging from ~로 판단하건대 | supposing (that) ~를 가정한다면 |
| speaking of ~에 관해서 말한다면 | granting (that) 설사 ~라고 하더라도 |
| considering everything 모든 것을 고려해 볼 때 | considering (that) ~를 고려하면 |

**❸ with + (대)명사 + 분사**

• '~가 …한[된] 채로'라는 뜻으로, 동시 상황을 나타낸다.

[3]I took the test **with the teacher watching** me.

> **▶ 어법 연결**
>
> • 「with + (대)명사 + 분사」에서 (대)명사와 분사의 관계가 능동이면 현재분사, 수동이면 과거분사를 쓴다.
> [4]Do not brush your teeth **with the water running**. (물은 흐르는 동작의 주체임)
> [5]She was sitting on a bench **with her legs crossed**. (다리는 꼬는 동작의 대상임)

✅ 정답 및 해설 p.28

**A** 밑줄 친 부분을 분사구문으로 바꿔 쓰시오.

**1** As the building was destroyed, valuable records were lost.

**2** If other things are equal, a cheaper price is preferred by consumers.

**3** After the sun had set, I looked up to the sky to find the stars.

**4** Although no money was stolen, significant damage was caused to the machine.

**5** When the class was over, the students thanked the teacher for the lesson.

**B** 밑줄 친 부분이 어법상 맞으면 O표 하고, 틀리면 바르게 고치시오.

**1** Strictly spoken, all visual scenes are ambiguous. 학평기출 응용

**2** She sat quietly with her eyes closing.

**3** The company made rapid growth with their products selling globally.

**4** With the exam come up next week, we need to stay focused.

**5** Considered everything, the instructor was an effective teacher.

**[1-5]** 괄호 안에서 알맞은 것을 고르시오.

**1** The socks [ losing / lost ] in the dryer were his favorites.

**2** People were [ shocking / shocked ] when they saw the accident.

**3** [ Wrapping / Wrapped ] in beautiful paper, the tulips make a wonderful gift. 학평기출응용

**4** It was such a [ confusing / confused ] question.

**5** [ Being / There being ] no evidence against him, he was released from prison.

**[6-9]** 밑줄 친 부분을 어법상 바르게 고쳐 쓰시오. (단, 한 단어로 고쳐 쓸 것)

**6** There was a desk <u>covering</u> with piles of papers in the office.

**7** Be open with what you feel and give a truthful opinion when <u>asking</u>. 학평기출응용

**8** The class <u>was</u> over, we got out as fast as we could.

**9** <u>Have</u> been told to wait, Lisa went back to her seat.

**[10-13]** 어법상 틀린 곳을 찾아 바르게 고쳐 쓰시오. (단, 한 단어로 고쳐 쓸 것)

**10** We are trying to have the issue resolving as soon as possible.

**11** Judged from his accent, the man had lived in Britain for a long time.

**12** Had learned English before learning German, she could speak two foreign languages.

**13** He ate the vegetables first, left the meat behind.

**[14-17]** 우리말과 같은 뜻이 되도록 괄호 안의 말을 이용하여 문장을 완성하시오. (단, 주어진 단어만 쓰고, 한 단어의 어형을 바꿀 것)

**14** 그는 자신의 가슴에서 심장이 두근거리고 있는 것을 느낄 수 있었다. (his heart, pound)
→ He could feel ＿＿＿＿＿＿＿＿＿＿＿ in his chest. 학평기출응용

---

**Words** dryer 건조기  release 석방하다  pile 더미, 무더기  truthful 진실한, 정직한  resolve 해결하다  pound (심장이) 두근거리다

**15** 우리는 가장 재미있는 대화를 했다.
(amuse, conversation)

→ We had the most _____.

**16** 그 도서관은 캠퍼스의 한가운데에 위치하여 관광객들의 마음을 끈다. (situate, in)

→ _____ the center of campus, the library attracts tourists.

**17** 그들은 대부분의 시간을 문을 닫은 채로 자신들의 방에서 보냈다. (with, the door, close)

→ They spent most of their time in their room _____.

[18-21] 두 문장이 같은 뜻이 되도록 분사구문을 이용하여 문장을 바꿔 쓰시오.

**18** Although he was very tired, he went out to work out.

= _____, he went out to work out.

**19** When the winter is over, the boughs get new leaves.

= _____, the boughs get new leaves.

**20** Since I was not invited to the party, I didn't go.

= _____, I didn't go.

**21** As it had rained for three days, the ground was completely wet.

= _____, the ground was completely wet.

[22-25] 우리말과 같은 뜻이 되도록 괄호 안의 말을 배열하여 문장을 완성하시오.

**22** 마감일이 다가옴에 따라, 지원자들은 준비가 필요하다.
(the deadline, approaching, with)

→ _____, applicants need to be prepared.

**23** 당신이 그 기회를 가진다고 가정한다면 뭐라고 말하겠는가?
(that, had, you, the opportunity, supposing)

→ _____, what would you say?

**24** 그 조각상에서 눈을 떼지 못하고, 그녀는 그것의 사진을 찍기 시작했다.
(taking, her, not, the statue, off, eyes)

→ _____, she began to take pictures of it.

**25** 모든 돈을 써버려서, 나는 돈을 더 벌 방법을 찾아야 했다.
(all, having, spent, been, the money)

→ _____, I had to find a way to make more money.

---

**Words**  situate 위치시키다  bough 나뭇가지  applicant 지원자

# Actual Test

**[1-3] 다음 빈칸에 들어갈 가장 알맞은 것을 고르시오.**

**1**

_____ alone in the park, the dog started barking loudly.

① Leave      ② Leaving      ③ Left

④ Having left      ⑤ To have been left

**2**

We got our groceries _____ by the local market.

① deliver      ② delivering

③ delivered      ④ to deliver

⑤ have delivered

**3**

Generally _____, success starts with mental and physical health.

① speak      ② speaking      ③ spoken

④ to speak      ⑤ to be spoken

**[4-5] 다음 빈칸에 들어갈 말이 순서대로 바르게 짝지어진 것을 고르시오.**

**4**

• A woman is riding on a train with her baby _____ in a blanket.

• I yelled back, _____ him off before he could continue.

① wrapping – cutting      ② wrapping – cut

③ wrapped – cutting      ④ wrapped – cut

⑤ wrap – to have cut

**5**

• The scientists remained in the area _____ at the animals.

• Too _____ to work out, I decided to go home.

① looking – tired      ② looking – tiring

③ looked – tiring      ④ looked – tired

⑤ looking – being tired

**[6-7] 다음 중 밑줄 친 부분이 어법상 틀린 것을 고르시오.**

**6**
① Rinse the container with the <u>running</u> water.

② Add the eggs to the lemon juice, with the shells <u>included</u>.

③ <u>There</u> being no other choice, we had to stay there.

④ Suddenly she heard someone <u>knocked</u> on the door.

⑤ The book <u>published</u> last year inspired many readers.

**7**
① <u>Using</u> economically, one bottle can last for six weeks.

② <u>Having read</u> the book, I already knew the movie's plot.

③ Pets are important in the treatment of <u>depressed</u> or ill patients. 수능기출응용

④ <u>Being</u> well-trained, the staff was friendly and kind.

⑤ <u>Packed</u> with vitamin C, lemons support a healthy immune system.

---

**Words**   container 용기, 그릇   pack 가득 채우다   immune system 면역 체계

**8** 다음 중 어법상 **틀린** 것끼리 짝지어진 것을 고르시오.

> ⓐ She saw some boys swimming in the lake.
> ⓑ I found a chair covering with a blanket.
> ⓒ Granting that you are right, we can't process your request.
> ⓓ What would you say if asking to describe yourself?
> ⓔ Having read your letter, I now understand your position.

① ⓐ, ⓑ　　　② ⓐ, ⓒ　　　③ ⓑ, ⓓ
④ ⓑ, ⓓ, ⓔ　　⑤ ⓒ, ⓓ, ⓔ

[9-10] 다음 중 어법상 맞는 것을 고르시오.

**9** ① I was amazing at her knowledge of Korean history.
② Believed the weather will stay fine, we will go on a picnic.
③ Having injured in an accident, I understand your stress.
④ He went around with his cart, picked up plates.
⑤ You need to make sure all the devices are fully charged.

**10** ① The teachers made the schoolwork more motivating.
② Her neighbor saw the thieves broken into her home.
③ You can have prepared meals delivering to your door.
④ I enjoyed my vacation, never worry about waking up early.
⑤ After impressed audiences in the movie, he became a big star.

[11-13] 우리말과 같은 뜻이 되도록 괄호 안의 말을 바르게 배열하시오. (단, 밑줄 친 단어의 어형을 바꿀 것)

**11** 일자리에 지원하는 것은 좌절감을 주는 경험이 될 수 있다.
(can be, applying, experience, for, frustrate, jobs, a)
→ _____

**12** 그 물질은 물과 혼합하지 않으면 활성화되지 않을 것이다.
(will, mix, activate, unless, with water, not)
→ The material _____.

**13** 인상주의는 밝은 색채가 눈길을 끌면서, 보기에 편하다.
(appeal, bright colors, to the eye, its, with)

`학평기출응용`

→ Impressionism is comfortable to look at, _____.

[14-16] 우리말과 같은 뜻이 되도록 괄호 안의 말을 이용하여 분사구문을 완성하시오.

**14** 미국에서 공부한 적이 없어서, 그녀는 힘든 시기를 겪었다.
(never, study, in America)
→ _____,
she went through difficult times.

**15** 그는 자신의 일에 몰두하여 저녁 약속에 대해 잊어버렸다.
(throw, himself, into his work)
→ _____,
he forgot about the dinner appointment.

---

**Words**　charge 충전하다　schoolwork 학교 공부, 학업　motivating 동기 부여가 되는　activate 활성화되다　impressionism 인상주의

**16** 환자들에 대한 열악한 치료에 놀라서, 그녀는 병원을 설립했다.

(terrify, by the poor medical treatment, for patients)

→ _____

_____, she founded a

hospital. 학평기출응용

🔖 고난도

**17** 다음 밑줄 친 (A)~(D)를 조건에 맞게 알맞은 형태로 고쳐 쓰시오.

> The rays of the sun came through my curtains, (A) warm the blankets on my bed. I was in my bed, the covers (B) pull up, snoring like a bear. Then I heard a (C) frighten sound outside. (D) Jump out of bed, I opened the window.

> 조건  1. 분사로 고쳐 쓸 것
> 2. 단어를 추가하지 않을 것

(A) _____   (B) _____

(C) _____   (D) _____

**18** 다음 글에서 어법상 틀린 부분을 두 군데 찾아 바르게 고쳐 쓰시오.

> Mark returned to the city later than he had planned, having stuck in traffic. He reached home just before eleven. Once he had showered and changed, he didn't want to sit around waiting for his friend. Pulled on a blazer over his T-shirt, he went outside to catch a cab to downtown.

|       | 틀린 표현 |   | 고친 표현 |
|-------|-----------|---|-----------|
| (1)   | _____ | → | _____ |
| (2)   | _____ | → | _____ |

**19** 다음 글의 밑줄 친 우리말을 [보기]에 주어진 단어를 모두 써서 조건에 맞게 영작하시오.

> The hospital has faced criticism over the failure to protect the patients from the virus. The patients were sent home, 많은 수가 바이러스 검사를 받지 않은 채.

> 보기   many, having, for, tested, be, the virus, with

> 조건  1. 밑줄 친 be는 어법에 맞게 변형할 것
> 2. 한 단어를 추가할 것

_____

📄 수능 어법

**20** 다음 글의 밑줄 친 부분 중, 어법상 틀린 것은?

> I was late for an important job interview once, ①having delayed by heavy snow. ②Asked about my journey, I had to explain why I was late. If the interview is more than four hours' drive away, my tip is ③to travel the day before. ④It can get rid of the risk of a delay and make you look more ⑤relaxed.

---

**Words**   found 설립하다   snore 코를 골다   blazer 블레이저 코트   criticism 비판   get rid of ~를 없애다

# 누적 TEST

**[1-3]** 다음 빈칸에 들어갈 가장 알맞은 것을 고르시오.

**1**

> He persuaded me _____ my job and work with him.

① leave  ② left  ③ leaving

④ to leave  ⑤ having left

**2**

> She didn't care for _____ out loud.

① their sing  ② their singing

③ they singing  ④ they to sing

⑤ them to sing

**3**

> The owners had the building _____, so now it looks different.

① renovate  ② to renovate

③ renovating  ④ renovated

⑤ being renovating

**[4-5]** 다음 빈칸에 들어갈 말이 순서대로 바르게 짝지어진 것을 고르시오.

**4**

> • You are _____ your time doing nothing.
> • He tried to avoid _____ into the argument.

① to not waste – to be drawn

② to not waste – drawing

③ not to waste – being drawn

④ not to waste – drawing

⑤ not to be wasted – being drawn

**5**

> • _____ a mask, she walked through the door.
> • It was careless _____ the vase.

① Wear – for him to break

② Wearing – of him to break

③ Wearing – for him to break

④ Worn – of him to break

⑤ Worn – for him breaking

**[6-7]** 다음 두 문장의 빈칸에 공통으로 알맞은 것을 고르시오.

**6**

> • I don't mind _____ when you're away.
> • When _____ in the house, she would often begin to cry hard.

① to leave alone  ② leaving alone

③ to be left alone  ④ being left alone

⑤ having been left alone

**7**

> • Most people find _____ entertaining to carve pumpkins on Halloween.
> • Is _____ safe to drink the water straight from the tap?

① this  ② that  ③ it

④ one  ⑤ all

---

**Words** renovate 개조하다  argument 논쟁  entertaining 재미있는

**[8-10]** 다음 중 어법상 <u>틀린</u> 것을 고르시오.

**8**
① Remember to wash your hands often.

② The fire appears to have been intentionally set.

③ She stopped complaining and smiled back at him.

④ He blamed his mother for his having sent to Africa.

⑤ Painted with a special ink, this picture looks fascinating.

**9**
① Having heard what I said, she raised her eyebrows.

② The guy didn't seem to know where to go in the cold.

③ He never forgot hearing her threatening voice on the radio.

④ If you need someone to talk, I'm here to listen to your story.

⑤ She is accustomed to working with a wide range of clients.

**10**
① He heard the children making noise outside.

② You seem to have gained some weight recently.

③ They seemed angry at the colleagues' having been fired.

④ Children should not drink energy drinks to stay awake.

⑤ Being no other business to consider, the meeting was finished.

**11** 다음 우리말에 맞게 주어진 단어를 배열하여 문장을 완성할 때, 빈칸 (A)에 들어갈 알맞은 말을 고르시오.

> 그녀는 매일 아침 산책하는 것을 규칙으로 삼고 있다.
> (makes, walk, take, morning, rule, it, to, a, a, every)
> → She _____ _____ _____ _____ (A) _____ _____ _____ _____ _____.

① a        ② to        ③ take
④ it       ⑤ walk

**12** 다음 중 어법상 맞는 문장의 개수를 고르시오.

> ⓐ I could not help laughing at her joke.
> ⓑ The room is big enough to hold two big beds.
> ⓒ Having written the letter, he quickly ran to the post office.
> ⓓ I met people worked on a variety of interesting projects.
> ⓔ Needless to saying, the success of an organization depends on its people.

① 1개    ② 2개    ③ 3개    ④ 4개    ⑤ 5개

**13** 다음 중 어법상 <u>틀린</u> 것끼리 짝지어진 것을 고르시오.

> ⓐ Fallen leaves can be a natural fertilizer.
> ⓑ The visitors asked Emma for a pen to write with.
> ⓒ Recognizing your pet's particular needs are important.
> ⓓ She refused to give up on her dream in the face of obstacles.
> ⓔ Seeing from below, the tower looks taller than it actually is.

① ⓐ, ⓒ        ② ⓑ, ⓒ, ⓔ        ③ ⓑ, ⓓ
④ ⓒ, ⓔ        ⑤ ⓓ, ⓔ

---

**Words**  intentionally 고의로  fascinating 매혹적인, 황홀한  eyebrow 눈썹  threatening 위협적인  fertilizer 비료
give up on ~를 포기하다  obstacle 장애물

**✎ 서술형**

**[14-16]** 다음 우리말과 같은 뜻이 되도록 괄호 안의 말을 바르게 배열하시오. (단, 필요시 어형을 바꿀 것)

**14**

적절하게 사용되지 않으면 이 알약들은 부작용을 일으킬 수 있다.
(side effects, use, can, these pills, cause, appropriately)

→ Unless _____,

_____ .

**15**

너무 어두워서 그녀는 아무것도 볼 수 없었다.
(dark, it, she, see, too, for, anything, to, was)

→ _____

**16**

그의 아버지는 그가 건축가가 되는 것을 단념시켰다.
(his, him, father, discouraged, an architect, become, from)

→ _____

**[17-19]** 다음 우리말과 같은 뜻이 되도록 괄호 안의 말을 이용하여 문장을 완성하시오.

**17**

나는 당신에게 상처를 줄 말을 했던 것을 후회한다.
(regret, say, anything)

→ I _____ to hurt you. (총 3단어)

**18**

나는 배가 고파서 그 일에 집중하기가 힘들었다.
(make, hard, focus on)

→ My hunger _____ the task. (총 6단어)

**19**

그 이야기는 사실이 아니었는데, 신문을 팔기 위해 그 편집자들에 의해 만들어졌던 것이었다.
(have, invent, the editors)

→ The story was not true, _____

_____ to sell newspapers. (총 6단어)

**🔖 고난도**

**20** 다음 ⓐ~ⓓ 중 어법상 **틀린** 것을 골라 그 기호를 쓰고, **틀린** 부분을 고치시오.

ⓐ People are apt to being influenced by first impressions.

ⓑ He seems disappointed with having not found a job in Seattle.

ⓒ She is known for having written many books on Asian culture.

ⓓ Never having done any creative writing before, I was nervous at first.

(1) ( ) : _____ → _____

(2) ( ) : _____ → _____

---

**Words** side effect 부작용 pill 알약 appropriately 적절하게 architect 건축가 editor 편집자 impression 인상

**21** 다음 글에서 어법상 **틀린** 부분을 **두 군데** 찾아 바르게 고쳐 쓰시오.

> We sometimes focus on one big important moment changing our life and begin ignoring the small habits that allow us improving. However, small changes can accumulate into amazed results.

|  | 틀린 표현 |  | 고친 표현 |
|---|---|---|---|
| (1) | _____ | → | _____ |
| (2) | _____ | → | _____ |

**[22-23]** 다음 글을 읽고 물음에 답하시오.

> A *fad* is an item ①that becomes popular for a moment in time but then ②vanishes quickly. A great example that 사라져서 결국 돌아오지 않았던 is the Sony Walkman in the 1980s. It enabled a person ③to play audio cassette tapes while ④walking around. It would be hard ⑤of it to be in fashion again.

**22** 윗글의 밑줄 친 부분 중 어법상 **틀린** 것은?

①      ②      ③      ④      ⑤

**23** 윗글의 밑줄 친 우리말을 주어진 조건에 맞게 영작하시오.

> **조건** 1. 총 4단어로 쓸 것
> 2. disappear, never, return과 to부정사를 이용할 것

_____

**[24-25]** 다음 글을 읽고 물음에 답하시오.

> Six people were crowded into the coach, not including the driver above. The trunks ___(A)___ to the top of the coach crashed against the roof every time the wheels crossed a rock. The journey was too shaky to read. Laura 눈을 감은 채로 앉았다 and hummed to herself. She imagined ___(B)___ the young girl dancing at the fancy balls.   *coach 마차 **ball 무도회

**24** 윗글의 빈칸 (A)와 (B)에 들어갈 말이 바르게 짝지어진 것은?

       (A)       (B)

① strapping – to be

② strapping – being

③ strap     – to be

④ strapped – being

⑤ strapped – to be

**25** 윗글의 밑줄 친 우리말을 주어진 조건에 맞게 영작하시오.

> **조건** 1. 총 5단어로 쓸 것
> 2. 전치사 with를 이용할 것

_____

---

**Words**   ignore 무시하다   accumulate 축적되다   fad 일시적 유행   vanish 사라지다   in fashion 유행하는   crash 부딪히다
hum 흥얼거리다

# Chapter 7

# 조동사

# UNIT 1
# can, could / may, might / will, would

**1** **can, could: 능력, 가능성, 허가, 요청, 추측 등의 의미**

[1] I **can**(= am able to) speak a little Chinese. (능력: ~할 수 있다)

> *cf* 능력을 나타내는 can의 과거형은 could, was[were] able to, 미래형은 will be able to이다.

[2] It **can / could** rain later this afternoon. (가능성: ~일 수도 있다) → could는 can보다 일어날 가능성이 더 적을 때 쓴다.

[3] **Can / Could** I ask you a favor, if you're not too busy? (허가: ~해도 된다) → could는 can보다 더 정중한 표현이다.

**2** **may, might: 허가, 추측, 기원 등의 의미**

[4] **May** I borrow your smartphone for a minute? (허가: ~해도 된다)

[5] The legend **may / might** be true. (추측: ~일지도 모른다) → might는 may보다 일어날 가능성이 더 적을 때 쓴다.

[6] **May** you live a long and happy life. (기원: ~하기를) → 기원의 may는 「May+주어+동사원형」의 어순으로 쓴다.

**3** **will, would: will은 미래 (예측), 요청, 의지 등, would는 정중한 요청, 과거의 반복적인 행동이나 습관 등의 의미**

[7] The project **will** be finished next week. (미래: ~일 것이다)

[8] **Will / Would** you show me the ticket? (요청: ~해 주겠니?)

[9] I **will** definitely get up early tomorrow morning. (의지: ~할 것이다)

[10] On Sundays, I **would** go swimming with my brother. (과거의 습관: ~하곤 했다)

> **▶ 어법 연결**
> • 조동사 뒤에는 반드시 동사원형이 와야 하며, 두 개의 조동사를 연이어 사용할 수 없다.
> [11] She **can** plays golf well. (×)  She **can** play golf well. (○)

정답 및 해설 p.34

**A** 조동사에 밑줄을 긋고, [보기]에서 어떤 의미인지 골라 쓰시오.

> | 보기 | 허가 | 의지 | 과거의 습관 |

**1** Anyone who receives the text can join our group.

**2** When he was young, he would spend hours playing basketball.

**3** Could Lisa come to our house next weekend?

**4** I will not share with you my secret recipe for a perfect cake.

**5** You may park here only for 30 minutes.

**B** 밑줄 친 부분이 어법상 맞으면 ○표 하고, **틀리면** 바르게 고치시오.

**1** <u>Could I</u> use your umbrella if you don't use it?

**2** When my sister was little, she <u>would refuses</u> to eat vegetables.

**3** The team <u>will is able to</u> win the competition this year.

**4** There <u>might</u> be two typhoons this fall.

**5** <u>May you are</u> happy and enjoy every moment.

# 2 must, have to / should, ought to / shall

**❶ must: 강한 필요·의무, 강한 추측 등의 의미**

[1] All plants **must** get the right amount of sun and water. (필요: ~해야 한다)

[2] You **must** *not* sell items without proper labeling. (의무: ~해야 한다)

[3] It **must** be nice to have your own personal assistant. (추측: ~임에 틀림없다)

*cf.* must의 과거형은 had to, 미래형은 will have to로 나타낸다.

**❷ have to: 의무와 필요의 의미**

[4] He **has to** be back by 9 o'clock. (의무: ~해야 한다)

**❸ should, ought to: 의무, 충고, 근거가 있는 추측·예상 등의 의미**

[5] Students **should** follow the rules at school. (의무: ~해야 한다)

[6] Liam **should** be home by now. (추측: ~일 것이다)

[7] You **ought to** be more careful with your money. (충고: ~해야 한다)

**❹ shall: 주로 1인칭 의문문으로 쓰여 제안을 나타냄**

[8] **Shall** we have chicken for dinner? (제안: ~할까요?)

### ➕ 문법 PLUS

- ought to의 부정형은 to 앞에 not을 써서 나타낸다. must의 경우 필요·의무의 뜻일 때는 have to로 바꿔 쓸 수 있지만, 각각의 부정형은 의미가 서로 다르다. (must not: ~해서는 안 된다 / don't have to: ~할 필요가 없다)

  [9] We may face difficulties, but we **ought not to** give up.　　[10] Just come in. You **don't have to** knock.

---

⊘ 정답 및 해설 p.34

**A** 밑줄 친 부분을 우리말로 해석하시오.

**1** People <u>should not exceed</u> the speed limit.

**2** <u>Shall I tell you</u> a bedtime story?

**3** When you write, you <u>ought to have a point of view</u>. 학평 기출응용

**4** <u>It must be hot outside.</u> The boys just had their shirts off.

**5** All children between 6 and 18 <u>must attend school</u> in this country.

**B** 우리말과 같은 뜻이 되도록 괄호 안의 말을 바르게 배열하시오.

**1** 우리는 몇 시에 떠나야 합니까? (leave, do, time, we, have to, what)

　　→ _____

**2** 그녀는 토요일에는 일찍 일어날 필요가 없다. (get up early, she, have, doesn't, to, on Saturdays)

　　→ _____

**3** 여러분은 정크 푸드를 너무 많이 먹지 말아야 합니다. (to, not, you, eat, ought, too much junk food)

　　→ _____

# UNIT 3 기타 조동사 / 조동사 관용 표현

**①** **used to:** 과거의 반복적인 행동, 습관이나 지속된 상태를 나타내며 '지금은 더 이상 그렇지 않다'라는 의미

¹My dad **used to** go fishing with me when I was a kid. (~하곤 했다)

²She **used to** be a good girl, but everything just changed. (~이었다)

**cf.** would 또한 과거의 반복적인 행동이나 습관을 나타내지만, 지속된 상태는 나타낼 수 없다.

**②** **had better:** 강한 충고, 경고의 의미

³We **had better** leave now or we will miss the train. (~하는 것이 낫다)

⁴You **had better not** leave your room unlocked. (부정형: ~하지 않는 것이 낫다)

**③** 조동사 관용 표현

⁵The new online game **may well** appeal to teenagers. (may well: 아마 ~일 것이다, ~하는 것이 당연하다)

⁶We **may as well** eat dinner first before the movie. (may[might] as well: ~하는 것이 더 낫다)

⁷If we keep doing our best, we **cannot but succeed.**

(cannot but+동사원형: ~할 수밖에 없다, ~하지 않을 수 없다 (= cannot help -ing / have no choice but to+동사원형))

⁸I **would rather** stay in **than** go out. (would rather A than B: B하느니 차라리 A하겠다)

## ▶ 어법 연결

• used to와 혼동되는 표현들에 유의한다.

| used to + 동사원형 | be used to + 동사원형 | be used to + (동)명사(구) |
|---|---|---|
| ~하곤 했다, ~이었다 | ~하기 위해[~하는 데] 사용되다 | ~하는 데[~에] 익숙하다 |

⁹Bones **were used to make** tools.　　¹⁰We **are used to working** with digital tools.

ⓥ 정답 및 해설 p.34

**A** 괄호 안에서 알맞은 것을 고르시오.

**1** You had better [ take / taking ] care of your health.

**2** There [ used to / would ] be fields of crops here.

**3** You [ had better not / had not better ] stay in the sun without sunscreen.

**4** We cannot but [ protesting / protest ] against these injustices.

**5** In India, debate was used to [ settle / settling ] religious controversies. 학평기출 응용

**B** 우리말과 같은 뜻이 되도록 밑줄 친 부분을 고쳐 쓰시오.

**1** 보호소 개들은 사람들과 다른 개들 주변에 있는 것에 익숙하다.

Shelter dogs are used to <u>be</u> around people and other dogs. 학평기출 응용

**2** 여러분이 시험 중에 계속 말을 한다면 선생님이 화가 나는 것도 당연하다.

The teacher <u>may as well</u> get angry if you keep talking during the test.

**3** 나는 더운 날에 테니스를 치느니 차라리 수영을 하러 가겠다.

I <u>can rather</u> go swimming than play tennis on a hot day.

# UNIT 4 조동사+have p.p.

**❶ must have p.p.**(~했음에 틀림없다): 과거 사실에 대한 강한 추측

[1]I don't see the photos on my phone. I **must have deleted** them by mistake.

**❷ should have p.p.**(~했어야 했다): 과거 사실에 대한 후회나 유감

[2]I **should have called** her before she left.

[3]I **shouldn't have let** her go. (~하지 말았어야 했다)

**❸ may/might have p.p.**(~했을지도 모른다): 과거 사실에 대한 불확실한 추측

[4]Volcanic eruptions **may have contributed** to the fall of Chinese dynasties.

**❹ could have p.p.**(~했을 수도 있다): 과거에 일어날 수 있었지만 일어나지 않은 일에 대한 언급 또는 약한 추측

[5]I believe that the war between the two countries **could have been** avoided.

**❺ cannot have p.p.**(~했을 리가 없다): 과거 사실에 대한 강한 부정적 추측

[6]My brother **cannot have been** there yesterday because he was at home.

> **▶️ 어법 연결**
>
> • 문맥을 통해 「조동사 + 동사원형」과 「조동사 + have p.p.」의 쓰임을 구별한다.
> [7]Judging from their teeth, our ancestors **must have eaten** seeds and nuts.
> 과거에 대한 강한 추측의 맥락이므로 현재에 대한 추측인 「must + 동사원형」은 어울리지 않음

⊘ 정답 및 해설 p.35

**A** 괄호 안에서 알맞은 것을 고르시오.

**1** You look excited. You [ must / cannot ] have enjoyed the game a lot.

**2** I'm stuck in traffic. I [ should / may ] have taken a subway.

**3** We can find her. She [ might / cannot ] have gone far in this stormy weather.

**4** Thank you. It [ must / should ] have been a big effort for you. [학평기출응용]

**5** The work [ must / might ] have been finished by now, but I'm not sure.

**B** 우리말과 같은 뜻이 되도록 어법상 틀린 곳을 찾아 바르게 고쳐 쓰시오.

**1** 나는 밤늦게 커피를 마시지 말았어야 했다.

I cannot have drunk coffee late at night.

**2** 그 식중독은 미리 예방할 수도 있었다.

The food poisoning could be prevented in advance.

**3** 이것은 과거에는 효과가 있었을지 모르지만, 오늘날에는 다르다.

This must have worked in the past, but things are different today. [학평기출응용]

**[1-5]** 괄호 안에서 알맞은 것을 고르시오.

**1** The library [ would / used to ] be near the city hall.

**2** The restaurant was full. We [ should / must ] have booked earlier.

**3** Grandpa must [ be / have been ] very happy when I was born.

**4** You [ ought to / don't have to ] keep it a secret because I already know it.

**5** He [ has / had ] better walk to the shop to improve his health. 학평기출응용

**[6-9]** 밑줄 친 부분을 어법상 바르게 고쳐 쓰시오.

**6** I would rather riding a bike than drive a car.

**7** You had not better go out in this cold weather.

**8** I cannot but laughing when I look at this photo.

**9** My dog is used to walk on a leash.

**[10-13]** 어법상 틀린 곳을 찾아 바르게 고쳐 쓰시오.

**10** I may as well to order it online. It's cheaper.

**11** This accident may have being due to his carelessness.

**12** In my opinion, animal testing ought to not be allowed.

**13** She would often stop by my office and having some tea.

**[14-17]** [보기]에서 알맞은 말을 골라 빈칸에 쓰시오.

| 보기 | have to | used to |
|------|---------|---------|
| | should have | may well |

**14** She _____ refuse to talk to you. She's angry at you.

---

**Words** leash (개 등을 매어 두는) 줄[끈]  carelessness 부주의함  animal testing 동물 실험  stop by ~에 들르다

**15** You will _____ send your application by email.

**16** It was too late. The patient _____ been treated sooner.

**17** Scientists say this desert _____ be full of fish.

**[18-21]** 우리말과 같은 뜻이 되도록 괄호 안의 말을 이용하여 문장을 완성하시오.

**18** 그가 그런 어리석은 짓을 했을 리가 없다.
(cannot, do)
→ He _____ such a silly thing.

**19** 이 기계는 플라스틱 병을 포장하기 위해 사용된다.
(used, pack)
→ This machine _____ plastic bottles.

**20** 당신은 무슨 일이 있었는지에 대해 제게 사실을 말해 줄 수도 있었잖아요. (could, tell, me)
→ You _____ the truth about what happened.

**21** 제가 당신을 집까지 태워다 드릴까요?
(shall, give)
→ _____ a ride home?

**[22-25]** 우리말과 같은 뜻이 되도록 괄호 안의 말을 바르게 배열하시오.

**22** 학교들은 새로운 기술을 받아들일 수밖에 없다.
(accept, cannot, new, schools, technology, but)

_____

**23** 모든 참가자는 참가 자격증을 받을 것이다.
(receive, will, every participant, for entry, a certificate) 학평기출응용

_____

**24** 그 말이 지배인을 낙담시켰음에 틀림없다.
(have, the manager, the words, must, discouraged) 학평기출응용

_____

**25** 수요일에 바람이 불고 추울 수 있다.
(could, windy, on Wednesday, and cold, be, it)

_____

**Words**   entry 참가(작)  certificate 자격증; 증명서  discourage 낙담시키다

# Actual Test

[1-3] 다음 두 문장의 뜻이 같도록 빈칸에 알맞은 말을 고르시오.

**1**

> Is it necessary for me to see a doctor right away?
> = _____ I see a doctor right away?

① May ② Will ③ Should
④ Shall ⑤ Could

**2**

> He has no choice but to accept the offer.
> = He _____ but accept the offer.

① might ② must ③ would
④ cannot ⑤ shouldn't

**3**

> I prefer texting someone to speaking on the phone.
> = I _____ text someone than speak on the phone.

① used to ② have to
③ don't have to ④ had better
⑤ would rather

[4-5] 다음 두 문장의 빈칸에 공통으로 알맞은 것을 고르시오.

**4**

> • _____ your days be merry!
> • _____ I use this chair?

① May ② Must ③ Can
④ Will ⑤ Should

**5**

> • You _____ better exercise regularly to stay fit.
> • I _____ to listen carefully to make sense of it.

① used ② had ③ ought
④ would ⑤ could

[6-7] 다음 중 밑줄 친 부분이 어법상 틀린 것을 고르시오.

**6**

① I cannot but <u>admire</u> his amazing achievements.
② Every day he <u>would</u> run up and down the hill.
③ My mother <u>was used to</u> tickle me when I was young.
④ I <u>shouldn't have added</u> more salt. It's too salty.
⑤ The case <u>must have fallen</u> off my lap.

학평기출응용

**7**

① Where <u>shall</u> we go for lunch today?
② The honest boy <u>cannot have stolen</u> your bag.
③ We <u>may as well stay</u> here until the rain stops.
④ I <u>had not better</u> keep my family waiting too long.
⑤ You <u>must not let</u> anyone know your password.

---

**Words** make sense of ~를 이해하다  achievement 업적, 성취  tickle 간지럼을 태우다

**8** 다음 중 어법상 맞는 문장의 개수를 고르시오.

> ⓐ The broken roof has to be replaced soon.
> ⓑ You ought not to drive in this snow storm.
> ⓒ The children have been used to the sounds of the TV.
> ⓓ Previous applicants don't have to apply again.
> ⓔ This incident is tragic because the victim could have being saved.

① 1개    ② 2개    ③ 3개    ④ 4개    ⑤ 5개

**[9-10]** 다음 중 어법상 맞는 것을 고르시오.

**9** ① We should have calling the doctor's office earlier.
② She may well feeling nervous in this unstable situation.
③ I would rather buy a new watch to repair the old one.
④ You had better make sure that the job is done correctly.
⑤ He was used to read his son bedtime stories at night.

**10** ① Somebody must try to steal my car last night.
② Research says Mars may be warmer in the past.
③ We may as well getting started on our next project.
④ You will must ask for permission to use the pool.
⑤ I should not have blamed my friends for my mistakes.

**서술형**

**[11-13]** 우리말과 같은 뜻이 되도록 괄호 안의 말을 바르게 배열 하시오. (단, 조동사를 추가할 것)

**11** 나는 나 자신을 거의 주체할 수가 없다.
(I, hardly, myself, control)

_____

**12** 나는 사무실에 가느니 차라리 집에서 일하겠다.
(I, go to the office, work from home, rather, than)

_____

**13** 저희는 결코 귀하의 정보를 누구와도 공유하지 않을 것입니다.
(never, your information, anyone, share, with, we)

_____

**[14-16]** 우리말과 같은 뜻이 되도록 괄호 안의 말을 이용하여 문장을 완성하시오.

**14** 그녀가 이전 인터뷰에서 거짓말했을 리가 없다.
(cannot, lie, in the previous interview)

_____

**15** 나의 학생들은 모둠으로 작업하는 것에 익숙하다.
(used to, work, in groups)

_____

**16** 저희 사이에 오해가 있었을지도 모르겠습니다.
(there, might, a misunderstanding, between)

_____

---

**Words**   incident 사건   tragic 비극적인   unstable 불안정한   permission 허가   misunderstanding 오해

**17** 밑줄 친 @~ⓔ 중, 어법상 **틀린** 것을 **두 개** 찾아 기호를 쓰고 바르게 고쳐 쓰시오.

> I @will often work late when I was younger. It was another late evening. I was trying ⓑto resolve a particular issue in the production system when I got a phone call from my son. He said he missed me and wanted me ⓒto come home. I ⓓcould have stay at the office overnight, but I thought I ⓔshould get home as soon as possible. I left the office right away.

|  | 기호 | | 고친 표현 |
|---|---|---|---|
| (1) | _____ | → | _____ |
| (2) | _____ | → | _____ |

**18** 다음 글에서 어법상 **틀린** 부분을 **두 군데** 찾아 바르게 고쳐 쓴 후, 틀린 이유를 쓰시오.

> I grew up in a small town, and my friends and I were often used to go up a hill on the weekends. One day we decided to explore the area. When we found a small tree house, the sky grew darker and I could smell the rain coming. We should head home at that moment, but we stayed. Then the rain started falling really hard.

(1) 틀린 곳: _____ → _____

이유: _____

_____

(2) 틀린 곳: _____ → _____

이유: _____

_____

**19** 다음 글의 밑줄 친 우리말을 [보기]에 주어진 단어를 모두 써서 조건에 맞게 영작하시오.

> Shortages of critical medical supplies such as masks and gloves cost lives. In many past emergencies, the doctors couldn't get medical supplies 그것들에 대한 접근이 생명을 구하는 데 도움이 되었을 수도 있음에도 불구하고.

| 보기 | even though, access, to them, could, help, save, lives |
|---|---|

| 조건 | 1. 밑줄 친 help는 어법에 맞게 변형할 것<br>2. 한 단어를 추가할 것 |
|---|---|

_____

**20** 다음 글의 밑줄 친 부분 중, 어법상 **틀린** 것은?

> The next time you see a sky ①full of stars, try and point out a single star to someone. That person will have a hard time ②knowing exactly which star you're looking at. It might ③have been easier if you describe patterns of stars. You ④could say something like, "See that big triangle of bright stars there?" Or, "Do you see those five stars ⑤that look like a big letter W?" 학평기출응용

---

**Words**  shortage 부족  critical 중요한  supplies 물자, 용품  cost 앗아가다, 희생시키다

# Chapter 8

## 가정법

# 가정법 과거

## ❶ 형태

| 종속절 | 주절 |
|---|---|
| if + 주어 + 동사의 과거형 ~, | 주어 + 조동사의 과거형(would, could, might) + 동사원형 … |
| [1]If I **were** rich, | I **could buy** that car. |

## ❷ 의미

- '(만약) ~라면 …할 텐데'라는 뜻으로, 현재 사실과 반대되거나 실현 가능성이 거의 없는 일을 가정·상상할 때 쓴다.
- 실현 가능성이 희박한 미래의 일을 가정할 경우 if절에 「**were to** + 동사원형」을 쓰기도 한다.

[2]If I **knew** the answer, I **could tell** you.
(→ As I don't know the answer, I can't tell you.)

[3]What **would** you **do** if you **got** lost?

[4]If he **were** taller, he **might look** better in those jeans.
  └→ 원칙적으로 가정법 과거 문장의 if절에서 be동사는 인칭과 수에 관계없이 were를 쓴다.(구어체에서는 was를 쓰기도 함)

[5]If I **were to start** my first business over again, I **would focus** more on marketing.

> **▶ 어법 연결**
> - 가정법과 단순 조건문을 구별해야 한다.
> [6]If I **find** your keys, I **will let** you know. (단순 조건문: 실현 가능성이 있는 일을 가정)
> [7]If I **found** your keys, I **would let** you know. (가정법: 실현 가능성이 희박한 일을 가정)

⊘ 정답 및 해설 p.38

## A  괄호 안의 단어를 빈칸에 알맞은 형태로 바꿔 쓰시오.

1 If I _____ you, I would not miss Mr. Martin's class. (be)

2 How would you feel if you _____ to die today? (be)

3 If he had enough time, he _____ join us. (can)

4 If I weren't afraid, what _____ I say about it? (will) 학평기출응용

5 It would take too long to write if they _____ to spell everything out. (have) 학평기출응용

## B  [보기]에서 알맞은 말을 골라 빈칸에 쓰시오. (단, 시제를 바꿀 것)

| 보기 | are to fall | there are no trees | can download | have the courage | will swim |
|---|---|---|---|---|---|

1 If I _____, I might ask her out.

2 If she had a day off, she _____ at the beach all day.

3 If _____ on earth, most animals could not survive.

4 If we had an Internet connection, we _____ the file.

5 What would happen to your body if you _____ into a black hole?

## UNIT 2 가정법 과거완료

### ❶ 형태

| 종속절 | 주절 |
|---|---|
| if + 주어 + had p.p. ~, | 주어 + 조동사의 과거형(would, could, might) + have p.p. … |
| ¹If I **had been** richer, | I **would have bought** that car. |

### ❷ 의미

• '(만약) ~했다면 …했을 텐데'라는 뜻으로, 과거 사실과 반대되는 일을 가정·상상할 때 쓴다.

²If you **had asked** me, I **would have told** you the answer.
(→ As you didn't ask me, I didn't tell you the answer.)

³If he **had studied** harder, he **would have passed** the test.
(→ As he didn't study harder, he didn't pass the test.)

⁴If it **hadn't rained**, Joe **could have sat** by the lake.
(→ As it rained, Joe couldn't sit by the lake.)

> **▶ 어법 연결**
>
> • 가정법 과거와 가정법 과거완료는 종속절과 주절에 쓰인 동사의 형태를 보고 구별한다.
> ⁵If I **were** not tired, I **would go** to a movie with you. (가정법 과거)
> ⁶If you **had taken** my advice, you **wouldn't have lost** any money. (가정법 과거완료)

◉ 정답 및 해설 p.38

### A 괄호 안의 단어를 빈칸에 알맞은 형태로 바꿔 쓰시오.

1 If he _____ there, he could have helped me. (be)

2 If we _____ the subway, we wouldn't have been late. (take)

3 What would you _____ if you had been in my place? (do)

4 If they _____ the full story, they would have changed their minds. (know)

5 The woman would _____ if she had received proper treatment. (survive)

### B 우리말과 같은 뜻이 되도록 괄호 안의 말을 이용하여 문장을 완성하시오.

1 만약 내가 시간이 더 있었다면 그 문제를 풀 수 있었을 텐데. (could, solve)
→ I _____ the problem if I had had more time.

2 만약 그들이 더 열정적이었다면 그 일을 끝낼 수 있었을 텐데. (would, be able to)
→ If they had been more passionate, they _____ finish the work.

3 만약 그 호텔이 더 깨끗했다면 우리의 여행은 더 즐거웠을 텐데. (be cleaner)
→ If the hotel _____, our trip would have been more enjoyable.

# 혼합가정법

**①** 형태

| 종속절 | 주절 |
|---|---|
| if + 주어 + had p.p. ~, | 주어 + 조동사의 과거형 + 동사원형 … |
| [1]If she **had left** early, | she **could be** here by now. |

**②** 의미

* 가정법 과거와 가정법 과거완료가 혼합된 개념으로, '(만약 과거에) ~했다면, (현재) …할 텐데'라는 뜻이다. 과거 사실과 반대되는 가정이나 과거에 실현되지 못한 일이 현재까지 영향을 미칠 때 쓴다.

[2]If I **had saved** more money, I **could travel** abroad.

(→ As I didn't save more money, I can't travel abroad.)

[3]If you **had taken** the medicine last night, you **wouldn't feel** so bad today.

(→ As you didn't take the medicine last night, you feel so bad today.)

*cf.* 「if + 주어 + 동사의 과거형 ~, 주어 + 조동사의 과거형 + have p.p. …」는 '(만약) ~하면 …했을 텐데'라고 현재 사실에 대한 반대를 가정하여 그것이 과거에 미친 영향을 말할 때 쓰는 혼합가정법이다.

[4]She **would have understood** the lecture **if** she **spoke** Chinese.

(→ She didn't understand the lecture because she doesn't speak Chinese.)

> **▶ 어법 연결**
>
> * if절에 과거완료, 주절에 과거형을 쓰는 혼합가정법이 주로 많이 사용된다. 이 경우 if절에는 과거를 나타내는 부사(구) last week, yesterday 등이, 주절에는 현재를 나타내는 부사(구) now, today 등이 함께 올 수 있다.
>
> [5]If he **had not hurt** his arm *last week*, he **would be** playing basketball *now*.

⊘ 정답 및 해설 p.38

**A** 괄호 안에서 알맞은 것을 고르시오.

**1** If I had proposed to her, we would [ be / have been ] together now.

**2** If it [ snowed / had snowed ] last week, we would be skiing in Denver.

**3** If I were you, I would [ call / have called ] him at that time.

**4** We could [ go / have gone ] on a picnic now if it had not rained last night.

**5** I could answer the question if I [ read / had read ] the chapter yesterday.

**B** 밑줄 친 부분이 어법상 맞으면 O표 하고, 틀리면 바르게 고치시오.

**1** John would be 80 this year if he had not passed away 5 years ago.

**2** If I had frozen the meat in the fridge, it would have been fine now.

**3** We would be watching the show if I made a reservation in advance.

**4** If she had not helped me then, I would be in big trouble now.

**5** I could be healthier if I had not given up mountain climbing.

# that절 속의 가정법 현재

## ① 형태 및 의미

- 형태는 「주어 + '주장, 제안, 명령, 요구' 동사 + that + 주어 + (**should** +) 동사원형」으로, **should**는 생략할 수 있다.
- 종속절은 should가 없더라도 당위성(~해야 한다)의 의미가 있고, 현재나 미래에 일어나야 한다고 생각하는 일을 나타낸다.

[1] Her father *insisted* that she (**should**) **go** home immediately.

[2] The students *demanded* that the schedule of the exams (**should**) **be** declared.

- 필요, 중요, 긴급, 타당함 등의 판단을 나타내는 형용사 뒤에 이어지는 that절의 동사도 「(**should** +) 동사원형」의 형태이다.

[3] I consider it *desirable* that she (**should**) **not leave** school without a degree.
             └→ 부정의 표현을 위해서는 「not + 동사원형」을 씀

[4] It is *important* that he (**should**) **be** present at the meeting.

## ② 주절에 쓰는 동사와 형용사

| 주장 | insist, argue 등 |
|---|---|
| 제안 | suggest, propose, recommend, advise 등 |
| 명령 | order, command 등 |
| 요구 | ask, demand, request 등 |
| 판단을 나타내는 형용사 | desirable, vital, essential, important 등 |

### ▶ 어법 연결

- that절의 내용이 당위성이 없고 과거의 사실을 나타낼 때는 가정법이 아닌 직설법을 쓴다. 이 경우 that절에는 동사원형이 아니라 인칭과 시제에 맞는 동사를 써야 한다.

[5] The witness *insisted* that he **had seen** the man steal the wallet.
             └→ 보았다는 과거 사실을 진술함

정답 및 해설 p.39

**A** 괄호 안에서 알맞은 것을 고르시오.

1 She demanded that the report [ was submitted / be submitted ] by tomorrow.

2 He requested that she [ join / joins ] him at a specific location. 학평기출응용

3 The doctor recommended that he [ rests / rest ] for at least a week.

4 The investor argued that the director's film [ was / be ] a failure at the box office.

5 It is vital that the company [ deliver / delivers ] the product at the right time.

**B** 밑줄 친 부분이 어법상 맞으면 ○표 하고, 틀리면 바르게 고치시오. (단, 한 단어로 고쳐 쓸 것)

1 It is essential that every child <u>be</u> healthy and happy.

2 The king ordered that the treasure <u>was</u> buried on the island.

3 The lawyer proposed that the client <u>signed</u> the document.

4 It is important that you <u>turned</u> off the TV when doing homework.

5 Research suggests that whales <u>evolved</u> from land mammals. 학평기출응용

# I wish + 가정법 / as if[though] + 가정법

**❶ I wish + 가정법:** 현재 이루기 힘든 소망이나 과거에 이루지 못한 일에 대한 아쉬움을 표현

(1) I wish + 가정법 과거(~라면 좋을[좋았을] 텐데): 바라고 있는 시점의 사실과 반대되는 가정을 나타낸다.

¹**I wish** every day **were** Christmas. (→ I am sorry that every day is not Christmas.)

²**I wished** my father **were** still with us. (→ I was sorry that my father was not still with us.)
  └→ 바라는 시점: 과거    └→ 과거와 같은 시점에 대한 가정

(2) I wish + 가정법 과거완료(~했다면 좋을[좋았을] 텐데): 바라고 있는 시점보다 먼저 있었던 사실에 반대되는 가정을 나타낸다.

³**I wish** my mother **hadn't left** her bag in the car. (→ I am sorry that my mother left her bag in the car.)

⁴**I wished** that I **had been** born in May. (→ I was sorry that I had not been born in May.)
  └→ 바라는 시점: 과거    └→ 과거보다 앞선 시점에 대한 가정

**❷ as if[though] + 가정법:** 사실과 반대되거나 가능성이 희박한 일을 가정

(1) as if[though] + 가정법 과거(마치 ~인 것처럼): 주절의 시제와 같은 시점에서의 사실과 반대되는 가정을 나타낸다.

⁵**I feel as if** I **were** floating in the air. (→ In fact, I'm not floating in the air.)

⁶**He put** the food into his mouth **as if** he **were** starving. (→ In fact, he was not starving.)
  └→ 주절의 시제: 과거                    └→ 주절의 시제(과거)와 같은 시점에 대한 가정

(2) as if[though] + 가정법 과거완료(마치 ~였던 것처럼): 주절의 시제보다 앞선 시점에서의 사실과 반대되는 가정을 나타낸다.

⁷**She talks as if** nothing **had happened.** (→ In fact, something happened.)

⁸**The man talked as if** there **had been** a disaster. (→ In fact, there had been no disaster.)
  └→ 주절의 시제: 과거          └→ 주절의 시제(과거)보다 앞선 시점에 대한 가정

> **▶ 어법 연결**
>
> • as if[though] 뒤에 현재시제가 오는 경우 가정의 의미가 거의 없고, 가능성이 있는 일을 나타낸다.
> ⁹**She talks as if** she **is** rich. (→ Perhaps she is rich.)

⊙ 정답 및 해설 p.39

**A** 괄호 안의 단어를 가정법을 이용하여 빈칸에 알맞은 형태로 바꿔 쓰시오.

**1** I wish I _____ it differently two years ago, but I couldn't. (do)

**2** She talks as if she _____ 20 years older than she is. (be)

**3** His face turned pale as though he _____ about to faint. (be)

**4** I'm really tired. I wish my boss _____ give me days off now. (will)

**5** He looked as if he _____ up all night the night before. (stay)

**B** 두 문장의 뜻이 통하도록 가정법을 이용하여 바꿔 쓰시오.

**1** I am sorry that my team did not do better in the competition.

  → I wish _____ better in the competition.

**2** She was sorry that she had trusted him from the beginning.

  → She wished _____ him from the beginning.

**3** In fact, my heart didn't burst open. → It was as if _____ . 〔학평기출응용〕

# UNIT 6 if의 생략 / 기타 가정법 / if절 대용 어구

**❶ if의 생략:** if절의 (조)동사가 were, had, should인 경우 if를 생략 가능(이때 주어와 (조)동사는 도치됨)

¹<u>**Were she**</u> good at math, she **could pass** the exam. (= If she were good at math)

²<u>**Had I**</u> not known the truth, I **might have believed** the liar. (= If I had not known the truth)

**❷ 기타 가정법**

⑴ Without[But for] + 명사(구) ~, 가정법 과거[과거완료]: ~가 없다면[~가 없었다면] …할[했을] 텐데

³<u>**Without[But for]**</u> water, there **would be** no farming. (= If it were not for water / Were it not for water)

⁴<u>**Without[But for]**</u> your help, I **couldn't have finished** the project in time.
(= If it had not been for your help / Had it not been for your help)

⑵ It is (high / about) time (that) + 주어 + 가정법 과거: 이제 ~해야 할 시간[때]이다

⁵<u>**It's time**</u> we **went** to school. (= It's time we (should) go to school.) → 진작 했어야 할 일을 나타냄

**❸ if절 대용 어구:** otherwise, suppose[supposing], to부정사(구), (동)명사(구), 부사(구)

⁶<u>She gave me the map; **otherwise**, I **would have gotten** lost.</u> (= if she hadn't given me the map)

⁷<u>**Suppose**</u> you **won** the lottery. (suppose: ~라고[였다고] 가정해 보자)

⁸<u>**To see**</u> her cry, you **would do** the same thing for her. (= If you saw her cry)

⁹<u>**With**</u> your support, we **could help** more people in need. (= If we had your support)

> **▶ 어법 연결**
>
> • if절이 없더라도 문맥과 조동사의 형태에 따라 가정의 의미로 해석한다.
> ¹⁰A wise man **would** never do such a thing.

⊘ 정답 및 해설 p.40

**A** 괄호 안에서 알맞은 것을 고르시오.

**1** [ With / But for ] your support, I wouldn't have won the prize.

**2** [ She had been / Had she been ] more careful, she wouldn't have made such mistakes.

**3** If it [ were not for / had not been for ] gravity, we would be floating in the air.

**4** [ With / Without ] his coach, Mike wouldn't have achieved his goal.

**5** I thought you knew it; [ suppose / otherwise ], I would have told you about that.


**B** 우리말과 같은 뜻이 되도록 괄호 안의 말을 이용하여 문장을 완성하시오.

**1** 더 단순한 해결책이 더 유용했을 텐데. (would, more useful)

　　→ A simpler solution _____.

**2** 만약 내가 그 책을 읽지 않았다면 에세이를 쓸 수 없었을 것이다. (read, the book)

　　→ Had _____, I wouldn't have been able to write my essay.

**3** 만약 인터넷이 없다면 우리의 삶은 매우 불편할 것이다. (not, the Internet)

　　→ Were _____, our lives would be very inconvenient.

**[1-5]** 괄호 안에서 알맞은 것을 고르시오.

**1** If I [ am / were to be ] born again, I would be a musician.

**2** What would you have done if you [ didn't / hadn't ] become an actor?

**3** She talked as if she [ saw / had seen ] the movie.

**4** I wish you [ came / had come ] to Jennifer's party last week.

**5** [ Were he / Had he been ] taller, he would be able to reach the top shelf.

**[6-9]** 밑줄 친 부분을 어법상 바르게 고쳐 쓰시오.

**6** What <u>would you have done</u> if you saw someone cheating on a test?

**7** They talked slowly, as if they <u>had been</u> 50 years older than they actually were.

**8** They would have canceled the event if they <u>knew</u> about the accident.

**9** The queen ordered that the thief <u>was</u> sent to prison.

**[10-13]** 어법상 틀린 곳을 찾아 바르게 고쳐 쓰시오.

**10** After having an argument with her, he went home as if nothing happened. `학평기출응용`

**11** The doctor advised that she avoided lifting heavy objects.

**12** Had not I seen it myself, I would not have believed it.

**13** If dinosaurs had not gone extinct, what would today's world have been like?

**[14-17]** 우리말과 같은 뜻이 되도록 괄호 안의 말을 이용하여 문장을 완성하시오.

**14** 만약 제가 당신에게 영업 이사직을 제안한다면 기분이 어떻겠어요? (be, to, offer)
　→ How would you feel if I _____ the Sales Director position? `학평기출응용`

---

**Words**　shelf 선반　argument 말다툼, 언쟁　go extinct 멸종되다

**15** 만약 나치가 전쟁에서 이겼다면, 세계는 지금과 같지 않을 것이다. (if, the Nazis, win)

→ _____ the war, the world would not be what it is today.

**16** 그 남자는 그녀가 차의 파손에 대해 배상해야 한다고 주장했다. (insist, that, pay)

→ The man _____ for the damage to the car.

**17** 당신이 내 눈을 통해 당신 자신을 볼 수 있다면 좋을 텐데. (wish, can, see)

→ I _____ yourself through my eyes.

**[18-21]** 두 문장이 같은 의미가 되도록 가정법을 이용하여 바꿔 쓰시오.

**18** As I didn't take that math course, I couldn't answer the question.

→ If _____,
I _____.

**19** A true friend of yours would never put you in danger.

→ If he _____,
he would never put you in danger.

**20** Without cooperation, healthy competition would not happen.

→ If _____,
healthy competition would not happen.

**21** Paul met the deadline; otherwise, he couldn't have passed the course.

→ If Paul _____,
he couldn't have passed the course.

**[22-25]** 우리말과 같은 뜻이 되도록 괄호 안의 말을 바르게 배열 하시오.

**22** 이제 당신이 휴식을 취해야 할 때이다.
(a break, time, you, about, took, is)

→ It _____.

**23** 폭우가 없었다면 가뭄의 영향은 더 심했을지도 모른다.
(might, been, have, the impact of the drought, the heavy rain, worse)

→ But for _____,
_____.

**24** 만약 소방관들이 늦게 도착했다면, 그 건물은 무너졌을 것이다.
(destroyed, arrived, would, had, the firefighters, the building, late, have, been)

→ If _____,
_____.

**25** 만약 그가 빨간 불에서 멈추었다면, 여전히 살아 있을 텐데.
(he, stopped, would, at the red light, still, he, be alive)

→ Had _____,
_____.

---

**Words** cooperation 협력  competition 경쟁  meet the deadline 마감 시간에 맞추다  drought 가뭄

**[1-3]** 다음 빈칸에 들어갈 가장 알맞은 것을 고르시오.

**1**

> Many dental problems _____ if more biting were encouraged for children. 학평기출응용

① are prevented　　② be prevented

③ will be prevented　　④ would be prevented

⑤ would have been prevented

**2**

> _____ we not had a meeting, we could have stayed longer.

① Have　　② Having　　③ Had

④ To have　　⑤ Have had

**3**

> But for fire, our ancestors _____ to survive.

① struggle　　② struggled

③ will struggle　　④ would struggle

⑤ would have struggled

**[4-5]** 다음 두 문장의 뜻이 같도록 빈칸에 알맞은 말을 고르시오.

**4**

> Without technology, life would be harder.
> = _____ technology, life would be harder.

① Otherwise　　② Were it not for

③ If it weren't to be　　④ Had it not been for

⑤ If it had not been for

**5**

> I am sorry he was not honest back then.
> = I wish he _____ honest back then.

① be　　② were　　③ weren't

④ had been　　⑤ hadn't been

**[6-7]** 다음 중 밑줄 친 부분이 어법상 <u>틀린</u> 것을 고르시오.

**6**　① He looked terrified as if he <u>had seen</u> a ghost.

② It is about time you <u>will stand</u> up to those bullies.

③ It would make a big difference if she <u>changed</u> her attitude.

④ The director requested that the script <u>be</u> checked thoroughly.

⑤ If everyone saw the best in others, the world <u>would be</u> a better place.

**7**　① She wishes that I <u>would become</u> taller.

② <u>Were</u> he younger, he would travel around the world.

③ The firefighter insisted that the fire <u>get</u> closer too fast.

④ <u>Had I not fallen</u> in love with you, I would never have experienced true love.

⑤ If I <u>asked</u> you to tell me when to start the game, would you be able to do so? 학평기출응용

---

**Words**　ancestor 선조　struggle 고군분투하다　stand up to ～에 맞서다　attitude 태도　thoroughly 철저히

**8** 다음 중 어법상 **틀린** 것끼리 짝지어진 것을 고르시오.

> ⓐ Should you have any questions, please email me.
> ⓑ I wish I were born in the 1970s.
> ⓒ It's been a year since then, but I feel as if it be yesterday.
> ⓓ It is important that this information be shared with everyone.
> ⓔ Suppose you could move at the speed of light.

① ⓐ, ⓑ  ② ⓑ, ⓒ  ③ ⓒ, ⓓ
④ ⓒ, ⓓ, ⓔ  ⑤ ⓓ, ⓔ

**[9-10]** 다음 중 어법상 맞는 것을 고르시오.

**9** ① If you can go back in time, what would you change?
② But that your advice, I might have been in trouble.
③ He could have continued to work if he doesn't get sick.
④ Without the ocean, the Earth wouldn't have had the air we breathe.
⑤ What would happen if we could teach a group of monkeys to use money? 학평기출응용

**10** ① If today were my last day, I would have been grateful for everything.
② The little girl acted as if she is a princess.
③ She advised that he asked his neighbor to help him.
④ Mr. Jones punished his students if they didn't follow the rules.
⑤ Were able animals to talk, they would have something to say to us.

**서술형**

**[11-13]** 우리말과 같은 뜻이 되도록 괄호 안의 말을 바르게 배열하시오. (단, 밑줄 친 단어의 어형을 바꾸고, 조건절이 있는 경우 문장 맨 앞에 쓸 것)

**11** 만약 어제 날씨가 좋았다면 우리는 수영하러 갔을 텐데.
(the weather, if, nice yesterday, would have, had been, go, swimming, we)

_____

**12** 만약 내가 숙제를 빨리 끝냈다면 지금 그 경기를 볼 수 있을 텐데.
(could, earlier, I, I, had, finish, watch, the game, my homework, now)

_____

**13** 오늘 내가 일하러 가지 않아도 된다면 좋을 텐데.
(wish, I, I, go to work today, not, have to, do)

_____

**[14-16]** 우리말과 같은 뜻이 되도록 괄호 안의 말을 이용하여 문장을 완성하시오.

**14** 공기가 없다면 모든 살아 있는 것들은 죽을 텐데.
(but for, all living things, die)

_____

**15** 나는 마치 달 위를 걷고 있는 것처럼 느꼈다.
(feel, as if, walk, on the moon)

_____

**Words** breathe 숨을 쉬다  grateful for ~에 감사하는

**16** 온라인 교육이 계속되는 것이 바람직하다.
(it, desirable, that, be continued)

_____

**17** 다음 밑줄 친 (A)~(D)를 알맞은 형태로 고쳐 쓰시오.
(단, 필요시 단어를 추가하거나 삭제할 것)

Apologies work. One of my friends, Erin, had a fight with her boyfriend. It was her fault, so I suggested that she (A) said sorry to him. If she had made an apology, he would (B) accept it. She didn't apologize. They broke up, and she regrets it now. (C) Have she admitted her fault, things could (D) have been different now.

(A) _____ (B) _____

(C) _____ (D) _____

**18** 다음 글에서 어법상 틀린 부분을 두 군데 찾아 바르게 고쳐 쓰시오.

Changing your attitude is critical to becoming a smart student. Being a smart student means taking charge and teaching yourself. It is high time we have stopped depending on the teachers. Have you changed your attitude, you would have discovered a lot more knowledge. However, it's never too late. Take charge now.

|  | 틀린 표현 |  | 고친 표현 |
|---|---|---|---|
| (1) | _____ | → | _____ |
| (2) | _____ | → | _____ |

**19** 다음 글의 밑줄 친 우리말을 [보기]에 주어진 단어를 모두 써서 조건에 맞게 영작하시오.

Daniel ran up to greet his mother. He jumped up to wrap his legs around her, but she wasn't prepared for it. His mother lost her balance and almost fell down. She was saved by the tree next to her; 그렇지 않았다면 그녀는 크게 다쳤을 수도 있다.

보기    severely injured, have, she, be, could

조건  1. 밑줄 친 be는 어법에 맞게 변형할 것
     2. 한 단어를 추가할 것

_____

**20** 다음 글의 밑줄 친 부분 중, 어법상 틀린 것은?

You're less likely ①to remember normal details. Humans are good at ②recalling unusual events. A perfect example is when you see something ③funny. If one of your colleagues were dressed as Mickey Mouse today, you would ④have remembered it a month later. Other normal details about other colleagues would ⑤be forgotten. 학평기출응용

---

**Words**  make an apology 사과하다  take charge 책임을 지다  recall 떠올리다

# 명사 / 관사 / 대명사

# 셀 수 있는 명사 vs. 셀 수 없는 명사

**❶ 셀 수 있는 명사**

• 관사(a[an], the)나 소유격 등과 함께 쓰고, 복수형으로 쓸 수 있다.

| 보통명사 | a dog, the bag, my computer, fingers, pens, works(작품들) 등 |
|---|---|
| 집합명사 | family, staff, team, crowd, class, committee 등 |

¹The **computer** and three **books** are on the **desk**.

²My **family** goes out for dinner every Sunday night.

**❷ 셀 수 없는 명사**

• 부정관사 a[an]와 함께 쓸 수 없고, 복수형이 없다. 셀 수 없는 명사는 **단수 취급**한다.

• 셀 수 없는 명사의 수량 표현은 담는 용기나 형태, 단위 등으로 나타낸다.

| 추상명사 | love, friendship, information, knowledge, advice, room(공간), work(일) 등 |
|---|---|
| 고유명사 | Isabelle(이름), Korea, Seoul, Saturday, May, Mt. Everest 등 |
| 물질명사 | water, air, milk, money, rice, soap, sugar, bread, paper 등 |

³The Internet helps us to share **knowledge** easily.    ⁴**Isabelle** was born in **Paris, France**.

⁵I usually have **milk** and **bread** for breakfast.

⁶**Two loaves of bread** cost 2 dollars. → 단위 명사의 수에 맞추어 복수동사 사용

*Cf.* 주요 수량 표현: a loaf of bread, a piece of paper, a bar of soap, a glass of water, a carton of milk 등

> ▶ **어법연결**
>
> • 집합명사는 하나의 집합체를 나타낼 때는 단수 취급하고, 구성원 개별을 나타낼 때는 복수 취급한다.
> ⁷**The staff** *is* in a meeting now. (직원 단체)    ⁸He said that **the staff** *were* safe. (각각의 구성원들)

⊘ 정답 및 해설 p.43

**A** 괄호 안에서 알맞은 것을 고르시오.

**1** [ Friendship / Friendships ] is essential to the soul.

**2** I bought three [ bar / bars ] of soap for her.

**3** My mother packed my lunch in [ a bag / bag ].

**4** October [ is / are ] a great time to travel.

**5** He ordered [ a glass / glass ] of red wine.

**B** 밑줄 친 부분이 어법상 맞으면 ○표 하고, 틀리면 바르게 고치시오.

**1** Information is worthless if you never actually use it. 학평기출응용

**2** Drink two bottle of waters every day.

**3** Reservations are required and must be made online. 학평기출응용

**4** Alice comes from big families. She has three sisters.

**5** There is no room for plants to grow here.

# UNIT 2 주의해야 할 명사

## ❶ 형태는 복수형이지만 단수 취급하는 명사

| 학문 이름 | mathematics(수학), economics(경제학), physics(물리학), politics(정치학) 등 |
|---|---|
| 복수형 국가 이름 | The United States, The Netherlands, The Philippines 등 |
| 하나의 단위로 취급하는 거리, 시간, 가격 등 | twenty miles, thirty minutes, ten dollars 등 |
| 질병 이름 및 기타 | diabetes(당뇨병), measles(홍역), means(수단), news(소식) 등 |

[1] **Mathematics** *is* the language of the universe.    [2] **Twenty miles** *is* a long distance.

## ❷ 항상 복수형으로 쓰는 명사

• 쌍을 이룬 명사: glasses, pants, shoes, socks, gloves, chopsticks, scissors 등

[3] His **glasses** *are* always dirty.    [4] These **scissors** *are* great for cutting fabric.

## ❸ 집합명사

(1) 형태는 단수형이지만 항상 복수 취급하는 집합명사: police, cattle, people 등

[5] The **police** *have* investigated them for two days.    [6] A majority of **people** *are* against the law.

(2) 셀 수 없는 집합명사: baggage, furniture, clothing, equipment 등

[7] I tried to arrange all the **furniture** in the living room.

> ▶ **어법 연결**
>
> • 부분을 나타내는 말은 함께 쓰인 명사의 수에 따라 단수 또는 복수 취급한다.
> [8] **Half[The rest/One-third/Most/The majority] of** my income is saved for the future.
>   부분을 나타내는 말                                    단수명사  단수동사
> [9] Half[The rest/One-third/Most/The majority] of the young boys are playing baseball.
>                                          복수명사      복수동사

⊘ 정답 및 해설 p.43

## A 괄호 안에서 알맞은 것을 고르시오.

1 Why [ is / are ] physics hard for most people?

2 Black shoes [ go / goes ] with a black suit.

3 The rest of the juice [ was / were ] frozen.

4 The Netherlands [ lead / leads ] the way in digital innovation.

5 The most popular means of payment [ is / are ] credit card.

## B 밑줄 친 부분이 어법상 맞으면 ○표 하고, 틀리면 바르게 고치시오.

1 No news <u>are</u> good news.

2 Thirty minutes <u>is</u> too long to do nothing.

3 Cattle <u>is</u> used for many purposes such as milk and labor.

4 The Philippines <u>are</u> located east of Vietnam.

5 Most of the buildings in this area <u>were</u> built 100 years ago.

# UNIT 3 부정관사 / 정관사

**1** 부정관사 a[an]: 처음 언급된 것, 하나의, 어떤, ～마다[당], 특정 대상 전체를 대표

[1] **A** dog ran toward her. (처음 언급된 단수명사 앞)　[2] He earns 25 dollars **an** hour. (～마다[당])

[3] **A** doctor treats sick people. (특정 대상 전체를 칭할 때)

**2** 정관사 the

| | |
|---|---|
| 앞에 나온 것을 반복할 때 | [4] I have *a dog*. **The** dog has a long tail. |
| 서로 알고 있는 것 앞 | [5] Can you pass me **the** salt? |
| 구나 절의 수식을 받는 명사 앞 | [6] **The** man *standing on the platform* is my uncle. |
| 유일한 사물이나 특정한 때 앞 | **the** sun, **the** moon, in **the** morning[afternoon / evening] |
| 최상급, 서수, only, same, very 앞 | **the** best, **the** most popular, **the** first, **the** second<br>[7] You're **the** only one who can help me.<br>[8] I'd like to buy **the** same sweater as yours. |
| 악기 앞 | [9] She sometimes plays **the** violin. |
| the + 형용사(～한 사람(들)) | **the** young, **the** rich → '～한 사람들'이라는 뜻일 경우 복수 취급 |

*cf.* 관사를 쓰지 않는 경우: 운동, 식사 이름, 교통·통신 수단, 본래의 목적으로 사용되는 장소 앞

play tennis / have breakfast / by bus / by email / go to school

> **▶ 어법 연결**
>
> • a number of(많은) + 복수명사 + 복수동사 / the number of(～의 수) + 복수명사 + 단수동사
>
> [10] **A number of tickets** *were* sold.　[11] **The number of children** *has* decreased.

⊘ 정답 및 해설 p.44

**A** 밑줄 친 부분이 어법상 맞으면 ○표 하고, <u>틀리면</u> 바르게 고치시오.

1 I bought a laptop. <u>The</u> laptop is easy to use.

2 He decided to take a seat in <u>a</u> second row.

3 <u>The number of</u> students are absent today.

4 The employees get paid once <u>the</u> month.

5 <u>The elderly are</u> easily affected by the cold weather.

**B** 우리말과 같은 뜻이 되도록 괄호 안의 말을 이용하여 문장을 완성하시오. (단, 관사를 추가할 것)

1 내 아내와 나는 같은 회사에서 일한다. (work, for, same, company)

→ My wife and I _____.

2 우리 엄마는 매우 환하게 웃으시더니 나에게 책을 한 권 주셨다. (hand, book, to me)

→ My mom smiled really big and _____. 학평기출 응용

3 그는 현재 세계에서 가장 성공한 축구 선수이다. (most successful, soccer player)

→ He is currently _____ in the world.

# 소유대명사 / 재귀대명사

**❶ 소유대명사**

- '~의 것'이라는 의미로 mine, yours, his, hers, ours, theirs가 있다.
- 명사 앞에 한정어(a[an], the, this, that, some 등)와 소유격을 함께 나타내야 할 때는 「한정어 + 명사 + of + 소유대명사」의 형태인 **이중소유격**을 쓴다.

[1] My bicycle is old and rusty, but **hers**(= her bicycle) is new. → 「소유격+명사」로 바꿔 쓸 수 있음

[2] **A friend of mine** wants to meet you.

**❷ 재귀대명사**

(1) **재귀 용법**: 주어와 목적어가 동일한 대상일 때 동사나 전치사의 목적어로 재귀대명사를 쓴다.

[3] He is looking at **himself** in the mirror.

(2) **강조 용법**: '직접, 스스로, 자체'라는 뜻으로 주어나 목적어를 강조한다. 강조하는 말 뒤나 문장 맨 끝에 쓰며, 생략 가능하다.

[4] She finished the project **herself**.

(3) **관용 표현**

| by oneself  혼자서, 홀로 | for oneself  혼자 힘으로, 스스로 | of itself  저절로 |
|---|---|---|
| in itself  본래 | beside oneself  제정신이 아닌 | help oneself (to)  (~를) 마음껏 먹다 |
| say[talk] to oneself  혼잣말을 하다 | enjoy oneself  즐거운 시간을 보내다 | between ourselves  우리끼리 얘기인데 |

▶ **어법 연결**

- 주어와 목적어가 지칭하는 대상의 일치 여부에 따라 재귀대명사와 인칭대명사를 구별해서 써야 한다.

[5] I'm going to make **myself** a sandwich. (me를 쓰지 않음)

⊘ 정답 및 해설 p.44

**A** 괄호 안에서 알맞은 것을 고르시오.

1 Your book is in the locker, but [ my / mine ] is at home.

2 I accidentally took an umbrella of [ you / yours ] home.

3 Imagine [ you / yourself ] at a party. 학평기출응용

4 She went to the restaurant alone and ate dinner by [ her / herself ].

5 Horse riding equipment costs are higher than the price of the horse [ it / itself ].

**B** 우리말과 같은 뜻이 되도록 빈칸에 알맞은 말을 쓰시오. (단, 한 단어로 쓸 것)

1 나는 당신의 열렬한 팬입니다. → I'm a big fan of _____.

2 그것은 나의 문화가 당신의 문화보다 더 낫다는 메시지를 보낼 수 있다.

→ It can send a message that my culture is better than _____. 학평기출응용

3 그는 학교에 다닐 수 없게 되어 읽고 쓰기를 독학했다.

→ Not allowed to attend school, he taught _____ to read and write.

# 지시대명사 / 대명사 it

**①** 지시대명사 this / these / that / those

• 공간, 시간, 심리적으로 가까운 것은 this, these, 먼 것은 that, those로 나타낸다.
  또한 뒤 문장에서 가까운 것(후자)은 this, 먼 것(전자)은 that으로 나타낸다.

[1] I like **this** more than **that** over there.

[2] *Health* is more important than **money**. **This** cannot buy *that*.
                                    money(후자)         Health(전자)

• 앞에서 언급되었거나 다음에 오는 구, 절, 문장 전체를 지칭할 때는 this, that으로 나타낸다.

[3] **This** is what Thomas Carlyle said: *No pressure, no diamonds.*

[4] *To be, or not to be:* **that** is the question.

• that, those는 명사의 대용어구로 쓰이며, those는 '~하는 사람들'이라는 뜻으로 쓰일 때가 있다.

[5] *The shells* of duck eggs are thicker than **those** of chicken eggs. (= the shells)

[6] I try to show kindness to **those** around me.

**②** 대명사 it

| | |
|---|---|
| 지칭의 it | [7] Look at *this vase*. **It** is full of water. |
| 가주어·가목적어 it | [8] **It** is common *to feel tired after a meal.* → 진주어: to feel ~ a meal |
| | [9] I find **it** hard *to say 'no' to people.* → 진목적어: to say ~ to people |
| 강조 구문 it | [10] **It** was yesterday *that* I met Jamie. → It ~ that … 강조 구문 |
| 비인칭주어 it | [11] **It** is raining outside. → 날씨, 시간, 요일, 거리, 계절, 명암 등을 나타낼 때 |
| 상황의 it | [12] Take **it** easy. You'll be fine. → 막연한 상황을 나타낼 때 |

**▶ 어법 연결**

• 대명사는 지칭하는 명사와 수를 일치시켜야 한다. [13] Don't judge *a book* by **its** cover.

정답 및 해설 p.44

**A** 괄호 안에서 알맞은 것을 고르시오.

**1** How's [ it / this ] going?

**2** Babies' sense of time is different from [ this / that ] of adults.

**3** Amy is often late for the meeting. [ Those / That ] makes him angry.

**4** [ It / That ] took me over 60 years to draw this. 학평기출응용

**5** Do trees in the city grow faster than [ that / those ] in the country?

**B** 밑줄 친 It이 어떤 용법으로 쓰였는지 쓰시오.

**1** <u>It</u> takes 30 minutes to get there.

**2** <u>It</u> is hard to answer all these questions.

**3** <u>It</u> was the United States that had the largest energy consumption. 학평기출응용

# UNIT 6 부정대명사

**①** one, other, another

[1] These pants are too short for me. Can I get longer **ones**? (= pants)
→ one(s): 앞에 나온 것과 같은 종류의 불특정한 것

[2] She has two dogs. **One** is white and **the other** is black.
(둘 중) 하나는 · · · · 나머지 하나는

[3] There are three marbles. **One** is red, **another** is green, and **the other** is blue.
(셋 중) 하나는 · · · 또 다른 하나는 · · · 나머지 하나는

[4] Five men got together. **One** was a teacher, **another** was a lawyer, and **the others** were writers.
(여럿 중) 하나는 · · · 또 다른 하나는 · · · 나머지 모두는

[5] **Some** are good at academics. **Others** are good at sports.
(다수 중) 어떤 사람들은 · · · 다른 사람들은

**②** some(몇 명[개], 약간, 좀), any(누군가, 아무(것)도, 누구든, 어느 것이든)

[6] Do you want to eat **some** more?       [7] I haven't seen **any** of the *Star Wars* movies.

*cf.* some, any는 부정형용사로도 쓰여 명사를 수식한다.   [8] You can use **any** *pen* you want.

**③** each(각자[각각]), every(모든)/all(모두[모든 것]), most(대부분), none(아무도[하나도] ~않다)

[9] Look at these toys. **Each** was made by Native Americans. → each, every는 단수 취급

[10] **All** of the water was frozen.     [11] **None** of us solved this problem.

**④** both(둘 다), either(둘 중 어느 하나), neither(둘 중 어느 것도 ~ 아니다)

[12] **Both** of them *are* from Germany. → both는 복수 취급     [13] **Neither** *is* going to the party. → (n)either는 단수 취급

> **⊙ 어법연결**
> • all/most of 뒤에 단수명사가 오면 단수 취급, 복수명사가 오면 복수 취급한다.
> [14] **Most of the apples** in the basket *are* ripe.

⊘ 정답 및 해설 p.45

**A** 괄호 안에서 알맞은 것을 고르시오.

1 There are two pens. One is black, and [ other / the other ] is red.

2 Most of the students [ has / have ] turned in their assignments.

3 Out of the four rings, one is blue, and the [ other / others ] are white.

4 I'm out of snacks. I need to get [ others / some ] today.

5 Some love reading. [ Another / Others ] love writing.

**B** 우리말과 같은 뜻이 되도록 빈칸에 알맞은 말을 쓰시오. (단, 한 단어로 쓸 것)

1 나는 그 두 권의 책 중 어느 것도 마음에 들지 않았다. → I liked _____ of the books.

2 내가 주위를 돌아보았을 때 아무도 보이지 않았다. → As I looked around, I could see _____.

3 그 교실에는 네 명의 학생들이 있다. 각자 서로 다른 강점을 가지고 있다.

   → There are four students in the classroom. _____ has different strengths.

# Review Test

[1-5] 괄호 안에서 알맞은 것을 고르시오.

1  Please give me [ some / any ] of the cookies on the table.

2  I cut my finger with the [ scissor / scissors ] by mistake.

3  Economics [ provide / provides ] answers for some of the world's most important questions.

4  There are [ a / the ] number of reasons to recycle.

5  After the massive earthquake, [ a / the ] injured were taken to the nearby hospital.

[6-9] 밑줄 친 부분을 어법상 바르게 고쳐 쓰시오.

6  Take good care of <u>you</u> first.

7  The manager asked an employee of <u>him</u> to come to the office.

8  Both of the suggestions <u>looks</u> equally appealing to us.

9  The police <u>was</u> to blame for not capturing the murderer.

[10-13] 어법상 틀린 곳을 찾아 바르게 고쳐 쓰시오.

10  Imagine two hills. One hill appears to be three hundred feet high, and another appears to be nine hundred feet. 학평기출응용

11  In a survey of 100 people, each were asked to answer the questions.

12  This was easy for the comedian to make the children laugh.

13  Two cups of flour is needed for the recipe.

[14-17] [보기]에서 알맞은 말을 골라 빈칸에 쓰시오. (단, [보기]의 단어는 한 빈칸만 고를 것)

| 보기 | all | it | those | another |
|---|---|---|---|---|

14  Several rolls of toilet paper were gone. One roll reappeared in a few hours, and _____ the next day. 학평기출응용

---

**Words**  massive 대규모의  capture 붙잡다  murderer 살인범  survey 조사  flour 밀가루

**15** Her manners were different from _____ of an educated person.

**16** Take time for friendship; _____ is a source of happiness.

**17** Please read _____ of the information carefully.

**[18-21]** 우리말과 같은 뜻이 되도록 괄호 안의 말을 이용하여 문장을 완성하시오.

**18** 여러분은 온라인으로 또는 직접 신청할 수 있는데, 어느 것이든 허용된다. (either, acceptable)

→ You can apply online or in person; _____ _____.

**19** 그 집들 각각은 고유의 디자인이 있다. (each of, have)

→ _____ its own unique design.

**20** 그 일은 대부분 끝났다. (most, the work, have)

→ _____ been completed.

**21** 젊은이들은 나이 든 이들과 신체적 능력이 다르다. (young, different)

→ _____ from the old in physical ability.

**[22-25]** 우리말과 같은 뜻이 되도록 괄호 안의 말을 배열하여 문장을 완성하시오.

**22** 그 이야기는 작가 자신이 직접 읽었다. (read, was, the story, by the writer, himself)

_____

**23** 내 친구가 내 컵 한 개를 깨뜨렸다. (of, broke, cup, my friend, a, mine)

_____

**24** 또래의 영향은 부모의 영향보다 더 크다. (parents, stronger than, of, the influence, is, that, of peers) 학평기출응용

_____

**25** 세 개의 상자가 있다. 하나는 종이가 담겨 있고, 또 다른 하나는 펜이 담겨 있고, 나머지 하나는 지우개가 담겨 있다. (the, contains, contains, pens, erasers, other, another, and)

→ There are three boxes. One contains paper, _____, _____.

---

**Words** acceptable 허용할 수 있는  peer 또래

# Actual Test

[1-3] 다음 빈칸에 들어갈 가장 알맞은 것을 고르시오.

**1**

I just started my new job, but I miss my old _____.

① this     ② one     ③ that
④ it     ⑤ ones

**2**

I thought I lost my smartphone, but found _____ in the car. 학평기출응용

① all     ② each     ③ one
④ it     ⑤ some

**3**

He met other farmers and told them his farm is bigger than _____.

① one     ② ones     ③ theirs
④ their     ⑤ other

[4-5] 다음 두 문장의 빈칸에 공통으로 알맞은 것을 고르시오.

**4**

• Look at _____ sun shining brightly in the sky.
• It is _____ best pasta I've ever had.

① a     ② the     ③ its
④ any     ⑤ that

**5**

• She has _____ knowledge of medicine.
• I read _____ books on Asian history.

① a     ② this     ③ those
④ any     ⑤ some

[6-7] 다음 중 밑줄 친 부분이 어법상 틀린 것을 고르시오.

**6**
① What is <u>that</u> over there?
② Can I take some books of <u>yours</u>?
③ We don't have <u>any</u> options left.
④ Hurry up. <u>This</u> is already 9 o'clock.
⑤ The children watched the bird building <u>its</u> nest.

**7**
① Take <u>any</u> of them you like.
② Both of them <u>are</u> doing the best they can.
③ Mathematics <u>is</u> the study of quantity.
④ Can we put our <u>baggages</u> at your hotel before check-in?
⑤ <u>Those</u> waiting in line should be patient.

---

**Words**   option 선택(권)   quantity 양

**8** 다음 중 어법상 **틀린** 것끼리 짝지어진 것을 고르시오.

> ⓐ Every opinion counts.
> ⓑ Of the two umbrellas, one is red and the other is black.
> ⓒ She found that difficult to write an essay.
> ⓓ The city itself is beautiful, but you don't really have to go there.
> ⓔ In our society, the elderly is valued for their experience.

① ⓐ, ⓑ     ② ⓑ, ⓒ     ③ ⓒ, ⓓ
④ ⓒ, ⓓ, ⓔ     ⑤ ⓒ, ⓔ

**[9-10]** 다음 중 어법상 맞는 것을 고르시오.

**9** ① The shoes feels too tight and uncomfortable.
② Look at a man sitting on the bench.
③ I think trust are more important than love.
④ One-third of our workers is still working from home.
⑤ He made it clear that he would not make any changes.

**10** ① Two bottles of water is left in the fridge.
② The only way to have a friend is to be one.
③ If the glasses do not fit well, get a new one.
④ The brave makes decisions despite their fear.
⑤ Most of the buildings was made out of wood.

✏ 서술형

**[11-13]** 우리말과 같은 뜻이 되도록 괄호 안의 말을 바르게 배열 하시오. (단, 밑줄 친 단어의 어형을 바꿀 것)

**11** 10달러는 회원권의 비용이다.
(be, ten dollars, of membership, the cost)

_____

**12** 그는 나라 전역을 혼자서 여행했다.
(across, traveled, he, him, by, the country)

_____

**13** 모두가 그녀의 그 생각을 좋아했다.
(liked, idea of, everyone, that, her)

_____

**[14-16]** 우리말과 같은 뜻이 되도록 괄호 안의 말을 이용하여 문장을 완성하시오.

**14** 디저트를 마음껏 드세요.
(please help, the desserts)

_____

**15** 한국을 방문한 외국인 관광객들의 수가 늘었다.
(number, foreign visitors, to, has increased)

_____

**16** 둘 중 어느 누구도 이기고 있는 것 같지 않다.
(of them, seem, be winning)

_____

**Words** count 중요하다   uncomfortable 불편한   fridge 냉장고

**17** 다음 밑줄 친 (A)~(D)를 알맞은 형태로 고쳐 쓰시오.

> Most young people like to combine a bit of (A)homeworks with a lot of instant messaging, chatting on the phone, and checking emails. While (B)this may be true that you can focus on (C)it at once, try to be honest with yourself. Concentrate on your studies, but allow (D)you regular breaks to catch up on those other pastimes. 학평기출응용

(A) _____ (B) _____

(C) _____ (D) _____

**18** 다음 글에서 어법상 틀린 부분을 두 군데 찾아 바르게 고쳐 쓰시오.

> I went shopping with Sarah. She picked up two plain pairs of socks and asked me, "Which do you think is better, the black ones or the white ones?" "Either one are fine." I answered. The price of the black pair was a bit lower than those of the white pair, so she chose the black socks.

|  | 틀린 표현 | | 고친 표현 |
|---|---|---|---|
| (1) | _____ | → | _____ |
| (2) | _____ | → | _____ |

**19** 다음 글의 밑줄 친 우리말을 [보기]에 주어진 단어를 모두 써서 조건에 맞게 영작하시오.

> Growing fruit trees in the backyard has always been popular in my neighborhood. In my yard, there are five trees. One is a peach tree, 또 다른 하나는 사과나무이고, 나머지 모두는 오렌지 나무이다.

보기
be, an apple tree, orange trees, be, the, another, and

조건 1. 밑줄 친 be 두 개는 어법에 맞게 변형할 것
2. 한 단어를 추가할 것

_____

_____

**20** 다음 글의 밑줄 친 부분 중, 어법상 틀린 것은?

> A pandemic has happened more than once in our history. ①One that is still well-known is the Black Death. It killed ②a huge number of people. In some cities, so few people survived that there was no one to bury ③the dead. In late 2019, the COVID-19 pandemic began. Despite the development of several vaccines, ④their influence on the world has been powerful. Besides the pandemics, there are many other cases where history seems to repeat ⑤itself.

---

**Words** combine 병행하다　at once 동시에　catch up on ~를 보충하다　pastime 오락, 기분 전환　plain 평범한
pandemic (전국적[세계적]) 유행병

# 누적 TEST

**[1-3]** 다음 빈칸에 들어갈 가장 알맞은 것을 고르시오.

**1**

It's freezing outside. I realize that I _____ my jacket, but it's too late.

① might bring

② must have brought

③ may have brought

④ should have brought

⑤ cannot have brought

**2**

If I _____ that there were 20 people coming, I would have brought more food.

① know     ② had known     ③ knew

④ have known     ⑤ will know

**3**

Of four people invited to the party, only Mary could come and _____ couldn't.

① ones     ② any     ③ another

④ others     ⑤ the others

**[4-5]** 다음 빈칸에 들어갈 말이 순서대로 바르게 짝지어진 것을 고르시오.

**4**

• You _____ speak ill of others.

• I can't find my pen. Can I use _____?

① should not – yours

② don't have to – yours

③ should not – your one

④ cannot but – your one

⑤ don't have to – your pen

**5**

• You _____ lie to me about anything.

• I wish I _____ my email before I left.

① had better not – checked

② had not better – checked

③ had better not – had checked

④ had not better – have checked

⑤ had better not to – had checked

**[6-7]** 다음 두 문장의 빈칸에 공통으로 알맞은 것을 고르시오.

**6**

• He _____ not be able to attend the meeting. He's busy.

• Good luck and _____ you get well soon!

① may     ② must     ③ can

④ would     ⑤ should

**7**

• What is _____ fastest way to get there?

• There is a chance of snow showers in _____ evening.

① a     ② the     ③ its

④ some     ⑤ this

---

**Words**   freezing 몹시 추운   chance 가능성   snow shower 소낙눈

**8**
① Two glasses of wine were served with our meal.

② He cannot have seen the accident as he was out of town.

③ But for technology, life won't be enjoyable for most of us.

④ I cannot but wonder why he couldn't finish the task in time.

⑤ If you were to write a letter to your younger self, what would you write?

**9**
① She was used to sleep late during the long break.

② I would read for hours every day when I was a child.

③ They met some cousins of theirs who lived close by.

④ His illness could have been treated by a better doctor.

⑤ Had I listened to your advice, I wouldn't have failed the exam.

**10**
① They both acted as if they had never met before.

② The food must have been given to the wrong table.

③ Every opinions necessarily start as a minority opinion.

④ Economics is the study of how humans make choices.

⑤ He insisted that she move to a big city for her career.

**11** 다음 우리말에 맞게 주어진 단어를 배열하여 문장을 완성할 때, 빈칸 (A)에 들어갈 알맞은 말을 고르시오.

만약 내가 더 젊다면, 너의 다음 여행에 함께할 텐데.
(were, would, I, I, join, younger, you, your, trip, on, next)

→ If _____ _____ _____, _____ _____
___(A)___ _____ _____ _____ _____ _____.

① I      ② you      ③ on

④ would      ⑤ join

**12** 다음 중 어법상 맞는 문장의 개수를 고르시오.

ⓐ I would rather learn a new language than study math.

ⓑ Of the two statements, one is true and another is false.

ⓒ The wounded were moved to medical centers for treatment.

ⓓ It is essential that each of us show respect for one another.

ⓔ If it were not for the greenhouse effect, our planet would be unbearably cold.

① 1개    ② 2개    ③ 3개    ④ 4개    ⑤ 5개

**13** 다음 중 어법상 <u>틀린</u> 것끼리 짝지어진 것을 고르시오.

ⓐ Both of the lawyers were competent.

ⓑ The accident yesterday may have been due to speeding.

ⓒ Your leadership skills are better than that of most managers.

ⓓ If she hadn't missed the train, she would be in Moscow now.

ⓔ You may well to ask what made me want to paint such an image.

① ⓐ, ⓓ      ② ⓑ, ⓒ      ③ ⓑ, ⓒ, ⓔ

④ ⓒ, ⓔ      ⑤ ⓓ, ⓔ

---

**Words**   necessarily 필연적으로, 반드시   minority 소수(의)   statement 진술   wounded 부상을 입은   unbearably 견딜 수 없을 정도로   competent 유능한   speeding 과속

**✎ 서술형**

**[14-16]** 다음 우리말과 일치하도록 괄호 안의 말을 바르게 배열하시오. (단, 필요시 어형을 바꿀 것)

**14**
> 광부들이 강을 오염시키는 것이 허용되어서는 안 된다.
> (not, pollute, to, to, ought, the river, allow, be)

→ The miners _____

_____.

**15**
> 그 정보의 대부분은 시의 웹 사이트에서 이용할 수 있다.
> (available, the information, be, of, the city's website, most, on)

→ _____

**16**
> 장교는 병사들에게 줄을 서라고 명령했다.
> (the soldiers, up, that, order, line, the officer)

→ _____

**[17-19]** 다음 우리말과 일치하도록 괄호 안의 말을 이용하여 문장을 완성하시오.

**17**
> 나는 목이 너무 마르다. 무언가 마실 것을 가져왔어야 했는데.
> (should, bring, something, drink)

→ I'm so thirsty. I _____

_____.

**18**
> 나는 나의 어머니가 무슨 일이 일어나고 있는지 설명할 수 있기를 바랐다.
> (wish, can, explain, happen)

→ _____

**19**
> 만약 내가 더 많이 연습했더라면, 나는 지금 편안할 텐데.
> (practice, will, feel, comfortable)

→ If _____,

_____ now.

**🔖 고난도**

**20** 다음 ⓐ~ⓓ 중 어법상 틀린 문장을 골라 그 기호를 쓰고, 틀린 부분을 고치시오.

> ⓐ I need to buy a new one since my phone is broken.
> ⓑ He talks to him while he is alone in the bathroom.
> ⓒ If I had made a reservation, I would be staying at the hotel now.
> ⓓ There would be a clock tower in the area, but now there isn't.

(1) (　): _____ → _____
(2) (　): _____ → _____

---

**Words** pollute 오염시키다　miner 광부　line up 줄을 서다

**21** 다음 글에서 어법상 틀린 부분을 두 군데 찾아 바르게 고쳐 쓰시오.

> When I saw my colleague Mandy this morning, she looked very thrilled. When I asked her why, she said a her friend gave birth to a baby yesterday. She was excited as if she is the mother herself.

| | 틀린 표현 | | 고친 표현 |
|---|---|---|---|
| (1) | _____ | → | _____ |
| (2) | _____ | → | _____ |

**[22-23]** 다음 글을 읽고 물음에 답하시오.

> Life is not fair. The good guys ①might not win. People have to get used to ②disappointment. ③This is not fair that some kids are taller. 당신이 세상의 불공평함을 통제할 수 없는 것은 당연하다. However, you can control ④yourself. How you respond will determine what kind of a person you will become. It's time you ⑤took responsibility for how you react.

**22** 윗글의 밑줄 친 부분 중 어법상 틀린 것은?

①      ②      ③      ④      ⑤

**23** 윗글의 밑줄 친 우리말을 주어진 조건에 맞게 영작하시오.

> 조건   1. 총 12단어로 쓸 것
> 2. may well, unable, control, the unfairness, of를 이용할 것

_____

_____

**[24-25]** 다음 글을 읽고 물음에 답하시오.

> Mathematics seems a perfect profession to me. ___(A)___ may not be the right road for everyone, but surely the right ___(B)___ for me. 내가 부유하게 태어났다면, I wouldn't have to work for a living. It's fortunate that I have been able to make a living doing what I love.

**24** 윗글의 빈칸 (A)와 (B)에 들어갈 말이 바르게 짝지어진 것은?

       (A)      (B)

① It    – one

② It    – ones

③ They – one

④ They – that

⑤ Each – ones

**25** 윗글의 밑줄 친 우리말을 주어진 조건에 맞게 영작하시오.

> 조건   1. 총 5단어로 쓸 것
> 2. be, born, wealthy를 이용할 것

_____

---

**Words**   thrilled 매우 신이 난   give birth to (아기를) 낳다   determine 결정하다   profession 직업   fortunate 다행한, 운이 좋은
make a living 생계를 꾸리다

# Chapter 10

# 형용사 / 부사

# 형용사의 역할

## ❶ 한정 용법

• 형용사는 (대)명사를 앞이나 뒤에서 수식한다.

[1] That was a **funny** *joke*.

[2] I want to give her *something* **special**.

• 한정 용법으로만 쓰이는 형용사

| main(주요한), chief(주요한), former(이전의), live(라이브의, 살아 있는), only(유일한), elder(손위의) 등 |
|---|

[3] This match is the **main** *event* for tonight.

## ❷ 서술 용법

• 형용사는 주격보어나 목적격보어로 쓰여 주어나 **목적어**에 대해 보충 설명을 한다.

[4] The sky became **dark** all of a sudden. (주격보어)

[5] The boy in the picture looks **happy**. (주격보어)    [6] Please keep your room **clean**. (목적격보어)

• 서술 용법으로만 쓰이는 형용사

| afraid(두려운), ashamed(부끄러운), asleep(잠이 든), awake(잠이 깬), alive(살아 있는), alike(비슷한), aware(알고 있는), content(만족한) 등 |
|---|

[7] The squid seems **alive** on your plate.

### ➕ 문법 PLUS

• 형용사를 목적격보어로 취하는 5형식 동사: make, keep, find, leave, deem 등

⊙ 정답 및 해설 p.50

**A** 괄호 안에서 알맞은 것을 고르시오.

**1** The singer will host a(n) [ alive / live ] music show.

**2** You will get wiser as you get [ elder / older ].

**3** Go calm down the [ afraid / scared ] child.

**4** Trees make the environment [ clean / cleanly ] by producing oxygen.

**5** The [ main / mainly ] topic of the contest will be announced now.

**B** 우리말과 같은 뜻이 되도록 괄호 안의 말을 바르게 배열하시오.

**1** 새 대통령은 전 대통령과 악수를 했다. (president, the, former, with)

→ The new president shook hands _____.

**2** 그녀는 시골에서의 생활에 만족하는 것처럼 보인다. (content, seems, with)

→ She _____ her life in the countryside.

**3** 당신의 아기를 침대에 혼자 두지 마라. (alone, leave, baby, your)

→ Don't _____ on a bed.

# UNIT 2 주의해야 할 형용사 / 수량 형용사

## ❶ 주의해야 할 형용사

### (1) 용법에 따라 뜻이 달라지는 형용사

|       | present | ill | certain | late |
|-------|---------|-----|---------|------|
| 한정 용법 | 현재의 | 나쁜 | 어떤, 특정한 | 고인이 된 |
| 서술 용법 | 참석한, 있는 | 아픈 | 확실한 | 늦은 |

[1] This painting was signed by the **late** artist.　[2] I was **late** for work this morning.

### (2) 형용사가 뒤에서만 수식하는 경우

[3] Let's try *something* **different** this time. (-thing / -body / -one으로 끝나는 대명사+형용사)

[4] This is *the best cake* **imaginable**. (최상급/every/all + 명사 + -able[-ible]로 끝나는 형용사)

## ❷ 수량 형용사

| 셀 수 있는 명사 수식 | 셀 수 없는 명사 수식 |
|---|---|
| many, a few(조금 있는), few(거의 없는) | much, a little(조금 있는), little(거의 없는) |
| some, any, a lot of, lots of, plenty of ||

[5] The city has **a few** *parks* and **many** tall *buildings*.

[6] We need **a little** *milk* and **a lot of** *butter* to make it creamy.

> cf 형용사가 여러 개일 때 관사[소유격/지시어], 수량, 상태(가치/의견, 크기, 모양, 나이, 색, 재료)의 순서로 쓴다.
> [7] I like <u>those</u> <u>two</u> <u>beautiful</u> <u>large</u> <u>wooden</u> dolls.
> 　　 지시어　수량　가치/의견　크기　재료

### ▶ 어법 연결

- 수량 형용사 뒤의 명사와 동사의 수에 유의한다.
  [8] **Few** <u>people</u> <u>are</u> coming to the party.　[9] **Little** <u>time</u> <u>is</u> left before the game.
  　　복수명사 복수동사　　　　　　　　　　　단수명사 단수동사

---

⊘ 정답 및 해설 p.50

**A** 괄호 안에서 알맞은 것을 고르시오.

1　We'll have [ many / a lot of ] snow tomorrow morning.

2　Plenty of books [ was / were ] donated to the public library.

3　We received [ the best service imaginable / the best imaginable service ].

4　Add just [ a few / a little ] sugar to make the bread taste better.

5　There is [ nothing wrong / wrong nothing ] with modifying your vision. 학평기출응용

**B** 자연스러운 문장이 되도록 괄호 안의 말을 바르게 배열하시오.

1　In the room, no _____. (present, phone, was)

2　Look at _____ cans. (purple, those, metal)

3　Think of _____ to solve the problem. (possible, the, all, ways)

# 부사의 역할과 위치

## ① 부사의 역할

• 부사는 동사, 형용사, 다른 부사, 문장 전체를 수식한다.

[1] He *ran* **fast** to catch the bus. (동사 수식)   [2] This chocolate cake tastes **very** *nice*. (형용사 수식)

[3] He speaks Chinese and English **quite** *well*. (다른 부사 수식)

[4] **Surprisingly**, *she agreed right away*. (문장 전체 수식)

## ② 부사의 위치

• 빈도부사는 조동사나 be동사 뒤, 일반동사 앞에 위치한다. usually, sometimes는 문장 맨 앞에 오기도 한다.

> always, usually, often, sometimes, seldom/rarely(좀처럼 ~않는), hardly/scarcely(거의 ~않다), never

[5] It *is* **never** easy to move to a new country.   [6] I **always** *go* to school by bus.

• 「동사 + 부사」로 된 동사구의 목적어가 명사이면 부사는 목적어 앞뒤에 모두 올 수 있고, 대명사이면 부사는 목적어 뒤에 위치해야 한다.

[7] She **picked up** *the phone*. / She **picked** *the phone* **up**. (목적어가 명사인 경우)

[8] Would you **put** *them* **away**, please? (목적어가 대명사인 경우) → put away them (×)

*cf.* 「동사 + 부사」 표현:

turn down(거절하다), work out(해결하다), check out(확인하다), put off(미루다), turn on/off(켜다/끄다), write down(적어 두다) 등

> ▶ **어법 연결**
>
> • 「동사 + 전치사」의 경우 「동사 + 부사」와는 달리 목적어가 전치사 앞에 올 수 없다.
> [9] He **asked for** *my advice*. / He **asked for** *it*. → 목적어가 대명사여도 전치사 뒤에 옴, asked it for (×)

⊘ 정답 및 해설 p.51

**A**   괄호 안에서 알맞은 것을 고르시오.

**1** I was [ pretty sure / sure pretty ] about what to do.

**2** I [ slow / slowly ] realized the truth about him.

**3** My mom [ is usually / usually is ] busy with work during the weekdays.

**4** [ Lucky / Luckily ], I didn't get hurt in the accident.

**5** I got an invitation to the party, but I'm going to turn [ down it / it down ].

**B**   우리말과 같은 뜻이 되도록 괄호 안의 말을 바르게 배열하시오.

**1** 그들은 어떤 일이든 좀처럼 합의하지 않았다. (rarely, on, anything, agreed)

→ They _____.

**2** 그 직원들은 그 문제를 다루기 위해서 아주 열심히 일했다. (very, worked, tackle, hard, to)

→ The staff _____ the problem.

**3** 우리는 회의를 다시 미룰 수 없다. (the, off, meeting, put)

→ We cannot _____ again.

# 주의해야 할 부사

## ❶ 혼동하기 쉬운 부사

| hard(열심히, 심하게) — hardly(거의 ~않다) | most(가장) — mostly(대부분, 주로) | high(높이) — highly(상당히, 매우) |
|---|---|---|
| late(늦게) — lately(최근에) | near(가까이) — nearly(거의) | close(가까이) — closely(면밀히) |

¹Work **hard** and play **hard**. (열심히) ²There is **hardly** any light in the cave. (거의 ~않다)

## ❷ 형태가 같은 형용사와 부사

|  | early | hard | high | late | fast | enough |
|---|---|---|---|---|---|---|
| 형용사 | 이른 | 힘든, 어려운 | 높은 | 늦은 | 빠른 | 충분한 |
| 부사 | 일찍 | 열심히, 심하게 | 높이, 높게 | 늦게 | 빨리 | 충분히 |

³I don't have **enough** time to finish the homework. (충분한)

⁴He is not old **enough** to go there alone. (충분히) → enough가 부사로 쓰일 때는 형용사를 뒤에서 수식한다.

## ❸ already, yet, still

• already: 이미, 벌써(긍정문)/벌써(의문문)

⁵The door is closed **already**. We can't get in.

• yet: 아직(부정문, 의문문)

⁶I'm not ready **yet**.

• still: 아직도, 여전히(긍정문, 의문문)/아직도, 그런데도(부정문)

⁷Aubrey and Tom broke up, but she's **still** hoping to hear from him.

### ➕ 문법 PLUS

• 「형용사 + -ly」가 부사가 되는 것과는 달리, 「명사 + -ly」는 형용사가 된다.
costly(값비싼), lovely(사랑스러운), elderly(나이 든), friendly(우호적인), orderly(정돈된)

⊘ 정답 및 해설 p.51

**A** 괄호 안에서 알맞은 것을 고르시오.

1 I'm sorry I'm [ late / lately ].

2 The shirt is [ big enough / enough big ] for me.

3 The doctor [ close / closely ] monitored the patient's status.

4 Where is the book? I [ still / already ] cannot see it.

5 Eventually, [ near / nearly ] everyone got the answer right. 학평기출응용

**B** 밑줄 친 부분이 어법상 맞으면 O표 하고, 틀리면 바르게 고치시오.

1 The plot of the play is high amusing.

2 Have you finished packing for your trip already?

3 I was sinking and hard able to move. 학평기출응용

# Review Test

[1-5] 괄호 안에서 알맞은 것을 고르시오.

**1** The news made her so [ happy / happily ].

**2** The [ main / mainly ] building is just around the corner.

**3** I saw two [ black small / small black ] spiders on the wall.

**4** Why is he in the hospital? I hope it's [ nothing serious / serious nothing ].

**5** Only a [ few / little ] survivors returned home from the mountain.

[6-9] 밑줄 친 부분을 어법상 바르게 고쳐 쓰시오.

**6** You always can count on me.

**7** We still have problems. We need to work out them.

**8** His noisy neighbors often drive him madly.

**9** Focus on your children and listen them to.

[10-13] 어법상 틀린 곳을 찾아 바르게 고쳐 쓰시오.

**10** Grown-ups explain rarely the meaning of new words to children. 학평기출응용

**11** My grandmother is very old and most stays upstairs.

**12** It was the imaginable best view!

**13** Little orange juice were left after my dad drank it.

[14-17] [보기]에서 알맞은 말을 골라 빈칸에 쓰시오. (단, [보기] 의 단어는 한 번씩만 고를 것)

| 보기 | afraid | already | former | quite |
| --- | --- | --- | --- | --- |

**14** Garry is a(n) _____ world chess champion.

---

**Words** survivor 생존자  count on ~를 믿다  grown-up 어른

**15** My sister is extremely _____ of snakes.

**16** Reading books with your friends can be _____ interesting.

**17** The movie has _____ started, so we should hurry.

**[18-21]** 우리말과 같은 뜻이 되도록 괄호 안의 말을 이용하여 문장을 완성하시오. (단, 필요시 어형을 바꿀 것)

**18** 단순히 학생들에게 글을 쓸 시간을 주는 것만으로도 그들의 글쓰기를 향상시킬 수 있다.
(simple, giving)
→ _____ to write can improve their writing.

**19** 그녀는 바쁜 일정으로 인해 최근에 피곤을 느끼고 있다.
(tired, feeling, late)
→ She has been _____ due to her busy schedule.

**20** 수업이 5분 일찍 끝났다. (finished, early)
→ The class was _____ .

**21** 자정이 지났는데도 아기는 여전히 깨어 있었다.
(awake, still)
→ It was after midnight, but the baby _____ .

**[22-25]** 우리말과 같은 뜻이 되도록 괄호 안의 말을 배열하여 문장을 완성하시오.

**22** 작은 변화들은 별로 중요하지 않아 보이기 때문에 우리는 종종 그것들을 무시한다.
(ignore, small, often, we, changes)
→ _____ because they don't seem to matter much. 학평기출 응용

**23** 그는 그녀의 기운을 북돋우려고 했지만, 아무것도 효과가 없는 것 같았다.
(he, her, tried, up, cheer, to)
→ _____ , but nothing seemed to work.

**24** 지금까지 팀원 모두가 꽤 잘하고 있다.
(doing, job, a, good, pretty)
→ Everyone on the team is _____ so far.

**25** 우리는 아직 그곳에 갈 필요가 없다.
(go, yet, to, there)
→ We don't need _____ .

---

**Words**   ignore 무시하다   work 효과가 있다

**[1-3]** 다음 빈칸에 들어갈 수 <u>없는</u> 것을 고르시오.

**1**

The boys in the picture look _____.

① content     ② afraid     ③ live

④ awake     ⑤ alike

**2**

It takes _____ effort to maintain a good relationship.

① a lot of     ② some     ③ much

④ plenty of     ⑤ many

**3**

Can I get a little _____?

① oil     ② advice     ③ help

④ tickets     ⑤ feedback

**[4-5]** 다음 빈칸에 들어갈 말이 순서대로 바르게 짝지어진 것을 고르시오.

**4**

• Plastic is _____ to make and recycle.
• They _____ know each other.

① cheap – hard     ② cheap – hardly

③ cheaply – hard     ④ cheap – harder

⑤ cheaply – hardly

**5**

• It's _____ normal to feel nervous before the test.
• The deadline is drawing _____.

① perfect – near     ② perfect – nearly

③ perfectly – near     ④ perfection- near

⑤ perfectly – nearly

**[6-7]** 다음 중 밑줄 친 부분이 어법상 <u>틀린</u> 것을 고르시오.

**6** ① Use every means <u>available</u>.

② I absolutely <u>agree him with</u>.

③ She needs time to <u>think it over</u>.

④ <u>Fortunately</u>, he got a new job soon.

⑤ Eggs <u>are sometimes</u> used raw in cooking.

**7** ① I want <u>something warm</u> for dinner.

② He should be <u>present</u> at the meeting.

③ The thunderstorms will become <u>severely</u>.

④ Her <u>elder</u> sister is getting married today.

⑤ There are scratches on my <u>new black</u> car.

---

**Words**   relationship 관계   absolutely 전적으로   raw 날것의   severely 심하게

**8** 다음 중 어법상 **틀린** 것끼리 짝지어진 것을 고르시오.

> ⓐ A little students may deny the importance of homework.
> ⓑ Keep the windows openly to let in fresh air.
> ⓒ A new member can join the newly formed group.
> ⓓ I lost my wallet and I'm looking for it.
> ⓔ She felt happy when she got the present.

① ⓐ, ⓑ      ② ⓐ, ⓑ, ⓒ      ③ ⓑ, ⓓ
④ ⓒ, ⓓ, ⓔ      ⑤ ⓓ, ⓔ

**[9-10]** 다음 중 어법상 맞는 것을 고르시오.

**9** ① He came home a few hour later.
② A little salt are needed for good health.
③ Coyotes scarcely are seen in this area.
④ Jumping off the table was the worst idea possible.
⑤ The ashamed student ran out of the classroom.

**10** ① I will not let down you again.
② The taxi driver has arrived yet.
③ All you have to do is to ask it for.
④ The workers here are most women.
⑤ I've made enough copies for everyone.

**✐서술형**

**[11-13]** 우리말과 같은 뜻이 되도록 괄호 안의 말을 바르게 배열하시오. (단, 밑줄 친 단어의 어형을 바꿀 것)

**11** 그들은 그 상황을 완전히 알고 있다.
(of, they, <u>complete</u>, the situation, are, aware)

_____

**12** 그녀는 자신의 아이들에게 줄 새로운 것을 거의 사지 않는다.
(<u>hard</u>, anything, for her kids, buys, new, she)

_____

**13** 학생들은 자신의 방에서 공부하는 것을 편안하다고 생각했다.
(in their rooms, to study, it, found, <u>comfortably</u>, the students) 학평기출응용

_____

**[14-16]** 우리말과 같은 뜻이 되도록 괄호 안의 말을 이용하여 문장을 완성하시오. (단, 6단어 이내로 쓸 것)

**14** 너에게 나쁜 일은 아무것도 일어나지 않을 것이다.
(bad, nothing, will happen)

_____

**15** 당신이 그들을 데리러 갈 수 있나요? (pick, up, can)

_____

**Words**  deny 부인하다  let down ~를 실망시키다

**16** 일관성은 항상 더 나은 결과를 가져온다.
(bring, consistency, better results) 학평기출응용

_____

🔍 고난도

**17** 다음 밑줄 친 (A)~(D)를 알맞은 형태로 고쳐 쓰시오.

On my seventh birthday, my mom surprised me with a puppy waiting on a leash. It had beautiful golden fur and an (A) adorably tail. I took the dog everywhere and slept with it every night. A (B) little months later, the dog ran away. I cried for hours while my mother (C) silent watched me from the doorway of my room. I finally fell (D) sleepy, exhausted from my grief. 학평기출응용

(A) _____  (B) _____

(C) _____  (D) _____

**18** 다음 글에서 어법상 틀린 부분을 두 군데 찾아 바르게 고쳐 쓰시오.

It's time to enjoy the beauty of September's full moon. The best time to catch the full moon is right after sunset, when the moon rises closely to the horizon. It will appear slightly larger than when it's highly in the sky.

|  | 틀린 표현 | | 고친 표현 |
|---|---|---|---|
| (1) | _____ | → | _____ |
| (2) | _____ | → | _____ |

**19** 다음 글의 밑줄 친 우리말을 [보기]에 주어진 단어를 모두 써서 조건에 맞게 영작하시오.

Traveling for whatever reason—whether it is a special occasion or a business commitment—보통 꽤 비싸다. So if you're planning on taking a trip abroad, it's important to keep track of your expenses.

보기     quite, is, cost, usually

조건   1. [보기] 중 한 단어만 어법에 맞게 변형할 것
2. 단어 추가 불가

_____

📖 수능 어법

**20** 다음 글의 밑줄 친 부분 중, 어법상 틀린 것은?

①Highly efficient leaders often lose their focus on people. It is ②because of a belief that more people-focused activities will ③slow down them. However, building relationships, inspiring a team, and developing others ④are extremely important. An intense focus on efficiency and getting things done makes these leaders ⑤less effective overall. The result is often a negative impact on the organizational climate and burnout of team members.

---

**Words**   consistency 일관성  adorable 사랑스러운  grief 슬픔  occasion 행사  commitment 책무, 약속  keep track of ~를 파악하다
expense 경비, 비용  efficient 효율적인  intense 강력한  organizational 조직의  climate 분위기  burnout 심신 소모, 극도의 피로

# Chapter 11

## 비교

# 원급을 이용한 비교 구문

**❶ 원급 비교: as + 원급 + as**

- '~만큼 …한[하게]'이라는 뜻으로 정도가 비슷한 두 대상을 비교할 때 「as + 원급 + as」의 형태로 나타낸다.
- 부정형은 「not as + 원급 + as」로, 첫 번째 as 대신 so를 쓸 수 있다.

[1]The new road is **as narrow as** the old one.

[2]She sang **as wonderfully as** her mother.

[3]Staying indoors is **not as interesting as** going outside. (= not so interesting as)

**❷ 원급 주요 표현**

(1) as + 원급 + as possible (= as + 원급 + as one can): 가능한 ~한[하게]

[4]Please come back home **as soon as possible**. (= Please come back home **as soon as you can**.)

(2) 배수사 + as + 원급 + as: ~보다 … 배 더 -한

[5]Neptune is **four times as big as** Earth.

(3) not so much A as B: A라기보다는 오히려 B

[6]Erin was **not so much** upset **as** worried about his behavior.

(4) as many[much] + 명사 + as: ~만큼 많은 …

[7]You may borrow **as many books as** you want this time.

> **▶ 어법 연결**
>
> - 비교 구문에서 비교하는 대상은 문법적으로 형태가 같아야 한다.
> [8]*Walking* is **as good as** *running* for our health.   [9]*My bike* is **not as old as** *Peter's*.
> - 「as + 원급 + as one can」에서 can의 시제는 주절의 시제에 일치시킨다.
> [10]We *tried* to run **as fast as we could**.

⊘ 정답 및 해설 p.54

**A** 괄호 안에서 알맞은 것을 고르시오.

1 The apple pie tastes as [ good / well ] as it looks!

2 I try to work [ so / as ] hard as my boss.

3 He tested the runner's speed as often as [ possible / possibly ]. 학평기출응용

4 Plant as [ much / many ] flowers as you want in my garden.

5 We are [ not so much / no much so ] sleepy as tired.

**B** 밑줄 친 부분이 어법상 맞으면 O표 하고, 틀리면 바르게 고치시오.

1 My body felt as <u>lightly</u> as a feather.

2 My chair is not as comfortable as <u>your</u>.

3 Tony didn't spend <u>as much money as</u> you.

4 We got here <u>as fast as we can</u>.

5 Organic food is <u>two as expensive as</u> non-organic food.

# 비교급을 이용한 비교 구문

**❶** **비교급 비교: 비교급 + than**

• '~보다 더 …한[하게]'이라는 뜻으로 두 대상을 비교할 때 「비교급 + than」의 형태로 나타낸다.

[1]Sometimes, talking is **easier than** texting.　　[2]Soccer is **more popular than** basketball in Europe.

[3]Brandon drives a car **less carefully than** Betty. (less+원급+than: ~보다 덜 …한)

[4]Universities offer **higher education** to students. ─ 구체적인 비교 대상이 필요 없는 경우 than을 쓰지 않음

**❷** **비교급 주요 표현**

⑴ 비교급 + and + 비교급: 점점 더 ~한[하게]

[5]It got **colder and colder**, so I put on my jacket.

⑵ the + 비교급 ~, the + 비교급 …: ~하면 할수록 더 …하다

[6]**The more** you study, **the smarter** you'll become.

⑶ 배수사 + 비교급 + than: ~보다 … 배 더 -한

[7]The new museum is **two times bigger than** the previous one.

⑷ no more than ~: 겨우 ~밖에, ~일 뿐(= only) / no less than ~: ~만큼이나, ~나 되는(= as many[much] as)

[8]The cellphone case costs **no more than** $10.　　[9]The wristwatch costs **no less than** $1,000.

> **⊕ 문법 PLUS**
>
> • superior, inferior, junior, senior 등과 같이 -or로 끝나는 형용사의 경우 비교 대상 앞에 than이 아닌 to를 쓴다.
> [10]Her performance was **superior to** mine.

◉ 정답 및 해설 p.54

**A** 자연스러운 문장이 되도록 괄호 안의 말을 바르게 배열하시오.

**1** Her husband ＿＿＿＿＿＿＿＿＿＿＿＿＿ her to go jogging. (earlier, wakes up, than)

**2** He misses the puppy ＿＿＿＿＿＿＿＿＿＿＿. (more, his brother, than, docs)

**3** Wetlands are disappearing ＿＿＿＿＿＿＿＿＿＿ forests. (than, times, faster, three)

**4** The longer I hold it, ＿＿＿＿＿＿＿＿＿＿ to me. (the, it, feels, heavier) 학평기출응용

**5** This beach is ＿＿＿＿＿＿＿＿＿＿ in Busan. (less, other beaches, than, crowded)

**B** 우리말과 같은 뜻이 되도록 어법상 틀린 곳을 찾아 바르게 고쳐 쓰시오.

**1** 바람은 연을 공중으로 점점 더 높이 날렸다.

The wind blew the kite high and high into the air.

**2** 무려 도시의 3천 가구가 태풍으로 피해를 입었다.

No more than 3,000 houses in the city were damaged by the typhoon.

**3** 이 도시에서의 하루 평균 지출은 150달러를 넘었다.

The average spend per day in this city was less than $150. 학평기출응용

# 최상급을 이용한 비교 구문

**❶ 최상급 비교: the + 최상급 (+ in/of)**

- '(… 중에서) 가장 ~한[하게]'이라는 뜻으로 셋 이상을 비교하여 최상을 말할 때 「**the + 최상급 (+ in/of)**」의 형태로 나타낸다.
- '(… 중에서) 가장 덜 ~한[하게]'은 「**the least + 원급 (+ in/of)**」의 형태로 나타낸다.

[1]Lake Baikal is **the deepest of** all the lakes in the world. → of+비교 대상이 되는 복수명사

[2]This room is **the most/least expensive in** the hotel. → in+장소나 집단을 나타내는 단수명사

**❷ 정관사가 붙지 않는 최상급 표현**

- 서술 용법으로 쓰인 최상급이거나 부사의 최상급인 경우 정관사 the를 생략할 수 있다.

[3]This dictionary is **(the) best** of all dictionaries. → 서술 용법으로 쓰인 최상급

[4]Over 80 percent of people worked **(the) fastest** when they listened to music. → 부사의 최상급

- 동일 대상을 다른 상황과 비교할 때는 **the**를 생략한다.

[5]Eric is **most excited** when he plays with his friends.

**❸ 최상급 주요 표현**

(1) one of the + 최상급 + 복수명사: 가장 ~한 …들 중 하나

[6]Katherine Hepburn is **one of the best actresses** of all time.

(2) the + 최상급 (+ that) + 주어 + have[has] ever + p.p.: 지금까지 ~한 것들 중 가장 …한

[7]She is **the most beautiful woman that I've ever met.**

(3) the + 서수 + 최상급: ~ 번째로 가장 …한

[8]Los Angeles is **the second largest** city in the U.S.

> **▶ 어법 연결**
>
> - 주어가 「one of the + 최상급 + 복수명사」인 경우, 동사는 단수동사를 쓰는 것에 유의한다.
> [9]**One of the greatest joys** in life *is* seeing a child grow.

정답 및 해설 p.55

**A** 괄호 안의 단어를 빈칸에 최상급으로 바꿔 쓰시오.

**1** She is _____ chess player in the class. (good)

**2** This one is _____ of all the topics. (interesting)

**3** It was _____ painting in the gallery. (important) 학평기출응용

**B** 밑줄 친 부분이 어법상 맞으면 O표 하고, <u>틀리면</u> 바르게 고치시오.

**1** One of the brightest stars in the sky <u>are</u> Sirius.

**2** Most people are <u>happiest</u> in bright sunshine. 학평기출응용

**3** This novel is the most boring book that I <u>ever</u> read.

**4** N Seoul Tower is one of the most famous <u>tourist attraction</u> in Seoul.

**5** Seoraksan in Gangwon Province is <u>the third tallest</u> mountain in Korea.

**❶ 원급 · 비교급을 이용한 최상급 표현**

[1]You are **the happiest person** in the world.

→ [2]**No other person** in the world is **as[so] happy as** you.
(부정 주어 ~ as[so] + 원급 + as …: 어떤 ~도 …만큼 −하지 않은)

→ [3]**No other person** in the world is **happier than** you.
(부정 주어 ~ 비교급 + than …: 어떤 ~도 …보다 더 −하지 않은)

→ [4]You are **happier than any other person** in the world. (= happier than all the other people)
(비교급 + than any other + 단수명사 / 비교급 + than all the other + 복수명사: 다른 어떤[모든] ~보다 더 …한)

**❷ 비교급 · 최상급의 강조**

· 비교급을 강조할 때는 **much, even, far, still, a lot** 등을 쓴다. 단, **very**는 사용할 수 없다.

[5]Let's go by bus. It is **much** *cheaper* than by taxi.

[6]Fortunately, he felt **a lot** *better* after walking.

· 최상급을 강조할 때는 **much, by far, the very** 등을 쓴다. 단, very는 「the very + 최상급」의 어순이 된다.

[7]She is **by far** *the most famous* painter in the country.

[8]This is **the very** *best* butter for baking bread.

---

**➕ 문법 PLUS**

• 「the + 비교급 + of the two」: '둘 중에 더 ~한'이라는 뜻으로, 비교급 앞에 the를 붙이는 것에 유의한다.

[9]Which is **the better of the two** pictures?　　[10]Sam is **the more handsome of the two** boys.

---

⊘ 정답 및 해설 p.55

**A**　우리말과 같은 뜻이 되도록 지시에 맞게 문장을 완성하시오.

> 수성은 태양계에서 가장 작은 행성(planet)이다.

**1** Mercury is _____ in our solar system. (최상급 이용)

**2** No other planet in our solar system is _____ Mercury. (원급 이용)

**3** No other planet in our solar system is _____ Mercury. (비교급 이용)

**4** Mercury is _____ in our solar system. (비교급, any 이용)

**5** Mercury is _____ in our solar system. (비교급, all 이용)

**B**　밑줄 친 부분이 어법상 맞으면 ○표 하고, 틀리면 바르게 고치시오.

**1** I think Shanghai is <u>by far the best</u> city in China.

**2** The musician will like the music <u>much more</u>. 학평기출응용

**3** He is <u>better</u> of the two players.

**4** This is <u>very the largest</u> factory around here. 학평기출응용

**5** The uniforms were <u>a lot fancier</u> than the ones in middle school.

# Review Test

맞은 개수 / 25

**[1-4]** 괄호 안에서 알맞은 것을 고르시오.

**1** Socks are as [ important / importantly ] as shoes when you are hiking.

**2** The world now consumes [ far / very ] more stuff than it ever has. 학평기출응용

**3** What is the [ less / least ] important thing in your life?

**4** Mexico doesn't produce as [ many / much ] wine as Italy.

**[5-9]** 밑줄 친 부분을 어법상 바르게 고쳐 쓰시오.

**5** The higher you go, the <u>thin</u> the air gets.

**6** Remember that arriving late is worse than <u>to arrive</u> early.

**7** The workers kept digging the hole <u>deep and deep</u>.

**8** Fruit juice is <u>least healthy</u> than whole fruit.

**9** John is 175cm tall. David is 180cm tall. Chris is 185cm tall. Chris is <u>the taller</u>.

**[10-14]** 어법상 틀린 곳을 찾아 바르게 고쳐 쓰시오.

**10** The more variety on the table, healthier you become. 학평기출응용

**11** Espresso is as six times strong as drip coffee.

**12** There is no one who is inferior than oneself.

**13** That novel is far the most popular one in the library.

**14** Experts on writing say, "Get rid of as many words as you could." 학평기출응용

---

**Words** thin 산소가 희박한

**[15-17] 다음 표를 보고, 지시에 맞게 문장을 완성하시오.**

|  | Earth | Mars | Mercury |
|---|---|---|---|
| Diameter (km) | 12,742 | 6,779 | 4,879 |
| Length of day (hours) | 24 | 25 | 1,408 |
| Moons | 1 | 2 | 0 |

**15** (big, Mars를 이용한 비교급 문장)
→ Earth is almost two _____.

**16** (long, day를 이용한 최상급 문장)
→ Mercury has _____.

**17** (many, moon을 이용한 비교급, 최상급 문장)
→ (1) Mars has _____ Earth.
→ (2) Mars has the _____.

**[18-21] [보기]에서 알맞은 말을 골라 빈칸에 쓰시오.**

보기 no other   the better   one of   any other

**18** It is _____ the best ways to stimulate new thinking and ideas. 학평기출응용

**19** Josh is more outgoing than _____ boy in his class.

**20** I think _____ painting is as famous as the *Mona Lisa*.

**21** This online course is _____ of the two.

**[22-25] 우리말과 같은 뜻이 되도록 괄호 안의 말을 배열하여 문장을 완성하시오.**

**22** Greg는 Mike만큼 많은 실수를 한다.
(as, makes, mistakes, many, as)
→ Greg _____ Mike.

**23** 아시아의 도시 인구 점유율은 1950년에 두 번째로 가장 낮았다. (the, lowest, was, second)
→ The share of the urban population in Asia _____ in 1950. 학평기출응용

**24** 이 차는 확실히 더 좋지만 훨씬 더 비싸다.
(more, better, expensive, much)
→ This car is certainly _____, but it's _____.

**25** 그녀는 지금까지 내가 만난 사람들 중 가장 공손한 사람이다. (person, ever met, politest, I have, the)
→ She is _____.

**Words** diameter 지름  stimulate 자극하다, 활발하게 하다  outgoing 사교적인, 외향적인  share 점유율, 지분

# Actual Test

**[1-3]** 다음 빈칸에 들어갈 가장 알맞은 것을 고르시오.

**1**

> If your friend has 10 cookies and you have 8, you have _____ cookies than him.

① many ② more ③ most
④ few ⑤ fewer

**2**

> A close neighbor is _____ than a distant cousin.

① good ② better ③ best
④ more good ⑤ more better

**3**

> She was _____ at the beach with her beloved family.

① happier than ② the happier
③ much happy ④ happiest
⑤ very happiest

**[4-5]** 다음 우리말과 같은 뜻이 되도록 빈칸에 알맞은 말을 고르시오.

**4**

> 그는 그 게임을 자신의 아이만큼 무척 즐겼다.
> He enjoyed the game _____ his child.

① as much as
② as many as
③ as better as
④ no more than
⑤ much more than

**5**

> 음악은 나에게 오락 그 이상이다.
> Music is _____ entertainment for me.

① as much as ② as good as ③ much than
④ more than ⑤ no more than

**6** 다음 중 의미가 <u>다른</u> 하나를 고르시오.

① Tokyo is the largest city in Japan.
② No other city in Japan is as large as Tokyo.
③ No other city in Japan is larger than Tokyo.
④ Tokyo is larger than any other city in Japan.
⑤ Tokyo is as large as all the cities in Japan.

**[7-8]** 다음 중 밑줄 친 부분이 어법상 <u>틀린</u> 것을 고르시오.

**7**
① Some children grow <u>more slowly than</u> others.
② His driving skill is <u>superior to his father's</u>.
③ He ran <u>as fast as he could</u> and launched himself into the air. 학평기출응용
④ It wasn't <u>so bad as</u> we thought it would be.
⑤ The gas flame is <u>very hotter than</u> a candle flame.

---

**Words** entertainment 오락, 여흥  launch 맹렬히 덤비다; 시작하다  flame 불꽃

**8** ① Taking pictures is <u>not so much</u> a job as a hobby for him.

② Is there anything <u>more serious than</u> a war?

③ The more you practice, <u>the easy it gets</u>.

④ It was recorded as <u>the third most powerful typhoon</u> ever in Korea.

⑤ She spent <u>as much time as possible</u> with her grandchildren.

**9** 다음 중 어법상 **틀린** 것끼리 짝지어진 것을 고르시오.

ⓐ Things were as bad as they could be.

ⓑ The water is much deeper than it looks.

ⓒ My new project is even more difficult than the last one.

ⓓ Her summer vacation is short, no less than three days.

ⓔ Boston remains one of the safest city in the country.

① ⓐ, ⓑ          ② ⓐ, ⓔ          ③ ⓑ, ⓒ

④ ⓒ, ⓓ          ⑤ ⓓ, ⓔ

**10** 다음 중 어법상 맞는 것을 고르시오.

① Many and many children spend their leisure time on smartphones.

② The older generation has gone through so many troubles.

③ The software controls smallest details of their movements. 학평기출 응용

④ I live close to downtown, but Sue lives the very closer.

⑤ The percentage of female respondents was twice as higher as that of male respondents. 학평기출 응용

---

📝 **서술형**

**[11-13]** 우리말과 같은 뜻이 되도록 괄호 안의 말을 바르게 배열하시오. (단, 밑줄 친 단어의 어형을 바꿀 것)

**11** 초콜릿의 풍부함 때문에 이 음료가 둘 중에서 더 좋았다. (the, was, <u>good</u>, of, this drink, the two)

→ _____

because of the richness of the chocolate.

**12** 한국에서 겨울에 단연코 가장 따뜻한 곳이 어디인가요? (by far, the, place, <u>warm</u>)

→ Where is _____

in Korea in winter?

**13** 도구와 기계는 우리의 삶을 훨씬 더 편하게 만든다. (our lives, much, make, <u>easy</u>)

→ Tools and machines _____

_____ . 학평기출 응용

**[14-16]** 우리말과 같은 뜻이 되도록 괄호 안의 말을 이용하여 문장을 완성하시오.

**14** 어제는 지금까지 내가 겪었던 날들 중 가장 멋진 날이었다. (amazing, that, ever have)

_____

**15** 나는 이것이 그 영화에서 가장 슬픈 부분이라고 생각한다. (think, that, this, sad, part, of, movie)

_____

---

**Words** typhoon 태풍  generation 세대  go through ~를 겪다  respondent 응답자  richness 풍부함

**16** 선원들은 그 호수가 그 지점에서 가장 깊다는 것을 깨달았다.

(the sailors, realize, that, at that spot)

_____

**고난도**

**17** 다음 글을 읽고, 밑줄 친 우리말을 조건에 맞게 영작하시오.

(1)카사블랑카는 모로코에서 가장 큰 도시이다. I visited Casablanca when I traveled to Morocco last year. My favorite Moroccan dish is couscous. I think that (2)그것은 가장 맛있는 모로코 음식이다. I recommend you try couscous if you get a chance to explore Morocco.

> 조건  1. 최상급 표현을 이용할 것
> 2. large, delicious, food를 이용하여 각 문장을 총 7단어로 쓸 것

(1) _____
(2) _____

**18** 다음 글에서 어법상 **틀린** 부분을 **두 군데** 찾아 바르게 고쳐 쓰시오.

One of the bigger things that I teach my students is that as you age, your abilities as well as your views are going to change. That's normal. Some people complain that they are way past their most glorious days, but I tell them that today is youngest day of their life.

|  | 틀린 표현 |  | 고친 표현 |
|---|---|---|---|
| (1) | _____ | → | _____ |
| (2) | _____ | → | _____ |

**19** 다음 글에서 어법상 **틀린** 곳을 찾아 바르게 고쳐 쓴 후, **틀린** 이유를 쓰시오.

The most humid places in the world are located near the equator and the coasts. Generally, the most humid cities are in South and Southeast Asia. For example, Sukkur, Pakistan, is located on the Indus River and is one of the most humid cities globally. The higher humidity ever recorded was a 95°F dew point in Saudi Arabia in 2003.

*dew point 이슬점(대기 중의 수증기가 엉겨 물방울이 되는 온도)

(1) 틀린 곳: _____ → _____
(2) 이유: _____
_____

**수능 어법**

**20** 다음 글의 밑줄 친 부분 중, 어법상 **틀린** 것은?

Let's say that a farmer has more grain ①than he needs, and a herder has ②much milk than he can drink. They can make the most of their grain and milk ③if they trade some wheat for some milk. As they say, everybody ④wins. Of course, an exchange at a single moment in time only ⑤pays when there is a division of labor. 학평기출응용

*herder 목동

---

**Words**  glorious 영광스러운, 빛나는  equator 적도  humidity 습도  grain 곡물  make the most of ~를 최대한 활용하다  pay 이득이 되다  division of labor 분업

## Chapter 12

# 전치사

# UNIT 1  장소 · 위치의 전치사

## ❶ 전치사의 쓰임

· 전치사는 명사나 대명사 앞에 와서 전치사구를 만들어 문장에서 **형용사** 또는 **부사 역할**을 한다.

[1] I like to read books **about** science. (형용사 역할: 명사 수식, 보어 역할)
└─ 명사 수식

[2] **To my surprise**, she passed the exam. (부사 역할: 문장 전체, 동사, 형용사, 부사 수식)
     └─ 문장 전체 수식

## ❷ 장소 · 위치의 전치사

(1) at(~에), on(~에, ~ 위에), in(~에, ~ 안에)

[3] The car stopped **at the corner** of the street. → at은 비교적 좁은 장소나 특정 지점을 나타낼 때 사용

[4] She was sitting **on the grass**. → on은 접촉해 있는 곳을 나타낼 때 사용

[5] My uncle welcomed the guests **in the lobby** of the hotel. → in은 비교적 넓은 장소나 내부를 나타낼 때 사용

(2) 그 밖의 장소 · 위치를 나타내는 전치사

| over ~ (바로) 위에 | under ~ (바로) 아래에 | above ~보다 위에 | below ~보다 아래에 | in front of ~ 앞에 |
|---|---|---|---|---|
| behind ~ 뒤에 | next to[beside / by] ~ 옆에 | near ~ 근처에 | between ~ 사이에 | among ~ 사이에 |

[6] Windows were added **above** the sink in the kitchen.   [7] The sun has sunk **below** the horizon.

[8] The boy likes to sit **between** his mother and his father. → between은 명확히 구분되는 것 앞에 사용

[9] Rachel was very popular **among** her classmates. → among은 명확히 구분되지 않는 집단 앞에 사용

> ▶ **어법 연결**
>
> · 전치사의 목적어로 명사(구), 대명사, 명사절이 온다.
> [10] She is interested **in** *learning new things*.   [11] I have no idea **of** *why it happened*.

정답 및 해설 p.58

---

**A** 빈칸에 at, on, in 중 알맞은 전치사를 골라 쓰시오.

**1** I found a wallet lying _____ the ground.

**2** A strange man is standing _____ the door.

**3** My husband was preparing a barbecue _____ the backyard.

**4** We decided to stop _____ the next gas station to fill up.

**5** As she walked, she noticed a monk working _____ the fields. 학평기출응용

**B** 괄호 안에서 알맞은 것을 고르시오.

**1** I found my key [ between / among ] the stuff in the box.

**2** The burglar climbed [ over / above ] the wall.

**3** He heard rapid footsteps [ in front of / behind ] him and looked back.

**4** The plane landed on an open space [ under / below ] the mountain.

**5** Are you interested in [ joining / join ] my drawing club? 학평기출응용

# UNIT 2 시간의 전치사

## ❶ 시간의 전치사

| at | on | in |
|---|---|---|
| 시각이나 특정 시점 앞 | 날짜나 요일, 특정한 날 앞 | 월, 연도, 세기, 계절, 오전/오후/저녁과 같은 시간 앞 |

[1] The musical will start **at** 7 p.m.    [2] He heard a loud bang **at** midnight.

[3] The store opens **on** May 1st.    [4] I have a job interview **on** Tuesday.

[5] Summer vacation begins **in** July.    [6] My brother was born **in** 2010.

## ❷ 그 밖의 시간을 나타내는 전치사

| for ~ 동안 | during ~ 동안 | by ~까지(완료, 기한) | until[till] ~까지(특정 시점까지 계속) |
|---|---|---|---|
| since ~ 이래로(지금까지) | from ~부터(시작 시점) | before ~ 전에<br>after ~ 후에 | within (일정 기간) ~ 이내에<br>in (말하는 시점을 기준으로) ~ 후에 |

[7] I have been abroad **for** five years. → for+숫자로 된 구체적인 기간

[8] I swam every day **during** the summer. → during+특정 기간을 나타내는 명사(구)

[9] I have to turn in the paper **by** Wednesday, so I'll be busy **until** Wednesday.

[10] **Since** last Christmas, Laura hasn't seen her son. → since: 시작 시점 이래로 계속

[11] Six out of ten U.S. households owned pets **from** 2008 to 2020. → from: 시작 시점만 나타냄

[12] Items can be exchanged **within** 14 days of purchase.    [13] The ship will be leaving **in** 10 minutes.

### ▶ 어법 연결

- before, after, until, since는 전치사와 접속사로도 쓰인다. 접속사 뒤에는 「주어 + 동사」가 오는 것을 유의한다.
[14] The meeting will start **after** *6 p.m.*    [15] The meeting will start **after** *the president arrives.*

정답 및 해설 p.58

## A 괄호 안에서 알맞은 것을 고르시오.

1 We had a special meal [ on / in ] my mother's birthday.

2 What historical events happened [ at / in ] the 20th century?

3 She would read stories to her children [ at / on ] bedtime.

4 [ For / During ] the seminar, a cellphone suddenly rang.

5 All the work will be completed [ by / until ] next April.

## B [보기]에서 알맞은 전치사를 골라 빈칸에 쓰시오.

| 보기 | since | within | until |
|---|---|---|---|

1 We will send you a repairman _____ two days.

2 The conflict has been going on _____ the early 2000s.

3 This market is held every Saturday from 9:00 a.m. _____ 11:30 a.m. 학평기출응용

# UNIT 3 원인·수단·방향의 전치사

**❶ 원인·이유의 전치사**

[1]Kevin shouted **for** joy after completing the puzzle. (for: ~한 이유로, ~ 때문에)

[2]She cried **with** sorrow when she heard the news. (with: ~로, ~ 때문에)

[3]The movie star died **of** cancer at the age of 60. (die of: (질병·노화 등) ~로 죽다 / die from: (외상·부주의 등) ~로 죽다)

[4]The baseball game was postponed **because of** rain. (because of / due to / owing to: ~ 때문에)

**❷ 수단·방법의 전치사**

| with ~로, ~를 가지고 | without ~ 없이 |
|---|---|
| by ~함으로써(by + -ing), ~로(교통·통신 수단) | through ~를 통해, ~로(수단·매체) |

[5]She caught the ball **with** her left hand.  [6]Riding a bike **without** a helmet can be dangerous.

[7]I changed my diet **by** *eating* less meat.  [8]Brian got his job **through** the job fair.

**❸ 방향의 전치사**

| from ~부터 | to/toward(s) ~까지, ~ 쪽으로/~ 쪽으로 | off ~로부터, ~에서 (떨어져) |
|---|---|---|
| along ~를 따라서 | across ~를 가로질러 | onto ~ 위로, ~ 쪽으로 |

[9]The case must have fallen **off** my lap and **onto** the floor.

[10]We took our shoes off and walked **across** the stream.

> **▶ 어법 연결**
>
> • 전치사 because of와 접속사 because는 모두 '~ 때문에'의 의미이지만, because of 뒤에는 명사(구)가 오고 because 뒤에는 「주어 + 동사」를 포함하는 절이 온다.
> [11]**Because of** *the heavy traffic*, I was late for the meeting.
> [12]**Because** *the traffic was heavy*, I was late for the meeting.

⊘ 정답 및 해설 p.59

**A** 괄호 안에서 알맞은 것을 고르시오.

1 Mix the pancake batter [ for / with ] a spoon for 30 seconds.

2 The crowd cheered [ for / by ] delight when the player scored a goal.

3 False rumors can spread quickly [ toward / through ] the Internet.

4 Her lips and chin began to tremble [ with / through ] fear.

5 The game was canceled [ because of / because ] bad weather.

**B** 빈칸에 of, onto, along 중 알맞은 전치사를 골라 쓰시오. (단, 한 번씩만 사용할 것)

1 There are tall palm trees _____ the side of the street.

2 Upload a maximum of 20 photos _____ our website. 학평기출응용

3 Over 10 million people around the world have died _____ the disease.

# UNIT 4 기타 전치사

## ❶ 주제·찬반의 전치사

**(1) 주제를 나타내는 전치사**

¹It's a story **about** a boy going on an adventure. (about: ~에 대하여)

²I always dream **of** acting in a film. (of: ~에 대하여)

³Mr. Jones published a book **on** AI. (on: 〈전문적인 내용〉~에 대하여)

**(2) 찬반을 나타내는 전치사**

⁴Many of the members of Congress voted **for** the bill. (for: ~에 찬성하는, ~를 지지하는)

⁵Are you **against** the death penalty? (against: ~에 반대하는[맞서])

## ❷ 기타 전치사

⁶Mr. and Mrs. Burton treated me **as** their family member. (as: ~로서, ~처럼)

⁷We are all ready for the party **except** you. (except: ~를 제외하고, ~ 이외에는)

⁸He is very mature **despite** his age. (despite: ~에도 불구하고(= in spite of))

> **▶ 어법 연결**
>
> - 전치사 despite와 접속사 (al)though는 모두 '~에도 불구하고'의 의미이지만, despite 뒤에는 명사(구)가 오고 (al)though 뒤에는 「주어 + 동사」를 포함하는 절이 온다.
>   ⁹The artist finished the sculpture **despite** *many obstacles*.
>   ¹⁰The artist finished the sculpture **though** *there were many obstacles*.

⊘ 정답 및 해설 p.59

## A 괄호 안에서 알맞은 것을 고르시오.

1 I'm thinking [ of / as ] taking guitar lessons.

2 She remained humble [ despite / although ] all of her wealth.

3 The customer got upset [ from / about ] the store's policy.

4 We have decided to launch a campaign [ as / on ] women's safety.

5 A working day of eight hours is too long. I am [ for / against ] a shorter working day.

## B 우리말과 같은 뜻이 되도록 빈칸에 알맞은 전치사를 쓰시오.

1 집단은 적에 맞서서 함께 싸울 수 있다.

→ Groups can fight together _____ enemies. 학평기출응용

2 그녀는 담요를 제외하고 모든 것을 챙겼다.

→ She packed away everything _____ the blanket.

3 나는 우리 어머니를 열정적인 작가로서 존경한다.

→ I respect my mother _____ a passionate writer.

# Review Test

**[1-5]** 괄호 안에서 알맞은 것을 고르시오.

**1** She was wearing a gold ring [ on / at ] her middle finger.

**2** You shouldn't eat [ between / among ] meals.

**3** His grandfather fought in the army [ for / during ] the First World War.

**4** The construction is expected to be completed [ by / until ] next year.

**5** Electricity prices are going up [ because / because of ] growing power demand.

**[6-9]** 우리말과 같은 뜻이 되도록 밑줄 친 부분을 어법상 바르게 고쳐 쓰시오.

**6** 남성 응답자들은 소비재를 발명하는 것에 관심을 보였다.
Male respondents showed interest in <u>invent</u> consumer products. 학평기출응용

**7** Stanley는 훗날 자신의 대가족을 갖는 것에 대해 늘 이야기했다.
Stanley always talked <u>with</u> having a big family of his own someday.

**8** 너는 새 자전거를 받으려면 다음 생일 때까지 기다려야 할 거야.
You'll have to wait <u>by</u> your next birthday for a new bike.

**9** 당신이 바닥을 따라서 책을 밀려고 할 때, 마찰이 그것을 어렵게 만든다.
When you try to push a book <u>above</u> the floor, friction makes it difficult. 학평기출응용

**[10-13]** 어법상 틀린 곳을 찾아 바르게 고쳐 쓰시오.

**10** I saw a few familiar faces between the crowd.

**11** You can avoid the heavy traffic by take the subway to work.

**12** American students don't go to school in Independence Day each year.

**13** Though the poor reviews from critics, I found the film very enjoyable.

---

**Words** construction 공사, 건설  power demand 전력 수요  friction 마찰  critic 비평가

**[14-17]** [보기]에서 알맞은 전치사를 골라 빈칸에 쓰시오.

| 보기 | with | for | over | since |
|------|------|-----|------|-------|

**14** The moon shone _____ the roof of my house.

**15** The store has been closed _____ last month. 학평기출 응용

**16** Indians eat _____ their right hand rather than using forks.

**17** If a few more people had voted _____ us, we would've won the election.

**[18-21]** 우리말과 같은 뜻이 되도록 괄호 안의 말을 이용하여 문장을 완성하시오. (단, 전치사를 추가할 것)

**18** 그 학생은 책상에 앉아서 하루 종일을 보냈다.
(sitting, a desk)
→ The student spent the whole day
_____.

**19** 칼을 식기 세척기 안에 넣지 마라.
(put, a knife, the dishwasher)
→ Do not _____.

**20** 당신은 회의 전에 다른 참석자들에게 당신의 리스트를 공유해야 한다. (participants, a meeting)
→ You should share your list with _____
_____. 학평기출 응용

**21** Maria는 실내 디자이너로서 오랜 경력을 갖고 있었다.
(career, an interior designer)
→ Maria had _____.

**[22-25]** 우리말과 같은 뜻이 되도록 괄호 안의 말을 바르게 배열하시오.

**22** 유럽의 인구는 19세기에 두 배가 되었다.
(in, doubled, of Europe, the nineteenth century)
→ The population _____
_____.

**23** 페인트칠한 것이 완전히 마르도록 며칠 동안 놔두어라.
(days, dry, a couple of, the paint, for, completely)
→ Let _____.

**24** 그 테니스장은 새해 첫날만 제외하고는 매일 문을 연다.
(New Year's Day, open, except, is, every day)
→ The tennis court _____
_____.

**25** 헬리콥터는 정오에 이륙하여 10시간 후에 착륙했다.
(at, later, and, took off, midday, 10 hours, landed)
→ The helicopter _____
_____.

---

**Words**  population 인구  double 두 배가 되다  completely 완전히  take off 이륙하다  midday 정오  land 착륙하다

# Actual Test

**[1-2]** 다음 우리말과 같은 뜻이 되도록 빈칸에 알맞은 말을 고르시오.

**1**

> 그녀는 7층 건물의 3층에 살았다.
> She lived _____ the third floor of a seven-story building.

① to      ② in      ③ on
④ over      ⑤ above

**2**

> 그 골프 선수는 나무 근처의 홀 안에서 공을 발견했다.
> The golfer found his ball _____ the hole near the tree.

① on      ② in      ③ with
④ under      ⑤ among

**[3-5]** 다음 빈칸에 들어갈 가장 알맞은 것을 고르시오.

**3**

> The sun disappeared _____ the hills and the sky turned gray.

① of      ② on      ③ for
④ with      ⑤ behind

**4**

> Parents should not argue _____ money in front of their children.

① in      ② with      ③ above
④ about      ⑤ against

**5**

> Jacob has earned millions of dollars _____ his speech.

① about      ② among      ③ though
④ through      ⑤ except

**[6-7]** 다음 중 밑줄 친 부분이 어법상 틀린 것을 고르시오.

**6**
① I will pay back the money <u>within</u> a week.
② She kept her hat close <u>besides</u> her at all times.
③ If you see a bear <u>in front of</u> you, do not move suddenly.
④ Most of the villagers, <u>except</u> the elders, didn't know that custom.
⑤ South Korea and the U.S. held talks <u>on</u> trade issues this Monday.

**7**
① We set up a tent <u>next to</u> the lake.
② <u>As</u> a leader, you have to make a number of decisions.
③ You'll find the article <u>on</u> the last page of the magazine.
④ The rain will last <u>by</u> tomorrow afternoon.
⑤ Millions of people campaigned <u>against</u> the war.

**8** 다음 중 어법상 맞는 문장의 개수를 고르시오.

> ⓐ He spread his bedding on the ground outside the cabin.
> ⓑ You can put your seat back by pressing this button.
> ⓒ Mark always signs all official papers for his fountain pen.
> ⓓ The woman sat next to me for the flight to Japan.
> ⓔ The glaciers are melting due to global warming.

① 1개      ② 2개      ③ 3개      ④ 4개      ⑤ 5개

---

**Words**   story (건물의) 층   article 기사   campaign 캠페인을 벌이다   bedding 침구   official 공식적인   fountain pen 만년필   glacier 빙하

**9** 다음 중 어법상 **틀린** 것을 고르시오.

① They opened the package with a knife.

② I've been looking for Fred for four o'clock.

③ Communication skills are the most important in the 21st century.

④ When I lived near the sea, I could smell the salty air.

⑤ Customers hurry around grabbing products off shelves. 학평기출 응용

**10** 다음 중 어법상 맞는 것을 고르시오.

① I couldn't sleep of the noise of the traffic.

② He picked up one between the pile of books.

③ The bell rang, and the crowd of children ran out above the playground. 학평기출 응용

④ Kate will be back from her business trip since a week.

⑤ The worst time to go to bed is after midnight. 학평기출 응용

📝 **서술형**

**[11-13]** 우리말과 같은 뜻이 되도록 괄호 안의 말을 바르게 배열하시오. (단, 전치사를 추가할 것)

**11** 프레리도그는 땅 아래의 굴속에서 산다.
(lives, the ground, a burrow, below)

→ A prairie dog _____

_____.

**12** 한 노인이 주차장을 가로질러 그를 향해 오고 있었다.
(toward, the parking lot, was coming, him)

→ An old man _____

_____. 학평기출 응용

**13** 그 산의 꼭대기는 해발 8,000미터이다.
(is, meters, eight thousand, sea level)

→ The top of the mountain _____

_____.

**[14-16]** 우리말과 같은 뜻이 되도록 괄호 안의 말을 이용하여 문장을 완성하시오.

**14** 지진이 있었고, 내 발 바로 아래에서 바닥이 흔들렸다.
(there, an earthquake, the floor, shook, my feet)

_____

**15** 그녀는 담요를 자신의 머리 위로 끌어당기고 침대에 누워 있었다.
(pull the blanket, stay, in bed)

_____

**16** 벨기에는 프랑스, 독일, 룩셈부르크, 그리고 네덜란드 사이에 있다.
(Belgium, lie, France, Germany, Luxembourg, the Netherlands)

_____

**Words** grab 잡아채다, 부여잡다  burrow 굴

**17** 다음 글을 읽고, 밑줄 친 우리말을 조건에 맞게 영작하시오.

This morning, I left home at my usual time, but there was an unexpected traffic jam. I could not afford to be late because I had to attend a meeting. As I waited in the car, I turned on the radio. According to the radio broadcast, 누군가가 과속했기 때문에 교통사고가 발생했다. I hopelessly waited in the car.

조건   1. 원인·이유를 나타내는 전치사를 포함할 것
      2. a car accident, occur, someone, speeding을 이용하여, 총 8단어로 쓸 것

_____

_____

**18** 다음 글에서 어법상 틀린 부분을 두 군데 찾아 바르게 고쳐 쓰시오.

The old woman arrived in Paris by plane. She was going to see her first grandson for the first time in years. Her daughter's family had been living abroad during five years, so it wasn't easy to visit them often. As she was excited, she took a taxi directly to her daughter's house. When she rang the doorbell, she was greeted by a heartfelt welcome, and she cried by joy.

|  | 틀린 표현 |  | 고친 표현 |
|---|---|---|---|
| (1) | _____ | → | _____ |
| (2) | _____ | → | _____ |

**19** 다음 글에서 어법상 틀린 곳을 찾아 바르게 쓴 후, 틀린 이유를 쓰시오. (단, 한 단어를 찾아 고쳐 쓸 것)

Taking a picture of birds in flight is a dream of many photographers, amateurs and professionals alike. Yet, many factors can make this goal difficult, including the bird's speed, flight style, and your own camera's capabilities. What's even more challenging about this is that the sun in the background can cause glare in your photos. However, although these obstacles, it is possible to photograph birds in flight if you do as follows.

(1) 틀린 곳: _____ → _____

(2) 이유: _____

_____

수능 어법

**20** 다음 글의 밑줄 친 부분 중, 어법상 틀린 것은?

Thomas Jefferson, the author ①of *the Declaration of Independence*, was the third U.S. president. He was born in the state of Virginia on April 13, 1743. ②For his presidency, one of his biggest accomplishments ③was the Louisiana Purchase. All of the Louisiana territory ④from the Mississippi River to the Rocky Mountains became part of the U.S. ⑤Despite some opposition, due to Jefferson's wise decision, the Louisiana Purchase doubled the size of the U.S.

*Louisiana Purchase 루이지애나 매입지(1803년 미국이
프랑스로부터 사들인 미국 중앙부의 광대한 지역)

---

**Words**   factor 요인, 요소   capability 성능   glare 빛 번짐, 눈부심   presidency 대통령 직[임기]   territory 지역, 영토

**[1-3]** 다음 빈칸에 들어갈 가장 알맞은 것을 고르시오.

**1**

Her potential and will power kept her
_____.

① only          ② elder          ③ main
④ chief         ⑤ alive

**2**

We would like to see _____ as
possible in attendance.

① members
② as members
③ many members
④ as many members
⑤ as much members

**3**

_____ the pain in his leg, he
completed the marathon.

① Although      ② Despite      ③ Through
④ Because       ⑤ Except

**[4-5]** 다음 빈칸에 들어갈 말이 순서대로 바르게 짝지어진
것을 고르시오.

**4**

• If your breath smells _____, it
could be a sign of health problems.
• The storm damaged the town
_____.

① bad – bad            ② bad – badly
③ badly – bad          ④ badly – badly
⑤ bad – more bad

**5**

• The richer one grows, _____
one's worries get.
• The stronger the coffee is, _____
I like it.

① the great – the good
② the great – the better
③ the greater – the better
④ the greater – the best
⑤ the greatest – the best

**[6-7]** 다음 두 문장의 빈칸에 공통으로 알맞은 것을 고르
시오.

**6**

• Let me know _____ Tuesday
whether you are attending the meeting.
• You can brew the herb tea _____
boiling a few peppermint leaves in
water.

① by           ② on           ③ with
④ until        ⑤ since

**7**

• We don't have _____ time before
the play starts.
• Everyone feels _____ safer during
the day than at night.

① still         ② some         ③ a lot
④ much          ⑤ a few

---

**Words**  potential 잠재력  will power 의지력  in attendance 참석한  brew (차를) 끓이다[만들다]

**8** ① He looked handsome in his new suit.

② This backpack weighs no more than a can of Coke.

③ Vegan diets are becoming popular between young people.

④ This is the least expensive of all the wines that we tasted.

⑤ Jeff got onto the boat and began to paddle across the river.

**9** ① Plenty of money was spent on the royal wedding.

② Kiwis contain twice as much vitamin C as oranges.

③ I'll be heading out to the lab in a couple of minutes. 학평기출응용

④ The tower is taller than any other buildings in Chicago.

⑤ They haven't announced the winners of the contest yet.

**10** ① I faced many challenges early in my career.

② There is a painting above the fireplace.

③ Obviously, we humans are the most creative of all species. 학평기출응용

④ The stories were passed along until someone wrote down them.

⑤ Healthcare in rural areas is inferior to that in urban areas.

**11** 다음 우리말에 맞게 주어진 단어를 배열하여 문장을 완성할 때, 빈칸 (A)에 들어갈 알맞은 말을 고르시오.

> 그것은 영화라기보다는 일련의 단절된 장면들이다.
> (as, much, a, not, so, movie)
> → It is _____ _____ _____ _____ _____
>   __(A)__ a series of disconnected scenes.

① so      ② as      ③ much

④ movie      ⑤ not

**12** 다음 중 어법상 맞는 문장의 개수를 고르시오.

> ⓐ Every artist has something unique to say.
> ⓑ She is the more suitable of the two candidates.
> ⓒ I was stuck in a traffic jam during half an hour.
> ⓓ It is more wonderful chocolate I have ever tasted.
> ⓔ The security guard watched us closely.

① 1개    ② 2개    ③ 3개    ④ 4개    ⑤ 5개

**13** 다음 중 어법상 <u>틀린</u> 것끼리 짝지어진 것을 고르시오.

> ⓐ They were all for the proposal.
> ⓑ Michael's idea sounds great, and you should think about it.
> ⓒ She continued to identify problems and work out them.
> ⓓ The team tried to start the survey as soon as they can.
> ⓔ The library has the second largest collection of books in the city. 학평기출응용

① ⓐ, ⓑ      ② ⓐ, ⓒ, ⓓ      ③ ⓑ, ⓒ

④ ⓑ, ⓓ, ⓔ      ⑤ ⓒ, ⓓ

---

**Words**   paddle 노를 젓다   royal 왕실의, 국왕의   lab 실험실   obviously 분명히   healthcare 의료 서비스   rural 시골의   disconnected 단절된   security guard 보안 요원   identify 확인하다

**✏️ 서술형**

**[14-16]** 다음 우리말과 일치하도록 괄호 안의 말을 바르게 배열하시오. (단, 필요시 어형을 바꿀 것)

**14**
> 그녀의 성적은 여동생보다 훨씬 더 나빴다.
> (score, was, worse, her sister, than, her, even)

_____

**15**
> 몇몇 사람들은 야생 동물들을 동물원에서 기르는 것에 반대한다.
> (wild animals, keep, are, in the zoo, against, some people)

_____

**16**
> 이 앱은 당신에게 휠체어로 입장 가능한 모든 곳들을 찾아 줍니다.
> (the, place, this app, you, accessible, all, with a wheelchair, finds)

_____

**[17-19]** 다음 우리말과 일치하도록 괄호 안의 말을 이용하여 문장을 완성하시오.

**17**
> 그는 사과했지만 나는 그에게 점점 더 화가 났다.
> (more, and, angry, with)

→ He apologized, but I got _____

_____ .

**18**
> 그들은 자신들의 성공에도 불구하고 결코 많은 돈을 벌지는 못했다. (spite, success)

→ They never made much money _____

_____ .

**19**
> 네가 공항에 도착하면, 그가 너를 태우기 위해 그곳에 있을 것이다. (will, there, pick, up)

→ If you arrive at the airport, _____

_____ .

**🔍 고난도**

**20** 다음 ⓐ~ⓓ 중 어법상 틀린 문장을 골라 그 기호를 쓰고, 틀린 부분을 고치시오. (단, 한 단어로 고쳐 쓸 것)

> ⓐ The early morning frost kept the ground hardly.
> ⓑ The waves sound as peaceful as a lullaby.
> ⓒ The journey took four times longer as I had expected.
> ⓓ The charity has raised money for sick children since last year.

(1) ( ): _____ → _____

(2) ( ): _____ → _____

**Words** **accessible** 입장[접근/이용] 가능한 **frost** 서리 **lullaby** 자장가

**21** 다음 글에서 어법상 **틀린** 부분을 <u>두 군데</u> 찾아 바르게 고쳐 쓰시오.

> A man is reading the newspaper and says to his wife, "Mary, look. Here is an article about how women use about twice as more words per day as men do." Then the wife responds, "That's because of we have to tell you everything twice."

|  | 틀린 표현 | | 고친 표현 |
|---|---|---|---|
| (1) | _____ | → | _____ |
| (2) | _____ | → | _____ |

**[22-23]** 다음 글을 읽고 물음에 답하시오.

> When you write fiction, you should be familiar with your chosen genre. Writers sometimes make ①<u>a few</u> mistakes. One of the most common mistakes ②<u>are</u> to try a genre that's popular, without ③<u>reading</u> enough books from that genre. You should not only conduct research ④<u>on</u> current market trends, but also choose a genre that you ⑤<u>as</u> a reader enjoy. <u>당신이 그 장르에 대해 더 많이 알수록 더 좋은 책들을 만들 것이다.</u>

**22** 윗글의 밑줄 친 부분 중 어법상 **틀린** 것은?

①      ②      ③      ④      ⑤

**23** 윗글의 밑줄 친 우리말을 주어진 조건에 맞게 영작하시오.

> 조건   1. 총 13단어로 쓸 것
>        2. know, about the genre, good books, will produce를 이용할 것

_____

_____

**[24-25]** 다음 글을 읽고 물음에 답하시오.

> <u>위약은 때때로 실제 약만큼 효과가 있다.</u> When people take a placebo pill, it often makes them feel ___(A)___ better. Scientists are not sure why placebos work so well. They suspect that it is because hormones are released into your bloodstream ___(B)___ expectations in your mind.    *placebo 위약

**24** 윗글의 빈칸 (A)와 (B)에 들어갈 말이 바르게 짝지어진 것은?

       (A)        (B)

① very      – due to

② far       – due to

③ the very – because of

④ far       – despite

⑤ very      – despite

**25** 윗글의 밑줄 친 우리말을 주어진 조건에 맞게 영작하시오.

> 조건   1. 총 7단어로 쓸 것
>        2. effective, actual medicine을 이용할 것

→ Placebos _____.

---

**Words**   fiction 소설   genre 장르, 양식   conduct (특정한 활동을) 하다   suspect ～가 아닌가 하고 생각하다   release 방출하다
         bloodstream 혈류

# Chapter 13

# 접속사

# 등위접속사

## ❶ 등위접속사 and

· 등위접속사는 문법적 역할이 대등한 단어, 구, 절을 연결하는 접속사이다.

· **and**는 첨가의 의미를 나타낸다.

<sup>1</sup>There are *apples* **and** *strawberries* on the table. → 두 개의 단어를 연결

<sup>2</sup>He likes *to listen to music* **and** *(to) sing songs*. → 두 개의 구를 연결

<sup>3</sup>*Jacob went out for a walk*, **and** *suddenly it started to rain*. → 두 개의 절을 연결

## ❷ 등위접속사 but

· **but**은 대조가 되는 것을 연결한다.

<sup>4</sup>Helen is *beautiful* **but** *cold-hearted*.   <sup>5</sup>*I was tired*, **but** *I had to finish the work*.

## ❸ 등위접속사 or

· **or**는 선택 가능한 둘 이상의 것을 연결한다.

<sup>6</sup>Which color do you prefer, *blue* **or** *red*?   <sup>7</sup>I enjoy *writing short stories* **or** *working in a garden*.

## ❹ 등위접속사 so

· **so**는 원인과 결과의 내용을 연결한다.

<sup>8</sup>*She had a headache*, **so** *she took some medicine*. → so는 절과 절만 연결한다.

### ➕ 문법 PLUS

· 「명령문, and …」: ~해라, 그러면 … / 「명령문, or …」: ~해라, 그렇지 않으면 …

<sup>9</sup>**Water the plant often, and** it will grow well. (= If you water the plant often, it will ~)

<sup>10</sup>**Go to bed early, or** you'll be tired tomorrow. (= If you don't go to bed early, you'll ~)

✔ 정답 및 해설 p.64

## A

빈칸에 and, but, or 중 알맞은 접속사를 골라 쓰시오.

**1** Which do you like better, tea _____ coffee?

**2** My father _____ mother both come from London.

**3** A super moon occurs three _____ four times a year.

**4** He turned off his phone _____ focused on his work.

**5** She had a lot of experience, _____ she didn't get the job.

## B

괄호 안에서 알맞은 것을 고르시오.

**1** Wear your coat, [ or / and ] you'll catch a cold.

**2** Mats are not provided, [ or / so ] bring your own! 학평기출응용

**3** Listen to your mother's advice, [ and / or ] you'll have nothing to regret.

**4** She got to the door [ and / but ] opened it to see who was there.

**5** I sat at the desk, [ so / but ] suddenly, the typewriter didn't work. 학평기출응용

**①** and를 포함하는 상관접속사

• 상관접속사는 등위접속사가 다른 단어와 짝을 이루어 쓰이는 접속사로, 문법적 역할이 대등한 단어, 구, 절을 연결한다.

• **both** *A* **and** *B*: A와 B 둘 다

[1]She always reads books **both** by day **and** by night. → 두 개의 전치사구를 연결

**②** but을 포함하는 상관접속사

• **not** *A* **but** *B*: A가 아니라 B   • **not only** *A* **but (also)** *B*: A뿐만 아니라 B도(= *B* as well as *A*)

[2]**Not** he **but** you are responsible for this mess.

[3]The accident affected **not only** his body **but also** his mind.

(= The accident affected his mind **as well as** his body.)

**③** or/nor를 포함하는 상관접속사

• **either** *A* **or** *B*: A와 B 둘 중 하나   • **neither** *A* **nor** *B*: A도 B도 아닌

[4]You can stay **either** with me **or** with Janet.

[5]**Neither** the blue **nor** the white dress is available in size 4.

> **▶어법 연결**
>
> • 상관접속사가 주어 자리에 올 때 동사는 B에 일치시킨다. 단, 「both *A* and *B*」의 경우 항상 복수동사를 쓴다.
> [6]**Not only** money **but also** the jewels *were* stolen. (= The jewels as well as money were stolen.)
> [7]**Both** the bat **and** the whale *are* mammals.

⊘ 정답 및 해설 p.64

**A** 빈칸에 and, but, or, nor 중 알맞은 접속사를 골라 쓰시오.

**1** Both pizza _____ pasta are popular Italian dishes.

**2** Customers can use either cash _____ credit cards.

**3** This skirt is neither short _____ long; it is the right length.

**4** The weather today was not only hot _____ also humid.

**5** I studied English not in America _____ in Canada.

**B** 괄호 안에서 알맞은 것을 고르시오.

**1** The picture is not a color picture, [ and / but ] a black and white one.

**2** You can sign up for classes either online [ or / nor ] by phone. 학평기출응용

**3** The actor is handsome as well as [ wealth / wealthy ].

**4** Neither the players nor the coach [ wants / want ] to lose the game.

**5** Both the driver and the passenger [ was / were ] injured in the accident.

# 명사절을 이끄는 종속접속사 I

## ① 종속접속사 that

- 종속접속사는 종속절을 주절에 연결해 주는 접속사로, 종속절은 문장에서 단독으로 쓸 수 없다.
- 종속접속사 **that**이 이끄는 명사절은 '~하는 것'이라는 뜻으로, 문장에서 주어, 목적어, 보어 역할을 한다.

[1] ***That the climate has changed rapidly* is certain.** (주어)

→ It is certain *that the climate has changed rapidly*.
　　　　가주어　　　　　진주어

**cf.** that절이 주어 역할을 하는 경우 문장 맨 뒤로 보내고 주어 자리에 가주어 it을 쓴다.

[2] He said (**that**) the child was swimming in the river. (목적어) → 목적어절을 이끄는 접속사 that은 생략 가능

[3] Her strong point is **that** she is very diligent. (보어)

## ② 동격절을 이끄는 that

- 종속접속사 that은 앞의 **명사(구)를 보충 설명하는 동격절**을 이끌 수 있다.

[4] I've just heard the news **that** I passed the final exam.

[5] Gary was proud of the fact **that** he traveled all over the world.

**cf.** 동격절을 이끄는 명사: rumor, news, fact, idea, feeling, possibility, hope, belief 등

### ➕ 문법 PLUS

- 감정을 나타내는 형용사 glad, happy, sorry 등의 뒤에 오는 that절은 감정의 이유나 원인을 나타내는 부사절이다.
[6] I'm **glad** *that* you've come back home.
[7] I'm **sorry** *that* you have to leave now.

✅ 정답 및 해설 p.65

**A** that절에 밑줄을 긋고, 문장에서 주어, 목적어, 보어, 동격 중 어떤 역할을 하는지 쓰시오.

1 The rumor is that there may be spirits in the house.

2 That you didn't know anything about it is no excuse.

3 There is a belief that you can have anything you truly want. 학평기출응용

4 It is surprising that my father wrote poems to my mother.

5 Studies have shown that drinking tea is healthier than drinking coffee. 학평기출응용

**B** 다음 문장에서 접속사 that이 들어갈 위치에 V로 표시하시오.

1 It is possible life could exist beyond Earth.

2 I am sorry you have given up the plan.

3 I discovered I left behind my cellphone case. 학평기출응용

4 I agree with the idea students need more physical activity.

5 The reality is change can be difficult but is necessary.

# 명사절을 이끄는 종속접속사 II

**❶ 종속접속사 whether / if**

· **whether**나 **if**가 이끄는 명사절은 '〜인지(아닌지)'라는 뜻으로, 문장에서 주어, 목적어, 보어 역할을 한다.
  단, **if**가 이끄는 명사절은 주로 목적어로만 쓰이며, 문장 맨 앞의 주어, 보어, 전치사의 목적어로는 잘 쓰이지 않는다.

¹ *Whether she will keep her word* is doubtful. (주어)
  → It is doubtful *whether[if] she will keep her word*.
  <u>가주어</u>                <u>진주어</u>
  *cf.* whether가 이끄는 명사절이 주어 역할을 하는 경우 문장 맨 뒤로 보내고 주어 자리에 가주어 it을 쓴다.

² I don't know **whether[if]** the information is correct (or not). (목적어)

³ I am worried about **whether** he is safe (or not). (전치사의 목적어)

⁴ The question is **whether** he will agree with the plan. (보어)

**❷ 명사절을 이끄는 의문사**

· 의문사가 이끄는 절이 문장의 일부로 쓰일 때 이를 간접의문문이라고 한다. **간접의문문은 「의문사 + 주어 + 동사」의 어순으로 쓰며,**
  **의문사가 주어일 때는 「의문사 + 동사」의 어순으로 쓴다.**

⁵ Mary explained **why** she was late for school.
              <u>의문사</u> <u>주어</u> <u>동사</u>
⁶ It is uncertain **what** caused the earthquake.
              <u>의문사</u>  <u>동사</u>
⁷ **How long** *do you think* the meeting will last? (Do you think 〜? + How long will the meeting 〜?)
  *cf.* 주절이 do you think[guess, suppose, believe, imagine 등]일 때는 의문사를 문장 맨 앞에 쓴다.

> **▶ 어법연결**
>
> · whether / if절 끝에 쓰는 or not은 whether 바로 뒤에도 쓸 수 있다. 단, if 바로 뒤에는 쓸 수 없다.
> ⁸ He asked me **whether[if]** I knew the answer **or not**.
>   = He asked me **whether or not** I knew the answer. → He asked me if or not I knew the answer. (×)

⊘ 정답 및 해설 p.65

**A** 빈칸에 whether와 if 중 알맞은 접속사를 골라 쓰시오. (단, 둘 다 가능할 경우, 모두 쓸 것)

**1** _____ he comes or not is not important to me.

**2** His concern is _____ he will get better soon.

**3** We can't predict _____ the plan will be approved.

**4** The success of the party depends on _____ Eric will appear.

**5** She has not announced _____ she will run for governor.

**B** 밑줄 친 부분이 어법상 맞으면 ○표 하고, <u>틀리면</u> 바르게 고치시오.

**1** I'm not sure <u>how should I explain</u> the situation.

**2** For just an instant he wondered <u>what had wakened him.</u> 학평기출응용

**3** Can you tell me <u>who is suitable</u> for the position?

**4** The point is <u>how long lasts the medicine.</u>

**5** <u>Do you believe what</u> makes a school safe and healthy?

# 부사절을 이끄는 종속접속사 I

**❶** **시간의 접속사: when, while, as, before, until 등**

¹Nobody was asleep **when** she came into the room. (when: ~할 때, ~하면)

²Please wait **while** I'm cleaning the table. (while: ~하는 동안에)

³I felt the cold **as** I came out of the library. (as: ~할 때, ~하면서, ~함에 따라)

⁴You should check the weather **before** you go to the beach. (before: ~하기 전에) **cf** after: ~한 후에

⁵**By the time** I arrived at the station, the train had already left. (by the time: ~할 때쯤에는)

⁶Boil the soup **until** the potatoes are cooked. (until [till]: ~할 때까지)

⁷10 years has passed **since** I left my country. (since: ~한 이래[이후]로)

⁸**As soon as** the boy threw the ball, his dog chased after it. (as soon as: ~하자마자)

**❷** **이유 · 원인의 접속사: because, as, since**(~때문에, ~이므로) **등**

⁹She didn't say anything **because** she was so angry.

¹⁰We decided to eat out **as** we had no food in the fridge.

¹¹**Since** the flight was delayed, they had to wait for two hours.

**❸** **양보 · 대조의 접속사: (even) though, although, while 등**

¹²**(Even) Though [Although]** it was raining, we went for a walk. ((even) though / although: 비록 ~이지만, ~에도 불구하고)

¹³Some people like sugar in their coffee, **while** others like it black. (while: ~인 반면에, ~이기는 하지만)

> ▶ **어법 연결**
>
> • 시간, 양보, 조건의 접속사가 이끄는 부사절에서 주어가 주절과 같으면 「주어 + be동사」는 생략할 수 있다.
> ¹⁴**While (he was) eating**, he was thinking about it.   ¹⁵**Though (I was) tired**, I finished the work.

⊘ 정답 및 해설 p.65

**A** 괄호 안에서 알맞은 것을 고르시오.

**1** The boy still feels hungry [ because / though ] he had a big lunch.

**2** She quickly got off the train [ even though / as soon as ] it stopped.

**3** Diamonds are expensive [ because / before ] they are rare.

**4** We should wait [ until / although ] the remodeling is done on the building. 학평기출응용

**B** [보기]에서 알맞은 접속사를 골라 빈칸에 쓰시오. (중복 사용 가능)

| 보기 | while | as | since |
| --- | --- | --- | --- |

**1** Please look after my cats _____ I'm on my business trip.

**2** Emily has driven over 20,000 miles _____ she got her driver's license.

**3** Some areas get lots of rain, _____ others are like a desert.

**4** I went to meet her _____ I had some news to share with her.

# 부사절을 이끄는 종속접속사 II

**❶ 조건의 접속사: if, unless, once, in case, as long as**

[1] I will drive the car **if** you are tired. (if: 만약 ~한다면)

[2] Don't quit your job **unless** you have a plan. (unless: ~하지 않는 한, 만약 ~가 아니면(= if ~ not))

 (= Don't quit your job **if** you don't have a plan.)

[3] **Once** you start a task, you must finish it. (once: 일단 ~하면)

[4] You had better take an umbrella **in case that** it rains. (in case (that): ~할 경우를 대비해서)

[5] You can borrow my book **as long as** you return it. (as long as: ~하는 한, ~이기만 하면)

**❷ 목적의 접속사: so that, in order that**

[6] Get plenty of rest **so that** you can get well soon. (so (that): ~하기 위해서, ~하도록)

[7] I'll make a call to you **in order that** you can wake up. (in order that: ~하기 위해서, ~하도록)

**❸ 결과의 접속사: so ~ that, such ~ that**

[8] Andrew was **so sick that** he was absent from school. (「so+형용사/부사+that …」: 너무 ~해서 …하다)

[9] It was **such** a fine day **that** they went on a picnic. (「such (a[an])+(형용사)+ 명사+that …」: 너무 ~해서 …하다)

> **▶어법연결**
>
> • 시간, 조건을 나타내는 부사절에서는 미래의 일이라도 현재시제로 나타낸다. 단, if가 이끄는 명사절에서는 미래시제
> 를 쓰므로 주의해야 한다. ▶ Chapter 2. Unit 1. 기본 시제(p.22) 참조
> [10] **If** you sign up, we'll send you a free newsletter every Monday. (부사절)
> [11] I'd like to know **if** Megan will come to the festival. (명사절)

⊘ 정답 및 해설 p.66

**A** 괄호 안에서 알맞은 것을 고르시오.

**1** The fish will go bad [ if / unless ] you put it in the refrigerator.

**2** We can go to the basement [ if / unless ] we're in danger. 학평기출응용

**3** [ Unless / Once ] you get into a bad habit, you can't easily get out of it.

**4** Let's take our swimsuit [ in case / as long as ] there's a pool at the resort.

**5** If it [ is / will be ] cold tomorrow, I will wear a down jacket.

**B** 우리말과 같은 뜻이 되도록 괄호 안의 말을 바르게 배열하시오.

**1** 나는 우리가 간식으로 먹을 수 있도록 샌드위치를 만들었다. (so, can have, we, that, a snack)

→ I've made some sandwiches _____.

**2** 이것은 너무 맛있는 수프라서 나는 한 그릇 더 먹어야겠다. (delicious, such, soup, have, that, I'll)

→ This is _____ another bowl.

**3** 그녀는 너무 많이 울어서 숨을 쉴 수조차 없었다. (much, so, even breathe, she, that, couldn't)

→ She cried _____.

**[1-5] 괄호 안에서 알맞은 것을 고르시오.**

**1** She escaped Norway, [ but / or ] she returned after the war. 학평기출응용

**2** We either compete [ and / or ] cooperate to achieve a goal.

**3** [ Whether / If ] the man survived or not is still unknown.

**4** Experts say [ that / if ] digital work didn't have a negative effect on innovation. 학평기출응용

**5** [ Unless / After ] you complete the course, you will receive a certificate.

**[6-9] 밑줄 친 부분을 어법상 바르게 고쳐 쓰시오.**

**6** Which is better, to study alone or <u>studying</u> in a group?

**7** People are paying attention to <u>if</u> she will win the gold medal.

**8** Life is not a speed <u>and</u> a direction.

**9** She spoke quietly <u>because of</u> she didn't want Catherine to hear.

**[10-13] 어법상 틀린 곳을 찾아 바르게 고쳐 쓰시오.**

**10** Wear a helmet, or you are less likely to be seriously hurt.

**11** Neither my parents nor my brother know that I started my own business.

**12** Do you know how much does it cost to fly first class?

**13** When you will see Julie, please tell her that Mr. Johnson has a message for her.

**[14-17] [보기]에서 알맞은 접속사를 골라 빈칸에 쓰시오.**

| 보기 | and | but | or |
|---|---|---|---|

**14** This is not a competition, _____ rather a challenge. 학평기출응용

---

**Words** innovation 혁신  direction 방향

**15** Do one thing at a time, _____ the quality of your work will be poor.

**16** Both computers _____ cellphones are controlling our daily life.

**17** He not only read the book, _____ also remembered what he had read.

[18-21] 우리말과 같은 뜻이 되도록 괄호 안의 말을 이용하여 문장을 완성하시오. (단, 접속사를 추가할 것)

**18** 여러분이 틀릴 수도 있다는 가능성을 항상 고려하라. (the possibility, may be)
→ Always consider _____
_____ wrong.

**19** 똑같은 실수를 또다시 저지르지 않도록 실수를 통해 배워라. (won't make)
→ Learn from your mistakes _____
_____ the same mistakes again.

**20** 거절이 너무 힘들어서 그들은 차라리 어떤 것도 요청하지 않는다. (painful, they'd rather)
→ Rejection is _____
ask for anything at all. 학평기출응용

**21** 그는 그 사건을 조사하기 시작한 이후로 어떠한 단서도 찾지 못했다. (began, to investigate)
→ He has not found any clues _____
_____ the case.

[22-25] 우리말과 같은 뜻이 되도록 괄호 안의 말을 바르게 배열하시오.

**22** 지금 결제하시지 않으면, 저희는 당신에게 티켓을 보장해 드릴 수 없습니다.
(can't guarantee, pay now, you, you, unless, a ticket)
→ We _____.

**23** 비록 아기들은 시력이 나쁘지만, 얼굴을 보는 것을 선호한다.
(babies, have, they, even though, poor eyesight, prefer)
→ _____,
_____ to look at faces. 학평기출응용

**24** 그녀는 눈이 너무 예뻐서 나는 그녀에게서 눈을 뗄 수가 없다.
(beautiful eyes, my eyes, has, such, can't take, that, I, off her)
→ She _____.

**25** 외계에 우주인들이 존재하는지 아닌지는 수수께끼로 남아 있다.
(a mystery, are, aliens, whether, there, remains, it)
→ _____
in outer space.

---

**Words**  quality 질(質), 품질  rejection 거절  guarantee 보장하다  outer space 외계

# Actual Test

[1-3] 다음 빈칸에 들어갈 가장 알맞은 것을 고르시오.

**1**

> Which do you prefer, staying home _____ going fishing during the holiday?

① or      ② and      ③ but
④ nor      ⑤ so

**2**

> Hiring new employees takes both time _____ effort.

① or      ② and      ③ but
④ nor      ⑤ so

**3**

> He didn't buy a new washing machine _____ the old one broke down.

① so      ② once      ③ since
④ because      ⑤ although

[4-5] 다음 우리말과 같은 뜻이 되도록 빈칸에 알맞은 말을 고르시오.

**4**

> 나는 그녀에게 어떻게 그 정보를 입수했는지 물었다.
> I asked her _____ she got the information.

① if      ② that      ③ how
④ about      ⑤ where

**5**

> 잡담을 하다가, Dorothy는 부엌에서 이상한 빛을 봤다.
> _____ chatting away, Dorothy noticed a strange light from the kitchen. 학평기출응용

① If      ② As long as      ③ While
④ Unless      ⑤ Whether

[6-7] 다음 중 밑줄 친 부분이 어법상 틀린 것을 고르시오.

**6**

① I borrowed a pen from Sam <u>and</u> returned it.
② Mr. Anderson called <u>while</u> you were out.
③ He hopes to get a job as soon as he <u>graduates</u>.
④ They may raise their voice <u>if</u> they are angry. 학평기출응용
⑤ Not only the students but also their teacher <u>were</u> excited about the school trip.

**7**

① We are not enemies <u>but</u> friends.
② The news was <u>so</u> a shock that I couldn't remain calm.
③ Turn the heat down, <u>or</u> the food in the pot will burn.
④ <u>By the time</u> I get to the beach, the sun will have risen.
⑤ The spectators cheered <u>as</u> the players entered the stadium.

---

**Words**   chat away 잡담하다   spectator 관중

**8** 다음 중 어법상 **틀린** 것끼리 짝지어진 것을 고르시오.

> ⓐ Don't play near the lake in case you fall in and drown.
>
> ⓑ It is true that Korean dramas are popular throughout the world.
>
> ⓒ Chris hasn't decided if or not he will run the marathon.
>
> ⓓ He as well as the other members was tired of the training.
>
> ⓔ Do you suppose what would happen if I asked Sarah out?

① ⓐ, ⓑ      ② ⓐ, ⓒ      ③ ⓑ, ⓓ

④ ⓒ, ⓓ, ⓔ      ⑤ ⓒ, ⓔ

**[9-10]** 다음 중 어법상 맞는 것을 고르시오.

**9** ① We should go outside and took a walk.

② Neither he nor she know how to explain the situation.

③ I listened to the lecture carefully so that I could remember important points.

④ Police investigated that the man was carrying a gun or not.

⑤ Consider the idea if your brain has a network of neurons. 학평기출응용

**10** ① Either my wife or I are going to the wedding.

② Do you ever get the feeling that someone is watching you?

③ Create a detailed schedule, or you will meet the deadline.

④ My stomach feels heavy because of I ate noodles at night.

⑤ The navigation system tells us where are we going.

**[11-13]** 우리말과 같은 뜻이 되도록 괄호 안의 말을 바르게 배열하시오. (단, 필요시 어형을 바꿀 것)

**11** 당신은 Karen이 어디 출신이라고 생각합니까?
(do, from, Karen, where, think, be, you)

_____

**12** 내 사촌들과 고모 모두 중국어를 유창하게 말한다.
(and, Chinese, my cousins, speak, both, fluently, my aunt)

_____

**13** 그들이 너무 시끄럽게 이야기해서 나는 내 일에 집중할 수 없었다.
(loudly, can't concentrate, talked, that, I, they, on my work, so)

_____

**[14-16]** 우리말과 같은 뜻이 되도록 괄호 안의 말을 이용하여 문장을 완성하시오. (단, 접속사를 추가할 것)

**14** 그 여자아이는 어머니가 돌아올 때까지 마시멜로 먹기를 기다렸다. (return)

→ The girl waited to eat the marshmallow

_____.

**15** 초원에서 풀은 토끼에 의해 먹히고 반면에 토끼는 여우에 의해 먹힌다. (eat, foxes)

→ In a grassland, grass is eaten by rabbits

_____. 학평기출응용

---

**Words**   **drown** 물에 빠지다, 익사하다   **fluently** 유창하게   **concentrate on** ~에 집중하다   **grassland** 초원

**16** 그들은 일단 저녁에 집에 오면 커튼을 친다.
(get home, evening)

→ They close their curtains _____

_____.

고난도

**17** 다음 글을 읽고, 밑줄 친 문장과 같은 뜻이 되도록 조건에 맞게 바꿔 쓰시오.

> The paintings of Vincent van Gogh are very expensive today, but he was poor when he was alive. During his lifetime, he suffered from poverty. Surprisingly, he sold only one painting while he was alive. He didn't achieve fame or fortune as an artist at that time.

조건  1. 양보의 접속사로 문장을 시작할 것
2. 문장의 단어 수는 동일하게 유지할 것
(즉, 총 18단어로 쓸 것)

_____

_____

**18** 다음 글에서 어법상 틀린 부분을 두 군데 찾아 바르게 고쳐 쓰시오.

> Before you start a science experiment, wear both gloves and safety goggles such that you can keep yourself safe. Avoid touching your face after you start the experiment. Unless a chemical touches your skin, rinse with water as soon as possible.

|  | 틀린 표현 |  | 고친 표현 |
|---|---|---|---|
| (1) | _____ | → | _____ |
| (2) | _____ | → | _____ |

**19** 다음 글에서 어법상 틀린 곳을 찾아 바르게 고쳐 쓴 후, 틀린 이유를 쓰시오.

> I was on an airplane heading home. Suddenly the airplane began to shake. The captain announced that all passengers should take a seat and fasten their seat belts for safety. The man sitting next to me looked very pale. I was worried about his health. So I asked if or not he was feeling okay.

(1) 틀린 곳: _____ → _____

(2) 이유: _____

_____

수능 어법

**20** 다음 글의 밑줄 친 부분 중, 어법상 틀린 것은?

> What happens ①if you use earphones for too long? Normal use of earphones ②does not often cause a big problem. But if you use them too long, it could cause either hearing loss ③nor ear pain. It is important to not only use them ④adequately, but listen to music at a reasonable volume. ⑤Unless you want to suffer from hearing problems, do not use them too often.

---

**Words**  fame 명성  fortune 부, 재산  safety goggles 보호 안경  hearing loss 청력 손실  adequately 적절하게  reasonable 적당한

# Chapter 14

# 관계사

# 관계대명사의 역할 및 격

**❶ 관계대명사의 역할**

• 관계대명사는 접속사와 대명사 역할을 동시에 하고, **관계대명사가 이끄는 절은 선행사를 수식하는 형용사 역할을 한다.**

[1] Anyone **who** speaks in public is nervous beforehand.

　　선행사 └─┘　　관계대명사절

**❷ 관계대명사의 격**

| 선행사 | 주격 | 목적격 | 소유격 |
|---|---|---|---|
| 사람 | who | who(m) | whose |
| 동물, 사물 | which | which | whose[of which] |
| 사람, 동물, 사물 | that | that | - |

(1) **주격 관계대명사**: 관계대명사절에서 주어 역할

[2] *The woman* **who[that]** is wearing a brown dress is my sister. (선행사: 사람)

[3] *The restaurant* **which[that]** has closed is my favorite one. (선행사: 사물)

(2) **목적격 관계대명사**: 관계대명사절에서 목적어 역할

[4] He is *the person* **who(m)[that]** she met at Susan's party. (선행사: 사람)

[5] This is *the book* **which[that]** I'm reading at the moment. (선행사: 사물)

(3) **소유격 관계대명사**: 관계대명사절에서 명사를 꾸며 주는 소유격 역할

[6] Bill is *the boy* **whose** house is next to mine. (선행사: 사람)

[7] She has *a dog* **whose[of which]** tail is short. (선행사: 동물)

> **▶ 어법 연결**
>
> • 주어가 관계대명사절의 수식을 받아서 길어질 때 주어와 동사의 수 일치에 유의한다.
> [8] The man **who** received the gift from me *was* very pleased.
> 　└─┘

⊘ 정답 및 해설 p.69

**A** 괄호 안에서 알맞은 것을 고르시오.

**1** She's the lady [ who / which ] lent me her phone.

**2** This is the man [ whom / whose ] I'm supposed to meet here.

**3** He's going to show you the rooms that [ is / are ] available.

**4** The car [ which / of which ] he had bought 10 years ago broke down.

**5** She is heading to the castle [ that / whose ] existence has almost been forgotten.

**B** 밑줄 친 부분이 어법상 맞으면 ○표 하고, 틀리면 바르게 고치시오.

**1** She fell in love with a man <u>whose</u> name is Thomas.

**2** The house which was painted blue <u>stand</u> out in the neighborhood.

**3** Dress warmly for this program <u>who</u> will last longer than three hours. 학평기출응용

# UNIT 2 관계대명사 that / what

### ❶ 관계대명사 that

- 관계대명사 that은 소유격을 제외하고 **모든 관계대명사를 대신해서 쓸 수 있으며**, 주로 다음과 같은 경우에 쓴다.

  (1) 선행사로 사람이 사물이나 동물과 함께 올 때

  $^1$I saw *an old man and a dog* **that** sat down by the river.

  (2) 선행사에 최상급, 서수, the only, the same, the very, all, every, -thing 등이 포함될 때

  $^2$This is *the best painting* **that** she's ever made.   $^3$He is *the only man* **that** you can trust.

  $^4$The artist wanted to do *something* **that** would benefit society.

### ❷ 관계대명사 what

- 관계대명사 what은 **선행사를 포함**하고 있으며, the thing(s) which[that]로 바꿔 쓸 수 있다.
- what이 이끄는 명사절은 문장에서 주어, 목적어, 보어 역할을 한다.

$^5$***What he is saying*** makes me feel frustrated. (주어)

$^6$I thought about ***what the teacher had said in class***. (목적어)

$^7$The new cellphone is ***what I really want to have***. (보어)

> ▶ **어법 연결**
>
> - 관계대명사 that 뒤에는 불완전한 절이 오고, 접속사 that 뒤에는 완전한 절이 온다.
> $^8$I don't believe the rumor ***that he talked about***. (관계대명사 that)
> $^9$I don't believe the rumor ***that a monster lives in the lake***. (접속사 that)

◎ 정답 및 해설 p.69

---

**A** 빈칸에 that, what 중 알맞은 관계대명사를 골라 쓰시오.

**1** All _____ glitters is not gold.

**2** _____ the boy drew was a hand. 학평기출응용

**3** I can't find anything _____ suits me.

**4** This is the best meal _____ I've ever experienced.

**5** This book was so different from _____ I had wanted for my birthday gift. 학평기출응용

**B** 우리말과 같은 뜻이 되도록 괄호 안의 말을 바르게 배열하시오.

**1** 이것은 내가 어제 잃어버렸던 것과 똑같은 반지이다. (that, I, the same, lost, ring, yesterday)

  → This is _____.

**2** 그는 자신이 묘사한 것의 그림을 그릴 미술가를 고용했다. (of, pictures, he, what, described)

  → He hired an artist to draw _____. 학평기출응용

**3** 이것은 흔적도 없이 사라져버린 한 남자와 그의 집에 관한 이야기이다.

  (that, a man, disappeared, and, his house)

  → This is a story about _____ without trace.

## ❶ 전치사 + 관계대명사

- 관계대명사가 전치사의 목적어일 때, **전치사는 관계대명사 앞 또는 관계사절 맨 끝에 올 수 있다.**
- 전치사가 관계사절 끝에 있을 경우 목적격 관계대명사는 생략할 수 있지만, 관계대명사 앞에 있을 경우에는 생략할 수 없다.

[1]The man **who(m)[that]** Bob was speaking **to** was my husband.
  → The man Bob was speaking **to** was my husband. → who(m)[that] 생략
  → The man **to whom** Bob was speaking was my husband.

[2]The book **(which)** I wrote a review **of** is on the table.
  → The book **of which** I wrote a review is on the table.

## ❷ 관계대명사의 생략

- 목적격 관계대명사 who(m), which, that은 생략할 수 있다.

[3]We had a meal at the restaurant **(which)** Diana recommended.

- 「주격 관계대명사 + be동사」는 생략 가능하고, be동사 뒤의 형용사, 현재·과거분사구가 선행사를 수식한다.

[4]*The woman* **(who is)** *waving at us is my mother.*

> ▶ **어법 연결**
>
> - 「전치사 + 관계대명사」에서 전치사 뒤에 관계대명사 who, that은 올 수 없다.
> [5]The woman **with who** he fell in love left him a month ago. (×) → with whom (○)
> [6]The resort **in that** I stayed had a Mexican restaurant. (×) → in which (○)

⊘ 정답 및 해설 p.69

---

**A** 밑줄 친 부분이 어법상 맞으면 ○표 하고, 틀리면 바르게 고치시오.

1 He is the man to whom I pay attention.

2 Set up the computer to that the printer is connected.

3 The water that some salt has been added to is boiling.

4 The first thing whom they would inspect was our bed. 학평기출응용

5 Important tasks carried out during sleep help to maintain good health. 학평기출응용

**B** [보기]에서 알맞은 말을 골라 빈칸에 쓰시오. (단, 필요 없는 경우 빈칸에 ×표 할 것)

| 보기 | of which | to whom | with whom |
|------|----------|---------|-----------|

1 The person _____ Emma lives is her best friend.

2 That car _____ you spoke yesterday has been sold.

3 Look at the sun _____ rising over the mountain.

4 You may not speak to a person _____ you have not been introduced.

5 He knew only one language _____ unusual for scientists of his time. 학평기출응용

# 관계부사

**❶ 관계부사의 역할**

· 관계부사는 접속사와 부사 역할을 동시에 하고, **관계부사가 이끄는 절은 '장소, 시간, 이유, 방법'을 나타내는 선행사를 수식하는 형용사 역할을 한다.**

¹This is the market **where**[in which] locals buy their daily groceries.

선행사             관계부사절

*cf* 관계부사는 「전치사 + 관계대명사」로 바꿔 쓸 수 있다.

**❷ 관계부사의 종류: where(장소), when(시간), why(이유), how(방법)**

· 선행사가 place, time, reason, way와 같이 일반적인 경우 선행사 또는 관계부사를 생략할 수 있다.

²This is *the place* **where** we used to live. → the place 또는 where 생략 가능

*cf* situation, case, position 등의 추상적인 선행사에도 where를 쓸 수 있다.

³Do you remember *the time* **when** the accident occurred? → the time 또는 when 생략 가능

⁴This is *the reason* **why** she didn't attend the meeting. → the reason 또는 why 생략 가능

⁵He told me **the way**[**how**] he found the proof. → 선행사 the way와 관계부사 how는 동시에 같이 쓸 수 없다.

· 선행사가 일반적인 경우 관계부사 where, when, why 대신 that을 쓸 수 있으며, the way 다음에도 쓸 수 있다.

⁶I vividly remember *the day* **that** my daughter was born.

⁷She didn't tell me *the way* **that** she solved the puzzle.

> ▶ **어법 연결**
>
> · 관계대명사 뒤에는 주어나 목적어가 없는 불완전한 절이 오고, 관계부사 뒤에는 완전한 절이 온다.
> ⁸We will visit the museum **which** was renovated last year. (관계대명사 + 불완전한 절)
> ⁹We will visit the museum **where** famous paintings are on display. (관계부사 + 완전한 절)

⊘ 정답 및 해설 p.70

**A**   괄호 안에서 알맞은 것을 고르시오.

**1** I look forward to the time [ when / where ] we will meet again.

**2** I saw the church [ where / when ] my grandparents got married.

**3** The invention changed the way [ how / that ] people communicated.

**4** The war was the reason [ why / how ] she left her country.

**5** The principal smiled at the seats [ which / where ] twelve finalists had gathered. 학평기출응용

**B**   밑줄 친 부분이 어법상 맞으면 ○표 하고, **틀리면** 바르게 고치시오.

**1** Please tell me about the city <u>where</u> has the best view.

**2** Describe a situation <u>which</u> you tried something new.

**3** This is another reason <u>that</u> humans are smarter than other species. 학평기출응용

# UNIT 5 관계사의 계속적 용법

## ❶ 관계사의 계속적 용법

- 관계대명사, 관계부사 앞에 콤마(,)가 있고, 관계사절이 선행사에 대한 추가 정보를 주는 것을 계속적 용법이라고 한다. 계속적 용법의 관계사는 생략할 수 없다.

**(1) 계속적 용법의 관계대명사: 「접속사 + 대명사」의 의미**

¹*My sister*, **who** is six years old, is very cute. (who = and she) → 여동생이 한 명이고, 그 여동생이 6살이라는 의미

**cf** ²*My sister* **who** is six years old is very cute. → 여동생이 한 명 이상일 수 있고, 그 중 한 명이 6살이라는 의미

³My favorite movie is *Cinema Paradiso*, **which** I've watched 10 times so far. (which = and ~ it)

⁴*The boy kept making noises*, **which** made people angry. (which = and that)

**cf** which는 앞의 절 전체를 대신할 수 있다.

**(2) 계속적 용법의 관계부사: 「접속사 + 부사」의 의미로, where와 when만 가능**

⁵The designer was born in *Paris*, **where** she lived for her entire life. (where = and there)

⁶His grandfather died in *2010*, **when** he was three years old. (when = and then)

## ❷ 부정대명사(all / most / some / neither / none 등) + of + 목적격 관계대명사

- 계속적 용법에서 콤마(,) 앞에 나온 선행사의 전체 또는 일부를 추가 설명할 때 사용한다.

⁷James is one of *four children*, **all of whom** are tall.

⁸He wrote *several books*, **some of which** earned him a lot of money.

⁹I was asked to choose one of *three options*, **none of which** I liked.

### ➕ 문법 PLUS

- 관계대명사 that은 계속적 용법으로 사용할 수 없는 점을 유의한다.

¹⁰I saw Jessy at the market, **who** was with her boyfriend. (o)

I saw Jessy at the market, **that** was with her boyfriend. (×)

---

📀 정답 및 해설 p.70

## A 빈칸에 who, whom, which, where 중 알맞은 관계사를 골라 쓰시오.

**1** He has an old dog, _____ is his best friend.

**2** Cindy, _____ is kind and generous, is popular in her class.

**3** Echo Park, _____ I like to go, has a beautiful lake.

**4** He has four cars, some of _____ are more than 20 years old.

**5** My grandmother has two brothers and two sisters, all of _____ are healthy.

## B 자연스러운 문장이 되도록 괄호 안의 말을 바르게 배열하시오.

**1** He glanced at Carl, _____. (sat quietly, on, who, the sofa)

**2** The best time to visit Dubai is in December, _____.
(pleasant, when, is, the weather)

**3** She was living near campus with several other people, _____.
(knew, none of, one another, whom) 학평기출응용

# UNIT 6 복합관계사

**①** 복합관계대명사(관계대명사 + -ever): 명사절과 양보의 부사절을 이끄는 역할

| 복합관계대명사 | 명사절 | 양보의 부사절 |
| --- | --- | --- |
| who(m)ever | anyone who(m) (~하는 사람은 누구든지) | no matter who(m) (누가[누구를] ~하더라도) |
| whatever | anything that (~하는 것은 무엇이든지) | no matter what (무엇이[을] ~하더라도) |
| whichever | any (one) that (~하는 것은 어느 것이든지) | no matter which (어느 것이[을] ~하더라도) |

¹**Whoever** wants to join us will be welcome. (명사절)
²**Whoever** I asked, I got the same answer. (부사절)
³I'll listen to **whatever** he tells me.      ⁴**Whatever** happens, we can overcome it.
⁵You can buy **whichever** you want.      ⁶**Whichever** you may choose, you will love it.

**②** 복합관계부사(관계부사 + -ever): 부사절을 이끄는 역할

| 복합관계부사 | 시간·장소의 부사절 | 양보의 부사절 |
| --- | --- | --- |
| whenever | at any time when (~할 때마다 (언제나)) | no matter when (언제 ~하든지) |
| wherever | at any place where (~하는 곳은 어디든지) | no matter where (어디에 ~하든지) |
| however | - | no matter how (아무리 ~하더라도) |

⁷Call me **whenever** you like. I'm always at home.
⁸**Whenever** you visit Malaysia, it will be hot and humid.
⁹He has a right to live **wherever** he wants to.      ¹⁰**Wherever** you go, I'll follow you.
¹¹**However** much I study, I still find physics difficult.

> **➕ 문법 PLUS**
>
> • 관계부사 however는 양보의 부사절로만 쓰이며, 형용사나 부사가 however 바로 뒤에 오는 것을 유의한다.
> ¹²**However** *early* I get up, I am always late.

✅ 정답 및 해설 p.70

**A** 괄호 안에서 알맞은 것을 고르시오.

**1** [ Whatever / Whoever ] you do, don't lose your faith.

**2** [ Who / Whoever ] is in power should learn to speak less and work more.

**3** The bartenders will make [ whichever / whenever ] drink you choose.

**4** [ Whatever / However ] hard he tried to satisfy his boss, he failed.

**B** 빈칸에 whoever, whatever, whenever, wherever 중 알맞은 복합관계사를 골라 쓰시오. (단, 한 번씩만 사용할 것)

**1** Please take _____ you want if you feel hungry.

**2** _____ she is at this time, it doesn't matter.

**3** _____ walked in, the elderly man always said hello.

**4** _____ you say what you can't do, say what you can do. 학평기출 응용

# Review Test

[1-5] 괄호 안에서 알맞은 것을 고르시오.

**1** He promised an attractive reward for the person [ whom / who ] could find it. 학평기출응용

**2** Today is the day [ when / whenever ] he asked me to marry him.

**3** Her family went back to New York, [ which / where ] she spent her youth.

**4** The workers are angry with the way [ that / how ] they are being treated.

**5** [ That / What ] the great man is saying is that there is good music and bad music. 학평기출응용

[6-9] 밑줄 친 부분을 어법상 바르게 고쳐 쓰시오.

**6** She is the woman about <u>that</u> we were talking.

**7** <u>How</u> lonely you feel, you are never alone.

**8** This is one of the reasons <u>which</u> technology is often resisted. 학평기출응용

**9** The singer's songs of <u>that</u> I have the records are my favorite ones.

[10-13] 어법상 <u>틀린</u> 곳을 찾아 바르게 고쳐 쓰시오.

**10** The 2000s was a time where a lot of things changed significantly.

**11** The actor played a man who son was lost in the war.

**12** I bought a pack of eggs online, some of that were cracked.

**13** The topic which I was interested was artificial intelligence.

[14-17] [보기]에서 알맞은 관계사를 골라 빈칸에 쓰시오. (단, [보기]의 단어는 한 번씩만 고를 것)

| 보기 | whom | what | whatever | which |

**14** Let's make a list of grocery shopping items. That's _____ we have to do now.

---

**Words**  reward 보상  treat 대우하다, 다루다  resist 저항[반대]하다  significantly 상당히, 중요하게  crack 금이 가게 하다  artificial 인공의

**15** People are influenced by the social contexts in _____ they live. 학평기출응용

**16** _____ I tried, my parents always encouraged me.

**17** He has many friends, all of _____ like to travel.

**[18-21]** 두 문장이 같은 뜻이 되도록 관계사를 이용하여 문장을 바꿔 쓰시오.

**18** I feel really good at any time when I help others.

= I feel really good _____ _____

_____ _____.

**19** She let her children do anything that they want.

= She let her children do _____

_____ _____.

**20** Jackson always complains about everything, and it makes me irritated.

= Jackson always complains about everything,

_____ _____ _____

_____.

**21** I will respect your decision no matter which you choose.

= I will respect your decision _____

_____ _____.

**[22-25]** 우리말과 같은 뜻이 되도록 괄호 안의 말을 이용하여 문장을 완성하시오. (단, 관계사를 추가할 것)

**22** 그 방문자가 누구든지 간에, 나는 그를 보지 않겠다. (is, the visitor)

→ _____, I won't see him.

**23** 그것이 내가 그녀에 대해 기억하는 유일한 것이다. (remember, about)

→ That is the only thing _____

_____.

**24** 우리는 보통 우리와 같은 사람들과 가장 잘 어울린다. (like, are)

→ We usually get along best with people

_____. 학평기출응용

**25** 내가 개를 데리고 산책을 나갈 때마다, 나는 그 시간을 조깅하는 시간으로 사용한다. (for a walk, my dog, take)

→ _____, I use that time to jog.

---

**Words** **context** 환경, 배경; 문맥

# Actual Test

**[1-3]** 다음 빈칸에 들어갈 가장 알맞은 것을 고르시오.

**1**

> Alice, _____ has worked in London, will be starting her business this winter.

① who  ② whom  ③ whose
④ whoever  ⑤ that

**2**

> We care for any dog _____ owner has passed away or become ill.

① who  ② what  ③ whose
④ which  ⑤ that

**3**

> I haven't forgotten the day _____ we saw Niagara Falls closely.

① where  ② when  ③ which
④ how  ⑤ whenever

**[4-5]** 다음 두 문장의 빈칸에 공통으로 알맞은 것을 고르시오. (대·소문자 무시)

**4**

> • We'll gladly talk to _____ has a different opinion.
> • _____ you travel with, you're going to learn from them.

① who  ② which  ③ whoever
④ what  ⑤ whatever

**5**

> • Hockley is _____ you can see many unique shops.
> • Wolsey visited Rome, _____ he hoped to meet the Pope.

① when  ② what  ③ that
④ in which  ⑤ where

**6** 다음 빈칸에 들어갈 관계사가 <u>다른</u> 하나를 고르시오.

① He taught me the way _____ he stays focused.

② They're the first people _____ really inspired me.

③ All _____ you need to do is take the first step.

④ Sean was a bit upset about that, _____ is understandable.

⑤ The only good ideas _____ come to life are the ones that get written down. 학평기출응용

**7** 다음 중 밑줄 친 부분이 어법상 <u>틀린</u> 것을 고르시오.

① Douglas was a boy <u>who</u> usually spent time alone. 학평기출응용

② <u>That</u> is necessary is to listen to your customers.

③ The toaster <u>I bought</u> doesn't work.

④ <u>Wherever</u> she goes, she loves trying out local food.

⑤ They are the products <u>for which</u> the traditional law of demand does not apply. 학평기출응용

---

**Words** pope 교황  demand 수요, 요구

**8** 다음 중 어법상 **틀린** 문장의 개수를 고르시오.

> ⓐ The River Severn, where is partly in Wales, is the longest river in the UK.
> ⓑ She wore a yellow dress that caught everyone's attention at the party.
> ⓒ He climbed up the mountain, most of that was covered with snow.
> ⓓ What is learned in one generation is remembered by the next.
> ⓔ There is another room which has a fireplace.

① 1개　② 2개　③ 3개　④ 4개　⑤ 5개

**[9-10]** 다음 중 어법상 맞는 것을 고르시오.

**9** ① His grandfather was born in 1950, when the Korean War began.
② He published his second book, that brought him national recognition. 학평기출응용
③ You can visit us whichever you want.
④ We've reached a point how we can't continue.
⑤ What cleanser you choose, be sure to test it on your skin first.

**10** ① We will do whoever it takes to achieve our goals.
② Chris attended local schools, which he learned Latin.
③ Simply take your receipt to the dealer from whom you bought it. 학평기출응용
④ How annoyed you are, try to be nice to them.
⑤ That's the year where she won the gold medal at the Olympics.

**서술형**

**[11-13]** 우리말과 같은 뜻이 되도록 괄호 안의 말을 이용하여 문장을 완성하시오. (단, 관계사를 추가할 것)

**11** 그 식당은 많은 음식을 제공하는데, 그중 일부는 이탈리아 음식이다. (are Italian)

→ The restaurant serves many dishes, _____.

**12** 마케팅 담당자들은 여러분이 처음에 본 것을 산다는 것을 수십 년간 알고 있다. (buy, see first)

→ Marketers have known for decades that _____. 학평기출응용

**13** 당신이 어디에 살든지 그리고 당신이 누구이든지, 음악은 모든 이들에게 공통적이다. (live, are)

→ _____, music is common to everyone.

**[14-16]** 우리말과 같은 뜻이 되도록 괄호 안의 말을 바르게 배열하시오. (단, 관계사를 추가할 것)

**14** 결코 위험을 무릅쓸 수 없는 사람은 아무것도 배울 수 없다. (learn anything, a person, take a risk, can't, can never) 학평기출응용

_____

**15** 많은 사람들이 내가 스페인어를 잘하는 이유를 내게 묻는다. (my Spanish, the reason, many people, is good, ask me)

_____

**Words** generation 세대　recognition 인정　simply 그냥, 그저　dealer 판매인

**16** 우리는 노숙자들을 돕는 지역 자선 단체에 1,000달러를 줄 것이다.

(we, help the homeless, will give, local charities, $1,000, to)

_____

**고난도**

**17** 다음 글을 읽고, 밑줄 친 우리말을 조건에 맞게 영작하시오.

> Paris, the capital of France, is one of the most beautiful cities in the world. It is well known for its fashion, cafés, museums and galleries. <u>파리는 사람들이 적어도 한 번은 가고 싶어 하는 도시이다.</u>

> **조건** 1. 관계부사를 이용할 것
> 2. a city, want, go, at least once를 이용하여 총 12단어로 쓸 것

_____

**18** 다음 글에서 어법상 틀린 부분을 **두 군데** 찾아 바르게 고쳐 쓰시오. (단, 각각 한 단어로 고쳐 쓸 것)

> Have you ever had the urge to stop that you're doing and follow your passion? Michael Landon said, "What you want to do, do it now. There are only so many tomorrows." Life is a journey where you will always face the unexpected. If you have something important to do, you should do it now.

| | 틀린 표현 | | 고친 표현 |
|---|---|---|---|
| (1) | _____ | → | _____ |
| (2) | _____ | → | _____ |

**19** 다음 글에서 어법상 **틀린** 곳을 찾아 바르게 고쳐 쓴 후, **틀린** 이유를 쓰시오.

> Nowadays, there are more criminals who steal personal information including phone numbers. Fortunately, there is an important way how you can prevent it. If possible, change your password as often as you can.

(1) 틀린 곳: _____ → _____

(2) 이유: _____

_____

**수능 어법**

**20** 다음 글의 밑줄 친 부분 중, 어법상 **틀린** 것은?

> Eddie is an old man ①<u>who</u> has lived a boring life. One day a tragic accident kills him. He awakes in the afterlife, ②<u>where</u> he learns that heaven is not a destination. It's a place where your life ③<u>is explained</u> to you by five people, some of ④<u>who</u> you knew. One by one, Eddie's five people explain their connections to him on earth and show him the reason ⑤<u>why</u> he was put on earth.

---

**Words** urge 충동, 욕구  unexpected 예기치 않은, 뜻밖의  afterlife 사후 세계, 내세  connection 연고, 연줄

# Chapter 15

# 특수 구문

# UNIT 1 부정 표현

## ❶ 전체 부정

- no, none, neither, never, not ~ any 등은 '아무(것)도[둘 다, 결코] ~않다'라는 뜻의 전체 부정을 나타낸다.

[1] **Neither** of them agreed with my suggestion.

[2] She did**n't** get **any** help from her parents.

*cf* neither는 both(둘 다)에 대응되는 부정어이고, 셋 이상의 부정에는 none을 쓴다.

## ❷ 부분 부정

- all, every, always, both, necessarily 등이 not과 함께 쓰여 '모두[늘, 둘 다, 반드시] ~ 것은 아니다'라는 뜻의 부분 부정을 나타낸다.

[3] He does **not always** follow the expert's advice.

[4] What she says is **not necessarily** true.

## ❸ 부정 부사

- 부사 hardly/scarcely(거의 ~않다), rarely/seldom(좀처럼 ~않는), never 등에는 부정의 의미가 내포되어 있으므로 not 등의 부정어와 함께 쓰지 않는다.

[5] On weekends, you **hardly** ever see people in a hurry.    [6] I **seldom** watch the news on TV.

> ➕ 문법 PLUS
>
> - few, little도 부정의 의미를 나타낸다. ▶ Chapter 10. Unit 2. 주의해야 할 형용사/수량 형용사(p.125) 참조
> [7] Because of heavy rain, **few** people arrived early.    [8] There remains **little** doubt about that.

정답 및 해설 p.74

## A 우리말과 같은 뜻이 되도록 [보기]에서 알맞은 말을 골라 빈칸에 쓰시오.

| 보기 | hardly | few | all | none | no |

1 모든 학생들이 노트북을 갖고 있는 것은 아니다. → Not _____ students have their own laptops.

2 다행히도 어떠한 위험의 신호도 없었다. → Fortunately, there was _____ sign of danger.

3 안개 때문에 나는 풍경을 거의 보지 못했다. → I _____ saw the landscape because of the fog.

4 요즘 관광객들이 이 숲에 거의 오지 않는다. → Nowadays _____ tourists visit this forest.

5 답변 중 어느 것도 맞지 않다. → _____ of the answers are correct.

## B 우리말과 같은 뜻이 되도록 괄호 안의 말을 바르게 배열하시오.

1 상어는 먹잇감으로 사람을 좀처럼 공격하지 않는다. (attack, rarely, for food, humans)
→ Sharks _____.

2 다시 시작하는 것이 사람들에게 늘 쉬운 것만은 아니다. (not, easy, is, always)
→ Starting over _____ for people.

3 비록 그녀는 자녀가 전혀 없었지만, 아이들을 사랑했다. (children, had, of her own, never)
→ Though she _____, she loved children. 학평기출응용

**182** SOLID 필수 영문법

# 생략 / 삽입 / 동격

**①  생략**

· 없어도 의미 파악이 되거나 반복되는 어구는 생략할 수 있다.

¹ I haven't seen the movie, but my sister has (**seen the movie**).

² To some life is pleasure, but to others (**life is**) suffering.

· 시간·양보·조건의 접속사 when, while, though, if 등이 이끄는 부사절의 주어가 주절의 주어와 같을 때, 「주어 + be동사」는 생략할 수 있다. ▶ Chapter 13. Unit 5. 부사절을 이끄는 종속접속사 I(p.162) 참조

³ Though (**she was**) 20 years old, she was a successful businesswoman.

**②  삽입**

· 부연 설명이나 강조, 완곡한 표현을 위해서 문장의 중간에 구나 절을 삽입할 수 있다.

⁴ The woman is, **I think**, like an angel.    ⁵ Animals, **unlike humans**, don't have a particular language.

**③  동격**

· 명사, 대명사를 부연 설명하기 위해서 콤마(,), **of**, **that** 등으로 명사(구), 명사절을 연결한 것을 동격이라고 한다.

⁶ John, **one of my best friends**, joined our club. (*A, B : A, B* 동격)

⁷ He has achieved his dream of **winning a gold medal**. (*A of B : A, B* 동격)

⁸ There is no doubt about the fact **that animals can communicate**. (*A that B : A, B* 동격)

> ▶ **어법연결**
>
> · 동격의 that 뒤에는 완전한 절이 오고, 관계대명사 that 뒤에는 불완전한 절이 온다.
>
> ⁹ The news **that she would come back** spread widely. (동격의 that)
>
> ¹⁰ The news **that he read in the newspaper** spread widely. (관계대명사 that)

⊘ 정답 및 해설 p.74

**A**  다음 문장에서 생략해도 어법상 어색하지 <u>않은</u> 부분에 밑줄을 그으시오. (단, 두 단어 이내로 밑줄을 그을 것)

**1**  You will, I hope, win the competition.

**2**  This perfume smells as sweet as roses do.

**3**  She had to work while she was a little girl.

**4**  Though she is old, my grandmother is full of passion.

**5**  They have, I believe, lost their way and taken a wrong path.

**B**  우리말과 같은 뜻이 되도록 괄호 안의 말을 바르게 배열하시오.

**1**  그는 새 차를 사려는 생각을 그만두었다. (a new car, the idea, buying, of)

 → He gave up _____.

**2**  우리 어머니는 영화배우가 되겠다는 꿈이 있었다. (she, a dream, an actress, would become, that)

 → My mother had _____.

**3**  태평양에 있는 섬인 Nauru는 약 1만 명의 인구가 있다. (in the Pacific Ocean, an island, Nauru)

 → _____, _____, has a population of about 10,000. 학평기출응용

# 도치

## ❶ 부사(구) 도치

• 자동사가 쓰인 문장에서 **장소·방향의 부사(구)**가 강조되어 문장 맨 앞으로 오면 「부사(구) + 동사 + 주어」의 어순이 된다.

[1] *At the back of my house* **stood a tall tree.**

> *cf.* 주어가 대명사일 경우는 주어와 동사가 도치되지 않는다.
> [2] *There* **comes the bus.**   [3] *There* **he comes.** / [4] *Here* **is your umbrella.**   [5] *Here* **we go.**

## ❷ 부정어(구) 도치

• **부정어(구)**가 강조되어 문장 맨 앞으로 오면 「부정어(구) + be동사/조동사 + 주어」의 어순이 된다.

[6] *Not until today* **was I** able to interview Dr. Green.

[7] *Not only* **did I lose** my phone, but I was also late for work.

[8] *Never* **have I seen** the northern lights in my life.

## ❸ so, neither, nor로 시작하는 도치

• 「so + be동사/조동사 + 주어」: ~도 역시 그렇다   • 「neither[nor] + be동사/조동사 + 주어」: ~도 역시 그렇지 않다

[9] My brother wanted to play the game, and *so* **did I.**

[10] I couldn't agree with the plan, and *neither* **could my friend.**

[11] She isn't good at dancing. *Nor* **am I.**

> **▶ 어법 연결**
>
> • 주어와 동사가 도치가 되더라도 동사는 주어의 수에 일치시킨다.
> [12] Under the desk **are *the textbooks*.** → is (×)

⊘ 정답 및 해설 p.74

**A** 밑줄 친 부분이 어법상 맞으면 ○표 하고, **틀리면** 바르게 고치시오.

**1** Here the snow comes.

**2** Never does she raise her voice in anger.

**3** In the room is many children who wait for their parents.

**4** The lady came to breakfast at nine, and did so the gentleman.

**5** The manager did not notice me, and neither did the waiter.

**B** 밑줄 친 부분을 강조하여 도치 문장으로 바꿔 쓰시오.

**1** A small beautiful park is just near the beach.

→ _____

**2** We could hardly believe that he was still alive.

→ _____

**3** I know little about the history of the country.

→ _____

# UNIT 4 강조

**❶ It is[was] ~ that 강조 구문: …한 것은 바로 ~이다[였다]**

· It is[was]와 that 사이에 주어, 목적어, 부사(구) 중 강조할 말을 둔다. 단, 동사는 강조할 수 없다.

· be동사의 시제는 that 뒤에 나오는 문장의 시제와 일치시킨다.

· 강조하는 대상에 따라 that 대신에 관계대명사 who(m), which나 관계부사 when, where를 쓸 수 있다.

¹Harrison met Susan in Paris last year.

→ ²**It was** <u>Harrison</u> **that[who]** met Susan in Paris last year.
　　　　　주어 강조

→ ³**It was** <u>Susan</u> **that[who(m)]** Harrison met in Paris last year.
　　　　　목적어 강조

→ ⁴**It was** <u>in Paris</u> **that[where]** Harrison met Susan last year.
　　　　　부사구 강조

→ ⁵**It was** <u>last year</u> **that[when]** Harrison met Susan in Paris.
　　　　　부사구 강조

**❷ 강조의 do**

· 동사 앞에 **do[does/did]**를 두어 동사를 강조하며, '정말 ~하다'라는 뜻이다.

⁶I **do** want to stay with you.　⁷She **does** hope to travel abroad by herself.

⁸They **did** work very hard to make a living.

> **➕ 문법 PLUS**
>
> · 의문사를 강조할 때는 「의문사 + is[was] it that ~?」의 형태로 나타낸다.
> ⁹*What* did John break? → *What* **was it that** John broke?

◎ 정답 및 해설 p.75

**A** 밑줄 친 부분을 강조하는 문장으로 바꿔 쓰시오. (단, do나 It is[was] ~ that 강조 구문을 사용할 것)

**1** <u>You</u> made a big mistake yesterday.　→ _____

**2** They <u>believe</u> that their plan will work.　→ _____

**3** He <u>wanted</u> to work in the bookstore.　→ _____

**4** The forests were so thick <u>a century ago</u>.　→ _____

**5** <u>The simpler product</u> gives a business a competitive advantage. 학평기출응용

→ _____

**B** 우리말과 같은 뜻이 되도록 괄호 안의 말을 이용하여 문장을 완성하시오.

**1** 내가 그를 만난 곳은 바로 우리 집 앞이었다. (it, in front of my house, met him)

→ _____

**2** 고기를 맛있게 만드는 것은 바로 이 소스이다. (it, this sauce, make, the meat, delicious)

→ _____

**3** Jackson은 자신의 고향으로 정말 돌아가고 싶었다. (do, want, go back to, hometown)

→ _____

# Review Test

[1-5] 괄호 안에서 알맞은 것을 고르시오.

**1** [ It / That ] was yesterday that the festival was held.

**2** [ Hardly we could / Hardly could we ] get to sleep because of the hot weather.

**3** Not until today did she [ realize / realized ] that she lost her wedding ring.

**4** He agreed with the idea [ that / of ] going to the concert this evening.

**5** My brother is interested in science, and [ so / neither ] am I.

[6-9] 밑줄 친 부분을 어법상 바르게 고쳐 쓰시오.

**6** In her backyard <u>an apple tree stood</u>.

**7** <u>That is</u> Jessica who I just spoke to on the phone.

**8** <u>The city that New York</u> is one of the most dynamic cities in the world.

**9** Sarah <u>does tries</u> to pursue a simple lifestyle.

[10-13] 우리말과 같은 뜻이 되도록 어법상 틀린 곳을 찾아 바르게 고쳐 쓰시오.

**10** 그에게는 아들 두 명이 있고, 둘 중 누구도 가업을 맡고 싶어 하지 않는다.
He has two sons, and both of them wants to take on the family business.

**11** 나는 운동화 몇 켤레를 신어 봤지만, 그것들 중 어느 것도 내게 어울리지 않았다.
I tried on several sneakers, but no of them suited me.

**12** 그녀는 두세 명의 친구들을 제외하고는 좀처럼 누구하고도 이야기하지 않는다.
She never talks to anyone except a couple of her friends.

**13** 결과가 반드시 네가 원하는 대로 나오는 것은 아니다.
The results do necessarily come out as you want.

[14-17] 우리말과 같은 뜻이 되도록 [보기]에서 알맞은 말을 골라 빈칸에 쓰시오.

| 보기 | no | any of | not all | none |
|---|---|---|---|---|

**14** 그의 친구들 중 아무도 그에 대한 소식을 알지 못했다.
→ _____ of his friends knew the news about him.

---

**Words** dynamic 활력 있는, 역동적인   take on ~를 떠맡다

**15** 그녀는 우리 중 누구도 기억하지 못한다.

→ She doesn't remember _____ us.

**16** 우리 모둠의 어떤 아이들도 아무런 문제를 일으키지 않았다.

→ _____ children in my group caused any trouble.

**17** 모든 운동이 당신의 뇌에 도움이 되는 것은 아니다.

→ _____ exercise is helpful for your brain. 학평기출 응용

**[18-21]** 우리말과 같은 뜻이 되도록 괄호 안의 말을 이용하여 문장을 완성하시오.

**18** 그가 그녀에게 거짓말했다는 사실이 그녀를 화나게 했다. (fact, had lied)

→ _____ made her annoyed.

**19** 건강을 회복하는 지성을 가진 것은 바로 당신의 몸이다. (it, body)

→ _____ has the intelligence to regain health. 학평기출 응용

**20** 그 난민들은 자신들의 고국으로 돌아가는 희망을 가졌다. (a hope, return, native land, of)

→ The refugees had _____ _____.

**21** 우리는 성을 보지 못했고, 우리는 성당도 보지 못했다. (nor, the cathedral)

→ We didn't see the castle, _____ _____.

**[22-25]** 우리말과 같은 뜻이 되두록 괄호 안의 말을 바르게 배열하시오.

**22** 그는 신비에 싸인 남자이다. 그에 대해 알려진 것은 거의 없다. (about, is, little, known, him)

→ He is a mysterious man. _____ _____.

**23** 배터리는 완전히 충전되면 5시간까지 지속될 것이다. (five hours, the battery, up to, will last, fully charged)

→ When _____, _____.

**24** 어떤 코치들은 선수들을 최대한으로 활용하는 반면, 다른 이들은 그렇지 않다. (others don't, while, out of, their athletes, get the most)

→ Some coaches _____, _____.

**25** 런던은 내 경험으로는 겨울에 비가 꽤 온다. (is, in my experience, in, quite, the winter, rainy)

→ London, _____, _____.

---

**Words**  intelligence 지성, 지력  regain 회복하다, 되찾다  get the most out of ~를 최대한으로 활용하다

# Actual Test

**[1-3]** 다음 빈칸에 들어갈 가장 알맞은 것을 고르시오.

**1**

> It is at Rudy's Restaurant _____ you'll find great seafood in this area.

① who  ② whom  ③ when

④ where  ⑤ which

**2**

> We should accept the fact _____ we can be wrong.

① what  ② when  ③ where

④ which  ⑤ that

**3**

> Elena decided to take the advanced class, and _____ did I.

① so  ② and  ③ nor

④ never  ⑤ neither

**[4-5]** 다음 우리말과 같은 뜻이 되도록 빈칸에 알맞은 말을 고르시오.

**4**

> 그의 친구들은 많은 제안을 했다. 그러나 그는 그것 중 어느 것도 유용하지 않다고 생각했다.
>
> His friends made many suggestions. But none of them _____ he find useful.

① was  ② did  ③ does

④ has  ⑤ had

**5**

> 저녁 식사를 하는 동안 우리 둘 다 아무 말도 하지 않았다.
>
> _____ of us said anything while we were having dinner.

① No  ② Any  ③ Neither

④ None  ⑤ Both

**6** 다음 중 밑줄 친 that의 용법이 다른 하나를 고르시오.

① We shouldn't ignore the fact that the Earth is getting warmer.

② They fought against it in the hope that something would change.

③ Students were happy with the news that they would go to the amusement park.

④ They hold the belief that personality can change over time.

⑤ She will tell Mike of the plan that she has.

**7** 다음 중 밑줄 친 부분이 어법상 틀린 것을 고르시오.

① Not one word did she say all day.

② Beneath it were the words: "Do your best."

③ Here the camera is that you bought yesterday.

④ Rarely do temperatures go beyond 26°C in England. 학평기출응용

⑤ The soccer match is not over, and neither is the basketball match.

---

**Words** advanced 고급의, 상급의  personality 성격  temperature 기온

**8** 다음 중 어법상 맞는 것끼리 짝지어진 것을 고르시오.

> ⓐ The answer, in fact, is easier than we thought.
> ⓑ I don't know how it works, but it do work.
> ⓒ What is it that all of us don't lose interest in?
> ⓓ In the magazine was lots of product advertisements.
> ⓔ Money and power do not necessarily lead you to success. 학평기출응용

① ⓐ, ⓑ  ② ⓐ, ⓒ, ⓔ  ③ ⓑ, ⓓ
④ ⓑ, ⓓ, ⓔ  ⑤ ⓒ, ⓔ

**[9-10]** 다음 중 어법상 맞는 것을 고르시오.

**9** ① I listened to audio books while cooking dinner.
② If you can't do little things right, you will never do not the big things right. 학평기출응용
③ Stocks are not a safe investment, and no is gold now.
④ At the front desk a middle-aged man stood.
⑤ Hardly she had reached the airport when it started raining.

**10** ① She enjoys going fishing alone. So am I.
② He thinks she doesn't trust him, but she do trust him.
③ Not only Kevin gave him the bus fare, but he also gave him a warm meal. 학평기출응용
④ Mr. Jones, my middle school math teacher, was friendly and patient.
⑤ While most people can become incredibly open-minded, some don't. 학평기출응용

**서술형**

**[11-13]** 우리말과 같은 뜻이 되도록 괄호 안의 말을 바르게 배열하시오. (단, 한 단어를 추가할 것)

**11** 그는 혼자서 모든 고기를 먹을 수는 없다.
(consume, by himself, the meat, cannot)
→ He _____.
학평기출응용

**12** 그 복잡한 정보를 읽고 이해하는 사람들은 거의 없을 것이다.
(will, people, understand, and, read)
→ _____
the complex information.

**13** 내 이모는 나를 관광객들이 좀처럼 방문하지 않는 멋진 곳들로 데려갔다.
(took me, tourists, to, that, some wonderful places, visit)
→ My aunt _____
_____.

**[14-16]** 우리말과 같은 뜻이 되도록 괄호 안의 말을 이용하여 문장을 완성하시오.

**14** 나는 그의 부모님 두 분 모두를 아는 것은 아니다.
(know, both of)

_____

**15** 저는 당신이 오셔서 파티를 즐기기를 정말 바랐습니다.
(do, hope, enjoy the party)

_____

---

**Words** advertisement 광고  stock 주식  investment 투자  open-minded 마음이 열린, 편견 없는

**16** Kelly가 그가 오는 것을 본 것은 바로 이른 아침이었다.
(it, early in the morning, see, coming)

_____

_____

**17** 다음 글을 읽고, 밑줄 친 우리말을 조건에 맞게 영작하시오.

> The poem *A Dream* was written by Tabassum. He says that <u>그는 사람들이 조화롭게 사는 꿈을 가지고 있다.</u> He wishes that this situation shall last forever and we shall live in peace.

> 조건   1. 접속사 that을 이용할 것
>      2. a dream, will live, in harmony를 이용하여 총 10단어로 쓸 것

_____

_____

**18** 다음 글에서 어법상 틀린 부분을 두 군데 찾아 바르게 고쳐 쓰시오.

> It was Christmas morning, and the children at the orphanage had been waiting all year long for this day. All of the boys wished to have their own toys, and so do the girls. But the teachers couldn't get enough money to buy presents for all of them, and neither couldn't the headmaster.

|  | 틀린 표현 |  | 고친 표현 |
|---|---|---|---|
| (1) | _____ | → | _____ |
| (2) | _____ | → | _____ |

**19** 다음 글에서 어법상 <u>틀린</u> 곳을 찾아 바르게 고쳐 쓴 후, <u>틀린</u> 이유를 쓰시오.

> Humankind has long been interested in the moon. However, it is not until Galileo's time that scientists really began to study it. Over the course of nearly five centuries, researchers have studied about how the moon was formed.

(1) 틀린 곳: _____

(2) 이유: _____

_____

**20** 다음 글의 밑줄 친 부분 중, 어법상 <u>틀린</u> 것은?

> Do you know there is a prize which is often ①<u>called</u> the Nobel Prize of architecture? It is the Pritzker Architecture Prize, ②<u>which</u> many architects want to win. In 2004, this prize ③<u>was awarded</u> to Zaha Hadid. It was the first time in history ④<u>that</u> a woman was awarded the Pritzker Architecture Prize. She was a wonderful architect, artist and designer. The famous fire station in Germany was designed by her and so ⑤<u>did</u> Dongdaemun Design Plaza in South Korea.

---

**Words**   orphanage 고아원   headmaster 교장   architecture 건축   award 수여하다

**[1-3]** 다음 빈칸에 들어갈 가장 알맞은 것을 고르시오.

**1**

_____ his sister nor his brother knew where he was.

① Both     ② None     ③ Either

④ Neither     ⑤ Not only

**2**

I want to travel to a place _____ it is warm and sunny.

① how     ② why     ③ when

④ where     ⑤ which

**3**

The crowd responded with laughter and cheers, and _____.

① so do I     ② so did I

③ so was I     ④ neither did I

⑤ neither was I

**[4-5]** 다음 빈칸에 들어갈 말이 순서대로 바르게 짝지어진 것을 고르시오.

**4**

• My teammates cheer me up _____ I feel down.

• _____ he takes up, he finishes it in time.

① so – What     ② that – Which

③ that – Whatever     ④ whenever – What

⑤ whenever – Whatever

**5**

• Janet asked me _____ I had signed the contract.

• It was such a great movie _____ it received high praise from critics.

① that – that     ② that – whose

③ what – which     ④ whether – that

⑤ whether – which

**[6-7]** 다음 두 문장의 빈칸에 공통으로 알맞은 것을 고르시오.

**6**

• I am proud of _____ I have achieved so far.

• I wonder _____ you learned from this experience.

① if     ② that     ③ what

④ which     ⑤ whether

**7**

• The important point is _____ hobbies enhance our quality of life.

• It was at an early age _____ she decided to become a journalist.

① that     ② what     ③ where

④ which     ⑤ whether

**Words**   enhance 높이다, 향상시키다   journalist 기자

**8**
① Alex stood first and got a prize.
② The round clock does go well with the room. 학평기출응용
③ She was so tired that she could not hardly walk.
④ The dog not only barks at strangers, but also bites them.
⑤ The book whose author won a Pulitzer Prize has become a best-seller.

**9**
① As soon as you see him, you will recognize him.
② He knows the exact date which Brady will return.
③ It is unclear whether Lisa will accept the invitation.
④ None of the documents were released to the public.
⑤ This is the house I lived in when I first came to America.

**10**
① Freddy is good at both singing and play piano.
② Gifts which have a special meaning are the best of all.
③ Sleep now, or you will miss the first class tomorrow.
④ Though disappointed with the result, I was proud of myself.
⑤ What seems clear is that she wants to hear a positive answer.

**11** 다음 우리말에 맞게 주어진 단어를 배열하여 문장을 완성할 때, 빈칸 (A)에 들어갈 알맞은 말을 고르시오.

나는 네 글에서 단 하나의 실수도 발견하지 못했다.
(find, mistake, I, single, did, a)
→ Not _____ _____ _____ (A) _____
_____ in your writing.

① I
② did
③ find
④ single
⑤ mistake

**12** 다음 중 어법상 틀린 문장의 개수를 고르시오.

ⓐ In the back seat of the car was two men.
ⓑ Have a look around if you want to.
ⓒ The police found the evidence which she was guilty.
ⓓ Byron, that works at the law firm, is an expert in his field.
ⓔ You will not pass the exam unless you get a score of 80.

① 1개
② 2개
③ 3개
④ 4개
⑤ 5개

**13** 다음 중 어법상 틀린 것끼리 짝지어진 것을 고르시오.

ⓐ This is, I believe, the best decision.
ⓑ I wonder if the baseball game is canceled tomorrow.
ⓒ This is not the answer for that I'm looking.
ⓓ Since you are under 21, you are not allowed to buy alcohol.
ⓔ Economic growth causes changes in society, some of which are negative. 학평기출응용

① ⓐ, ⓑ
② ⓑ, ⓒ
③ ⓑ, ⓒ, ⓓ
④ ⓒ, ⓓ
⑤ ⓒ, ⓓ, ⓔ

---

**Words** release 공개하다, 발표하다

**✐ 서술형**

**[14-16]** 다음 우리말과 일치하도록 괄호 안의 말을 바르게 배열하시오. (단, 필요시 어형을 바꿀 것)

**14**
어질러 놓은 것을 너와 네 남동생 둘 중 한 명이 치워야 한다.
(or, clean up, your brother, have to, you, the mess, either)

_____

**15**
그녀는 파티에 초대받지 않았고 나 역시 그랬다.
(be, to the party, and, I, neither, wasn't invited, she)

_____

**16**
아름다운 경관을 가진 그 호텔은 관광객들에게 인기가 있다.
(with tourists, beautiful views, which, be, the hotel, popular, has)

_____

**[17-19]** 다음 우리말과 일치하도록 괄호 안의 말을 이용하여 문장을 완성하시오.

**17**
내 사촌들 모두가 내 결혼식에 온 것은 아니었다.
(all of, cousins)

→ _____ to my wedding.

**18**
나는 우리가 좋은 자리를 잡을 수 있도록 일찍 콘서트에 가고 싶다. (so, get, a good seat)

→ I want to go to the concert early
_____ .

**19**
당신이 방금 이야기를 나눈 여자는 제 조카딸입니다.
(just, spoken)

→ The woman to _____
is my niece.

**⊞ 고난도**

**20** 다음 ⓐ～ⓓ 중 어법상 틀린 문장을 골라 그 기호를 쓰고, 틀린 부분을 고치시오.

ⓐ The pictures drawn on the wall are very impressive.
ⓑ There is the belief which animals don't have morality. 학평기출응용
ⓒ Great literature can change the way how we view the world.
ⓓ Hardly had we left the hotel when it started to pour.

(1) ( ): _____ → _____
(2) ( ): _____ → _____

**Words** impressive 인상적인 morality 도덕성

**21** 다음 글에서 어법상 <u>틀린</u> 부분을 <u>두 군데</u> 찾아 바르게 고쳐 쓰시오.

> The seeker after truth should be humbler than the dust. The world crushes the dust under its feet, but the seeker after truth should be so humble which even the dust could crush him. Not till then he will have a glimpse of truth.

|   | 틀린 표현 |   | 고친 표현 |
|---|---|---|---|
| (1) | _____ | → | _____ |
| (2) | _____ | → | _____ |

**[22-23]** 다음 글을 읽고 물음에 답하시오.

> 새로운 시도를 하는 사람은 누구든지 승리한다. The hardest practices to change ①are those which we take for granted. ②It's the things that "everybody knows" that get us in the biggest trouble. ③What we know for sure stands in the way of ④how we need to learn. We live in a world ⑤that can't be navigated with tried-and-true approaches.
>
> *tried-and-true 믿을 수 있다고 증명된

**22** 윗글의 밑줄 친 부분 중 어법상 <u>틀린</u> 것은?

①     ②     ③     ④     ⑤

**23** 윗글의 밑줄 친 우리말을 주어진 조건에 맞게 영작하시오.

> **조건**   1. 총 6단어로 쓸 것
>        2. make, a new attempt, win을 이용할 것

_____

**[24-25]** 다음 글을 읽고 물음에 답하시오.

> "What's going on?" June asked her friend. Lois would not meet her eyes, <u>그녀는 그 질문에 대답하려고 하지도 않았다</u>. Rather, she looked away from June and was silent. June didn't know what she had done to offend her friend and ___(A)___ she could solve this situation. After that happened, she reached out a few times via email, asking Lois ___(B)___ she was angry, but she was only answered with silence.

**24** 윗글의 빈칸 (A)와 (B)에 들어갈 말이 바르게 짝지어진 것은?

      (A)      (B)

① that – what

② how – why

③ how – that

④ what – why

⑤ what – that

**25** 윗글의 밑줄 친 우리말을 주어진 조건에 맞게 영작하시오.

> **조건**   1. 총 6단어로 쓸 것
>        2. nor, would를 이용할 것

_____

---

**Words**   humble 겸손한   crush 짓밟다   glimpse 잠깐 봄   take ~ for granted ~를 당연한 일로 생각하다
            stand in the way of ~를 방해하다   navigate 탐색하다, 항해하다   approach 접근법

한발 빠르게 시작하는 **내신 · 수능 대비**

# SOLID

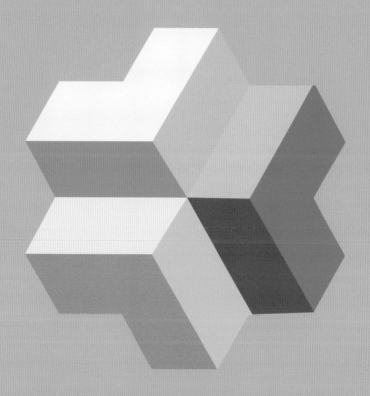

정답 및 해설

**필수 영문법**

**DARAKWON**

# SOLID 필수 영문법

## 정답 및 해설

DARAKWON

# 동사의 종류와 문장 형식

## Unit 1 | 1형식 문장     p. 10

**예문 해석**

1 새는 난다.
2 물고기는 헤엄친다.
3 새는 하늘에서 난다.
4 물고기는 떼를 지어 함께 헤엄친다.
5 그 사고는 어제 공원에서 일어났다.
6 개들이 마루에 누워 있다.
7 바다거북은 해변에 알을 낳는다.
8 해는 동쪽에서 뜬다.
9 말하기 전에 손을 들어 주세요.

**어법 연결**

10 기적은 가끔씩 일어난다.

A 1 ○ 2 × 3 ○ 4 ○ 5 ×
B 1 seated 2 in waves 3 rise 4 lies 5 appear

**문제 해석**

**A**

1 여름 방학이 금요일에 시작된다.
2 그들은 표 가격을 7달러로 올렸다.
3 그 관광객들은 공항에 너무 늦게 도착했다.
4 그녀는 서울에 있는 외국 회사에서 일한다.
5 가이드가 당신의 이름표를 들고 당신을 기다릴 것입니다.

**B**

1 그 어머니는 자신의 아이를 의자에 앉혔다.
2 소리와 빛은 파동으로 이동한다.
3 커다란 보름달이 수평선 위로 올라오기 시작했다.
4 만화책 한 권이 내 앞의 탁자 위에 놓여 있다.
5 오늘날 알고리즘은 문명의 모든 분야에서 나타난다.

school (물고기) 떼 in waves 파동으로 horizon 수평선
algorithm 알고리즘, 연산 방식 civilization 문명

## Unit 2 | 2형식 문장     p. 11

**예문 해석**

1 내 누이는 변호사이며 요즘 바쁘다.
2 그 밴드는 그들의 최신 앨범으로 유명해졌다.
3 그 담요는 부드럽고 편안하게 느껴진다.
4 내 목표는 뛰어난 운동선수가 되는 것이다.

5 그 문제에 대한 한 가지 해결책은 새로운 직장을 찾는 것이다.
6 문제는 우리가 결과를 예측할 수 없다는 것이다.

**어법 연결**

7 나의 할머니는 85세인데도 여전히 활동적이시다.

A 1 remained alone in his house
   2 seemed to have a fantastic time
   3 tree leaves turn yellow
   4 is walking my dog in the park
   5 such a trip would take years
B 1 quietly → quiet
   2 understand → to understand[understanding]
   3 confidently → confident

**문제 해석**

**A**

1 그 부유한 노인은 자신의 집에 홀로 남아 있었다.
2 아이들 모두 멋진 시간을 보낸 듯했다.
3 가을에는 나뭇잎이 노란색, 주황색, 빨간색으로 변한다.
4 내가 가장 좋아하는 휴일 활동은 공원에서 내 개를 산책시키는 것이다.
5 한 가지 장애물은 그러한 여행이 수년은 걸릴 것이라는 점이다.

aim 목표 predict 예측하다 outcome 결과 obstacle 장애물

## Unit 3 | 3형식 문장     p. 12

**예문 해석**

1 며칠 후에, 그녀가 아침 일찍 내게 전화했다.
2 우리는 매일 가정에서 많은 전기를 소비한다.
3 요즘에는 많은 사람들이 인터넷에서 정보를 검색한다.
4 그 팀은 밀라노로 여행을 가기로 결정했다.
5 너는 너무 많은 커피를 마시는 것을 피해야 한다.
6 나는 네가 해야 할 일이 많다는 것을 안다.
7 우리는 그들이 정시에 도착할지 궁금하다.

**어법 연결**

8 우리는 그 문제를 나중에 논의할 것이다.
9 그녀는 코치로서 그 팀에 합류했다.
10 배가 그 섬에 접근했다.

A 1 × 2 ○ 3 ○ 4 × 5 ○
B 1 married 2 awaited 3 meeting
   4 resembles 5 raised

**문제 해석**

**A**

1 그녀는 매일 조깅으로 건강을 유지한다.
2 내 친구들 중 몇 명은 외국에서 공부하고 싶어 한다.

**3** 나는 그녀를 위한 선물을 포장하는 것을 마쳤다.

**4** 그 항공기는 레이더 화면에서 갑자기 사라졌다.

**5** 그는 동물 또한 상실의 고통을 느낀다는 것을 깨달았다.

**B**

**1** Sarah는 자신의 대학 시절 친구와 결혼했다.

**2** Bob은 정문에서 그녀를 기다렸다.

**3** 나는 그를 지난해에 어느 파티에서 만났던 것을 기억한다.

**4** 그녀는 모든 점에서 자기 어머니를 닮았다.

**5** 우리는 도서관 건물을 개축할 충분한 돈을 성공적으로 모았다.

consume 소비하다 electricity 전기 approach 접근하다 loss 상실, 손실
college-aged 대학 시절의 respect (측)면, 사항 remodel 개축하다

## Unit 4 | 4형식 문장      p. 13

**예문 해석**

**1** 자연은 우리에게 모든 것을 무료로 준다.

**2** 그는 자신의 아이들에게 그들이 가장 좋아하는 케이크를 사 주었다.

**3** 여러분은 강연 후에 강연자에게 질문할 수 있습니다.

**4** Sandy는 월요일에 오겠다고 내게 말했다.

**5** 그 국립 공원은 경로자에게 50퍼센트의 할인을 제공한다.

**6** 그들은 우리에게 좋은 아파트를 찾아 주었다.

**7** 우리는 보통 낯선 사람에게 부탁을 하려 하지 않는다.

**어법 연결**

**8** 그는 내게 그 이유를 설명해 주지 않았다.

**A** **1** get me a glass of water

    **2** handed a book to me

    **3** taught his students that Earth

    **4** send us your logo design proposal

**B** **1** to **2** of **3** for **4** to

**문제 해석**

**A**

**1** 제게 물 한 잔 가져다주시겠어요?

**2** 엄마는 정말 활짝 웃으시며 내게 책 한 권을 건네셨다.

**3** 플라톤은 자신의 학생들에게 지구가 구(球)라고 가르쳤다.

**4** 당신의 로고 디자인 제안서를 저희에게 보내 주세요.

**B**

**1** 은행은 기업과 개인에게 돈을 빌려준다.

**2** 사람들이 이제 그에게 질문을 하기 시작하고 있다.

**3** 그는 그녀에게 꽃다발을 사 줄 수 있어서 매우 기뻤다.

**4** 그녀는 내게 이 나라의 역사를 설명해 주었다.

senior citizen 경로자, 어르신 normally 보통, 정상적으로
ask a favor 부탁을 하다 sphere 구(球), 구체 proposal 제안(서)
individual 개인 bouquet 꽃다발, 부케

## Unit 5 | 5형식 문장 I      p. 14

**예문 해석**

**1** 그 영화의 성공이 그 배우를 대스타로 만들었다.

**2** 여러분은 그 정보가 여러분에게 유용하다는 것을 발견할 것이다.

**3** 우리는 코끼리 떼가 도로를 건너고 있는 것을 발견했다.

**4** 더 나은 생산성을 위해 여러분의 책상을 정돈된 상태로 유지하라.

**5** 인터넷은 여러분이 언제, 어디서라도 의사소통하게 해 준다.

**어법 연결**

**6** 사랑은 당신의 삶을 아름답게 만든다.

**A** **1** neat **2** singing **3** to apply

    **4** disappointed **5** to pursue

**B** **1** considered him their captain

    **2** ask you to create a logo

    **3** find themselves returning

**문제 해석**

**A**

**1** 우리는 항상 우리의 집을 깔끔하게 유지한다.

**2** 여러분은 새들이 주위의 나무에서 지저귀고 있는 것을 발견할 것입니다.

**3** 나의 선생님은 내가 로스쿨에 지원하도록 격려하셨다.

**4** 그 결과는 거듭하여 그를 실망시켰다.

**5** 그녀는 자신의 학생들이 우주 비행이라는 그들의 꿈을 추구하도록 영감을 주었다.

herd (짐승의) 떼 organized 정돈된 productivity 생산성
surrounding 주위의

## Unit 6 | 5형식 문장 II      p. 15

**예문 해석**

**1** 제 동료를 여러분에게 소개하겠습니다.

**2** 사장은 우리에게 3시간의 초과 근무를 하도록 시켰다.

**3** 더 느긋한 음악은 운전자가 더 천천히 운전하게 한다.

**4** David는 자신의 컴퓨터를 기술자에게 수리받았다.

**5** 나는 한 쌍의 앵무새가 도로를 가로질러 날아가는 것을 보았다.

**6** 우리는 그 어린 소녀가 바이올린을 연주하고 있는 것을 들었다.

**7** 나는 우리 집 앞에 트럭 한 대가 주차되어 있는 것을 알아챘다.

**어법 연결**

**8** 당신은 우리가 어려움에 처한 가정들을 위해 음식을 모으는 것을 도울 수 있습니다.

**A** **1** feel **2** tested **3** perform **4** tell **5** helped

**B** **1** buy **2** grabbed **3** ○ **4** walk[walking] **5** ○

**문제 해석**

**A**

**1** 좋은 음식은 항상 내가 더 좋은 기분을 느끼게 한다.

**2** 그 회사는 자사 제품이 여러 차례 검사되도록 했다.

**3** 우리는 한 남자가 드라이아이스를 가지고 쇼를 펼치는 것을 구경했다.

**4** 나는 그녀가 유년기의 흥미로운 이야기들을 말하는 것을 들었다.

**5** 밤하늘은 지난 세대가 시간의 흐름을 쫓는 것을 도왔다.

**B**

**1** 우리 독서 모임을 위해 책을 좀 사자.

**2** 그녀는 자신의 팔이 갑자기 거친 손에 움켜잡히는 것을 느꼈다.

**3** 그는 딸에게 오후 내내 숙제하게 했다.

**4** 나는 그들이 멀리서 나를 향해 걸어오고 있는 것을 알아챘다.

**5** 이 프로그램은 가난한 사람들이 자신들의 삶을 개선하는 것을 도울 것이다.

extra 초과의, 별도의  technician 기술자  generation 세대
keep track of ~의 흐름을 쫓다[파악하다]  grab 움켜잡다

## Review Test

**1** sitting  **2** occur  **3** silent  **4** playing

**5** mention  **6** warm  **7** to pay  **8** come[coming]

**9** for the guests  **10** to invite → invite

**11** resemble with → resemble

**12** lay → lie  **13** for → to

**14** brought us many benefits

**15** keep the engine running

**16** had her car stolen

**17** We watch athletes compete[competing]

**18** wait  **19** hand  **20** look  **21** cause

**22** The dealer will give you a new toaster.

**23** Doctors encourage people to drink more water.

**24** Our problem is that we have no evidence.

**25** We watch babies playing with their toys on the floor.

---

**1** 아버지와 나는 아버지의 서재 바닥에 앉아 있었다.
▶ 뒤에 목적어가 없고, 문맥상 '앉다'라는 뜻이므로 완전 자동사 sit가 적절하다. seat는 '앉히다'라는 뜻의 완전 타동사이다.

**2** 토네이도는 이 지역에서 한 해에 여러 번 발생한다.
▶ occur는 '발생하다'라는 뜻의 완전 자동사이므로 능동태로만 사용한다.

**3** 손님들 대부분은 만찬이 끝날 때까지 계속 침묵을 지켰다.
▶ remain은 '계속 ~한 상태를 유지하다'라는 뜻의 불완전 자동사로서 주격보어로 형용사를 취한다. 부사는 불완전 자동사의 보어로 쓸 수 없다.

**4** 그는 한 소년이 신발도 신지 않고 농구를 하고 있는 것을 알아챘다.
▶ 지각동사 notice가 쓰였으므로 목적격보어로 원형부정사 또는 현재분사가 와야 한다.

**5** 그 정치인은 그 문제에 관해 전혀 언급하지 않았다.
▶ mention은 '언급하다'라는 뜻의 완전 타동사이므로 전치사 없이 바로 목적어를 취한다.

**6** 난방은 겨울 동안 건물을 따뜻하게 유지해 준다.
▶ 불완전 타동사 keep의 목적격보어이므로 형용사 warm으로 고쳐야 한다.

**7** 법은 시민들에게 세금을 납부할 것을 요구한다.
▶ 불완전 타동사 require는 목적격보어로 to부정사를 취하므로 to pay로 고쳐야 한다.

**8** 그는 누군가 자신의 방으로 들어오는 소리를 들었다.
▶ 지각동사 hear는 목적격보어로 원형부정사 또는 현재분사를 취하므로 come 또는 coming으로 고쳐야 한다.

**9** 요리사는 손님들에게 멋진 요리를 만들어 주었다.
▶ '~에게 …를 만들어 주다'라는 의미로 make 뒤에 직접목적어가 오면, 간접목적어 앞에는 전치사 for를 써야 한다.

**10** 그 주인은 자신의 하인에게 마을의 모든 사람을 초대하라고 시켰다.
▶ had는 사역동사로 쓰였고, 목적격보어로 원형부정사를 취하므로 to invite를 invite로 고쳐야 한다.

**11** 그 두꺼운 잎사귀들은 동물의 발에 있는 갈라진 틈을 닮았다.
▶ resemble은 '~와 닮다'라는 뜻의 완전 타동사이므로 전치사 없이 바로 목적어를 취한다.

**12** 엄마는 내게 "차가운 바닥에 눕지 말거라."라고 말씀하셨다.
▶ '눕다'라는 뜻의 완전 자동사는 lie이다. lay는 '놓다, 낳다'라는 뜻의 완전 타동사이다.

**13** 그녀는 차장에게 자신의 탑승권을 보여 주었다.
▶ 동사 show가 쓰인 3형식 문장에서 간접목적어 앞에는 전치사 to를 써야 한다.

**14** ▶ 수여동사 brought 뒤에 간접목적어(us)와 직접목적어(many benefits)를 차례대로 쓴다.

**15** ▶ 불완전 타동사 keep 다음에 목적어(the engine)와 목적격보어를 쓰되, 목적어와 능동 관계이므로 목적격보어를 현재분사 running으로 쓴다.

**16** ▶ 사역동사 had 다음에 목적어(her car)와 목적격보어를 차례대로 쓰되, 목적어와 수동 관계이므로 목적격보어를 과거분사 stolen으로 쓴다.

**17** ▶ 지각동사 watch 다음에 목적어 athletes, 목적격보어 compete(원형부정사)를 차례대로 쓰되, 동작의 진행을 강조하기 위해 competing(현재분사)을 대신 쓸 수 있다.

**18** 여러분은 오후까지 로비에서 기다리실 수 있습니다.
▶ 뒤에 목적어가 없고, 장소의 부사구(in the lobby)가 있으므로 완전 자동사 wait가 적절하다.

**19** 경찰관은 그 여자아이에게 전화기를 건네주기로 결정했다.
▶ 뒤에 「직접목적어＋to＋간접목적어」가 왔으므로 수여동사 hand가 적절하다.

**20** 이 샐러드들은 모두 신선하고 맛있어 보인다.
▶ and로 연결된 두 개의 형용사 보어를 취할 수 있는 불완전 자동사 look이 적절하다.

**4** SOLID 필수 영문법

**21** 지구 온난화는 2100년까지 해수면이 최소한 3피트 상승하게 할 것이다.
▶ 뒤에 「목적어+목적격보어(to부정사구)」가 왔으므로 불완전 타동사 cause가 적절하다.

**22** ▶ 수여동사 give 다음에 「간접목적어+직접목적어」의 어순으로 쓴다.

**23** ▶ 불완전 타동사 encourage 다음에 「목적어+목적격보어 (to부정사구)」의 어순으로 쓴다.

**24** ▶ 불완전 자동사 is 다음에 that이 이끄는 명사절을 구성한다.

**25** ▶ 지각동사 watch 다음에 「목적어+목적격보어(현재분사)」의 어순으로 쓴다.

## Actual Test

1 ② 2 ① 3 ② 4 ③ 5 ②
6 ④ 7 ③ 8 ③ 9 ⑤ 10 ④
**11** Farmers found their crops severely damaged by floods.
**12** Many experts expect the company to increase its profits.
**13** Customers want to have their cars fixed as soon as possible.
**14** help people (to) stay healthy
**15** ask you to offer us
**16** decided to find a dog for
**17** (1) give a comb to Della
　　(2) buy a watch chain for Jim
**18** (1) approached to → approached　(2) lay → lie
**19** (1) sit → seat　(2) 목적어(her)가 있으므로 완전 자동사 sit를 완전 타동사 seat로 고쳐 써야 한다.
**20** ④

**1** 모든 것이 괜찮게 들렸고[좋아 보였고/맛이 좋았고/좋은 냄새가 났고] 모든 이가 만족했다.
▶ 주격보어로 형용사 good이 쓰였으므로, 불완전 자동사가 와야 한다. touched는 목적어가 필요한 완전 타동사이므로 빈칸에 들어갈 수 없다.

**2** 그들은 아들에게 의학을 전공할 것을 강요했다[권했다/기대했다/설득했다].
▶ 목적격보어로 to부정사를 취하는 불완전 타동사가 와야 하므로, 목적격보어로 원형부정사나 현재분사를 취하는 지각동사 watched는 빈칸에 들어갈 수 없다.

**3** 왕자가 공주와 여행했는가[춤췄는가/합의했는가/이야기했는가]?
▶ 뒤에 목적어가 없고, 전치사구가 있으므로 완전 자동사가 와야 한다. join은 완전 타동사이므로 빈칸에 들어갈 수 없다.

**4** ▶ 불완전 타동사 ask의 목적격보어로는 to부정사를 쓴다. 완전 자동사 wait 다음에는 전치사 for를 쓰고, 완전 타동사 await 다음에는 쓰지

않는다.

**5** ▶ made는 사역동사로 쓰였으므로 목적격보어로 원형부정사가 와야 한다. 목적어 his hands가 있으므로 완전 타동사 raise가 적절하다.

**6** ④ 자원봉사자들은 어르신들이 지역 동물원을 방문하는 것을 도왔다.
▶ help의 목적격보어는 목적어와 능동 관계일 때 원형부정사 또는 to부정사가 와야 하므로 visited를 (to) visit로 고쳐야 한다.
① 나는 미세먼지가 심각한 문제라는 데 동의한다.
▶ 완전 타동사 agree의 목적어 역할을 하는 명사절을 이끄는 접속사이므로 적절하다.
② 언어는 우리가 구체적이 되도록 해 준다.
▶ 동사 allow는 목적격보어로 to부정사를 취하므로 to be는 적절하다.
③ 테러 행위 같은 많은 문제는 국경에서 멈추지 않는다.
▶ 부사구 at national borders 앞에 완전 자동사 stop이 쓰인 것은 적절하다.
⑤ 그 문제에 대한 유일한 해결책은 규칙을 바꾸는 것이다.
▶ be동사의 주격보어로 to부정사가 쓰였으므로 적절하다.

**7** ③ 여러분의 음식을 이 냉동고로 훌륭한 상태에서 보관하세요.
▶ keep의 목적격보어는 목적어 your food와 수동 관계이므로 원형부정사 store를 과거분사 stored로 고쳐야 한다.
① 얼음은 얼려진 물이므로 딱딱하게 느껴진다.
▶ 불완전 자동사 feel이 보어로 형용사 hard를 취하고 있으므로 적절하다.
② 그 부자는 자신의 저택을 White Castle이라고 불렀다.
▶ 불완전 타동사 call 다음에 온 「목적어(his mansion)+목적격 보어(White Castle)」에서 목적어에 해당하므로 적절하다.
④ 너는 그녀에게 차가 있다는 걸 아니?
▶ 완전 타동사 know의 목적어 역할을 하는 명사절을 이끄는 접속사이므로 적절하다.
⑤ 미래의 고용주들에게 가끔 이메일을 보내라.
▶ 수여동사 send 뒤에 직접목적어가 오면, 간접목적어 앞에는 전치사 to가 와야 하므로 적절하다.

**8** ⓑ 이곳은 극히 위험해 보인다.
▶ 불완전 자동사 look은 주격보어로 형용사를 취해야 하므로, 부사 dangerously를 형용사 dangerous로 고쳐야 한다.
ⓓ 그 아이들은 관현악단이 베토벤의 곡을 연주하는 것을 들었다.
▶ 지각동사 listen to의 목적격보어로는 원형부정사 또는 현재분사를 써야 하므로, to play를 play나 playing으로 고쳐야 한다.
ⓐ 그들은 정오경에 정상에 도달했다.
▶ reach는 완전 타동사이므로 목적어 the summit을 취한 것은 적절하다.
ⓒ 도보 여행자들은 멀리서 늑대가 우는 소리를 들었다.
▶ 지각동사 hear의 목적격보어로 현재분사 howling이 쓰였으므로 적절하다.
ⓔ 우리는 모두 더 나은 미래를 위한 기반을 놓기를 원한다.
▶ the foundation이라는 목적어가 있으므로 '놓다'라는 뜻의 완전 타동사 lay를 쓴 것은 적절하다.

정답 및 해설 **5**

**9** ⑤ 투자자들은 그 결과에 흡족해하는 듯 보였다.
　▶ 불완전 자동사 seem의 보어로 to부정사구가 쓰였으므로 어법상 적절하다.

　① 우리는 노숙자들에게 거처를 찾아 주어야 한다.
　▶ 동사 find가 쓰인 3형식 문장에서 간접목적어 앞에는 전치사 to 대신에 for를 써야 한다.

　② 그 두 자매는 서로를 꼭 닮았다.
　▶ resemble은 완전 타동사이므로 전치사 to를 쓰지 않아야 한다.

　③ 수많은 화재는 지진 동안 발생한다.
　▶ happen은 완전 자동사이므로 수동태 are happened를 능동태 happen으로 고쳐야 한다.

　④ Dorothy는 기이한 불빛이 부엌에서 빛나고 있다는 것을 알아챘다.
　▶ 지각동사 notice의 목적격보어로는 원형부정사 또는 현재분사를 써야 하므로, to shine을 shine[shining]으로 고쳐야 한다.

**10** ④ 갑자기 그는 그녀에게 작은 꾸러미를 건넸고, "생일 축하해."라고 말했다.
　▶ 수여동사 hand에 이어서 「간접목적어+직접목적어」가 차례대로 왔으므로 적절하다.

　① 그들은 충분히 일찍 그 쇼에 도착할 수 없었다.
　▶ arrive는 완전 자동사이므로 the show 앞에 전치사 at을 넣어야 한다.

　② 우리는 우리의 다음 목적지를 논의하기 시작했다.
　▶ discuss는 완전 타동사이므로 전치사 about을 쓰지 않아야 한다.

　③ 건강한 환경은 생명체가 자신들의 욕구를 충족시킬 수 있게 한다.
　▶ 불완전 타동사 enable은 to부정사를 목적격보어로 취하므로, meet를 to meet로 고쳐야 한다.

　⑤ 현대에는 사회가 더 역동적이 되었다.
　▶ 불완전 자동사 become의 주격보어로는 형용사가 와야 하므로, 부사 dynamically를 형용사 dynamic으로 고쳐야 한다.

**11** ▶ 「동사(found)+목적어(their crops)+목적격보어」로 구성하되, '훼손되었다'라는 수동의 의미를 나타내도록 damage를 과거분사 damaged로 바꿔 쓴다.

**12** ▶ 「동사(expect)+목적어(the company)+목적격보어」로 구성하되, expect는 목적격보어로 to부정사를 취하는 동사이므로 increase를 to increase로 바꿔 쓴다.

**13** ▶ have 다음을 「목적어(their cars)+목적격보어」로 구성하되, '수리되다'라는 수동의 의미를 나타내도록 fix를 과거분사 fixed로 바꿔 쓴다.

**14** ▶ 「help+목적어(people)+목적격보어」로 구성하되, 동사 help의 목적격보어로는 원형부정사 또는 to부정사를 쓴다.

**15** ▶ 「ask+목적어(you)+목적격보어」로 구성하되, 동사 ask의 목적격보어로는 to부정사를 쓴다.

**16** ▶ 동사 decided의 목적어로 to부정사를 쓰고, 간접목적어인 our daughter가 문장의 맨 끝에 있으므로 find 다음에는 「직접목적어 (a dog)+for」를 차례대로 쓴다.

**17** 지문 해석 'The Gift of Magi'에서 O. Henry는 젊은 부부인 Jim과 Della의 이야기를 들려준다. Jim은 자신의 회중시계를 판다. 그는 크리스마스 선물로 Della에게 빗을 주고 싶어 한다. 그녀는 아름답고 긴 머리카락을 가지고 있다. Della는 Jim에게 시곗줄을 사 주고 싶어서 자신의 머리카락을 판다.
　▶ (1) give가 쓰인 4형식 문장을 3형식으로 전환하면 「give+직접목적어+to+간접목적어」의 형태가 된다.
　　(2) buy가 쓰인 4형식 문장을 3형식으로 전환하면 「buy+직접목적어+for+간접목적어」의 형태가 된다.

**18** 지문 해석 내가 그 집에 접근했을 때 이미 날이 어두웠다. 강한 바람이 불고 있었고 점점 더 추워지고 있었다. 내 피부는 매우 창백해지고 있었고, 내 입술은 거의 파랬으며, 발가락에 감각이 거의 없었다. 나는 "저곳에 도착하자마자, 따뜻한 침대에 누워 잠을 푹 자야겠다."라고 혼잣말했다.
　▶ (1) approach는 완전 타동사이므로 전치사 없이 바로 목적어를 취해야 한다.
　　(2) lay 바로 뒤에 on a warm bed라는 부사구가 이어지므로, lay를 완전 자동사 lie로 고쳐 써야 한다.

**19** 지문 해석 자동차는 여러분이 운전을 잘한다 해도 위험하다. 따라서 여러분은 아기를 제대로 꼭 맞는 유아용 좌석에 앉혀 이동시켜야 한다. 아기를 무릎에 앉히지 않아야 하는데, 이는 사고 시에 아기가 여러분의 체중에 의해 십중팔구 짓눌릴 것이기 때문이다.
　▶ sit는 '앉다'라는 뜻의 완전 자동사, seat는 '앉히다'라는 뜻의 완전 타동사이다. 목적어 her가 있으므로 완전 타동사를 써야 한다.

**20** 지문 해석 기술의 발전은 흔히 더 적은 재료를 사용한다는 약속을 수반한다. 그러나 현실은 그것이 역사적으로 더 많은 재료를 초래했고, 이는 우리로 하여금 더 많은 천연자원에 의존하게 했다는 것이다. 세계는 이제 그 어느 때보다도 훨씬 더 많은 '물자'를 소비한다.
　▶ ④ made가 '~를 …하게 만들다'라는 뜻의 불완전 타동사로 쓰였으므로, 목적격보어 자리에 쓰인 부사 dependently를 형용사 dependent로 고쳐야 한다.
　① 완전 자동사 come이 부사구 앞에 왔으므로 적절하다.
　② 전치사 of의 목적어 역할을 하는 동명사는 적절하다.
　③ that은 문장의 보어 역할을 하는 명사절을 이끄는 접속사이므로 적절하다.
　⑤ The world를 대신하는 대명사이므로 적절하다.

## Chapter **2**

## 시제

### Unit 1 | 기본 시제　　　　　　　　　　p. 22

**예문 해석**

**1** 우리는 대부분의 일상 활동에서 스마트폰을 사용한다.

**2** Sarah는 주말에 식료품 쇼핑을 하러 간다.

**3** 해수면에서[평지에서], 물은 섭씨 100도에서 끓는다.

4 어제는 자전거를 타기에 날씨가 완벽했다.

5 그들은 10년 전에 외국으로 이주했다.

6 1879년에 에디슨이 전구를 발명했다.

7 너는 정말 바빠 보이네. 내가 나중에 네게 다시 전화할게.

8 다음 주에 나는 조부모님을 찾아뵐 예정이다.

9 당신이 집에 오면, 즉시 우리에게 전화하시오.

10 내일 눈이 내리면, 우리는 스키를 타러 갈 것이다.

### 문법 PLUS

11 보스턴행 첫 열차는 오전 5시 30분에 출발한다.

**A** 1 wrote 2 are 3 will do
　　4 comes 5 landed
**B** 1 are going to take 2 works 3 served

### 문제 해석

**A**

1 이 저자는 3년 전에 논문을 한 부 집필했다.

2 인간의 눈은 빛에 극히 민감하다.

3 그녀는 다음 발표에서는 더 잘할 것이다.

4 그가 내일 이곳에 오면, 나는 그를 만날 것이다.

5 Neil Armstrong은 1969년 7월 20일에 달에 착륙했다.

electric 전기의 immediately 즉시 author 저자 extremely 극히, 극도로 sensitive 민감한 serve 복무[근무]하다

### Unit 2 | 진행형　　　　p. 23

#### 예문 해석

1 나는 내 여동생의 생일 케이크를 굽고 있다.

2 낮이 점점 더 길어지고 있다.

3 Laura는 모레 프랑스로 떠날 예정이다.

4 내가 그를 보았을 때, 그는 자신의 차에 타는 중이었다.

5 그때 그들은 버스 정류장에 서 있었다.

6 다음 주 이 시간에 나는 아프리카에서 여행하고 있을 것이다.

7 네가 도착할 때, 나는 집에서 저녁 식사를 요리하고 있을 것이다.

#### 어법 연결

8 호랑이와 사자는 고양잇과에 속한다.

9 나는 자전거를 타는 것보다는 걷기를 선호한다.

**A** 1 were 2 will be 3 resemble
　　4 taking 5 own
**B** 1 will be attending 2 are studying
　　3 was walking

### 문제 해석

**A**

1 그들은 어제 오후에 수영장에서 수영하고 있었다.

2 우리 식당은 곧 멋진 요리를 제공하게 될 것입니다.

---

3 자연의 많은 종(種)들이 서로 닮았다.

4 나의 부모님이 오늘 저녁에 나를 수족관에 데려가실 것이다.

5 호주에서는 63퍼센트의 가구가 반려동물을 소유한다.

species (생물의) 종(種) household 가구, 가정
companion animal 반려동물 wanderer 방랑자, 떠돌이

### Unit 3 | 완료형　　　　p. 24

#### 예문 해석

1 내 가족은 이 소도시에서 20년 동안 살아 왔다.

2 Scott는 캐나다에 세 번 가 본 적이 있다.

3 근로자들이 막 자신들의 일을 마쳤다.

4 그들은 2주 동안 진행되는 여름 캠프에 갔다. (→ 그들은 여기에 없다.)

5 나는 내 남편이 (이미) 설거지를 했다는 것을 깨달았다.

6 Betty는 자신이 일주일 동안 아파서 누워 있었다고 말했다.

7 그 소포는 그때쯤에 도착하게 될 것입니다.

8 내년이면 우리가 결혼한 지 20년이 된다.

#### 어법 연결

9 어제 그는 친구의 새집을 방문했다.

**A** 1 has been 2 had 3 been
　　4 will have 5 received
**B** 1 have watched 2 will have finished
　　3 had succeeded

### 문제 해석

**A**

1 지난주부터 그녀는 병원에 입원해 있다.

2 나는 그가 거의 내리 10시간 동안 잤다는 것을 알게 되었다.

3 그는 미국에 가 봤지만, 라스베이거스에는 한 번도 가 본 적이 없다.

4 내년 이맘때쯤에는 사회가 그 문제에 대해 모두 잊게 될 것이다.

5 그녀는 1928년에 노벨 문학상을 받았다.

straight 연달아서, 끊임없이 literature 문학

### Unit 4 | 완료진행형　　　　p. 25

#### 예문 해석

1 우리는 불을 지우려고 애쓰고 있지만, (물이) 계속해서 흘러 들어오고 있다.

2 그녀는 2020년 이후로 전기 자동차를 운전해 오고 있다.

3 Josh는 엄마가 그를 불렀을 때 음악을 듣고 있었다.

4 Tina는 오후 내내 정원에서 일하고 있었다고 말했다.

5 내가 도착하면 그녀는 한 시간째 기다리고 있는 것이 된다.

6 내년이면 나는 10년 동안 뜨개질을 배우고 있는 것이 된다.

#### 문법 PLUS

7 지난주부터 그는 소풍을 계획하는 중이다.

**A** **1** has been writing  **2** had been sitting
  **3** will have been going  **4** have been painting
  **5** had been looking
**B** **1** has been raining  **2** will have been working
  **3** had been running

---

**문제 해석**

**A**
**1** 그녀는 두 시간 동안 5개의 이메일을 쓰고 있는 중이다.
**2** 그들은 새벽부터 그곳에 한 시간 동안 앉아 있었다.
**3** 내일이면 축제는 10일 동안 진행되고 있는 것이 된다.
**4** 나는 작년부터 취미로 그림을 그리고 있다.
**5** 그는 일주일 동안 이 책을 찾고 있었다.

clear out 치우다, 청소하다  knitting 뜨개질  daybreak 새벽, 동틀 녘

---

## Review Test
p. 26

**1** is  **2** tonight  **3** have received  **4** studying
**5** became  **6** are  **7** belong  **8** will go up
**9** started  **10** are believing → believe
**11** have stepped → stepped
**12** donates → has donated
**13** have lost → had lost
**14** have been walking  **15** will be running
**16** will have been doing  **17** had not eaten
**18** will have finished  **19** had been waiting
**20** rings  **21** was playing
**22** realized that he had left his briefcase
**23** has been hiding under the sofa
**24** my family will have lived in this house
**25** have dreamed of becoming a physician since I was ten

---

**1** 물의 화학 공식은 H₂O이다.
  ▶ 과학적 사실을 나타내고 있으므로 현재시제가 적절하다.

**2** 우리는 오늘 밤에 외식할 예정이다.
  ▶ 현재진행형으로 가까운 미래에 계획된 일을 나타내고 있으므로 미래를 나타내는 부사가 와야 한다.

**3** 월요일부터 그들은 고객들로부터 여러 건의 항의를 받아 왔다.
  ▶ '~ 이후로'라는 의미의 since가 쓰인 문장이므로 현재완료시제가 적절하다.

**4** 내년 5월이면 나는 법학을 3년 동안 공부하고 있는 것이 된다.
  ▶ 미래의 특정 시점(내년 5월)까지 계속 진행될 일을 나타내므로 미래완료진행형 「will have been v-ing」가 적절하다.

**5** 1921년에, 그녀는 국제 조종사 자격증을 취득한 최초의 흑인 여성이 되었다.

▶ In 1921이라는 과거를 나타내는 부사구가 있으므로 과거시제가 적절하다.

**6** 다음 달부터 시작하여, 우리는 일을 다르게 접근할 예정이다.
  ▶ next month라는 미래를 나타내는 표현이 있으므로 미래시제인 are going to로 고쳐야 한다.

**7** 개와 늑대는 같은 과에 속한다.
  ▶ 소속을 나타내는 동사 belong은 진행형으로 쓸 수 없으므로 현재시제로 고쳐야 한다.

**8** 전문가들은 내년에 유가가 오를 것이라고 예상한다.
  ▶ next year라는 미래를 나타내는 표현이 있으므로 미래시제 will go up으로 고쳐야 한다.

**9** 소방관들은 그 화재가 어젯밤에 부엌에서 시작되었다고 말한다.
  ▶ that절의 내용은 과거(last night)의 일이므로 과거시제 started로 고쳐야 한다.

**10** 많은 과학자들은 지구의 나이가 45억 년이라고 믿는다.
  ▶ 인식을 나타내는 동사 believe는 진행형으로 쓸 수 없으므로 현재진행형을 현재시제 believe로 고쳐야 한다.

**11** 인류는 1969년에 처음으로 달에 발을 디뎠다.
  ▶ 역사적 사실은 항상 과거시제로 나타내야 하므로 현재완료를 과거시제 stepped로 고쳐야 한다.

**12** 지금까지 그 자선 단체는 전 세계에 있는 아이들에게 1백만 권 이상의 책을 기부해 왔다.
  ▶ 과거에 시작하여 현재까지 계속되어 온 일을 나타내고 있으므로 현재시제를 현재완료 has donated로 고쳐야 한다.

**13** 정말 다행이야! 나는 내 개를 영원히 잃어버렸다고 생각했어.
  ▶ 생각했던(thought) 일보다 개를 잃어버린 일이 시간상 더 먼저 일어난 일이므로 현재완료를 과거완료 had lost로 고쳐야 한다.

**14** ▶ 과거(7 in the morning)에 시작하여 현재까지 계속 진행되고 있는 일은 현재완료진행형을 사용하여 나타낸다.

**15** ▶ 미래의 특정 시점(In five years)에 진행 중일 일은 미래진행형을 사용하여 나타낸다.

**16** ▶ 미래의 특정 시점(Next year)까지 지속되고 있을 일은 미래완료진행형을 사용하여 나타낸다.

**17** ▶ 발견한(found) 일보다 개가 먹이를 먹지 않았던 일이 시간상 더 먼저 일어난 일이므로 과거완료형으로 써야 한다.

**18** 다음 주말까지 그녀는 이 소설을 다 읽을 것이다.
  ▶ 동명사구 reading this novel을 목적어로 취하는 동사 finish를 고른 다음, 미래의 특정 시점(다음 주말)까지 완료될 일을 나타내도록 미래완료형으로 쓴다.

**19** 그가 그곳에 도착했을 때 나는 그를 한 시간 동안 기다리고 있었다.
  ▶ 전치사 for가 있으므로 '기다리다'라는 뜻의 자동사 wait를 고른 다음, 과거의 특정 시점(그가 그곳에 도착했을 때)까지 계속 진행되고 있던 일을 나타내도록 과거완료진행형으로 쓴다.

**20** 종이 울리자마자 시험이 시작될 것이다.
  ▶ 뒤에 목적어가 없으므로 '울리다'라는 뜻의 자동사 ring을 고른

다음, as soon as가 이끄는 시간의 부사절이 미래의 일을 나타내고 있으므로 현재시제로 쓴다.

**21** 그때 나는 친구들과 축구를 하고 있었다.
▶ soccer를 목적어로 취하는 동사 play를 고른 다음, 과거의 특정 시점(그때)에 진행 중이었던 일을 나타내도록 과거진행형으로 쓴다.

**22** ▶ 목적어 자리에 that이 이끄는 명사절을 쓴다. that절의 내용은 주절의 일보다 시간상 더 먼저 일어난 일이므로 that절의 동사가 과거완료형임에 유의하며 배열한다.

**23** ▶ 과거부터 현재까지 계속 진행되고 있는 일은 「have[has] been+v-ing」의 현재완료진행형으로 나타낸다.

**24** ▶ 미래의 특정 시점까지 계속될 일은 「will have+p.p.」의 미래완료형으로 나타낸다.

**25** ▶ 과거부터 현재까지 계속된 일은 「have+p.p.」의 현재완료형으로 나타낸다. 접속사 since가 이끄는 부사절의 동사는 과거시제임에 유의한다.

## Actual Test
p. 28

**1** ③  **2** ②  **3** ①  **4** ③  **5** ④
**6** ④  **7** ①  **8** ③  **9** ②  **10** ④

**11** were playing baseball when it started raining
**12** says that she has been to Antarctica five times
**13** was tired because she had been walking for hours
**14** will have left, reaches the station
**15** admitted, had committed the crime
**16** learn at school, is three
**17** Judy had been waiting, when he arrived
**18** (1) has increased → will have increased
(2) have estimated → estimated
**19** (1) are preferring → prefer  (2) 선호를 나타내는 동사 prefer 는 진행형으로 쓰지 않으므로 단순 현재시제로 고쳐 써야 한다.
**20** ⑤

**1** 토끼들은 여우가 나타났을 때 평화롭게 잠자고 있었다.
▶ 부사절에 과거시제가 쓰였고, 문맥상 과거에 진행 중이었던 일을 나타내고 있으므로 과거진행형이 자연스럽다.

**2** 제1차 세계 대전은 1914년 7월 28일에 발발했다.
▶ 역사적 사실은 항상 과거시제로 나타내야 한다.

**3** 당신이 양식을 작성하기 전까지는 등록이 완료되지 않습니다.
▶ until이 이끄는 시간의 부사절이 미래의 일을 나타내고 있으므로 현재시제가 적절하다.

**4** ▶ 과거부터 현재까지 계속되어 온 일을 나타내므로 현재완료가 적절하다.

**5** ▶ 과거의 특정 시점(when the waves destroyed it)까지 계속

**6** ④ 그가 귀가했을 때 그의 아내는 저녁 식사를 요리하고 있었다.
▶ 그가 집에 왔을 때 아내가 요리를 하고 있었다는 의미가 되어야 자연스러우므로 주절의 동사를 현재시제 is에서 과거시제 was로 고쳐야 한다.
① 그 탐험가는 케냐에 여러 차례 다녀왔다.
▶ 과거부터 지금까지의 경험을 현재완료인 has been to로 나타내고 있으므로 적절하다.
② 1893년에 Dunbar는 자신의 첫 번째 책 'Oak and Ivy'를 출간했다.
▶ 과거 시점을 나타내는 부사구 In 1893가 있으므로 과거시제를 쓴 것은 적절하다.
③ 모든 삼각형은 세 개의 변과 세 개의 각을 가진다.
▶ 수학적 사실을 기술하는 내용이므로 현재시제를 쓴 것은 적절하다.
⑤ 그들은 결혼식에 관한 자신들의 계획을 바꿀 것이다.
▶ 미래의 일을 나타내는 내용이므로 미래시제를 쓴 것은 적절하다.

**7** ① 그들은 이 아름다운 사원을 11세기에 지었다.
▶ 과거 시점을 나타내는 부사구(in the 11th century)로 보아, 이미 끝난 과거의 일을 나타내야 하므로 과거시제 built로 고쳐야 한다.
② 그가 노크했을 때 나는 문 바로 뒤에 서 있었다.
▶ 과거에 진행 중이었던 동작을 나타내도록 과거진행형이 쓰인 것은 적절하다.
③ 역사는 인간이 놀라울 정도로 적응력이 있다는 것을 보여 준다.
▶ that절의 내용이 일반적 사실에 해당하므로 현재시제를 쓴 것은 적절하다.
④ 나는 5시까지 집에 돌아와 있을 것이다.
▶ 미래의 특정 시점까지 완료될 일을 미래완료시제로 나타내고 있으므로 적절하다.
⑤ 그 행사에서, 우리는 멋진 새로운 요리를 소개하게 될 것입니다.
▶ 미래의 특정 시점에 진행 중일 일을 미래진행형으로 나타내고 있으므로 적절하다.

**8** ⓑ 대화방에 입장할 때는 실명을 입력하시오.
▶ 시간의 부사절에서는 미래의 일을 현재시제로 나타내므로 will enter를 enter로 고쳐야 한다.
ⓒ 그들은 3년 전에 그곳으로 이사했다.
▶ three years ago는 과거의 특정 시점을 나타내므로, have moved를 과거시제 moved로 고쳐야 한다.
ⓔ 그 쌍둥이 형제는 믿기 어려울 만큼 서로 닮았다.
▶ 외견을 나타내는 동사 resemble은 진행형으로 쓸 수 없으므로, are incredibly resembling을 현재시제 incredibly resemble로 고쳐야 한다.
ⓐ 나는 전에 그런 그림을 결코 본 적이 없다.
▶ 과거부터 현재까지의 경험을 나타내도록 현재완료시제가 쓰였으므로 적절하다.
ⓓ 2050년쯤에는 10명 중 8명이 도시에 살게 될 것이다.
▶ 미래의 특정 시점에 진행 중일 일을 나타내므로 미래진행형이 쓰인 것은 적절하다.

**9** ② David는 나를 위해 그 시를 썼다고 내게 말했다.
▶ 시를 썼던 일이 말한(told) 일보다 더 먼저 일어난 일이므로 과거완료로 쓴 것은 적절하다.

① 나는 어젯밤에 너를 내 사무실에서 만날 예정이었다.
▶ 과거를 나타내는 부사구(last night)에 맞게 과거에 예정한 일을 나타내도록 am을 과거시제 was로 고쳐야 한다.

③ 내가 돌아왔을 때 그들은 비디오 게임을 하고 있었다.
▶ 주절의 동사가 과거진행형이므로 부사절의 동사 come은 과거시제 came으로 고쳐야 한다.

④ 모든 행성들이 태양 주위를 돈다.
▶ 불변의 진리를 나타내고 있으므로 revolved를 현재시제 revolve로 고쳐야 한다.

⑤ 당신의 건강이 정상으로 돌아올 때까지 적절한 식단을 유지하시오.
▶ until이 이끄는 시간의 부사절이 미래의 일을 나타내고 있으므로 will return을 현재시제 returns로 고쳐야 한다.

**10** ④ 무슨 일이 일어나고 있는지를 파악하자마자 제게 이메일을 보내 주세요.
▶ as soon as가 이끄는 시간의 부사절에서 미래의 일을 현재시제로 나타내고 있으므로 적절하다.

① 뉴델리는 인도의 수도이다.
▶ 일반적 사실을 나타내므로 was를 현재시제 is로 고쳐야 한다.

② 우리 인간은 이성적으로 사고하는 능력을 소유하고 있다.
▶ 소유를 나타내는 동사 possess는 진행형으로 쓸 수 없으므로 are possessing을 현재시제 possess로 고쳐야 한다.

③ 그녀는 치과에 가서 지금 이곳에 없다.
▶ 어딘가로 가버려서 지금 이곳에 없음을 나타낼 때는 have gone to를 써야 하므로 been을 gone으로 고쳐야 한다. have been to는 '~에 가 본 적이 있다'라는 뜻이다.

⑤ 다음 달이면 나는 스페인어를 삼 년째 공부하고 있는 것이 된다.
▶ 미래의 특정 시점(By next month)이 언급되었으므로, 그때까지 지속되고 있을 일을 나타내도록 have been studying을 미래완료진행형 will have been studying으로 고쳐야 한다.

**11** ▶ 과거에 진행 중이었던 동작은 「was[were]+v-ing」의 과거진행형으로 나타내며, 그 뒤에 시간의 부사절을 차례대로 쓴다.

**12** ▶ 목적어 자리에 that이 이끄는 명사절을 쓴다. that절의 내용은 현재까지의 경험을 나타내므로 현재완료로 쓴다.

**13** ▶ 피곤을 느낀 과거 시점까지 걷는 동작이 계속되고 있었으므로 부사절의 동사는 「had been+v-ing」의 과거완료진행형으로 쓴다.

**14** ▶ 주절은 미래의 특정 시점까지 완료될 일을 나타내므로 「will have+p.p.」의 미래완료시제로 쓴다. by the time 뒤에 이어지는 시간의 부사절은 미래의 일을 나타내더라도 현재시제로 쓴다.

**15** ▶ '인정했던' 일보다 '(범죄를) 저질렀던' 일이 더 먼저 일어난 일이므로, 주절은 과거시제로, that절은 과거완료로 쓴다.

**16** ▶ 주절과 that절의 내용 모두 일반적 사실이므로 현재시제로 쓴다.

**17** 지문해석 Judy는 3시에 도착했다. 그녀는 Paul을 기다리기 시작했다. Paul이 도착하기 전까지 한 시간이 흘렀다.
→ Paul이 도착했을 때 Judy는 한 시간 동안 그를 기다리고 있었다.
▶ 과거의 특정 시점까지 계속 진행되고 있던 일을 나타내도록 「had been+v-ing」의 과거완료진행형으로 쓴다. when이 이끄는 부사절은 과거시제로 쓴다.

**18** 지문해석 이번 세기 말엽에는 세계 인구가 절반 늘어날 것인데, 그것은 또 다른 36억 명이다. 유엔에 의하면, 세계 인구는 2100년경에 112억 이상에 이를 것이다. 몇 년 전에 전문가들은 현재 인구가 76억 명이 될 것으로 추정했다.
▶ (1) 미래의 특정 시점(By the end of this century)에 완료될 일을 나타내도록, 현재완료를 미래완료로 고쳐야 한다.
(2) 과거 시점을 나타내는 부사구(Several years ago)로 보아 과거의 사실을 나타내는 문장이므로, 현재완료를 과거시제로 고쳐야 한다.

**19** 지문해석 한 여론 조사에 따르면, 대부분의 미국인들은 공항을 피하는 것을 의미한다면 기쁘게 자신들의 여행 시간에 운전하는 시간을 추가한다. 사실, 비행기, 기차, 자동차 사이에서 선택할 때, 그들은 비행기로 여행하는 것을 가장 덜 선호한다.
▶ 선호를 나타내는 동사 prefer는 진행형으로 쓰지 않으므로 단순 현재시제로 고쳐 써야 한다.

**20** 지문해석 식품 라벨은 여러분이 먹는 식품에 관한 정보를 알아내는 좋은 방법이다. 식품 라벨은 책에 보이는 목차와 같다. 식품 라벨의 주된 목적은 여러분이 구매하려고 하는 식품 안에 무엇이 들어 있는지를 여러분에게 알려 주는 것이다.
▶ ⑤ 문맥상 '여러분이 구매하려고 하는'이라는 의미가 되어야 자연스럽다. 가까운 미래에 일어날 일은 현재진행형을 사용하여 나타내므로 were를 are로 고쳐야 한다.
① a good way를 수식하는 형용사적 용법의 to부정사이므로 적절하다.
② on food의 수식을 받는 Labels가 주어이므로 복수동사 are는 적절하다.
③ 선행사 the table of contents를 수식하는 형용사절을 이끄는 주격 관계대명사이므로 적절하다.
④ 전치사 of의 목적어 역할을 하는 명사절을 이끄는 what의 쓰임은 적절하다.

# Chapter 3

# 수동태

## Unit 1 | 수동태의 기본 개념                          p. 32

예문해석
1 농부들은 들판에서 곡식을 생산한다.
→ 곡식은 농부들에 의해 들판에서 생산된다.
2 검색 엔진은 프로그래머들에 의해 설계된다.
3 전화기는 1876년에 Alexander Graham Bell에 의해 발명되었다.
4 특별 행사가 그 단체에 의해 다음 달에 주최될 것이다.
5 인터넷은 많은 용도로 사용된다.

6 그 가족은 귀여운 강아지 한 마리를 가지고 있다.

**A** **1** is run **2** be held **3** came
　　**4** resembles **5** was taken
**B** **1** is placed **2** was moved by **3** will be exhibited

---

**문제 해석**

**A**

1 그 프로그램은 한 달에 한 번 그 박물관에 의해 운영된다.
2 그 대회는 3월 26일에 열릴 것이다.
3 약 50명의 사람들이 어제 파티에 왔다.
4 Joe는 자신의 형을 닮았다.
5 그녀는 사고 직후에 병원으로 이송되었다.

crop 농작물  organization 단체, 조직  purpose 용도, 목적
move 감동시키다  thoughtfulness 사려 깊음  exhibit 전시하다

---

### Unit 2 | 4형식 문장의 수동태　　p. 33

**예문 해석**

1 회사는 그에게 많은 책임을 주었다.
　→ 그는 회사에 의해 많은 책임이 주어졌다.
　→ 많은 책임이 회사에 의해 그에게 주어졌다.
2 한 유명 디자이너가 그녀에게 이 드레스를 만들어 주었다.
　→ 이 드레스는 한 유명 디자이너에 의해 그녀를 위해 만들어졌다.
3 그들은 청문회에서 당신에게 많은 질문을 할 것이다.
　→ 많은 질문이 청문회에서 당신에게 주어질 것이다.

**문법 PLUS**

4 엄마는 내게 맛있는 식사를 만들어 주셨다.
　→ 맛있는 식사가 엄마에 의해 나를 위해 만들어졌다.

**A** **1** made **2** was given **3** be sent to
　　**4** was taught **5** to
**B** **1** was written to **2** be bought for
　　**3** are asked of

---

**문제 해석**

**A**

1 나의 이모는 내게 이 사과 파이를 만들어 주셨다.
2 모든 아이가 케이크 한 조각을 받았다.
3 알림이 모든 앱 사용자들에게 발송될 것이다.
4 나는 부모님에게서 예의 바르게 행동하는 법을 배웠다.
5 그 영화는 올 가을에 대중에게 공개될 것이다.

**B**

1 그 시인은 자신의 딸에게 이 시를 써 주었다.
　→ 이 시는 그 시인에 의해 그의 딸을 위해 쓰였다.

---

2 우리는 직원들에게 작은 선물을 사 줄 것이다.
　→ 작은 선물이 우리 직원들을 위해 구입될 것이다.
3 물리학 교수 Eric Mazur는 학생들에게 어려운 질문을 한다.
　→ 어려운 질문이 물리학 교수 Eric Mazur에 의해 학생들에게
　　주어진다.

hearing 청문회  notification 알림, 통지  properly 예의 바르게, 제대로
physics 물리학  professor 교수

---

### Unit 3 | 5형식 문장의 수동태　　p. 34

**예문 해석**

1 아이들은 그 노인을 크리스마스 아버지라고 불렀다.
　→ 그 노인은 아이들에 의해 크리스마스 아버지라고 불렸다.
2 어린이 독서 프로젝트는 아이들이 독서하도록 장려한다.
　→ 아이들은 어린이 독서 프로젝트에 의해 독서하도록 장려된다.
3 우리는 그가 콘서트에서 자신의 새로운 곡을 노래하는 것을 들었다.
　→ 그가 콘서트에서 자신의 새로운 곡을 노래하는 것을 듣게 되었다.
4 사람들은 그 선수가 라커룸으로 들어가는 것을 보았다.
　→ 그 선수가 라커룸으로 들어가는 것이 목격되었다.
5 경찰은 군중이 공원을 떠나도록 했다.
　→ 군중은 경찰에 의해 공원을 떠나게 되었다.

**어법 연결**

6 모든 사람이 그를 성인군자로 여긴다.
　→ 그는 모든 사람에 의해 성인군자로 여겨진다.

**A** **1** are advised **2** considered **3** to write
　　**4** running **5** is made
**B** **1** was found guilty of stealing money
　　**2** We are not allowed to eat
　　**3** The butterflies were watched dancing[to dance]

---

**문제 해석**

**A**

1 우리는 손을 자주 씻도록 권고받는다.
2 마을 사람들은 그녀를 자신들의 지도자로 여겼다.
3 학생들은 독후감을 쓰게 되었다.
4 고양이가 그에 의해 도로를 뛰어 건너가는 것이 목격되었다.
5 사생활은 주택의 담장에 의해 가능해진다.

**B**

1 법정은 그에게 돈을 훔친 것에 대해 유죄 판결을 내렸다.
　→ 그는 법정에 의해 돈을 훔친 것에 대해 유죄 판결을 받았다.
2 도서관에서는 우리가 음식을 먹는 것을 허용하지 않는다.
　→ 도서관에서는 우리가 음식을 먹는 것이 허용되지 않는다.
3 우리는 나비들이 꽃 위로 춤을 추듯 날아다니는 것을 지켜보았다.
　→ 나비들이 꽃 위로 춤을 추듯 날아다니는 것이 관찰되었다.

saint 성인(군자)  privacy 사생활  guilty 유죄의, 죄가 있는

**예문 해석**

1 어떤 한국 기업이 그 다리를 짓는 중이다.
→ 그 다리는 어떤 한국 기업에 의해 지어지는 중이다.
2 그들은 색연필을 24개씩 묶음으로 팔고 있었다.
→ 색연필은 24개씩 묶음으로 팔리고 있었다.
3 그들은 다음 달에 이 정원에서 튤립을 기르고 있을 것이다.
→ 튤립은 다음 달에 이 정원에서 길러지고 있을 것이다.
4 우리는 성경이 쓰인 이후로 그것을 보존해 왔다.
→ 성경은 그것이 쓰인 이후로 보존되어 왔다.
5 그들은 연말쯤에는 그 도로를 완공할 것이다.
→ 그 도로는 연말쯤에는 완공될 것이다.
6 주방장 Jones는 만찬을 준비하고 있다.
→ 만찬은 주방장 Jones에 의해 준비되고 있다.

**문법 PLUS**

7 그 규칙은 모든 회원들에 의해 준수되어야만 한다.
8 그 구조물은 10세기에 건축되었을지도 모른다.

**A** 1 was being made  2 has been used
     3 will have been sold  4 had been asked
     5 had been being discussed
**B** 1 should be canceled
     2 are being met
     3 have been being ignored

**문제 해석**

**A**

1 새로운 프로젝트에 대해 결정이 내려지고 있었다.
2 이 컴퓨터는 5년 동안 사용되어 왔다.
3 내일이면 그 책들은 이미 팔리고 없을 것이다.
4 참가자들은 기분 좋은 경험들을 떠올리도록 요청받았다.
5 그 문제는 여러 해 동안 논의되어 오던 중이었다.

**B**

1 당신은 예약을 미리 취소해야 해요.
→ 당신의 예약은 미리 취소되어야 해요.
2 자원봉사자들이 그 동물들의 요구를 채워 주고 있다.
→ 그 동물들의 요구는 자원봉사자들에 의해 채워지고 있다.
3 그들은 정부의 명령을 무시해 오고 있다.
→ 정부의 명령은 그들에 의해 무시되고 있다.

pack 묶음  preserve 보존하다  observe 준수하다, 지키다  recall 떠올리다, 기억해 내다  in advance 미리, 앞서서  ignore 무시하다  instructions 명령, 지시

**예문 해석**

1 관광객들은 돌고래 두 마리를 보고 놀랐다.
2 위원회는 그의 긍정적인 피드백에 기뻐했다.
3 그 산의 정상은 나무와 바위로 덮여 있다.
4 그 의자는 나무로 만들어졌다.
5 종이는 나무로 만들어진다.

**어법 연결**

6 그녀의 정체는 어느 누구에게도 알려져 있지 않다.
7 그 도시는 그곳에 있는 박물관과 공원으로 유명하다.
8 그는 '인간 컴퓨터'로 알려져 있었다.

**A** 1 in  2 with  3 with  4 of  5 of
**B** 1 was married to  2 was made of  3 is known for

**문제 해석**

**A**

1 너는 미술 동아리에 들어가는 것에 관심이 있니?
2 그 운동선수는 동메달에 만족하지 않을 것이다.
3 그 얇고 하얀 보자기는 훔친 물건들로 가득했다.
4 그 골키퍼는 자신의 결정적인 실수를 부끄러워했다.
5 공기는 여러 기체, 주로 질소와 산소로 구성되어 있다.

committee 위원회  identity 정체, 신원  bronze medal 동메달  critical 결정적인, 중대한  nitrogen 질소  cell 세포

**예문 해석**

1 대부분의 사람들은 그의 아이디어를 비웃었다.
→ 그의 아이디어는 대부분의 사람들에 의해 비웃음을 당했다.
2 우리는 교육이 삶에서 중요하다고 믿는다.
→ 교육이 삶에서 중요하다고 믿어진다.
3 몇 사람들은 그가 굶어 죽었다고 말한다.
→ 그는 굶어 죽었다고 한다.

**어법 연결**

4 그들은 그녀에게 그가 의사라고 말해 주었다.
→ 그녀는 그가 의사라는 말을 들었다.
→ 그가 의사라는 말이 그녀에게 전해졌다.

**A** 1 was run over  2 ○  3 It  4 ○  5 be dealt with by
**B** 1 is believed that  2 are taken care of by
     3 are known to have flown

**문제 해석**

**A**

1 어제 상점에서 내 발이 쇼핑 카트에 치였다.
2 그 억만장자는 70채가 넘는 건물을 보유한 것으로 믿어진다.

**3** 그 회사가 많은 돈을 잃고 있다고 보도되었다.

**4** 회의가 의장에 의해 이제 막 취소되었다.

**5** 이 심각한 문제는 정부에 의해 처리되어야 한다.

**B**

**1** 사람들은 그가 마법의 힘을 가졌다고 믿는다.
→ 그는 마법의 힘을 가졌다고 믿어진다.

**2** 그 동물 보호 센터는 주인이 없는 개들을 돌본다.
→ 주인이 없는 개들이 그 동물 보호 센터에 의해 돌봄을 받는다.

**3** 우리는 Wright 형제가 세계 최초로 비행기를 띄웠음을 알고 있다.
→ Wright 형제가 세계 최초로 비행기를 띄웠다고 알려져 있다.

billionaire 억만장자 chairman (회의의) 의장 welfare 복지
stray 주인이 없는, 길을 잃은

## Review Test  p. 38

**1** be signed **2** are played **3** grow **4** was given
**5** hold **6** is being sent **7** have been stored
**8** had been prepared **9** will have been hired
**10** are considered → consider **11** for → to
**12** encourage → are encouraged
**13** talk → to talk[talking]
**14** was made to write **15** must be accompanied by
**16** was invited to speak **17** was told to add
**18** was known **19** was excited
**20** were covered **21** occurred
**22** That wine is made from the best grapes in this region.
**23** David's suggestion was turned down by his boss.
**24** The atmosphere is composed of several layers.
**25** It is believed that climate change affects ecological systems.

---

**1** 그 계약서는 내일 서명될 것이다.
▶ 주어 The contract가 서명되는 대상이므로 수동태가 적절하다.

**2** 거의 모든 주요 스포츠 활동은 공을 가지고 이루어진다.
▶ 주어 Almost ~ sporting activities는 이루어지는 대상이므로 수동태가 적절하다.

**3** 정원사들은 여러 가지 이유로 꽃을 기른다.
▶ 주어 Gardeners는 기르는 주체이므로 능동태가 적절하다.

**4** 1등상은 덴마크 팀에게 주어졌다.
▶ 주어 The first prize는 주어지는 대상이므로 수동태가 적절하다.

**5** 그 화랑은 3월 1일에 전시회를 개최할 것이다.
▶ 주어 The gallery는 개최하는 주체이므로 능동태가 적절하다.

**6** 우리는 그 데이터를 당장 전송하려고 합니다.
→ 그 데이터는 당장 전송될 것입니다.

---

▶ 진행형 수동태는 「be being+p.p.」의 형태이다.

**7** 그 호텔은 내 투숙 기록을 저장했음에 틀림없다.
→ 내 투숙 기록은 그 호텔에 의해 저장되었음에 틀림없다.
▶ 「조동사+have+p.p.」의 수동태는 「조동사+have been+p.p.」의 형태이다.

**8** 그들은 겨울을 대비해 충분한 식량을 준비했다.
→ 겨울을 대비해 충분한 식량이 그들에 의해 준비되었다.
▶ 과거완료형의 수동태는 「had been+p.p.」의 형태이다.

**9** 그들은 상점이 개장되기 전에 모든 점원들을 고용할 것이다.
→ 상점이 개장되기 전에 모든 점원들이 고용될 것이다.
▶ 미래완료형의 수동태는 「will have been+p.p.」의 형태이다.

**10** 대부분의 전문가들은 그의 아이디어가 비실용적이라고 여긴다.
▶ 주어 Most experts는 여기는 주체이므로, 동사 형태를 능동태 consider로 고쳐야 한다.

**11** 그 포도는 왕자에 의해 그들에게 제공되었다.
▶ 직접목적어가 주어인 수동태일 경우, 동사가 offer이면 간접목적어 앞에 to를 쓴다.

**12** 남자들은 경쟁적인 직장 환경에서 성공하도록 격려받는다.
▶ 주어 Men은 격려받는 대상이므로 동사 형태를 수동태 are encouraged로 고쳐야 한다.

**13** 그녀가 그 쇼에서 이야기하는 것을 한 동료 배우가 들었다.
▶ 지각동사의 목적격보어로 쓰인 원형부정사는 수동태 문장에서 to부정사로 바뀌어야 한다. 단, 목적격보어가 분사일 때는 동사 뒤에 그대로 둔다.

**14** ▶ (누군가가 시켜서) Maggie가 쓰게 되었다는 의미이므로, 주어진 사역동사 make를 수동태로 쓴다. 이때 write를 to부정사로 써야 함에 유의한다.

**15** ▶ '~해야 한다'라는 의미의 조동사가 있는 문장을 수동태로 바꾼 것이므로, 「조동사+be+p.p.」의 형태로 쓴다.

**16** ▶ Andy가 '초대받은' 것이므로 수동태로 써야 하며, '연설하도록'은 to부정사로 쓴다.

**17** ▶ 우표 제작자가 '들은' 것이므로 동사 tell을 수동태로 써야 하며, '더하라는'은 to부정사로 쓴다.

**18** 그 예술가는 그녀의 혁신적인 실험으로 유명했다.
▶ be known for ~로 유명하다

**19** 나는 곧 있을 핼러윈 파티로 인해 들떠 있었다.
▶ be excited about ~에 흥분하다[들뜨다]

**20** 그 침대들은 깨끗한 담요로 덮여 있었다.
▶ be covered with ~로 덮여 있다

**21** 이틀 전에 시스템 오류가 처리 중에 발생했다.
▶ 문맥상 '시스템 오류가 발생했다'라는 의미가 되어야 자연스러우므로, 완전 자동사 occur를 골라 과거시제로 바꿔 쓴다. 자동사는 수동태로 쓸 수 없음에 유의한다.

**22** ▶ 주어 다음에 '~로 만들어지다'라는 의미의 수동태 표현 be made from, 전치사의 목적어, 장소의 부사구를 차례대로 쓴다.

**23** ▶ 동사구 turn down을 사용한 수동태 문장이므로, 부사 down을 「be+p.p.」 바로 뒤에 써야 함에 유의하여 배열한다.

**24** ▶ 주어 다음에 '~로 구성되어 있다'라는 의미의 수동태 표현 be composed of, 전치사의 목적어를 차례대로 쓴다.

**25** ▶ '여겨진다'를 나타내기 위해 가주어 It을 사용하여 「It is believed+that절」의 형태로 쓴다.

## Actual Test
p. 40

1 ⑤  2 ⑤  3 ③  4 ①  5 ⑤
6 ④  7 ②  8 ③  9 ⑤  10 ①
11 are being looked after by my sister
12 has been found by the police
13 is estimated to continue to grow (by people)
14 was ashamed of her judgment
15 are believed to affect
16 been interested in botany
17 He was seen to dive into the lake by a witness.
18 (1) expects → is expected  (2) be resulted → result
19 (1) was taken care → was taken care of
   (2) 동사구 take care of를 수동태로 전환할 때는 하나의 덩어리로 취급해야 하므로 of까지 써 주어야 한다.
20 ④

**1** 그녀는 남편과 결혼한 지 30년이 되었다.
▶ '결혼하다'는 완전 타동사 marry 또는 수동태 be married to로 표현한다.

**2** 노예들은 매우 오랜 시간 일하도록 강요당했다.
▶ (누군가가 시켜서) 일하게 되었다는 의미이므로, 사역동사를 수동태로 바꿔 쓴 were made가 적절하며, 바로 뒤에는 to부정사가 와야 한다.

**3** 수술은 다음 주에 그 의사에 의해 집도될 것이다.
▶ 시간의 부사구 next week으로 보아 미래시제이고, 주어 The operation은 행해지는 대상이므로 빈칸에는 미래시제 수동태인 「will be+p.p.」가 적절하다.

**4** ▶ '부족하다'라는 뜻의 동사 lack은 항상 능동태로만 사용한다.

**5** ▶ 주어 we는 요구되는 대상이므로 수동태가 적절하며, require의 목적격보어는 to부정사이므로 뒤에 to부정사가 이어져야 한다.

**6** ④ 사람들은 2020년 선거에서 그를 시장으로 선출했다.
→ 그는 2020년 선거에서 시장으로 선출되었다.
▶ Mayor는 목적격보어이므로 수동태 문장의 주어가 될 수 없다. 따라서 He was elected Mayor in the 2020 elections.로 고쳐야 한다.
① 그들은 2027년에 신차를 우리에게 선보일 것이다.
→ 그들의 신차는 2027년에 우리에게 선보여질 것이다.

▶ 「수여동사+간접목적어+직접목적어」가 직접목적어를 주어로 하여 수동태로 전환된 형태로, show의 경우는 간접목적어 앞에 to를 쓰므로 적절하다.
② 당신은 어떤 공원에서도 술을 팔 수 없다.
→ 술은 어떤 공원에서도 판매될 수 없다.
▶ 조동사가 있는 문장을 수동태로 전환한 형태로 「조동사+be+p.p.」는 적절하다.
③ 사람들은 그녀에게 그녀의 아들이 울고 있다고 말해 주었다.
→ 그녀는 자기 아들이 울고 있다는 말을 들었다.
▶ 간접목적어를 주어로 하여 수동태로 전환되면서 직접목적어 that절이 동사 뒤에 남겨졌으므로 적절하다.
⑤ 그들은 그 조각상의 머리를 황금으로 만들었다.
→ 그 조각상의 머리는 황금으로 만들어졌다.
▶ 재료의 성질이 변하지 않았으므로 be made of를 쓴 것은 적절하다.

**7** ② 수력은 터빈에 의해 이용된다.
▶ '~를 이용하다'라는 뜻의 동사구는 take advantage of이므로, 수동태로 전환된 해당 문장에서는 is taken advantage of로 고쳐야 한다.
① 우리 아들에게 크리스마스 선물로 주려고 태블릿이 구매되었다.
▶ 4형식 문장에서 직접목적어를 주어로 하여 수동태로 전환된 형태로, buy는 간접목적어 앞에 for를 쓰므로 적절하다.
③ 그는 중국 음식점을 운영했다고 한다.
▶ that절의 주어가 수동태 문장의 주어가 된 형태로, 문맥상 주절의 시제보다 앞선 시점을 나타내므로 「to have+p.p.」가 온 것은 적절하다.
④ 그 종이는 다양한 이미지로 가득 차 있었다.
▶ '~로 가득 차다'라는 의미를 be filled with로 나타냈으므로 적절하다.
⑤ 그는 흔히 Milk-and-burger 씨라고 불렸다.
▶ 동사 call의 목적어 him을 주어로 하여 수동태로 전환된 형태로, 목적격보어가 동사 뒤에 있으므로 적절하다.

**8** ⓑ Hamann의 작품은 그의 삶과 성품을 닮았다.
▶ 동사 resemble은 수동태로 사용하지 않으므로 are resembled with를 resemble로 고쳐야 한다.
ⓓ 한 노부인이 거리에서 노래하는 것이 목격되었다.
▶ 지각동사(saw)의 목적격보어로 쓰인 원형부정사는 수동태에서는 to부정사로 바뀌어야 한다. 목적격보어가 분사일 때는 동사 뒤에 그대로 둔다. 따라서 sing은 to sing[singing]으로 고쳐야 한다.
ⓐ 그 교향곡은 운명 교향곡으로 알려져 있다.
▶ '~로 알려지다'라는 의미로 be known as가 사용되었으므로 적절하다.
ⓒ 이 아이디어들은 학습에 관한 연구에 의해 지지되어 왔다.
▶ These ideas는 지지되는 대상이므로 수동태가 적절하게 쓰였고, 과거부터 계속되어 온 일이므로 현재완료형의 쓰임도 적절하다.
ⓔ 그들은 모두 그의 건강에 대해 걱정했다.
▶ '~에 대해 걱정하다'의 의미로 be concerned about이 사용되었으므로 적절하다.

**9** ⑤ 그는 한 학교 친구에 의해 재즈의 세계에 입문했다.
▶ 주어 He는 입문된 대상이므로 동사 형태를 수동태로 표현하는 것은 적절하다.

① 맛있는 이탈리아식 식사가 그에 의해 우리에게 주려고 만들어졌다.
  ▶수여동사 cook은 직접목적어만 수동태 문장의 주어로 쓴다. 따라서 A nice Italian meal was cooked for us by him.으로 고쳐야 한다.

② 교육을 너무 많이 받아서 삶에서 피해를 본 사람은 아무도 없다.
  ▶주어 No person은 피해를 당한 대상이므로 동사 has hurt를 수동태 has been hurt로 고쳐야 한다.

③ 도움이 그 지진 피해자들에게 보내졌다.
  ▶직접목적어가 주어인 수동태일 경우, 동사가 send이면 간접목적어 앞에 to를 쓴다.

④ 그들은 그 노인을 자신들의 대표로 여겼다.
  ▶the old man이 목적어, their representative가 목적격보어에 해당하므로 5형식 능동태 문장이 되어야 한다. 따라서 were considered를 considered로 고쳐야 한다.

**10** ① 그런 동물들은 인간에게 알려지지 않았다.
  ▶'~에게 알려져 있다'라는 의미의 수동태 표현 be known to가 바르게 쓰였고, 과거부터 현재까지 계속되는 일을 나타내는 현재완료형의 쓰임도 적절하다.

② 그들은 그녀의 소설을 80개가 넘는 언어로 번역했다.
  ▶목적어 her novel이 있으므로 동사 translate를 수동태로 쓰는 것은 부적절하다. 따라서 been을 삭제하여 동사를 능동태인 have translated로 고쳐야 한다.

③ 그 코치는 자신의 팀의 승리에 만족했다.
  ▶'~에 만족하다'는 be satisfied with로 나타내므로 satisfied 앞에 was를 넣어야 한다.

④ 비가 내리기 시작하면서 무지개가 사라졌다.
  ▶완전 자동사 disappear는 수동태로 사용하지 않으므로 was disappeared를 disappeared로 고쳐야 한다.

⑤ 피실험자들은 그 연구원에 의해 역할극을 하게 되었다.
  ▶사역동사의 목적격보어로 쓰인 원형부정사는 수동태 문장에서 to부정사로 바뀌어야 하므로 perform을 to perform으로 고쳐야 한다.

**11** 내 여동생이 우리의 고양이들을 돌보고 있다.
  → 우리의 고양이들은 내 여동생에 의해 돌봄을 받고 있다.
  ▶진행형 수동태는 「be being+p.p.」의 형태이다. 동사구 look after는 하나로 묶여 전환되어야 한다.

**12** 경찰이 새로운 증거를 발견했다.
  → 새로운 증거가 경찰에 의해 발견되었다.
  ▶완료형 수동태는 「have been+p.p.」의 형태이다.

**13** 사람들은 중국 시장이 계속해서 성장할 것이라고 추정한다.
  → 중국 시장은 계속해서 성장할 것으로 (사람들에 의해) 추정된다.
  ▶목적어가 that절인 문장을 수동태로 전환할 때, that절의 주어를 문장의 주어로 삼으면 문장은 「that절 주어+be+p.p.+to부정사」의 형태가 된다.

**14** ▶be ashamed of ~를 부끄러워하다

**15** ▶능동태 문장 People believe that many genes affect body weight.를 수동태로 전환할 때, that절의 주어인 many genes를 문장의 주어로 삼으면 문장을 「that절 주어+be+p.p.+to부정사」의 형태로 써야 한다.

**16** ▶'~에 관심이 있다'라는 뜻의 수동태 표현 be interested in을 현재완료형으로 쓴다.

**17** 지문 해석 73세의 Peter Lundblad는 이른 오후에 자전거를 타고 Mirror 호수에 갔다. 한 목격자는 그가 호수로 다이빙하는 것을 보았다. 하지만 얼마 지나지 않아서 그가 물속에서 문제를 겪고 있다는 것이 명백해졌다.
  ▶지각동사 saw를 수동태 was seen으로 바꿔 쓴 다음, 지각동사의 목적격보어로 쓰인 원형부정사 dive를 to부정사로 바꿔 쓴다. 문장 맨 마지막에 「by+행위자」를 쓴다.

**18** 지문 해석 기후 변화는 인간 활동의 결과로 계속될 것으로 예상된다. 많은 자연 시스템은 기후 변화, 특히 기온 상승의 영향을 받는다. 많은 지역에서 기후 변화는 기상 이변, 질병, 기근이라는 결과를 초래할 것이다.
  ▶(1) Climate change는 예상되는 대상이므로 expects를 수동태 is expected로 고쳐야 한다.
  (2) 완전 자동사 result는 수동태로 사용하지 않으므로 be resulted는 result로 고쳐야 한다.

**19** 지문 해석 실종된 안내견 Devon이 발견되었다. 휴가차 온 한 영국 부부가 Devon이 거리를 떠돌아다니고 있는 것을 발견했다. Devon은 그 부부에 의해 돌봄을 받았다. 주인은 그를 곧 만나기를 고대하고 있다.
  ▶동사구 take care of를 수동태로 전환할 때는 하나의 덩어리로 취급해야 하므로 of까지 써 주어야 한다.

**20** 지문 해석 개척자들이 (미국 서부 개척 시대의) 변경을 더 서쪽으로 밀어내면서, 백인 정착자들에게 인디언들이 문제가 되었다. 1830년에 인디언들은 법에 의해 자신들의 땅을 버리도록 강요당했다. 10만 명이 넘는 인디언들이 자신들의 마을을 강제로 떠나게 되었다. 그들은 조지아 주에서 미시시피 주에 있는 인디언 특별 보호구까지 이동했다.
  ▶④ 「make(사역동사)+목적어+목적격보어(원형부정사)」가 수동태로 전환된 형태이므로, 원형부정사를 to부정사 to leave로 고쳐야 한다.
  ① the frontier가 목적어이므로 과거시제의 능동태 동사는 적절하다.
  ② 불완전 자동사 became의 보어로 쓰인 명사구이므로 적절하다.
  ③ 「force+목적어+목적격보어(to부정사)」가 수동태로 전환된 형태이므로 to부정사는 적절하다.
  ⑤ 완전 자동사 traveled 뒤에서 '~로부터 (…까지)'라는 의미의 방향을 나타내는 전치사 from이 쓰인 것은 적절하다.

## 누적 TEST Chapters 1-3   p. 43

1 ⑤  2 ④  3 ③  4 ⑤  5 ②  6 ②  7 ④
8 ①  9 ⑤  10 ①  11 ②  12 ①  13 ②
**14** Education enables people to participate in society.
**15** This email was sent to me by my colleague
**16** had been preparing dinner when I rang the doorbell
**17** is said to live
**18** will have already left
**19** were made to walk

**20** (1) ⓐ, has seen → has been seen
    (2) ⓒ, to stay → stay

**21** (1) smile → to smile　(2) will be → are

**22** ②

**23** allows them to freeze more readily

**24** ②

**25** he was interrupted by his cats scratching

---

**1**　그 게임에 많은 대학 코치들이 참석할 것이다.
　▶주어 The game은 참석하는 행위의 대상이므로 수동태가 적절하며 행위자를 나타내도록 by를 써야 한다.

**2**　오후 9시부터 계속 눈이 내리고 있어서 도로가 미끄럽다.
　▶since가 이끄는 부사구를 사용하여 과거에 시작해서 현재까지 계속 진행되고 있는 일을 나타내고 있으므로 현재완료진행형이 적절하다.

**3**　그녀의 차량이 기름이 새서, 그녀는 지역 정비소에서 그것을 수리받았다.
　▶사역동사 had의 목적어 it(her car)은 수리되는 대상이므로 목적격보어로 과거분사가 적절하다.

**4**　• 내 친구들 중 한 명은 자메이카 여성과 결혼했다.
　　• 그 새는 둥지에 몇 개의 알을 낳을 것이다.
　　▶• marry는 완전 타동사이므로 「marry+목적어」 또는 「be married to+목적어」로 써야 한다.
　　　• '(알을) 낳다'라는 뜻의 완전 타동사는 lay이다. lie는 '눕다, 놓여 있다'라는 뜻의 완전 자동사이다.

**5**　• 그가 자신의 행동에 대해 사과한다면 나는 그를 용서할 것이다.
　　• 그들은 지지를 받지 못했고, 그것이 그들을 슬프게 했다.
　　▶• 접속사 if가 이끄는 조건의 부사절이므로 미래의 일은 현재시제로 나타내야 한다.
　　　• 「make+목적어+목적격보어」 구조의 5형식 문장으로, 목적격 보어로 형용사가 와야 한다.

**6**　• 코치는 선수들이 하루에 5마일씩 달리게 했다.
　　→ 선수들은 코치에 의해 하루에 5마일씩 달리게 되었다.
　　▶사역동사 make가 쓰인 문장이 수동태로 전환되면 목적격보어로 쓰인 원형부정사는 to부정사로 바뀐다.

**7**　• 자원봉사자들이 몇 마리의 집 없는 동물들을 돌보아 왔다.
　　→ 몇 마리의 집 없는 동물들이 자원봉사자들에 의해 돌봄을 받아 왔다.
　　▶현재완료 수동태는 「have been+p.p.」이며, 동사구 take care of를 하나의 동사로 취급하여 수동태로 전환한다.

**8**　① 장치가 수리되고 있는 동안에는 정지되어야 한다.
　　▶주절의 주어 Equipment는 정지되는 대상이므로 「조동사+be+p.p.」의 수동태로 쓰였고, 종속절의 주어 it 역시 수리되는 대상이므로 진행형 수동태 「be being+p.p.」가 쓰인 것은 적절하다.
　　② 많은 사람들은 좋은 아이디어가 화장실에서 떠오른다고 말한다.
　　▶occur는 완전 자동사이므로 수동태로 쓸 수 없다. 따라서 are occurred는 occur로 고쳐야 한다.

③ 위원회는 다음 회의에서 그 문제를 논의할 것이다.
　▶discuss는 완전 타동사이므로 전치사 없이 목적어가 바로 이어져야 해서 about을 삭제해야 한다.
④ 클래식 음악을 듣는 것은 나를 차분하게 유지시켜 준다.
　▶「keep+목적어+목적격보어」 구조에서 목적격보어로 형용사를 써야 한다. 따라서 부사 calmly를 형용사 calm으로 고쳐야 한다.
⑤ 공룡은 1억 1천만 년 전경에 멸종되기 시작했다.
　▶과거 시점을 나타내는 부사구 around 110 million years ago가 있으므로 동사도 과거시제 began이 되어야 한다.

**9**　⑤ 18세기 과학자 Joseph Priestley가 식물이 산소를 만들어 낸다는 것을 입증했다.
　　▶that절의 내용은 과학적 사실에 해당하므로 주절의 시제와 관계없이 항상 현재시제로 나타내야 한다. 따라서 produced를 produce로 고쳐야 한다.
　　① 경찰은 그 상점이 침입당한 것을 발견했다.
　　▶found가 나타내는 상황보다 먼저 일어난 상황을 기술한 that절에 과거완료를 쓴 것과 the shop은 침입당한 대상이므로 수동태를 쓴 것은 적절하다.
　　② 다람쥐가 전화선을 따라 걷는 것이 보였다.
　　▶지각동사가 쓰인 5형식 문장이 수동태로 전환되면 목적격보어로 쓰인 원형부정사는 to부정사로 써야 하므로 was seen 뒤의 to walk는 적절하다.
　　③ 그 남자의 말은 공격적이면서도 불안하게 들렸다.
　　▶동사 sounded의 보어로 형용사가 쓰였고, 두 형용사가 병렬 구조를 이루고 있으므로 적절하다.
　　④ 우리는 고객들에게 친환경적인 제품을 제공합니다.
　　▶수여동사 offer 다음에 간접목적어(customers)와 직접목적어(environmentally friendly products)가 이어지고 있으므로 적절하다.

**10**　① 아이들은 에어백 앞에 앉지 말아야 한다.
　　▶아이들은 에어백 앞에 앉지 않거나(능동) 앉지 않아야(수동) 한다는 의미가 되어야 한다. 따라서 seat(앉히다)를 sit 또는 be seated로 고쳐야 한다.
　　② 개는 갈색을 볼 수 있다고 여겨진다.
　　▶진주어인 that절은 믿어지는 대상이므로 가주어 It 뒤의 동사가 수동태로 쓰인 것은 적절하다.
　　③ Boole은 16세의 나이에 학교를 그만두지 않을 수 없었다.
　　▶「force+목적어(Boole)+목적격보어(to leave ~)」 구조의 능동태 문장에서 목적어를 주어로 삼아 수동태로 전환한 형태이므로 적절하다.
　　④ 지난달 이후로 우리 방침의 변화가 있었습니다.
　　▶Since가 이끄는 시간의 부사구가 있으므로 현재완료를 쓴 것은 적절하다.
　　⑤ 천문학자 Edwin Hubble은 1929년에 우주가 팽창하고 있다는 것을 발견했다.
　　▶that절의 내용이 과학적 사실에 해당하므로 주절의 시제와 관계없이 현재진행형을 쓴 것은 적절하다.

**11**　▶전체 문장은 동사가 미래완료진행형인 By next month, they will have (A) been developing the project for two years.의 형태가 된다.

---

**12** ⓐ 모든 이가 그를 부지런하다고 여긴다.
▶ 동사 considers의 목적격보어로 형용사 diligent가 쓰인 것은 적절하다.

ⓑ 참가 증명서가 모든 참가자들에게 주어졌다.
▶ 4형식 문장에서 직접목적어인 Participation certificates를 주어로 삼아 수동태로 전환했으므로 간접목적어 all the participants 앞에 전치사 to를 넣어야 한다.

ⓒ 나는 독수리가 하늘로 날아오르는 것을 보았다.
▶ 지각동사 saw는 목적격보어로 원형부정사 또는 현재분사를 취한다. 따라서 to soar를 soar 또는 soaring으로 고쳐야 한다.

ⓓ 여러 면에서 토성은 목성의 더 작은 버전을 닮았다.
▶ 상태를 나타내는 동사 resemble은 수동태로 쓸 수 없으므로, is resembled by를 resembles로 고쳐야 한다.

ⓔ 우리들은 여러 개의 정체성을 갖고 있다.
▶ 소유를 나타내는 동사 possess는 진행형으로 쓸 수 없으므로 are possessing을 possess로 고쳐야 한다.

**13** ⓐ 나는 올해 초부터 다이어트를 해 왔다.
▶ '~ 이후로'라는 의미의 since가 쓰인 문장이므로 동사는 현재완료형으로 써야 한다. (was → have been) 또는 과거시제의 동사(was)를 그대로 두되 전치사 since를 at으로 고쳐야 한다.

ⓑ 그 누구도 그녀에게 무슨 일이 일어났는지 내게 설명하지 않았다.
▶ explain은 완전 타동사이며 '~에게'라는 뜻을 나타낼 때는 반드시 목적어 앞에 to를 써야 하므로 me를 to me로 고쳐야 한다.

ⓒ 자동차들 사이에서 오토바이를 타는 것은 위험하다고 여겨져 왔다.
▶ 5형식 문장이 수동태로 전환된 형태로, 목적격보어로 쓰인 형용사는 그대로 써야 하며, 부사는 목적격보어로 쓸 수 없으므로 부사 dangerously를 형용사 dangerous로 고쳐야 한다.

ⓓ 차고의 바닥은 깨진 유리 조각으로 뒤덮여 있었다.
▶ The floor of the garage는 뒤덮인 대상이므로 수동태를 쓴 것은 적절하다.

ⓔ Emma는 교수가 되기 전에 플로리다에서 10년간 학생들을 가르쳐 왔다.
▶ Emma가 교수가 된 일보다 플로리다에서 학생들을 가르친 일이 앞선 과거의 일이므로 주절을 과거완료로 쓴 것은 적절하다.

**14** ▶ Education을 주어로 삼아 「enable+목적어+목적격보어(to부정사)」의 어순으로 쓴다.

**15** ▶ This email을 주어로 삼아 「be+p.p.+to+간접목적어」의 어순으로 쓴다.

**16** ▶ when이 이끄는 부사절을 주절 뒤에 쓴다. 주절은 과거의 특정 시점까지 계속된 일을 나타내고 있으므로 과거완료진행형으로 쓴다.

**17** ▶ 주어 This species는 동사 say가 나타내는 행위의 대상이므로 수동태로 쓰고 그다음에는 to부정사를 쓴다. (*cf.* People say that this species lives in ~./It is said that this species lives in ~.)

**18** ▶ 주절은 미래의 특정 시점까지 완료될 일을 나타내고 있으므로 미래완료형으로 쓴다.

**19** ▶ 주어 The soldiers는 걷게 하는 행위의 대상이므로 사역동사 make의 수동태를 쓰고 뒤에 to walk를 쓴다. (*cf.* The commander made the soldiers walk for hours ~.)

**20** ⓐ 동물에게 놀이는 생존 기술을 배우는 방법으로 여겨져 왔다.
ⓑ 나는 비밀번호를 잃어버려서 지금 내 이메일 계정에 로그인할 수가 없다.
ⓒ 집주인은 그 부부가 그 집에서 머물게 해 주었다.
ⓓ 그는 우리가 전에 배웠던 것을 복습하도록 도와주었다.
▶ ⓐ 놀이(play)는 여겨지는 대상이므로 수동태 has been seen으로 고쳐야 한다.
ⓒ 사역동사 let의 목적격보어로 원형부정사를 써야 한다.

**21** 지문 해석 당신을 웃게 하는 모든 일은 당신으로 하여금 행복을 느끼게 하며 당신의 뇌에서 기분 좋은 화학 물질을 생산한다. 따라서 당신이 스트레스를 받거나 기분이 나쁠 때에도 당신의 얼굴이 웃음 짓게 하라.
▶ (1) 「cause+목적어+목적격보어(to부정사)」는 '~가 …하는 원인이 되다'라는 뜻을 나타낸다.
(2) when이 이끄는 시간의 부사절에서는 미래를 현재시제로 나타내야 한다.

**[22-23]** 지문 해석
뜨거운 물이 찬물보다 더 빨리 언다. 이것은 직관에 반하는 듯 보일지도 모르지만 음펨바 효과라고 불린다. 물 분자의 속도는 그것들이 뜨거울 때 특정 경향을 지닌다고 여겨진다. 이 경향은 그것들이 더 쉽게 얼도록 해 준다. 이 발견은 전자 장치를 식히는 것과 같은 일상적인 것들에 적용될 수도 있다.

**22** ▶ ② 문맥상 it(뜨거운 물이 찬물보다 더 빨리 어는 현상)은 불리는 대상이므로 수동태 is called로 고쳐야 한다.
① 앞에 freezes가 쓰였으므로 일반동사를 대신하는 대동사 does를 쓴 것은 적절하다.
③ 진주어인 that절은 여겨지는 대상이므로 가주어 It 뒤의 동사가 수동태로 쓰인 것은 적절하다.
④ This finding은 적용되는 대상이므로 수동태로 쓴 것은 적절하다.
⑤ like는 전치사로 쓰였으므로 목적어로 동명사를 쓴 것은 적절하다.

**23** ▶ 「allow+목적어+목적격보어(to부정사)」로 구성한다. '더 쉽게'라는 뜻이 되도록 readily 앞에 more를 추가하여 비교급으로 쓴다.

**[24-25]** 지문 해석
아이작 뉴턴은 중력에 관한 연구로 가장 유명하지만, 또한 18세기 초에 고양이 문을 발명한 것으로도 여겨진다. 뉴턴은 케임브리지 대학교에서 실험을 진행하고 있을 때 문을 긁어대는 자신의 고양이들에 의해 방해받았다. 그래서 그는 목수를 불러서, 그에게 톱질하여 문에 두 개의 구멍을 내도록 했는데, 하나는 어미 고양이를 위한 것이고 다른 하나는 그것의 새끼 고양이들을 위한 것이었다! 분명히 이 구멍들은 오늘날 그 대학교에서 여전히 볼 수 있다.

**24** ▶ (A) 과거에 일어난 일이므로 과거시제로 써야 한다.
(B) had가 사역동사로 쓰였으므로 목적격보어로 원형부정사가 와야 한다.
(C) 주어 these holes는 보여지는 대상이므로 수동태가 적절하다.

**25** ▶ 주어 he는 방해받는 대상이므로 수동태로 쓴다. 행위자인 his cats 앞에는 전치사 by를 추가하고, 현재분사 scratching은 his cats를 수식하도록 그 뒤에 둔다.

# Chapter 4

# to부정사

## Unit 1 | to부정사의 명사적 용법 I
p. 48

### 예문 해석

1 집을 짓는 것은 많은 시간과 돈을 필요로 한다.
2 그 은행은 그 기업에 돈을 빌려주는 것을 거부했다.
3 나의 인생 목표는 심리학 학위를 따는 것이다.
4 나의 부모님은 내가 전자공학을 공부하도록 설득했다.
5 나는 대학에서 무엇을 공부할지 결정할 수 없다.
6 그 장군은 자신의 부대에게 강을 건너도록 시켰다.
7 그 사냥꾼은 누군가가 자신의 어깨를 만지는 것을 느꼈다.
8 그녀는 내가 쇼핑몰로 가는 길을 찾는 것을 도와주었다.

### 어법 연결

9 좋은 친구들을 두는 것은 신이 내린 축복이다.

A 1 목적어 2 (목적격)보어 3 목적어 4 주어 5 (주격)보어
B 1 keeps 2 fly 3 to sail 4 take 5 to get

### 문제 해석

A
1 그 상인은 깊이 잠든 척했다.
2 전기는 우리가 집에 불을 밝히고 난방하는 것을 가능하게 한다.
3 그는 내게 동영상을 편집하는 방법을 가르쳐 주었다.
4 새로운 언어를 배우는 것은 인내심을 필요로 한다.
5 워크숍의 목표는 팀워크를 강화하는 것이다.

B
1 주기적으로 운동하는 것은 좋은 건강 상태로 유지시켜 준다.
2 우리는 새 떼가 하늘을 가로질러 날아가는 것을 보았다.
3 선장은 자신의 선원들이 전속력으로 항해하도록 도왔다.
4 그 연구원은 참가자들이 시험을 보도록 했다.
5 좋은 부모는 자녀의 삶에 언제 개입해야 할지를 안다.

corporation 기업 degree 학위 psychology 심리학
electronic engineering 전자공학 general 장군 troop 부대
pretend ~인 척하다 edit 편집하다 strengthen 강화하다 flock (새의) 떼

## Unit 2 | to부정사의 명사적 용법 II
p. 49

### 예문 해석

1 과일과 채소를 먹는 것은 매우 중요하다.
2 우리는 이 문제를 즉각 논의하는 것이 적절하다고 여긴다.
3 네가 네 일을 정시에 끝낼 필요가 있다.
4 우리를 팀에 포함하다니 그녀는 사려 깊다.

### 문법 PLUS

5 나는 그 기술을 배우는 것이 쉽다는 것을 깨달았다.

A 1 It 2 of 3 it difficult to walk
  4 it 5 for
B 1 It 2 ○ 3 it interesting to hear the story
  4 ○ 5 make it easy

### 문제 해석

A
1 그가 과학자가 되는 것은 쉽지 않았다.
2 그가 우산을 가지고 간 것은 현명했다.
3 하부 요통은 걷는 것을 어렵게 만들 수 있다.
4 나는 그 일을 하루 만에 하는 것이 불가능하다는 것을 깨달았다.
5 그들이 점심 식사 후에 낮잠을 자는 것은 흔한 일이다.

B
1 돈을 쓰기 전에 저축할 필요가 있다.
2 네가 꽃에서 즐거움을 얻는 것은 당연하다.
3 방에 있는 모든 사람이 그 이야기를 듣는 것이 흥미롭다고 생각했다.
4 그렇게 좋은 기회를 날려버리다니 그는 어리석다.
5 이것은 불만족한 고객들이 항의하는 것을 쉽게 만들 것이다.

proper 적절한 dissatisfied 불만족한

## Unit 3 | to부정사의 형용사적 용법
p. 50

### 예문 해석

1 너는 일자리를 얻을 기회를 놓치지 말아야 한다.
2 도시에 새로운 병원을 짓는 프로젝트가 있다.
3 그 아이들에게는 갖고 놀 장난감이 없었다.
4 그녀의 항공편은 오후 1시 50분에 로스앤젤레스에 도착할 예정이다.
5 이곳에서는 음식을 먹거나 물을 마셔서는 안 된다.
6 구름 낀 밤에는 별을 거의 또는 전혀 볼 수가 없다.
7 그들은 자신들의 집에서 결코 다시는 살 수 없는 운명이었다.
8 여러분이 무언가 새로운 것을 배우고자 한다면, 그것을 많이 연습하라.

### 문법 PLUS

9 나는 의지할 사람이 필요하다.

A 1 (글을) 쓸 종이 한 장 2 비행기는 착륙할 예정이다
  3 따라야 한다 4 친구들을 사귈 가장 좋은 방법
  5 네가 그 경기에서 이기고자 한다면
B 1 ○ 2 ○ 3 to enjoy 4 ○ 5 to belong to

### 문제 해석

A
1 제게 (글을) 쓸 종이 한 장을 주세요.
2 비행기는 10분 후에 베이징에 착륙할 예정이다.

**3** 모든 방문객들은 이 지침을 따라야 한다.

**4** 친구들을 사귈 가장 좋은 방법은 사람들에 대해 알고 싶어 하는 것이다.

**5** 네가 그 경기에서 이기고자 한다면 더 많은 훈련을 해야 한다.

**B**

**1** 나는 이야기할 매우 긴급한 문제가 있다.

**2** 모든 사람은 자신의 정서적 건강을 돌볼 시간이 필요하다.

**3** 우리의 가장 인기 있는 초콜릿 바를 즐길 기회를 가지세요.

**4** 그들은 다음 날 아침에 베이스캠프를 출발할 예정이었다.

**5** 요즘은 사람들이 온라인에서 속할 집단을 발견한다.

**guideline** 지침, 안내 **urgent** 긴급한

## Unit 4 | to부정사의 부사적 용법     p. 51

**예문 해석**

**1** 우리는 일출을 보기 위해 일찍 일어났다.

**2** 그 가난한 어린 소녀는 자라서 유명한 생물학자가 되었다.

**3** 그 실험자는 두 번째 시도를 했지만 결국 또다시 실패했다.

**4** 그들은 그 소식을 듣고 충격을 받았다.

**5** 미래에 대비해 미리 계획하다니 그는 현명함에 틀림없다.

**6** 그들이 이야기하는 것을 듣는다면 당신은 그들이 어디 출신인지 알 것이다.

**7** 그 차는 장기적으로 유지하기에 비용이 많이 든다.

**8** 그는 그 문제를 풀 만큼 충분히 영리하다.
  (= 그는 매우 영리해서 그 문제를 풀 수 있다.)

**9** 그녀는 너무 피곤해서 잠자리에서 일어날 수 없었다.

**문법 PLUS**

10 나는 다른 나라들에 대해 배우기 위해서 해외여행을 한다.

**A 1** 일어나서 자신을 발견했다

**2** 거래하기 위해서

**3** 우리에게 영향을 끼치기에 충분할 수 있다

**4** 그 팀의 일원이 되다니

**5** 부정적인 피드백을 듣게 되어서

**B 1** only to realize

**2** brave enough to resist

**3** too crowded to get on

**문제 해석**

**A**

**1** 그는 일어나서 자신이 공원 벤치에 누워 있는 것을 발견했다.

**2** 우리는 거래하기 위해서 신뢰를 확립하는 것이 필요했다.

**3** 한 번의 나쁜 경험은 우리에게 심각하게 영향을 끼치기에 충분할 수 있다.

**4** 그 팀의 일원이 되다니 나는 운이 좋다.

**5** 당신에게서 부정적인 피드백을 듣게 되어서 유감입니다.

**biologist** 생물학자 **maintain** 유지하다 **in the long term** 장기적으로
**establish** 확립하다, 세우다 **sufficient** 충분한 **means** 수단
**resist** 거역하다, 저항[반대]하다

## Unit 5 | to부정사의 부정 · 시제 · 태     p. 52

**예문 해석**

**1** 그 이야기는 우리에게 타인을 시기하지 말 것을 가르쳐 준다.

**2** 우리는 결코 여기를 다시 방문하지 않겠다고 맹세했다.

**3** 그녀는 자기 남편의 감정을 상하게 하지 않으려고 거짓말을 했다.

**4** 그는 프랑스에서 유학했던 것으로 보인다.

**5** 그들은 합의에 도달하려고 애쓰고 있는 것 같았다.

**6** 누구도 그 팀에서 제외되기를 원하지 않는다.

**7** 그 아이는 숙모에 의해 양육을 받은 것으로 생각된다.

**어법 연결**

**8** 나는 내가 대접받기를 원하는 방식으로 다른 사람들을 대접했다.

**A 1** not to **2** so as not **3** be affected

**4** have evolved **5** focusing

**B 1** to have been used **2** not to remove

**3** to have been lost

**문제 해석**

**A**

**1** 우리는 일본 여행을 취소하지 않기로 결정했다.

**2** Harry는 버스를 놓치지 않으려고 일찍 출발했다.

**3** 농업은 기후 변화에 의해 영향을 받을 것이다.

**4** 새는 공룡으로부터 진화했다고 널리 믿어진다.

**5** 그 회사는 성장 대신 수익에 주력하고 있는 것처럼 보인다.

**B**

**1** 이 계정은 불법적인 활동에 사용되었던 것 같다.

**2** Rhonda는 사람들에게 화장실 휴지를 없애지 말라고 부탁했다.

**3** 그 보물은 100년 전에 화재로 잃은 것으로 알려진다.

**vow** 맹세하다 **exclude** 제외시키다 **agriculture** 농업 **evolve** 진화하다
**profit** 이익 **illegal** 불법적인

## Unit 6 | to부정사의 관용 표현     p. 53

**예문 해석**

**1** 나는 Sue가 전화했을 때 사무실을 막 나가려던 참이었다.

**2** 그 아이들은 무서운 이야기를 듣고 싶어 했다.

**3** 사실대로 말하자면, 나는 전에 스키를 타러 가 본 적이 없다.

**4** 말할 필요도 없이, 당신은 적당한 등산용 신발을 신어야 한다.

**문법 PLUS**

**5** 그가 박사 학위를 취득하는 데 10년이 걸렸다.

**A 1** sure **2** likely[apt] **3** willing

**B 1** 솔직히 말해서 **2** 요약하자면

**3** 이상한 말이지만 **4** 설상가상으로

**5** 내가 이것을 그리는 데 60년이 넘게 걸렸습니다

**B**

**1** 솔직히 말해서, 나는 그것에 대해 까맣게 잊었다.

**2** 요약하자면, 자원은 다양한 형태를 띨 수 있다.

**3** 이상한 말이지만, 나는 치과 진료 예약을 즐긴다.

**4** 설상가상으로, 날이 어둡고 추워지고 있었다.

**5** 그 화가는 "내가 이것을 그리는 데 60년이 넘게 걸렸습니다."라고 말했다.

**doctor's degree** 박사 학위  **appliance** 가전제품  **stimulant** 자극

## Review Test
p. 54

**1** to give  **2** it  **3** high enough  **4** for

**5** be invited  **6** play  **7** to run  **8** of  **9** to offend

**10** to travel → to travel with

**11** to start → to have started

**12** how change → how to change [how I should change]

**13** not in order to → in order not to

**14** for you to get  **15** to care for

**16** to have been hunted  **17** To tell the truth

**18** to go  **19** to be replaced

**20** to have made  **21** to have been left

**22** We are planning to create our brand identity.

**23** The new treatment helped her recover from the virus.

**24** He was delighted to get his watch back.

**25** It is always right for you to cooperate with your coworkers.

**1** 그는 유권자들에게 자신에게 한 번 더 기회를 달라고 요청했다.
▶ 동사 ask는 목적격보어로 to부정사를 취한다.

**2** 나는 그들 중 누구에게서도 정확한 정보를 얻는 것이 불가능함을 알게 되었다.
▶ to부정사구가 진목적어이므로 목적어 자리에는 가목적어 it이 와야 한다.

**3** 어떤 사다리도 그 건물에 닿을 만큼 충분히 높지 않다.
▶ 부사 enough와 to부정사가 동시에 형용사를 수식할 때는 「형용사+enough+to부정사」의 어순을 취한다.

**4** 그가 그 상황에서 벗어나는 것은 매우 어려웠다.
▶ difficult는 사람의 성격·태도를 나타내는 형용사가 아니므로, to부정사의 의미상 주어는 「for+목적격」으로 나타낸다.

**5** 나는 그 만찬에 초대받고 싶지 않다.
▶ to부정사의 의미상 주어는 I이며, to부정사와 의미상 주어는 수동 관계이므로 「to be+p.p.」의 형태가 적절하다.

**6** 그 감독은 배우들이 그 장면을 다시 연기하게 했다.
▶ 동사 made는 사역동사로 쓰여 목적격보어로 원형부정사를 취하므로,

to부정사를 원형부정사 play로 고쳐야 한다.

**7** 그 남자아이는 어머니를 위해 심부름을 할 준비가 되어 있었다.
▶ '~할 준비가 되어 있다'라는 뜻의 표현 「be ready to v」의 일부이므로 to부정사로 고쳐야 한다.

**8** 그런 일을 하다니 그녀는 매우 부주의했다.
▶ careless는 사람의 성격·태도를 나타내는 형용사이므로, to부정사의 의미상 주어는 for가 아니라 of를 사용하여 나타낸다.

**9** 나는 그녀의 기분을 상하게 할 의도가 없었다고 그녀에게 말했다.
▶ that절 내의 목적어 no intention을 수식하도록 to offend로 고쳐야 한다.

**10** Paul은 올 여름에 함께 여행할 친구들이 없었다.
▶ '친구들과 함께 여행하다'는 travel with friends이므로, to travel 뒤에 전치사 with를 써야 한다.

**11** 어젯밤 화재는 거실에서 시작된 것으로 여겨진다.
▶ 동사(is)가 현재시제이므로 과거에 일어난 일을 나타내는 to부정사는 완료형 to have started로 고쳐야 한다.

**12** 나는 전구를 갈아 끼우는 방법을 모른다.
▶ 동사 know의 목적어 역할을 하는 「의문사+to부정사」가 되도록 change를 to change로 고쳐야 한다.

**13** 여러분은 건강을 잃지 않기 위해 규칙적으로 운동해야 한다.
▶ in order to의 부정형은 in order not to로 표현한다.

**14** ▶ 명사구 any chance를 수식하는 to부정사와 그 앞에 의미상 주어를 나타내는 「for+목적격」을 쓴다.

**15** ▶ 목적(~하기 위해서)을 나타내야 하므로 주어진 말을 to부정사로 바꿔 써야 한다.

**16** ▶ '사냥당해서'는 문장의 시제(is)보다 이전에 일어난 일이고, 의미상 주어인 The mammoth와의 관계가 수동이므로 「to have been+p.p.」로 써야 한다.

**17** ▶ '사실대로 말하자면'이라는 뜻의 독립부정사 To tell the truth를 쓴다.

**18** 나는 막 장을 보러 가려던 참이었다.
▶ '장을 보러 가다'라는 의미가 되어야 자연스러우므로 동사 go를 고른다. '막 ~하려고 하다(be about to v)'라는 의미가 되도록 to부정사로 쓴다.

**19** 깨진 창문은 가능한 한 빨리 교체되어야 한다.
▶ '깨진 창문은 교체되어야 한다'라는 의미가 되어야 자연스러우므로, 동사 replace를 고른 후 의무를 뜻하는 「be+to부정사」 형태가 되도록 쓴다. 이때 to부정사는 의미상 주어 The broken window와 수동 관계이므로 「to be+p.p.」의 형태로 쓴다.

**20** 그 과학자가 1909년에 새로운 발견을 했다고 한다.
▶ a new discovery를 목적어로 취할 수 있는 동사 make를 고른다. 과거를 나타내는 부사구 in 1909로 보아 문장의 시제(is)보다 이전에 일어난 일을 나타내야 하므로 완료형 「to have+p.p.」로 쓴다.

**21** 그 아이는 어제 아침 이후로 혼자 남겨져 있었던 것으로 보인다.
▶ 목적어(the child)와 목적격보어(alone)를 취할 수 있는 5형식 동사

leave를 고른다. The child는 남겨진 대상이며, 문맥으로 보아 과거의 특정 시점부터 현재까지 계속된 일을 나타내고 있으므로 완료수동형 「to have been+p.p.」의 형태로 쓴다.

**22** ▶ 현재진행형의 동사 다음에 목적어 역할을 하는 to부정사구를 차례대로 쓴다.

**23** ▶ 「help+목적어+목적격보어」의 구문으로 쓴다. 동사 help의 목적격보어로는 원형부정사와 to부정사를 모두 쓸 수 있음에 유의한다.

**24** ▶ He was delighted 다음에 감정의 원인을 나타내는 to부정사구를 차례대로 쓴다.

**25** ▶ 가주어 It을 문장 맨 앞에 쓰고 to부정사구를 문장 맨 뒤에 쓴다. to부정사구 바로 앞에는 「for+목적격」의 어순으로 의미상 주어를 쓴다.

## Actual Test
p. 56

1 ③  2 ④  3 ⑤  4 ④  5 ⑤
6 ②  7 ④  8 ⑤  9 ④  10 ⑤

**11** Snowfalls make it harder for birds to find food.
**12** It is not easy to change your old patterns of thinking.
**13** Needless to say, health is more important than wealth.
**14** tell me where to vote
**15** only to find it closed
**16** it difficult to remember
**17** they are too vulnerable to predators to lie down
**18** (1) socializes → (to) socialize  (2) feeling → to feel
**19** (1) to look → look  (2) having(사역동사)과 babies(목적어) 다음에 오는 목적격보어로 원형부정사를 써야 한다.
**20** ④

**1** 호기심은 스트레스를 주는 상황을 도전 과제로 보도록 우리에게 동기를 부여한다.
▶ 동사 motivate는 목적격보어로 to부정사를 취한다.

**2** 장기적으로 봤을 때 그들이 살아남고자 한다면 더 안전한 곳으로 이동해야 한다.
▶ 문맥상 '살아남고자 한다면'이라는 의미가 되어야 자연스러우므로, 의도를 나타내는 「be+to부정사」의 형태가 적절하다.

**3** 그 노부인은 여러 달 동안 아팠던 것으로 보인다.
▶ 동사(seems)가 현재시제이므로 과거에 일어난 일을 나타내는 to부정사는 「to have+p.p.」의 완료형이 되어야 한다.

**4** ▶ '~하지 않으려고'는 in order not to의 어순으로 나타낸다. 이때 to부정사는 의미상 주어 she와 수동 관계이므로 to be criticized가 적절하다.

**5** ▶ '~해야 한다'라는 의미이므로 의무를 나타내는 「be+to부정사」의

형태로 나타내되, to부정사는 의미상 주어 Weeds와 수동 관계이므로 are to be removed가 적절하다.

**6** ② 독감이 떨어지게 하기 위해 우리는 무엇을 할 수 있는가?
▶ 목적(~하기 위해서)을 나타내는 부사구가 되도록 to부정사로 고쳐야 한다.
① 그는 거의 즉시 자신의 결정을 후회하는 것처럼 보였다.
▶ to부정사가 동사 appeared의 보어로 사용되었으므로 적절하다.
③ 내가 잠시 그것을 살펴보도록 해 줘.
▶ 원형부정사가 사역동사 Let의 목적격보어로 사용되었으므로 적절하다.
④ 나는 아이들을 잠자리에 들게 할 수 없었다.
▶ 「get+목적어+목적격보어(to부정사)」의 구조로 '~가 …하게 하다'라는 뜻을 나타내므로 적절하다.
⑤ 그녀는 자신이 최종 명단에 없는 것을 알고 실망했다.
▶ 감정을 나타내는 형용사 뒤에 감정의 원인을 나타내는 to부정사가 쓰였으므로 적절하다.

**7** ④ 그녀는 그 순간을 즐기고 있는 것으로 보였다.
▶ herself라는 목적어가 있으므로 동사 enjoy는 능동태가 되어야 한다. 특정 시점에 진행 중인 일을 나타내므로 to be enjoying으로 고쳐야 한다.
① 그 노부부는 그날 밤에 외식할 예정이었다.
▶ be동사의 보어로 to부정사가 쓰여 '~할 예정이다'라는 뜻을 나타내고 있으므로 적절하다.
② 나는 내 걱정에 관해 이야기를 나눌 사람이 없다.
▶ to부정사의 수식을 받는 대명사 nobody는 talk가 아니라 talk to의 목적어이므로 적절하다.
③ 나는 젊은이들에게 끼니를 거르지 말라고 조언한다.
▶ 동사 advise의 목적격보어로 쓰인 to부정사를 부정하기 위해 앞에 not을 쓴 것은 적절하다.
⑤ 그는 잘생긴 것은 물론이고 부유하고 똑똑하다.
▶ not to mention은 '~는 말할 것도 없이'라는 뜻의 독립부정사이므로 적절하다.

**8** ⓒ 플라스틱을 재활용하는 것은 우리가 천연자원을 보존하도록 돕는다.
▶ 동사 help는 목적격보어로 to부정사 또는 원형부정사를 취하므로 conserved는 (to) conserve로 고쳐야 한다.
ⓓ 기후 변화는 침수 위험을 증가시킬 가능성이 있다.
▶ '~할 가능성이 있다'는 be likely to v로 나타내므로 increasing을 increase로 고쳐야 한다.
ⓔ 그에게 돈을 빌려주다니 너는 어리석구나.
▶ stupid는 사람의 성격·태도를 나타내는 형용사이므로, to부정사의 의미상 주어는 of를 사용하여 나타내야 한다.
ⓐ 나는 액션 모험 책을 읽는 것을 좋아한다.
▶ 동사 like는 to부정사를 목적어로 취할 수 있으므로 적절하다.
ⓑ 이 도표는 그 기계를 사용하는 방법을 보여 준다.
▶ 동사 show의 목적어로 「의문사+to부정사」가 쓰였으므로 적절하다.

**9** ④ 내가 그 2페이지짜리 보고서를 완성하는 데 일주일이 걸렸다.
▶ '~하는 데 …의 시간이 걸리다'라는 의미를 「It takes+사람+시간+to부정사」의 형태로 표현한 것은 적절하다.

① 나는 캥거루 한 마리가 차 앞에서 달리는 것을 보았다.
▶지각동사 see는 목적격보어로 원형부정사나 진행의 의미를 강조하는 현재분사를 취하므로 to run을 run 또는 running으로 고쳐야 한다.

② 그 환자는 집으로 갈 만큼 충분히 건강했다.
▶부사 enough와 to부정사가 동시에 형용사를 수식할 때는 「형용사+enough+to부정사」의 어순을 취하므로 enough healthy를 healthy enough로 고쳐야 한다.

③ 우리는 사건들을 선택적으로 해석하는 경향이 있다.
▶'~하는 경향'이라는 뜻으로 to부정사구가 a tendency를 수식하는 구조가 되도록 interpret를 to interpret로 고쳐야 한다.

⑤ 관심을 기울여야 할 심각한 문제가 있다.
▶'~에 관심을 기울이다'는 pay attention to이므로, to pay attention 뒤에 전치사 to를 넣어야 한다.

**10** ⑤ 그 사고는 운전자의 음주 운전으로 인해 발생되었다고 한다.
▶사고가 발생한 것은 문장의 시제(is)보다 이전에 일어난 일이고, 사고는 음주 운전으로 인해 발생된 것이므로 완료수동형인 「to have been+p.p.」로 표현된 것은 적절하다.

① 그들이 최선을 다하는 것이 중요하다.
▶important는 사람의 성격·태도를 나타내는 형용사가 아니므로, to부정사의 의미상 주어는 「for+목적격」으로 나타낸다.

② 나는 그에게 그 일을 하도록 시키기가 쉽다고 생각했다.
▶문맥상 to부정사구가 진목적어이므로 목적어 자리의 this를 가목적어 it으로 고쳐야 한다.

③ 십 대 아이들은 나중에 후회할 일을 하는 경향이 있다.
▶'~하는 경향이 있다'라는 의미는 be apt to v로 나타낸다.

④ 다른 사람들과 잘 지낸다는 것은 당신이 그들의 의견을 귀중히 여긴다는 것을 의미한다.
▶to부정사구가 문장의 주어로 쓰이면 반드시 단수동사를 쓰므로 mean을 means로 고쳐야 한다.

**11** ▶「make+가목적어(it)+목적격보어+진목적어(to부정사)」의 어순으로 쓴다. 이때 「for+목적격」 형태의 의미상 주어는 to부정사구 바로 앞에 쓴다.

**12** ▶가주어 It을 문장 맨 앞에 쓰고 to부정사구를 문장 맨 뒤에 쓴다.

**13** ▶'말할 필요도 없이'라는 뜻의 독립부정사 Needless to say 다음에 주절을 차례대로 쓴다.

**14** ▶「동사+간접목적어+직접목적어(의문사+to부정사)」로 구성한다.

**15** ▶'…했지만 결국 ~하다'라는 의미를 나타내도록 「only+to부정사」의 형태로 써야 한다. find 다음에는 목적어와 목적격보어를 순서대로 쓴다.

**16** ▶「found+가목적어(it)+목적격보어+진목적어(to부정사)」의 구문이 되도록 쓴다.

**17** 지문 해석 코끼리는 선 채로도 잘 수 있고 누워서도 잘 수 있다. 이것은 그들이 우리 안에 갇혀 사느냐, 아니면 야생에서 사느냐에 따라 달라질 수 있다. 야생에서 사는 코끼리들은 포식자들에게 매우 취약해서 누울 수 없기 때문에 선 채로 자는 것을 선호한다.
▶'너무 ~해서 …할 수 없다'라는 의미는 「too+형용사+to부정사」로 나타낸다.

**18** 지문 해석 개는 인간이 사회화되는 것을 돕는데, 이것은 어르신들에게 커다란 이점이다. 반려동물이 있는 이웃들과 함께하는 것은 나이 든 성인들이 사회생활을 지속하는 훌륭한 방법이다. 여러분에게 충직한 친구가 있다면, 여러분이 외로움을 느낄 가능성은 훨씬 더 적다.
▶(1) 동사 help의 목적격보어로는 원형부정사 또는 to부정사를 써야 한다.
(2) '~할 가능성이 있다'라는 뜻은 「be likely to v」의 형태로 나타낸다.

**19** 지문 해석 태어나면서부터, 아기들은 즉각적으로 얼굴에 끌린다. 과학자들은 아기들에게 간단한 두 개의 이미지, 즉 하나가 다른 하나에 비해 더 얼굴처럼 보이는 것을 보게 함으로써 이 사실을 보여 줄 수 있었다.
▶having(사역동사)과 babies(목적어) 다음에 오는 목적격보어로 원형부정사를 써야 한다.

**20** 지문 해석 과학자들이 박테리아를 발견한 이후로, 우리는 병이 나는 것을 막기 위해 그 세균들을 통제하려고 노력해 오고 있다. 우리가 처음부터 세균과 박테리아가 자라는 것을 허용하지 않는 표면을 만들어 낼 수 있다면 어떻게 될까? 그것은 그것들이 우리를 병나게 하지 못하게 할 새로운 방법이 될 것이다.
▶④ 동사 allow는 목적격보어로 to부정사를 취하므로, growing을 to grow로 고쳐야 한다.
① '~ 이후로'라는 뜻의 접속사 Since가 쓰인 문장에서 과거부터 현재까지 진행 중인 일을 나타내도록 현재완료진행형을 쓴 것은 적절하다.
② '~하기 위해'라는 목적을 나타내는 부사적 용법의 to부정사에 해당하므로 적절하다.
③ a surface를 수식하는 형용사절을 이끄는 주격 관계대명사에 해당하므로 적절하다.
⑤ 「make+목적어+목적격보어」의 구조에서 목적격보어로 쓰인 형용사이므로 적절하다.

## Chapter 5

## 동명사

### Unit 1 | 동명사의 기본 용법　　　　　p. 60

예문 해석

1 감염을 예방하는 것은 상당한 노력을 필요로 한다.
2 가장 중요한 것은 여러분의 파트너를 믿는 것이다.
3 나는 나의 개를 데리고 공원으로 산책하러 가는 것을 좋아한다.
4 모방하는 것은 새로운 창작물을 만들기 위한 필수적인 단계이다.
5 제가 며칠 동안 이곳에 머물러도 될까요?
6 그녀는 Eric이 왔다 갔다 하는 것을 의식하게 되었다.

7 이메일에 답장하는 것이 우리 근무 시간의 큰 부분을 차지한다.
8 여러분의 피부를 위해 잠을 푹 자라.

**A** 1 selling their products online, (동사의) 목적어
　 2 making any mistakes, (전치사의) 목적어
　 3 Rewarding success, 주어
　 4 taking part in physical activity, (전치사의) 목적어
　 5 helping our students develop world-class skills, (주격)
　　 보어
**B** 1 is　2 Making　3 Allow
　 4 making　5 them

## 문제 해석

**A**

1 그 회사는 자사 제품을 온라인으로 판매하기 시작했다.
2 누구도 어떤 실수도 하지 않고 성공할 수는 없다.
3 성공을 보상하는 것이 항상 물질적인 방식으로 이루어져야 하는 것은 아니다.
4 신체 활동에 참여하는 것에는 많은 이점이 있다.
5 우리 프로그램의 주안점은 우리 학생들이 세계적 수준의 기술을 개발하도록 돕는 것이다.

**B**

1 보드게임을 하는 것은 오락의 한 형태이다.
2 다른 사람들과 눈 맞춤 하는 것은 엄청나게 중요하다.
3 아이들이 새로운 음식을 먹어 볼 기회를 허용하라.
4 작은 향상을 이루는 것의 가치를 과소평가하지 마라.
5 그들이 머릿속에서 보는 것은 자신들이 공을 떨어뜨리는 이미지이다!

infection 감염  imitate 모방하다  reward 보상하다
advantage 이점  entertainment 오락  incredibly 엄청나게,
믿을 수 없을 정도로  underestimate 과소평가하다

### Unit 2 | 동명사의 부정·시제·태 　　p. 61

**예문 해석**

1 중요한 것은 기회를 잡는 것을 두려워하지 않는 것이다.
2 나는 그 프로젝트의 일원인 것이 자랑스럽다.
3 그녀는 내게 거짓말했던 것에 대해 사과했다.
4 우리는 가르침을 받기보다는 스스로 학습하기를 선호한다.
5 나는 결승전 진출자로 선택되어서 기쁘다.

**문법 PLUS**

6 Peter는 그 일을 제시간에 끝내지 못했던 것을 인정했다.

**A** 1 not being　2 found　3 having taken
　 4 not having　5 being rejected
**B** 1 having drawn　2 being produced
　 3 not having been invited

## 문제 해석

**A**

1 외로움은 혼자 있다는 것이 아니라, 아무도 관심을 두지 않는다는 느낌이다.
2 그녀는 함께 일할 훌륭한 팀을 발견한 것에 대해 감사해 한다.
3 그 범인은 강도 사건에 가담했음을 부인했다.
4 최근에 연락을 드리지 못해 죄송합니다.
5 당신은 거절당하는 위험을 감수하지 않고는 절대 친구를 사귈 수 없다.

finalist 결승전 진출자  criminal 범인  robbery 강도 (사건)  vivid 생생한

### Unit 3 | 동명사와 to부정사 　　p. 62

**예문 해석**

1 그 젊은 남자는 그 자전거를 훔친 것을 시인했다.
2 어떤 사람들은 위험을 감수하고 새로운 것들을 시도하기를 즐긴다.
3 우리는 다음 달까지 휴가를 연기하기로 결정했다.
4 나는 스페인어를 배우기 시작했다.
5 우리는 2014년에 당신의 가족을 만난 것을 기억한다.
6 귀하의 신청이 거절되었음을 알려드리게 되어 유감입니다.
7 그녀는 문을 열어 보려 했지만 문이 잠겨 있었다.

**문법 PLUS**

8 그들은 일하는 것을 5시에 멈췄다.
9 그들은 휴식을 취하기 위해 멈췄다.

**A** 1 ○　2 talking　3 to use　4 ○　5 to have
**B** 1 eating　2 to call　3 quitting

## 문제 해석

**A**

1 Kevin, 내일 아침에 내게 전화하는 것을 기억해 주세요.
2 많은 사람들이 민감한 문제에 대해 이야기하기를 피한다.
3 나는 바로 너처럼 친절한 말을 더 많이 사용하기로 결심했다.
4 20세기 동안 그들은 계속해서 목재를 생산했다.
5 여러분의 가족 구성원들 모두 반려동물을 키우는 것에 찬성합니까?

**B**

1 동물들은 배가 부르면 먹는 것을 멈춘다.
2 나는 정말로 바빠서 엄마에게 생신날 전화드리는 것을 잊어버렸다.
3 그녀는 자녀를 기르기 위해 일을 그만둔 것을 후회했다.

take a risk 위험을 감수하다  timber 목재

### Unit 4 | 동명사의 관용 표현 　　p. 63

**예문 해석**

1 그는 어린 아들의 자전거를 수리하며 온종일을 보냈다.
2 그 소도시에 새로운 도서관을 짓는 것에 아무도 반대하지 않았다.
3 그녀는 한국의 식물을 연구하는 것에 전념해 왔다.

**4** 버스에서 내리자마자, 우리는 역으로 서둘러 갔다.

**5** 그녀에게 마음을 바꿔 달라고 해도 소용없었다.

**6** 손을 씻는 것이 우리가 감기에 걸리는 것을 예방한다.

**어법연결**

**7** Mike는 김치를 먹는 것에 익숙하다.

**8** 우리는 김치를 담그기 위해 배추를 사용한다.

**A** **1** ○ **2** gathering **3** to recycling
**4** ○ **5** from going

**B** **1** 말하는 것은 불가능하다
**2** 그 소설은 읽을 가치가 있다
**3** 집에 돌아오자마자
**4** 취소하지 않을 수 없다
**5** 밤늦게까지 자지 않는 것에 익숙하다

---

**문제 해석**

**A**

**1** 내 누이가 그것들을 예약하는 데 어려움을 겪었다.

**2** 그 도둑은 값비싸 보이는 물건들을 모으느라 바빴다.

**3** 우리는 가정과 직장에서 재활용하는 것에 익숙하다.

**4** 나는 오늘 밤에 그 영화를 보기를 고대하고 있다.

**5** 폭설은 내가 외출하는 것을 단념시켰다.(폭설로 인해 나는 외출하는 것을 단념했다.)

**B**

**1** 소셜 미디어의 미래를 말하는 것은 불가능하다.

**2** 그 소설은 그것의 흥미진진한 묘사 때문에 읽을 가치가 있다.

**3** 집에 돌아오자마자, 그는 침대에 몸을 던졌다.

**4** 우리는 오늘의 공연을 취소하지 않을 수 없다.

**5** 우리 대부분은 밤늦게까지 자지 않는 것에 익숙하다.

colorful 흥미진진한, 파란만장한  description 묘사, 기술

---

## Review Test
p. 64

**1** to bring **2** working **3** being left **4** to lend
**5** Make **6** developing **7** to seeing **8** swimming
**9** having trained **10** Skip → Skipping[To skip]
**11** use → using **12** I → my[me]
**13** to take → taking **14** trouble (in) concentrating
**15** us from getting **16** regret leaving
**17** enjoys being invited **18** doing
**19** asking **20** to buy **21** walking[to walk]
**22** The dog began barking loudly and running after him.
**23** We cannot help asking you to provide us with special assistance.
**24** My mom praised me for having cleaned my room.
**25** They object to their being moved to different areas.

---

**1** 내 노트북 컴퓨터를 가지고 오는 것을 잊었어. 네 것을 잠깐 사용해도 될까?
▸ '~할 것을 잊다'라는 뜻을 나타낼 때는 forget의 목적어로 to부정사를 쓴다.

**2** 우리는 초과 근무나 장시간 근무를 피해야 한다.
▸ 동사 avoid는 목적어로 동명사만 취한다.

**3** 그 남자아이는 몇 시간 동안 집에 혼자 남겨져 있는 것에 개의치 않았다.
▸ '남겨지다'라는 수동의 의미를 나타내도록 「being+p.p.」의 수동형 동명사를 써야 한다.

**4** 그녀는 자신의 태블릿 PC를 언니에게 빌려주는 것을 거절했다.
▸ 동사 refuse는 목적어로 to부정사만 취한다.

**5** 재미있게 지낼 좋은 친구들을 사귀어라.
▸ 명령문의 동사 자리이므로 동사원형이 적절하다.

**6** 수면 부족은 심각한 질병에 걸릴 위험을 증가시킨다.
▸ 전치사 of의 목적어 역할을 하는 동명사로 고쳐야 한다.

**7** 관객들은 그들의 공연을 보기를 고대하고 있었다.
▸ look forward to에서 to는 전치사이므로 see를 동명사 seeing으로 고쳐야 한다.

**8** 나는 아이였을 때 호수에서 수영한 것을 기억한다.
▸ 동사 remember가 '(과거에 ~했던 것을) 기억하다'라는 의미일 때는 목적어로 동명사를 취하므로, to부정사를 동명사로 고쳐야 한다.

**9** 그는 열심히 훈련한 결과 그 마라톤에서 우승했다.
▸ of 이하는 '우승한' 일보다 시간상 먼저 일어난 일이므로 완료형 동명사 「having+p.p.」의 형태로 고쳐야 한다.

**10** 끼니를 거르는 것은 네 건강에 좋지 않다.
▸ is가 문장의 동사이므로 주어 역할을 하도록 Skip을 동명사 Skipping 또는 to부정사 To skip으로 고쳐야 한다.

**11** 인간은 기계를 사용함으로써 유익을 얻는다.
▸ 전치사 by의 목적어 역할을 하도록 use를 동명사 using으로 고쳐야 한다.

**12** 나의 부모님은 내가 그녀와 결혼하는 것을 반대하셨다.
▸ 전치사 against의 목적어로 동명사가 사용된 구조에서, 의미상 주어는 소유격 my 또는 목적격 me가 된다.

**13** 그녀는 부작용 때문에 그 약을 복용하기를 중단했다.
▸ 동사 stop이 '(~하는 것을) 멈추다'라는 의미일 때는 목적어로 동명사를 취하므로 to take를 taking으로 고쳐야 한다.

**14** ▸ have trouble (in) -ing ~하는 데 어려움을 겪다

**15** ▸ prevent A from -ing A가 ~하는 것을 예방하다

**16** ▸ 과거에 작별 인사 없이 떠난 일을 후회한다는 것이므로 목적어로 동명사를 쓴다.

**17** ▸ 동사 enjoy의 목적어로 동명사를 쓰되, '초대받다'라는 수동의 의미를 나타내도록 수동형 동명사 being invited의 형태로 쓴다.

**18** 사무실에 있는 사람들 모두 자기 일을 하느라 바빴다.
▶ 문맥상 '일을 하다'를 나타내도록 동사 do를 쓰되, be busy -ing(~하느라 바쁘다)의 형태가 되도록 doing으로 바꿔 쓴다.

**19** 그들에게 그 과업을 하라고 요청해 봐야 소용없다.
▶ to부정사를 목적격보어로 취하는 동사 ask를 쓰되, It is no use -ing(~해도 소용없다)의 형태가 되도록 asking으로 바꿔 쓴다.

**20** 나의 부모님은 크리스마스 선물로 내게 자전거를 사 주기로 약속하셨다.
▶ 문맥상 '사 주다'를 나타내는 동사 buy를 쓰되, 동사 promise는 목적어로 to부정사를 취하므로 to buy로 바꿔 쓴다.

**21** 내가 가장 좋아하는 일은 여기저기 걸어 다니는 것이다.
▶ 뒤에 부사구가 오므로 완전 자동사 walk를 쓰되, 동사 is의 주격보어 역할을 하므로 walking 또는 to walk로 바꿔 쓴다.

**22** ▶ 목적어에 해당하는 '큰 소리로 짖기'와 '그를 뒤쫓기'를 동명사구의 형태로 차례대로 쓴다.

**23** ▶ 「cannot help+-ing」 구문이 되도록 구성한다. 이때 동사 help 뒤에 이어지는 동명사구는 「ask+목적어+to부정사」의 구조가 되도록 한다.

**24** ▶ '방 청소를 한 것을'에 해당하는 부분을 for로 시작하는 부사구로 쓴다. '방 청소'가 '칭찬해 주셨던' 일보다 시간상 먼저 일어난 일이므로 완료형 동명사 「having+p.p.」의 형태로 쓴다.

**25** ▶ object to 다음에 동명사의 의미상 주어, 수동형 동명사, 부사구를 차례대로 쓴다.

**Actual Test**    p. 66

1 ④   2 ②   3 ②   4 ④   5 ③
6 ⑤   7 ③   8 ⑤   9 ③   10 ②
**11** Traveling to new places broadens your horizons.
**12** Experts spent several months finding ways to reduce traffic congestion.
**13** She has been devoted to developing new curriculums.
**14** without seeing her dog
**15** known for having been elected
**16** not having done his homework
**17** The heavy rain prevented us from playing tennis.
**18** (1) bringing → to bring
(2) Megan이 지갑을 가져오지 않은 상황이므로, '가져오는 것을 잊었다'라는 의미가 되도록 to bring으로 고쳐 써야 한다.
**19** Having companion animals is a way for people to be
**20** ②

**1** 저희는 귀하가 저희 회사에 의해 고용되는 것에 관심이 있다고 생각합니다.
▶ '고용되는 것'이라는 수동의 의미를 나타내기 위해 being employed를 쓰고, 행위자를 나타내기 위해 전치사 by를 붙인다.

**2** 나는 그들이 이곳에 좀 더 오래 머물러도 개의치 않는다.
▶ 동사 mind는 목적어로 동명사를 취하며, 동명사의 의미상 주어로는 전치사 없이 소유격 또는 목적격을 쓴다.

**3** 그녀는 승진을 하지 못한 것에 대해 실망했다.
▶ 전치사의 목적어 자리이므로 동명사가 와야 하며, not은 동명사 앞에 위치한다. '승진을 하다'라는 능동의 의미이므로 단순형 동명사를 써야 한다.

**4** ▶ 동명사의 의미상 주어로는 소유격 또는 목적격을 쓰며, 동명사의 부정은 동명사 앞에 부정어를 넣어 나타낸다.

**5** ▶ 동사 avoid는 목적어로 동명사만 취한다. '비웃음당하는 것'이라는 수동의 의미를 나타내도록 수동형 동명사 being laughed가 적절하다.

**6** ⑤ 외출할 때 선크림을 바르는 것을 기억하세요.
▶ 동사 remember가 '(미래에 ~할 것을) 기억하다'라는 의미일 때는 목적어로 to부정사를 취하므로, to부정사 to put으로 고쳐야 한다.
① 나는 그것을 열려고 해 보았지만, 그것은 도무지 열리지 않았다.
▶ '(시험 삼아) ~해 보다'라는 의미를 나타내도록 try의 목적어로 동명사가 쓰였으므로 적절하다.
② 한 마을 사람이 그가 체포된 일에 관해 이야기했다.
▶ 마을 사람이 이야기한 시점보다 '그'가 체포된 것이 먼저 일어난 일이면서 수동의 의미를 갖고 있으므로, 완료수동형으로 쓴 것은 적절하다.
③ 그 회사는 성공적인 제품을 간신히 개발했다.
▶ 동사 manage는 to부정사를 목적어로 취하므로 적절하다.
④ 그 차는 행인이 길을 건너게 하려고 멈췄다.
▶ '~하려고 멈추다'라는 의미를 나타내도록 동사 stop 다음에 목적을 나타내는 부사적 용법의 to부정사가 쓰였으므로 적절하다.

**7** ③ 소비자들은 온라인으로 제품을 사는 것에 익숙하다.
▶ be accustomed to에서 to는 전치사이므로, buy를 전치사의 목적어 역할을 하는 동명사 buying으로 고쳐야 한다.
① 그의 제안은 진지하게 고려해 볼 가치가 있다.
▶ be worth 다음에는 동명사를 쓰므로 적절하다.
② 당신이 로스앤젤레스로 이사하는 것을 축하드립니다.
▶ 동명사 moving의 의미상 주어로 소유격이 쓰였으므로 적절하다.
④ 우리는 그 문제를 논의하기 위해 다시 만나기로 합의했다.
▶ 동사 agree는 to부정사를 목적어로 취하므로 적절하다.
⑤ 나는 Segovia가 기타 연주하는 것을 들었던 것을 절대 잊지 못할 것이다.
▶ 과거에 일어난 일을 잊지 못한다는 의미이므로 동사 forget의 목적어로 쓰인 동명사 hearing은 적절하다.

**8** ⓓ 제가 당신에게 직업이 무엇인지 여쭤봐도 될까요?
▶ 동사 mind의 목적어로 동명사 asking이 사용된 구조에서, 의미상 주어는 소유격이나 목적격이 되어야 하므로 I를 my 또는 me로 고쳐야 한다.
ⓔ 나는 그곳에 호수가 있으리라고는 꿈에도 생각지 못했다.
▶ 전치사 of 다음에는 동명사 목적어를 써야 하므로 was를 being으로 고쳐야 한다.
ⓐ 그 농부는 자신의 작물에 화학 물질을 사용하기를 거부했다.

▶동사 refuse는 목적어로 to부정사를 취하므로 적절하다.

ⓑ 나는 업무상의 이메일을 쓰는 것에 익숙하지 않다.
　▶be used to에서 to는 전치사이므로, 전치사 to의 목적어로 동명사 writing을 쓴 것은 적절하다.

ⓒ 고령자들은 대개 모바일 기기를 이용하는 데 어려움을 겪는다.
　▶'~하는 데 어려움을 겪다'는 have difficulty (in) -ing로 나타내므로 적절하다.

**9**　③ 나는 높은 가격에 대해 불평하지 않을 수 없다.
　▶'~하지 않을 수 없다'라는 뜻의 cannot help -ing의 쓰임은 적절하다.

① 안면 보호구를 착용하는 것이 요구된다.
　▶is required가 문장의 동사이므로 주어 역할을 하도록 Wear를 동명사 Wearing 또는 to부정사 To wear로 고쳐야 한다.

② 그들은 선물을 포장하느라 바빴다.
　▶be busy (in) -ing가 되도록 to package를 (in) packaging으로 고쳐야 한다.

④ 나는 그녀가 Max와 결혼한다는 소식을 들었다.
　▶전치사 of 다음에 목적어로 동명사가 쓰여야 하므로 get을 getting으로 고쳐야 한다. 이때 her는 동명사의 의미상 주어이다.

⑤ 나는 그 일자리 제의를 받아들이기로 결정했다.
　▶동사 decide는 목적어로 to부정사를 취하므로 accepting을 to accept로 고쳐야 한다.

**10**　② 우리는 그 프로젝트에 기여한 것에 대해 그녀에게 감사한다.
　▶동사 thank가 나타내는 일보다 시간상 먼저 일어난 일을 나타내기 위해 쓰인 완료형 동명사 「having+p.p.」는 적절하다.

① 그의 새로운 전략은 그가 그 경기에서 이기는 결과를 낳았다.
　▶동명사의 의미상 주어는 소유격이나 목적격으로 나타내므로, he를 his 또는 him으로 고쳐야 한다.

③ 그는 내게 다시 전화하지 않았던 것에 대해 미안해했다.
　▶완료형 동명사의 부정은 「not having+p.p.」의 어순으로 나타낸다.

④ 그는 그 가난한 남자의 기분을 상하게 하고 싶지 않았다.
　▶동사 want는 목적어로 to부정사를 취하므로 hurting을 to hurt로 고쳐야 한다.

⑤ 치아를 건강하게 유지하기 위해 양치질을 하라.
　▶문장에 동사가 없으므로 동명사 Brushing을 동사원형 Brush로 고쳐 명령문을 만들어야 한다.

**11**　▶문장의 주어 자리에 '새로운 곳들로 여행을 가는 것'을 동명사구로 쓴다.

**12**　▶「spend+목적어+동명사」 구문으로 쓰고, to부정사가 명사 ways를 뒤에서 수식하는 어순으로 쓴다.

**13**　▶「be devoted to -ing」 구문으로 쓴다.

**14**　▶「never ~ without -ing」 구문으로 쓴다.

**15**　▶'선출된 것'은 문장의 시제보다 이전에 일어난 일이면서, 수동의 의미이므로 완료수동형 동명사 「having been+p.p.」의 형태로 쓴다.

**16**　▶'숙제를 하지 않은 것'은 '변명을 한' 일보다 시간상 먼저 일어난

일이므로, 완료형 동명사의 부정 「not having+p.p.」의 형태로 쓴다.

**17**　[지문 해석] 오늘 Jane과 나는 지역 코트에서 테니스를 칠 예정이었다. 하지만 우리가 코트에 들어서자마자 폭우가 쏟아지기 시작했다. 우리는 폭우로 인해 테니스를 칠 수 없었다.
　▶'폭우는 우리가 테니스를 치지 못하게 했다.'라는 의미를 나타내도록 「prevent A(목적어) from -ing」의 형태로 쓴다.

**18**　[지문 해석] Megan과 Alex는 저녁 식사를 하러 음식점에 가기로 결정했다. 그들이 식사하는 동안, Megan은 자신이 지갑을 가져오는 것을 잊었다는 것을 깨달았다. 그녀는 Alex에게 돈을 좀 빌려 달라고 부탁하지 않을 수 없었다. 문제는 Alex가 그녀에게 빌려줄 돈이 충분치 않다는 것이었다.
　▶Megan이 지갑을 가져오지 않은 상황이므로, '가져오는 것을 잊었다'라는 의미가 되도록 to bring으로 고쳐 써야 한다.

**19**　[지문 해석] 사람들이 고립될 때, 그것은 개인의 정신 건강에 영향을 미친다. 그것의 정반대는 우리가 연결된 삶을 가질 때, 즉 우리에게 연결될 수 있는 친구와 가족이 있을 때이다. 반려동물을 키우는 것은 사람들이 더 연결되고 외로움을 극복하는 방법이다.
　▶문장의 주어 자리에 '반려동물을 키우는 것'을 동명사구로 쓴다. '~하는 방법'은 「a way+to부정사」의 형태로 나타내되, to부정사 앞에 의미상 주어를 「for+목적격」의 형태로 나타내 준다.

**20**　[지문 해석] 차 안에 있을 때 여러분은 외부에 있는 것들로부터 보호받지만, 오토바이에 탄 경우에는 다르다. 특히 비나 눈이 내릴 때 오토바이를 타면 보통 때보다 약 100배 덜 안전하게 된다. 다른 운전자들은 날씨가 나빠지면 여러분을 보는 데 어려움을 겪는다.
　▶② makes가 문장의 동사이므로 주어 역할을 하도록 Ride를 동명사 Riding[To ride]으로 고쳐야 한다.

① you는 protect가 나타내는 동작의 대상이므로 수동태로 쓴 것은 적절하다.

③ 동사 make가 쓰인 문장에서 목적격보어에 해당하는 형용사이므로 적절하다. about 100 times less는 safe를 수식한다.

④ '~하는 데 어려움을 겪다'를 나타내도록 have difficulty 다음에 동명사를 쓴 것은 적절하다.

⑤ when이 이끄는 시간의 부사절에서 미래의 일을 나타내는 현재시제의 동사가 사용되었으므로 적절하다.

# Chapter 6

# 분사

## Unit 1 | 분사의 종류와 쓰임　　　　　p. 70

**예문 해석**

1 그녀는 떨어지는 빗소리를 들었다.

2 이 새로운 앱은 흥미로워 보인다.

**3** Anna는 멀리서 자신의 이름이 불리는 것을 들었다.

**4** 그 아이들은 공원에서 놀고 있다.

**5** 그녀는 그 소식에 충격을 받았다.

**6** 나는 이 장을 여러 번 읽었다.

어법 연결

**7** 그는 마침내 컴퓨터를 다시 작동시켰다.

**8** 우리는 오늘 차를 수리해야 한다.

---

**A** **1** rolling **2** fixed **3** Shocking
   **4** relaxing **5** broken
**B** **1** laughing **2** sleeping
   **3** purchased

---

**문제 해석**

**A**

**1** 구르는 돌에는 이끼가 끼지 않는다.

**2** 당신은 제가 어디에서 제 스마트폰을 고칠 수 있는지 아십니까?

**3** 충격적인 소식이 조용한 마을을 뒤흔들었다.

**4** 목욕이 너무나 긴장을 풀게 해서 나는 잠이 들었다.

**5** 그녀는 부러진 다리 때문에 집에 머물렀다.

gather 모으다 moss 이끼 rock (큰 충격으로) 뒤흔들다
in advance 미리, 앞서서

---

**Unit 2 | 분사의 수식** p. 71

**예문 해석**

**1** 저 떨어지는 잎들을 보라.

**2** 나는 레몬 버터 소스를 곁들인 구운 연어가 매우 좋았다.

**3** 초대받은 사람들만 시상식에 올 수 있다.

**4** 그 사고를 취재한 기자들이 생존자들을 인터뷰했다.

**5** 병원으로 이송된 사람들의 대부분은 아이들이었다.

어법 연결

**6** 구석에 앉아 있는 남자는 내 사촌이다.

**7** 보고서에 요구되는 자료는 온라인으로 이용할 수 없었다.

---

**A** **1** ○ **2** located **3** ○
   **4** impressed **5** racing
**B** **1** the data coming in
   **2** a box placed outside his office
   **3** satellites orbiting the Earth

---

**문제 해석**

**A**

**1** 그는 떠오르는 태양을 올려다보았다.

**2** 이 지역에 위치한 집들은 나무로 지어졌다.

**3** 이것이 유일하게 남아 있는 오늘 밤 공연의 티켓이다.

**4** 감동을 받은 관광객들이 많은 사진을 찍었다.

**5** 그 새를 쫓아 달리던 개는 몇 초 만에 보이지 않게 되었다.

salmon 연어 cover 취재하다 impress 감동을 주다, 깊은 인상을 주다
satellite 인공위성 orbit 궤도를 돌다 dramatically 급격히

---

**Unit 3 | 감정을 나타내는 분사** p. 72

**예문 해석**

**1** 그것은 많은 사람들의 삶에 영향을 준 놀라운 소식이었다.

**2** 사람들은 그 실험 결과에 놀랐다.

**3** 이른 아침 운동은 매우 지치게 한다.

**4** 지친 학생들은 다만 잠깐 눕기를 원했다.

어법 연결

**5** 그는 독자들이 계속 흥미를 느끼도록 하는 방법을 알고 있는 흥미로운 작가이다.

---

**A** **1** tiring **2** frightened **3** interesting
   **4** boring **5** disappointed
**B** **1** confusing **2** satisfied **3** annoying
   **4** exhausted **5** terrifying

---

**문제 해석**

**A**

**1** 길고 피곤한 하루였다.

**2** 그는 뱀을 보았을 때 겁을 먹었다.

**3** 그녀는 텔레비전을 켰지만, 재미있는 것이 하나도 방영되고 있지 않았다.

**4** 나는 지루한 강의에 주의를 기울이기 위해 최선을 다했다.

**5** 그 코미디언은 자신의 공연이 취소되자 실망했다.

**B**

**1** 체스의 규칙은 매우 혼란스럽다.

**2** 그 학생은 시험 결과에 만족했다.

**3** 내 남동생은 소음을 너무 많이 내서 매우 성가시다.

**4** 밤에 잠을 잘 못 자면 당신은 매우 피곤함을 느낄 수 있다.

**5** 그 공원에는 산꼭대기에 무시무시한 롤러코스터가 있다.

experiment 실험 lecture 강의

---

**Unit 4 | 분사구문의 형태와 의미** p. 73

**예문 해석**

**1** 그 남자는 경찰관을 보았을 때 도망쳤다.

**2** 나는 가장 좋아하는 음악을 들으며, 공원에서 산책했다.

**3** 그는 책을 내려놓고 펜을 집어 들었다.

**4** 그녀는 아파서 자신의 사업상 회의를 취소해야 했다.

**5** 3일 연속으로 비가 와서 내 휴가를 망쳤다.

**6** 과제물을 다 쓰고 나서, 그녀는 침대 위로 기어 올라갔다.

**7** 오른쪽으로 돌면, 시계탑이 보일 것입니다.

**8** 매우 젊지만, 그는 교직 경험이 많다.

9 혼자 살아서, 나는 스스로 요리해야 한다.

A 1 Although 2 If 3 Because
B 1 Being a bookworm
2 Understanding your point of view
3 Taking a deep breath
4 Having nothing to do
5 drying the dishes

**문제 해석**

A

1 혼자 남겨졌지만, 그는 전혀 외로움을 느끼지 않았다.
2 이 버튼을 누르면, 당신은 파일을 다운로드할 수 있을 것이다.
3 바닷가에 위치해 있어서, 뉴포트 해변은 아름다운 경치를 가지고 있다.

B

1 그는 책벌레여서 주말 대부분을 도서관에서 보냈다.
2 당신의 관점은 이해하지만, 나는 당신에게 동의하지 않는다.
3 심호흡을 한 후 지휘자가 지휘봉을 들었다.
4 할 일이 없었기 때문에, 나는 하루 종일 텔레비전을 보았다.
5 Alex는 마른 행주를 집어 들어 접시를 닦았다.

in a row 연속해서, 잇달아 crawl up 기어오르다 conductor 지휘자
baton 지휘봉 dishtowel 마른 행주

## Unit 5 | 분사구문의 부정·시제·태 p. 74

**예문 해석**

1 무엇을 해야 할지 몰라 그 남자아이는 마을을 돌아다녔다.
2 점심을 배불리 먹었기 때문에, 나는 오늘 저녁 식사를 거를 계획이다.
3 자신의 아들을 다시 보고 안도하여 그녀는 마음을 가라앉히려고 애썼다.
4 충격적인 소식을 들은 후, Katie는 앉아서 울었다.

**어법 연결**

5 스웨덴어로 쓰여 있어서 그 서류들은 이해하기 어려웠다.

A 1 Having finished 2 Having 3 Not being
4 Being 5 Viewed
B 1 Having mastered the basics
2 Not terrified by
3 Having been bought
4 Having been offered
5 Never having been bitten

**문제 해석**

A

1 어제 보고서를 끝냈기 때문에 그는 오늘은 한가하다.
2 여유 시간이 좀 있었기 때문에 우리는 카페에 가기로 결정했다.

3 말을 할 수 없어서 그 여자아이는 그저 놀란 채로 그것을 바라만 보았다.
4 제대로 착용되면 안전벨트는 당신이 부상을 입을 가능성을 줄여 준다.
5 이쪽에서 보면, 그 바위는 용처럼 보인다.

B

1 기본기를 완전히 익힌 후 우리는 추가적인 기술을 배웠다.
2 적에게 겁먹지 않고 병사들은 행진해 나갔다.
3 10년 전에 사서 이 바지는 유행이 지났다.
4 그는 동업 제의를 받고 그것을 받아들이기로 결정했다.
5 개에게 물린 적이 한 번도 없어서 그녀는 개를 무서워하지 않는다.

wander around ~를 돌아다니다 relieve 안도하게 하다
additional 추가적인 march 행진하다 out of style 유행이 지난
partnership 동업, 제휴

## Unit 6 | 독립분사구문/with+(대)명사+분사 p. 75

**예문 해석**

1 날씨가 매우 나빠서, 학교는 휴교했다.
2 일반적으로 말하면, 교육은 성공의 열쇠이다.
3 나는 선생님이 나를 지켜보는 가운데 시험을 보았다.

**어법 연결**

4 물이 흐르는 채로 이를 닦지 마라.
5 그녀는 다리를 꼬고 벤치에 앉아 있었다.

A 1 The building being destroyed
2 Other things being equal
3 The sun having set
4 No money being stolen
5 The class being over
B 1 Strictly speaking 2 with her eyes closed
3 ○ 4 With the exam coming up
5 Considering everything

**문제 해석**

A

1 건물이 파괴되면서 귀중한 기록들이 유실되었다.
2 다른 것들이 같다면, 소비자들은 더 싼 가격을 선호한다.
3 해가 진 후, 나는 별을 찾기 위해 하늘을 올려다보았다.
4 돈을 도난 당하지는 않았지만, 기계에 상당한 손상이 발생했다.
5 수업이 끝났을 때, 학생들은 선생님에게 수업에 대해 감사를 표했다.

B

1 엄밀히 말하면, 모든 시각적인 장면들은 모호하다.
2 그녀는 눈을 감은 채로 조용히 앉았다.
3 그 회사는 전 세계적으로 제품이 팔리면서 급성장했다.
4 다음 주 시험이 다가옴에 따라, 우리는 계속 집중해야 한다.
5 모든 것을 고려해 볼 때, 그 강사는 유능한 교사였다.

equal 같은, 동등한 significant 상당한 ambiguous 모호한
effective 유능한, 유력한

1 lost  2 shocked  3 Wrapped  4 confusing
5 There being  6 covered  7 asked  8 being
9 Having  10 resolving → resolved
11 Judged → Judging  12 Had → Having
13 left → leaving  14 his heart pounding
15 amusing conversation  16 Situated in
17 with the door closed
18 (Being) Very tired
19 The winter being over
20 Not (being) invited to the party
21 It having rained for three days
22 With the deadline approaching
23 Supposing that you had the opportunity
24 Not taking her eyes off the statue
25 All the money having been spent

---

1 건조기에서 분실된 그 양말은 그가 가장 좋아하는 것이었다.
  ▶ 분사구의 수식을 받는 주어 The socks는 분실되는 대상이므로 과거분사가 적절하다.

2 사람들은 그 사고를 보았을 때 충격을 받았다.
  ▶ 주어 People은 충격이라는 감정을 느끼는 대상이므로 과거분사가 적절하다.

3 아름다운 종이에 포장되어 있어, 그 튤립은 훌륭한 선물이 된다.
  ▶ 분사구문의 의미상 주어는 the tulips이고 포장되는 대상이므로 과거분사가 적절하다.

4 그것은 매우 혼란스럽게 하는 질문이었다.
  ▶ 질문은 혼란스럽게 하는 주체이므로 현재분사가 적절하다.

5 그에게 불리한 증거가 없었기 때문에, 그는 감옥에서 석방되었다.
  ▶ 「there+be」 구문이 쓰인 부사절이 분사구문으로 바뀐 형태로, 이때 There는 생략하지 않는다.

6 사무실에는 서류 더미로 뒤덮인 책상이 있었다.
  ▶ a desk는 뒤덮인 대상이므로 과거분사로 고쳐야 한다.

7 여러분이 느끼는 것에 대해 솔직하고 질문을 받았을 때 진실된 의견을 제시하라.
  ▶ 접속사가 있는 분사구문으로, 생략된 주어인 you가 질문을 받는(수동) 것이므로 과거분사로 고쳐야 한다.

8 수업이 끝나고, 우리는 가능한 한 빨리 밖으로 나왔다.
  ▶ The class was over와 다음 문장을 연결하는 접속사가 없으므로, was를 being으로 고쳐 분사구문을 만들어야 한다.

9 기다리라는 말을 듣고, Lisa는 자기 자리로 돌아갔다.
  ▶ 콤마(,) 앞뒤의 두 절을 연결하는 접속사가 없으므로, Have ~를 분사구문으로 고쳐야 한다. 문맥상 주절보다 더 이전의 일을 나타내므로, Have를 Having으로 고쳐 완료수동형 분사구문을 만들어야 한다.

10 우리는 그 문제가 가능한 한 빨리 해결되도록 노력하고 있다.
  ▶ 「사역동사 have+목적어+목적격보어」의 구조로, the issue와 resolve의 관계가 수동이므로 현재분사 resolving을 과거분사 resolved로 고쳐야 한다.

11 그의 억양으로 판단하건대, 그 남자는 영국에서 오랫동안 살았었다.
  ▶ '~로 판단하건대'라는 의미의 비인칭 독립분사구문 Judging from이 되어야 하므로 Judged를 Judging으로 고쳐야 한다.

12 독일어를 배우기 전에 영어를 배워서, 그녀는 두 가지 외국어를 할 수 있었다.
  ▶ 콤마(,) 앞뒤의 두 절을 연결하는 접속사가 없으므로, Had ~를 분사구문으로 고쳐야 한다. 문맥상 주절보다 더 이전의 일을 나타내므로, Had를 Having으로 고쳐 완료형 분사구문을 만들어야 한다.

13 그는 채소를 먼저 먹고 고기를 남겨 두었다.
  ▶ left 이하의 동사구를 연결하는 접속사가 없으므로 분사구문을 만들어야 한다. left로 시작하는 분사구문의 의미상 주어는 He이고 남겨 두는 행위의 주체이므로 left를 현재분사 leaving으로 고쳐야 한다.

14 ▶ 지각동사 feel 뒤에 목적어 his heart가 오고, 그 뒤에 목적어와 능동 관계를 이루는 현재분사 pounding이 오도록 쓴다.

15 ▶ conversation은 재미있는 감정을 일으키는 주체이므로 현재분사 amusing의 수식을 받도록 쓴다.

16 ▶ 콤마(,) 앞부분은 분사구문이 되어야 하며, 분사구문의 의미상 주어인 the library는 위치시키는 동작의 대상이므로 과거분사로 시작하는 분사구문으로 쓴다.

17 ▶ 「with+(대)명사+분사」 구문으로, 명사 the door와의 관계가 수동이므로 close를 과거분사 closed로 바꿔 써야 한다.

18 그는 매우 피곤했지만 운동을 하러 나갔다.
  ▶ 부사절의 접속사 Although와 주어 he는 생략한다. 주절의 시제와 같으므로 was는 현재분사 being으로 바꾼다. 이때 being은 생략할 수 있다.

19 겨울이 끝나면, 나뭇가지들에 새로운 잎이 생긴다.
  ▶ 부사절에서 접속사 When을 생략하고, 주어 the winter는 주절의 주어와 일치하지 않으므로 생략하지 않는다. 주절의 시제와 같으므로 is는 현재분사 being으로 바꾼다.

20 나는 파티에 초대받지 못해서 가지 않았다.
  ▶ 부사절의 접속사 Since와 주어 I는 생략한다. 주절의 시제와 같으므로 was는 현재분사 being으로 바꾸고, not은 분사 앞에 위치시킨다. 이때 being은 생략할 수 있다.

21 3일 동안 비가 내려서 땅이 흠뻑 젖었다.
  ▶ 부사절에서 접속사 As를 생략하고, 주어 it은 주절의 주어와 일치하지 않으므로 생략하지 않는다. 또한 주절보다 더 이전의 일을 나타내므로, 완료형 분사구문 「having+p.p.」의 형태로 바꿔 쓴다.

22 ▶ 「with+(대)명사+분사」 구문으로 쓴다.

23 ▶ '~를 가정한다면'이라는 의미의 비인칭 독립분사구문 Supposing that의 형태로 문장을 시작한다.

**24** ▶ 부정어 Not은 현재분사 taking으로 시작하는 분사구문 앞에 위치시킨다. take one's eyes off *A*는 'A에서 눈을 떼다'라는 의미이다.

**25** ▶ 부사절이 주절보다 더 이전의 일을 나타내고 있으므로, 완료형 분사구문이 되도록 배열한다. been을 포함한 수동태 구문이므로 all the money는 주어 자리에 써야 한다.

## Actual Test

1 ③  2 ③  3 ②  4 ③  5 ①
6 ④  7 ①  8 ③  9 ⑤  10 ①
11 Applying for jobs can be a frustrating experience.
12 will not activate unless mixed with water
13 with its bright colors appealing to the eye
14 Never having studied in America
15 Throwing himself into his work
16 (Having been) Terrified by the poor medical treatment for patients
17 (A) warming  (B) pulled  (C) frightening  (D) Jumping
18 (1) having stuck → having been stuck
   (2) Pulled → Pulling
19 with many not having been tested for the virus
20 ①

**1** 공원에 혼자 남겨지자, 그 개는 크게 짖기 시작했다.
▶ 분사구문에서 생략된 주어인 the dog가 혼자 남겨진(수동) 것이므로 과거분사 Left가 적절하다.

**2** 우리는 지역 시장에서 우리의 식료품을 배송받았다.
▶ 「get+목적어+목적격보어」의 구조로, 목적어인 our groceries와의 관계가 수동이므로 목적격보어로는 과거분사 delivered가 적절하다.

**3** 일반적으로 말하면, 성공은 정신적, 육체적 건강에서 시작된다.
▶ '일반적으로 말하면'이라는 의미의 비인칭 독립분사구문은 Generally speaking이다.

**4** • 한 여자가 자신의 아기를 담요로 감싼 채로 기차에 타고 있다.
• 나는 그가 말을 잇기도 전에 말을 끊으며 소리쳤다.
▶ • 「with+(대)명사+분사(구)」 구문으로, 아기는 감싸지는 대상이므로 과거분사 wrapped가 적절하다.
• 분사구문의 의미상 주어인 I는 말을 끊는 행위의 주체이므로 현재분사 cutting이 적절하다.

**5** • 과학자들은 그 지역에 남아서 동물들을 보았다.
• 운동을 하기에는 너무 피곤해서, 나는 집에 가기로 결정했다.
▶ • 분사구문의 의미상 주어인 The scientists는 보는 행위의 주체이므로 현재분사 looking이 적절하다.
• 분사구문 Being too tired to work out에서 Being이 생략된 것으로 볼 수 있으며, 분사구문의 의미상 주어 I는 피곤함을 느끼는 대상이므로 과거분사 tired가 적절하다.

**6** ④ 갑자기 그녀는 누군가가 문을 두드리는 소리를 들었다.

▶ '누군가가 문을 두드리다'라는 의미로, 목적어와 목적격보어가 능동 관계이므로 과거분사를 현재분사 knocking으로 고쳐야 한다.
① 흐르는 물로 용기를 헹궈라.
▶ 물은 흐르는 동작의 주체이므로 현재분사 running은 적절하다.
② 달걀을 껍질을 포함한 채로 레몬 즙에 넣어라.
▶ 「with+(대)명사+분사」 구문에서 껍질은 포함되는 대상이므로 과거분사 included는 적절하다.
③ 다른 선택의 여지가 없었기 때문에, 우리는 그곳에 머물러야 했다.
▶ Since there was no other choice의 의미로, 「there+be」 구문이 쓰인 부사절을 분사구문으로 바꿀 경우 there는 생략하지 않으므로 적절하다.
⑤ 작년에 출판된 그 책은 많은 독자들에게 영감을 주었다.
▶ The book은 출판되는 대상이므로 과거분사 published는 적절하다.

**7** ① 경제적으로 사용된다면, 한 개의 병은 6주 동안 쓰일 수 있다.
▶ 분사구문의 의미상 주어 one bottle은 사용되는 대상이므로, 현재분사 Using은 수동을 나타내는 (Being) Used로 고쳐야 한다.
② 나는 책을 읽었기 때문에 그 영화의 줄거리를 이미 알고 있었다.
▶ 책을 읽은 것이 주절의 행위보다 더 먼저 일어난 일이므로 완료형 분사구문은 적절하다.
③ 반려동물은 우울하거나 아픈 환자들을 치료하는 데 중요하다.
▶ 환자들은 우울한 감정을 느끼는 대상이므로 과거분사 depressed는 적절하다.
④ 교육을 잘 받아서, 직원들은 우호적이고 친절했다.
▶ 분사구문의 의미상 주어는 the staff로 주절의 주어와 일치하고, 시제도 일치하므로 Being은 적절하다.
⑤ 비타민 C로 가득 찬 레몬은 건강한 면역 체계를 지원한다.
▶ 분사구문의 의미상 주어 lemons는 가득 채워지는 대상이므로 과거분사 Packed는 적절하다.

**8** ⓑ 나는 담요로 덮인 의자를 발견했다.
▶ a chair는 덮인 대상이므로 현재분사 covering을 과거분사 covered로 고쳐야 한다.
ⓓ 만약 당신 자신을 묘사해 달라고 요청을 받는다면 뭐라고 말하겠는가?
▶ 접속사 if가 이끄는 분사구문의 의미상 주어는 you이고, you는 질문을 받는 대상이므로 현재분사 asking을 (being) asked로 고쳐야 한다.
ⓐ 그녀는 몇몇 남자아이들이 호수에서 헤엄치고 있는 것을 보았다.
▶ 지각동사 뒤에 나온 목적어와 목적격보어가 능동 관계이므로 현재분사 swimming은 적절하다.
ⓒ 설사 당신이 옳다고 하더라도, 우리는 당신의 요청을 처리할 수 없다.
▶ Granting that은 '설사 ~라고 하더라도'라는 의미의 비인칭 독립분사구문이다.
ⓔ 당신의 편지를 읽고, 이제 나는 당신의 입장을 이해한다.
▶ 편지를 읽은 것이 이해한 것보다 먼저 일어난 일이므로 완료형 분사구문은 적절하다.

**9** ⑤ 여러분은 모든 장치가 완전히 충전되었는지 확인해야 한다.
▶ '모든 장치가 충전되다'라는 수동의 의미이므로 과거분사 charged는 적절하다.

① 나는 그녀의 한국 역사에 대한 지식에 놀랐다.
  ▶ 주어 I는 놀라움을 느끼는 대상이므로 현재분사 amazing을 과거분사 amazed로 고쳐야 한다.

② 날씨가 계속 좋을 것이라고 믿고, 우리는 소풍을 갈 것이다.
  ▶ 분사구문의 의미상 주어 we는 믿는 행위의 주체이므로 과거분사 Believed는 현재분사 Believing으로 고쳐야 한다.

③ 사고로 다쳐 보아서, 나는 당신의 스트레스를 이해한다.
  ▶ 분사구문의 의미상 주어 I는 다치는 대상이므로 Having injured는 Having been injured로 고쳐야 한다.

④ 그는 카트를 끌고 다니다가 접시를 집어 들었다.
  ▶ 콤마(,) 뒤에 온 분사구문의 의미상 주어는 he이며 he는 집어 든 행위의 주체이므로, picked를 현재분사 picking으로 고쳐야 한다.

**10** ① 그 교사들은 학교 공부가 더 동기를 부여하도록 만들었다.
  ▶ '학교 공부가 동기를 부여하다'라는 의미로, 목적어(the schoolwork)와 목적격보어인 분사가 능동 관계이므로 현재분사 motivating은 적절하다.

② 그녀의 이웃 사람이 도둑들이 그녀의 집에 침입하는 것을 보았다.
  ▶ '도둑들이 침입하다'라는 의미로, 목적어인 the thieves와 목적격보어인 분사가 능동 관계이므로 과거분사 broken을 현재분사 breaking으로 고쳐야 한다.

③ 여러분은 준비된 식사를 문까지 배달시킬 수 있다.
  ▶ '식사를 배달시키다'라는 의미로, 목적어인 prepared meals와 목적격보어인 분사가 수동 관계이므로 현재분사 delivering을 과거분사 delivered로 고쳐야 한다.

④ 나는 휴가를 즐겼고, 일찍 일어나는 것에 대해 전혀 걱정하지 않았다.
  ▶ 콤마(,) 뒤의 절을 연결하는 접속사가 없으므로, 문맥상 연속[동시]동작을 나타내도록 worry를 현재분사 worrying으로 고쳐 분사구문으로 만들어야 한다.

⑤ 그 영화에서 관객들에게 깊은 인상을 준 이후, 그는 대스타가 되었다.
  ▶ 접속사가 있는 분사구문으로, 생략된 주어인 he가 깊은 인상을 준(능동) 것이므로 과거분사 impressed를 현재분사 impressing으로 고쳐야 한다.

**11** ▶ 경험은 좌절감을 일으키는 주체이므로 frustrate를 현재분사 frustrating으로 바꿔서 experience 앞에 쓴다.

**12** ▶ 접속사 unless로 시작하는 분사구문을 주절 뒤에 쓰되, 분사구문의 의미상 주어 The material이 물과 혼합되는(수동) 것이므로 mix를 과거분사 mixed로 바꿔야 한다.

**13** ▶ 주절 뒤에 「with+(대)명사+분사」 구문이 오도록 배열하되, its bright colors는 눈길을 끄는 행위의 주체이므로 appeal을 현재분사 appealing으로 바꿔야 한다.

**14** ▶ 부정어 Never는 분사 앞에 쓰고, 주절보다 더 이전의 일을 나타내야 하므로 완료형 분사구문의 형태로 쓴다.

**15** ▶ 분사구문의 의미상 주어 he는 몰두하는 행위의 주체이므로 현재분사 Throwing을 쓴다. '~에 몰두하다'라는 표현은 throw oneself into이다.

**16** ▶ 분사구문은 주절보다 더 이전의 일을 나타내며, 분사구문의 의미상

주어 she는 놀라움을 느끼는 대상이므로 완료수동형 분사구문인 「having been+p.p.」의 형태로 써야 한다. 이때 Having been은 생략할 수 있다.

**17** 지문 해석 햇살이 내 커튼을 통해 들어와 침대 위의 담요를 따뜻하게 했다. 나는 이불을 덮은 채로, 곰처럼 코를 골면서 침대에 누워 있었다. 그때 밖에서 무서운 소리가 들렸다. 나는 침대에서 뛰어내려 창문을 열었다.
  ▶(A) 분사구문의 의미상 주어 The rays of the sun은 따뜻하게 하는 행위의 주체이므로 현재분사 warming으로 고쳐야 한다.
  (B) 분사구문의 의미상 주어 the covers는 덮이는 대상이므로 과거분사 pulled로 고쳐야 한다.
  (C) sound는 무서운 감정을 일으키는 주체이므로 현재분사 frightening으로 고쳐야 한다.
  (D) 분사구문의 의미상 주어 I는 뛰어내리는 행위의 주체이므로 현재분사 Jumping으로 고쳐야 한다.

**18** 지문 해석 Mark는 교통 체증에 갇혀 예정보다 더 늦게 도시로 돌아왔다. 그는 11시 직전에 집에 도착했다. 일단 샤워를 하고 옷을 갈아입자, 그는 앉아서 친구를 기다리고 싶지 않았다. 그는 티셔츠 위에 블레이저 코트를 걸치고 시내로 가는 택시를 잡으러 밖으로 나갔다.
  ▶(1) 분사구문의 의미상 주어 Mark는 갇히는 대상이므로 having stuck을 완료수동형 having been stuck으로 고쳐야 한다.
  (2) 분사구문의 의미상 주어 he는 걸치는 행위의 주체이므로 과거분사 Pulled를 현재분사 Pulling으로 고쳐야 한다.

**19** 지문 해석 그 병원은 바이러스로부터 환자들을 보호하지 못한 것에 대한 비판에 직면했다. 환자들의 많은 수가 바이러스 검사를 받지 않은 채로 집으로 보내졌다.
  ▶「with+(대)명사+분사」 구문으로 쓴다. 분사 앞에 not을 쓰고, 주절보다 더 이전의 일을 나타내고 있으므로 「having been+p.p.」의 형태로 쓴다.

**20** 지문 해석 나는 언젠가 폭설로 인해 지체되어 중요한 구직 면접에 늦었다. 나의 여정에 대한 질문을 받았을 때, 나는 내가 왜 늦었는지 설명해야 했다. 면접이 차로 4시간 이상의 거리라면, 나의 조언은 그 전날 가는 것이다. 그것은 늦을 위험을 없애고 여러분을 더 편안해 보이게 할 수 있다.
  ▶① 면접에 늦은 것보다 더 이전에 일어난 일이고 의미상 주어 I가 지체된 대상이므로 완료수동형 분사구문 having been delayed로 고쳐야 한다.
  ② 분사구문의 의미상 주어 I는 질문하는 행위의 대상이므로 과거분사 Asked는 적절하다.
  ③ to부정사구는 보어 역할을 할 수 있으므로 적절하다.
  ④ 앞서 언급된 내용(면접을 위해 그 전날 가는 것)을 지칭하는 대명사 It은 적절하다.
  ⑤ 목적어 you가 느긋한 감정을 느끼는 대상이므로 과거분사 relaxed는 적절하다.

1 ④  2 ②  3 ④  4 ③  5 ②  6 ④  7 ③

8 ④  9 ④  10 ⑤  11 ②  12 ③  13 ④

14 used appropriately, these pills can cause side effects

15 It was too dark for her to see anything.

16 His father discouraged him from becoming an architect.

17 regret saying anything

18 made it hard to focus on

19 having been invented by the editors

20 (1) ⓐ, being → be  (2) ⓑ, having not → not having

21 (1) improving → to improve  (2) amazed → amazing

22 ⑤

23 disappeared never to return

24 ④

25 sat with her eyes closed

1   그는 내가 직장을 그만두고 그와 함께 일하도록 설득했다.
    ▶ 동사 persuade는 목적격보어로 to부정사를 취하므로 to leave가 적절하다.

2   그녀는 그들이 큰 소리로 노래하는 것을 좋아하지 않았다.
    ▶ 전치사 for의 목적어로 동명사 singing이 와야 하며, 동명사의 의미상 주어는 소유격이나 목적격으로 나타내므로 their singing이 적절하다.

3   소유주들이 그 건물을 개조해서 지금은 그것이 달라 보인다.
    ▶ 사역동사 had 뒤에 온 목적어 the building은 개조되는 대상이므로 목적격보어로는 과거분사 renovated가 적절하다.

4   • 아무것도 하지 않으며 시간을 낭비해서는 안 된다.
    • 그는 논쟁에 말려드는 것을 피하려고 했다.
        ▶ • 「be+to부정사」는 의무(~해야 한다)를 나타낼 수 있고, 부정을 나타내는 not은 to부정사 앞에 쓴다.
        • 동사 avoid는 목적어로 동명사를 취하고, 동명사의 의미상 주어인 He는 논쟁에 말려드는 대상이므로 수동형으로 써야 한다.

5   • 마스크를 쓰고 그녀는 문을 지나 걸어갔다.
    • 꽃병을 깨뜨리다니 그는 부주의했다.
        ▶ • 분사구문의 의미상 주어는 주절의 주어와 일치하는 she이고, she는 마스크를 쓰는 행위의 주체이므로 현재분사 Wearing이 적절하다.
        • 가주어(It), 진주어(to부정사)가 쓰인 문장으로, 사람의 성격·태도를 나타내는 형용사(careless)가 쓰였으므로 to부정사의 의미상 주어는 「of+목적격」 형태로 나타낸다.

6   • 당신이 없을 때 나는 혼자 남겨져도 상관없다.
    • 집에 혼자 남겨지면 그녀는 종종 심하게 울기 시작했다.
        ▶ • 동사 mind는 목적어로 동명사를 취하는데, I는 남겨지는 대상이므로 수동형 동명사를 써야 한다.
        • 접속사 When이 생략되지 않은 분사구문이고, 의미상 주어

she는 남겨지는 대상이므로 수동형 분사구문을 써야 한다.

7   • 대부분의 사람들은 핼러윈에 호박을 조각하는 것이 재미있다고 생각한다.
    • 수도꼭지에서 나오는 물을 바로 마셔도 안전한가?
        ▶ • 진목적어인 to부정사구를 대신할 가목적어 it이 필요하다.
        • 진주어인 to부정사구를 대신할 가주어 it이 필요하다.

8   ④ 그는 자신이 아프리카로 보내진 것에 대해 어머니를 원망했다.
    ▶ 동명사구의 의미상 주어 his는 보내진 대상이므로, having sent를 수동형인 having been sent로 고쳐야 한다.
    ① 손을 자주 씻는 것을 기억하라.
    ▶ 해야 할 일을 기억하라는 의미이므로 Remember의 목적어로 to부정사구가 쓰인 것은 적절하다.
    ② 그 화재는 고의로 발생된 것으로 보인다.
    ▶ 동사 appears보다 화재가 발생된 것이 더 먼저 일어난 일이며, 화재는 발생된 대상이므로 완료수동형 to부정사구는 적절하다.
    ③ 그녀는 불평하는 것을 멈추고 그에게 미소를 지었다.
    ▶ 하고 있는 행동을 멈추었다는 의미이므로 동사 stopped의 목적어로 동명사가 쓰인 것은 적절하다.
    ⑤ 특별한 잉크로 그려진 이 그림은 매혹적으로 보인다.
    ▶ 분사구문의 의미상 주어 this picture가 그려지는 대상이므로 과거분사가 쓰인 것은 적절하다.

9   ④ 네가 이야기할 사람이 필요하면, 네 이야기를 듣기 위해 내가 여기에 있어.
    ▶ '~와 이야기하다'라는 의미를 나타낼 때 talk 뒤에 전치사 to나 with를 쓰므로, someone을 수식하는 to talk는 to talk to[with]로 고쳐야 한다.
    ① 내가 말한 것을 듣고 그녀는 눈썹을 치켜올렸다.
    ▶ 내 말을 들은 것은 눈썹을 치켜올린 것보다 더 먼저 일어난 일이므로 완료형 분사구문은 적절하다.
    ② 그 남자는 추운 날씨에 어디로 가야 할지 모르는 것 같았다.
    ▶ 동사 know의 목적어로 「의문사+to부정사」가 쓰인 구조로 적절하다.
    ③ 그는 라디오에서 그녀의 위협적인 목소리를 들은 것을 결코 잊지 않았다.
    ▶ 들은 사실을 잊지 않았다는 의미이므로 동사 forgot의 목적어로 동명사구가 온 것은 적절하다. 또한 voice는 위협하는 주체이므로 현재분사 threatening의 쓰임도 적절하다.
    ⑤ 그녀는 다양한 고객들과 함께 일하는 데 익숙하다.
    ▶ be accustomed 뒤에 전치사 to의 목적어로 동명사구가 쓰인 것은 적절하다.

10  ⑤ 달리 고려할 사안이 없어서 회의는 끝났다.
    ▶ 문맥상 Being ~ consider는 Because there was로 시작하는 부사절을 분사구문으로 바꾼 것이므로, there를 생략하지 않고 There being ~으로 써야 한다.
    ① 그는 아이들이 밖에서 떠들고 있는 소리를 들었다.
    ▶ 지각동사 heard의 목적어는 the children이고, 소음을 내는 주체이므로 현재분사 making이 쓰인 것은 적절하다.
    ② 당신은 최근에 살이 좀 찐 것 같아요.
    ▶ seem이 나타내는 일보다 살이 찐 것이 더 먼저 일어난 일이므로 완료형 to부정사구는 적절하다.

③ 그들은 동료들이 해고된 것에 대해 화가 난 것 같았다.
▶ 전치사 at의 목적어로 동명사가 쓰였고, 의미상 주어로 소유격이 왔으므로 적절하다. seemed가 나타내는 일보다 해고된 것이 더 먼저 일어난 일이며 동료들은 해고된 대상이므로 완료수동형 동명사가 쓰인 것은 적절하다.

④ 아이들은 깨어 있으려고 에너지 음료를 마셔서는 안 된다.
▶ '~하기 위해서'의 목적을 나타내는 to부정사가 쓰인 것은 적절하다.

11 ▶ 가목적어(it), 진목적어(to부정사)가 쓰인 문장으로, 완성된 형태는 She makes it a rule (A)to take a walk every morning.이다.

12 ⓐ 나는 그녀의 농담에 웃지 않을 수 없었다.
▶ 「cannot help -ing」는 '~하지 않을 수 없다'라는 의미를 나타내므로 적절하다.

ⓑ 그 방은 큰 침대 두 개를 수용할 수 있을 만큼 충분히 크다.
▶ 「형용사+enough+to부정사」는 '…할 만큼 충분히 ~하다'라는 의미이므로 적절하다.

ⓒ 편지를 다 쓴 후에 그는 재빨리 우체국으로 달려갔다.
▶ 편지를 다 쓴 것은 우체국으로 달려간 것보다 먼저 일어난 일이므로 완료형 분사구문이 쓰인 것은 적절하다.

ⓓ 나는 다양한 흥미로운 프로젝트에서 일하는 사람들을 만났다.
▶ people이 분사구의 후치 수식을 받는 구조로, people은 일하는 주체이므로 과거분사 worked를 현재분사 working으로 고쳐야 한다.

ⓔ 말할 필요도 없이, 한 조직의 성공은 조직의 사람들에게 달려 있다.
▶ '말할 필요도 없이'라는 의미의 독립부정사는 needless to say이다.

13 ⓒ 당신의 반려동물의 특별한 필요를 인식하는 것은 중요하다.
▶ 동명사구 주어는 단수 취급하므로 동사 are를 단수형 is로 고쳐야 한다.

ⓔ 아래에서 보면 그 탑은 실제보다 더 높아 보인다.
▶ 분사구문의 의미상 주어 the tower는 보이는 대상이므로 현재분사 Seeing을 과거분사 Seen으로 고쳐야 한다.

ⓐ 낙엽은 천연 비료가 될 수 있다.
▶ 이미 떨어진 잎을 나타내므로 과거분사 Fallen은 적절하다.

ⓑ 방문객들은 Emma에게 쓸 펜을 달라고 요청했다.
▶ a pen을 수식하는 to부정사구로 to write with는 적절하다.

ⓓ 그녀는 장애물에 직면하여 자신의 꿈을 포기하기를 거부했다.
▶ 동사 refuse는 to부정사를 목적어로 취하므로 적절하다.

14 ▶ Unless로 시작하는 분사구문의 의미상 주어(these pills)는 주절의 주어와 같으므로 생략하고, these pills는 사용되는 대상이므로 과거분사 used를 사용하여 쓴다.

15 ▶ 「too+형용사+to부정사」 구문을 사용하고, to부정사 앞에 「for+목적격」 형태로 의미상 주어를 쓴다.

16 ▶ 「discourage A from -ing」 구문을 사용하여 나타낸다.

17 ▶ '(과거에) ~했던 것을 후회하다'라는 내용이므로 동사 regret의 목적어로 동명사 saying을 쓴다.

18 ▶ 「동사+가목적어(it)+진목적어(to부정사)」의 형태로 쓴다.

19 ▶ 분사구문의 의미상 주어는 주절의 주어와 같은 The story이고, 이야기는 주절의 시제보다 이전에 만들어진 대상이므로 완료수동형인 having been invented로 써야 한다.

20 ⓐ 사람들은 첫인상에 영향을 받는 경향이 있다.
ⓑ 그는 시애틀에서 일자리를 구하지 못한 것에 대해 실망한 것 같다.
ⓒ 그녀는 아시아 문화에 관한 책을 많이 쓴 것으로 유명하다.
ⓓ 이전에 창의적인 글쓰기를 해 본 적이 전혀 없어서 나는 처음에는 긴장했다.
▶ ⓐ be apt to v ~하는 경향이 있다
ⓓ 완료형 동명사의 부정은 「not having+p.p.」로 나타낸다.

21 지문 해석 우리는 때때로 우리의 삶을 변화시키는 하나의 크고 중요한 순간에 초점을 맞추고, 우리를 발전하게 해 주는 작은 습관들을 무시하기 시작한다. 하지만, 작은 변화들이 축적되어 놀라운 결과를 낳을 수 있다.
▶ (1) 동사 allow는 목적격보어로 to부정사를 취한다.
(2) 결과(results)는 놀라운 감정을 일으키는 주체이므로 과거분사 amazed를 현재분사 amazing으로 고쳐야 한다.

[22-23] 지문 해석
'일시적 유행'은 한순간 인기를 끌다가 금방 사라지는 아이템이다. 사라져서 결국 돌아오지 않았던 좋은 예는 1980년대의 소니 워크맨이다. 그것은 사람이 걸어 다니는 동안 오디오 카세트 테이프를 재생할 수 있게 했다. 그것이 다시 유행하기는 어려울 것이다.

22 ▶ ⑤ hard는 사람의 성격·태도를 나타내는 형용사가 아니므로 to부정사의 의미상 주어는 「for+목적격」으로 나타내야 한다.
① an item을 선행사로 하는 주격 관계대명사 that은 적절하다.
② becomes와 병렬 구조를 이루면서 an item that에 이어지는 동사이므로 단수동사 vanishes는 적절하다.
③ 동사 enable은 목적격보어로 to부정사를 취하므로 적절하다.
④ 걸어 다니는 행위의 주체인 a person을 의미상 주어로 하는 분사구문이므로 현재분사 walking은 적절하다.

23 ▶ 문맥상 과거시제이므로 과거형 동사 disappeared를 쓰고, 결과를 나타내는 to부정사를 그 뒤에 쓴다. 부정어 never는 to부정사 앞에 쓴다.

[24-25] 지문 해석
운전기사를 제외하고 여섯 명이 마차를 가득 메웠다. 마차 꼭대기에 묶인 트렁크는 바퀴가 돌을 지나갈 때마다 지붕에 부딪혔다. 여정이 너무 흔들려서 책을 읽을 수가 없었다. Laura는 눈을 감은 채로 앉아서 혼자 흥얼거렸다. 그녀는 화려한 무도회에서 춤추는 어린 소녀가 되는 것을 상상했다.

24 ▶ (A) 주어 The trunks가 뒤에 나온 분사구의 수식을 받는 구조로, The trunks는 묶이는 대상이므로 과거분사 strapped가 적절하다.
(B) 동사 imagine은 동명사를 목적어로 취하므로 being이 적절하다.

25 ▶ '~가 …한[된] 채로'라는 의미의 「with+(대)명사+분사」 구문으로 나타낸다. 명사 her eyes는 감기는 대상이므로 과거분사 closed를 쓴다.

# Chapter 7

## 조동사

### Unit 1 | can, could / may, might / will, would p. 86

**예문 해석**

1 나는 중국어를 약간 할 수 있다.
2 오늘 오후 늦게 비가 올 수도 있다.
3 당신이 너무 바쁘지 않다면 부탁 하나 해도 될까요?
4 당신의 스마트폰을 잠깐 빌려도 될까요?
5 그 전설은 사실일지도 모른다.
6 당신이 오래도록 행복하게 살기를.
7 그 프로젝트는 다음 주에 끝날 것이다.
8 제게 표를 보여 주시겠습니까?
9 나는 반드시 내일 아침에 일찍 일어날 것이다.
10 일요일마다 나는 내 남동생과 수영하러 가곤 했다.

**어법 연결**

11 그녀는 골프를 잘 칠 수 있다.

A 1 can, 허가  2 would, 과거의 습관
   3 Could, 허가  4 will, 의지  5 may, 허가
B 1 ○  2 would refuse  3 will be able to
   4 ○  5 May you be

**문제 해석**

**A**

1 문자를 받은 사람은 누구나 우리 그룹에 가입해도 된다.
2 어렸을 때, 그는 농구를 하며 몇 시간을 보내곤 했다.
3 Lisa가 다음 주말에 우리 집에 와도 될까요?
4 나는 완벽한 케이크를 만드는 내 비법을 너와 공유하지 않을 거야.
5 당신은 30분 동안만 이곳에 주차할 수 있다.

**B**

1 우산 안 쓰시면 제가 좀 써도 될까요?
2 내 여동생은 어렸을 때 채소 먹는 것을 거부하곤 했다.
3 그 팀은 올해 대회에서 우승할 수 있을 것이다.
4 올 가을에는 태풍이 두 차례 올지도 모른다.
5 당신이 행복하고 매 순간을 즐기기를.

legend 전설  definitely 반드시, 분명히  typhoon 태풍

### Unit 2 | must, have to / should, ought to / shall p. 87

**예문 해석**

1 모든 식물은 적당한 양의 햇빛과 물을 얻어야 한다.
2 적합한 라벨이 없는 상품을 팔아서는 안 된다.
3 당신만의 개인 비서가 있다는 것은 좋은 것임에 틀림없다.
4 그는 9시까지 돌아와야 한다.
5 학생들은 학교에서 규칙을 따라야 한다.
6 Liam은 지금쯤 집에 있을 것이다.
7 당신은 당신의 돈에 더 신중해야 한다.
8 우리 저녁으로 닭고기를 먹을까요?

**문법 PLUS**

9 우리는 어려움에 직면할 수도 있지만 포기하지 말아야 한다.
10 그냥 들어오세요. 노크하지 않아도 됩니다.

A 1 초과하지 말아야 한다
   2 네게 얘기해 줄까?
   3 관점을 가져야 한다
   4 바깥 날씨가 더운 것이 틀림없다.
   5 학교에 다녀야 한다
B 1 What time do we have to leave?
   2 She doesn't have to get up early on Saturdays.
   3 You ought not to eat too much junk food.

**문제 해석**

**A**

1 사람들은 제한 속도를 초과하지 말아야 한다.
2 네게 잠자리 동화를 얘기해 줄까?
3 당신이 글을 쓸 때는 관점을 가져야 한다.
4 바깥 날씨가 더운 것이 틀림없다. 그 남자아이들이 방금 셔츠를 벗었다.
5 이 나라에서는 6세에서 18세 사이의 모든 아이들이 학교에 다녀야 한다.

assistant 비서, 조수  exceed 초과하다

### Unit 3 | 기타 조동사 / 조동사 관용 표현 p. 88

**예문 해석**

1 우리 아빠는 내가 어렸을 때 나와 함께 낚시하러 가곤 하셨다.
2 그녀는 착한 아이였지만 모든 것이 그저 바뀌었다.
3 우리는 지금 떠나는 것이 낫다. 그렇지 않으면 기차를 놓칠 것이다.
4 당신의 방을 잠그지 않은 채로 두지 않는 것이 낫다.
5 새로운 온라인 게임은 아마 십 대들의 관심을 끌 것이다.
6 우리는 영화를 보기 전에 우선 저녁부터 먹는 것이 더 낫겠다.
7 우리가 계속해서 최선을 다한다면 성공할 수밖에 없다.
8 나는 외출하느니 차라리 집에 있겠다.

**어법 연결**

9 뼈는 도구를 만들기 위해 사용되었다.
10 우리는 디지털 도구로 일하는 것에 익숙하다.

A 1 take  2 used to  3 had better not
   4 protest  5 settle
B 1 being  2 may well  3 would rather

## A

**1** 당신은 건강을 관리하는 것이 낫다.

**2** 이곳에 농작물 밭이 있었다.

**3** 여러분은 자외선 차단제 없이는 햇볕에 머무르지 않는 것이 낫다.

**4** 우리는 이렇게 부당한 일들에 대해 항의할 수밖에 없다.

**5** 인도에서는 종교적 논란을 해결하기 위해 토론이 사용되었다.

appeal to ~의 관심을 끌다  sunscreen 자외선 차단제  protest 항의하다
injustice 부당함; 불평등  debate 토론  controversy 논란  shelter 보호소

---

### Unit 4 | 조동사 + have p.p.  p. 89

#### 예문 해석

**1** 내 전화기에서 사진이 안 보인다. 내가 실수로 그것들을 삭제했음에 틀림없다.

**2** 나는 그녀가 떠나기 전에 그녀에게 전화했어야 했다.

**3** 나는 그녀를 보내지 말았어야 했다.

**4** 화산 폭발이 중국 왕조의 몰락에 기여했을지도 모른다.

**5** 나는 두 국가 간의 전쟁은 피할 수도 있었다고 믿는다.

**6** 내 남동생은 집에 있었기 때문에 어제 거기에 있었을 리가 없다.

#### 어법 연결

**7** 그들의 치아로 판단하건대, 우리 선조들은 씨앗과 견과류를 먹었음에 틀림없다.

**A** **1** must  **2** should  **3** cannot  **4** must  **5** might

**B** **1** cannot → should not[shouldn't]

  **2** could be → could have been  **3** must → may[might]

---

문제 해석

## A

**1** 당신은 신나 보이네요. 그 게임을 많이 즐겼음에 틀림없군요.

**2** 나는 교통 체증에 갇혀 있다. 나는 지하철을 탔어야 했다.

**3** 우리는 그녀를 찾을 수 있다. 그녀는 이 폭풍우 치는 날씨에 멀리 갔을 리가 없다.

**4** 감사합니다. 그것은 당신에게는 대단한 노력이었음에 틀림없어요.

**5** 그 일은 지금쯤 끝났을지도 모르지만, 확실하지는 않다.

delete 삭제하나  volcanic 화산의  eruption 폭발  dynasty 왕조
ancestor 선조  food poisoning 식중독

---

### Review Test  p. 90

**1** used to  **2** should  **3** have been  **4** don't have to

**5** had  **6** would rather ride  **7** had better not

**8** cannot but laugh[cannot help laughing]

**9** used to walking  **10** to order → order

**11** being → been  **12** ought to not → ought not to

**13** having → have  **14** may well  **15** have to

---

**16** should have  **17** used to

**18** cannot have done  **19** is used to pack

**20** could have told me  **21** Shall I give you

**22** Schools cannot but accept new technology.

**23** Every participant will receive a certificate for entry.

**24** The words must have discouraged the manager.

**25** It could be windy and cold on Wednesday. [On Wednesday, it could be windy and cold.]

---

**1** 그 도서관은 시청 근처에 있었다.
  ▶ 과거의 상태를 나타내면서 현재는 그렇지 않다는 의미의 used to가 적절하다.

**2** 식당이 가득 찼다. 우리는 일찍 예약을 했어야 했다.
  ▶ 과거 행동에 대한 후회는 should have p.p.로 나타낸다.

**3** 내가 태어났을 때 할아버지는 매우 행복하셨음에 틀림없다.
  ▶ 과거 사실에 대한 강한 추측은 must have p.p.로 나타낸다.

**4** 나는 이미 그것을 알고 있기 때문에 당신은 그것을 비밀로 할 필요가 없다.
  ▶ 문맥상 '~할 필요가 없다'라는 의미가 되어야 자연스러우므로 don't have to가 적절하다.

**5** 그는 건강을 개선하기 위해 가게에 걸어가는 것이 낫다.
  ▶ 강한 충고는 had better로 나타낸다.

**6** 나는 차를 운전하느니 차라리 자전거를 타겠다.
  ▶ would rather 뒤에는 동사원형이 와야 하므로, riding을 ride로 고쳐야 한다. 「would rather A than B」 구문에서 A와 B는 병렬 구조를 이룬다는 것에 유의한다.

**7** 당신은 이렇게 추운 날씨에 밖에 나가지 않는 것이 낫다.
  ▶ had better의 부정형은 had better not이다.

**8** 나는 이 사진을 볼 때 웃을 수밖에 없다.
  ▶ '~할 수밖에 없다'라는 뜻을 나타낼 때는 「cannot but+동사원형」 또는 cannot help -ing를 쓴다.

**9** 내 개는 목줄을 하고 걷는 것에 익숙하다.
  ▶ 문맥상 '~하는 데 익숙하다'라는 의미가 되어야 자연스러우므로 walk를 동명사 walking으로 고쳐야 한다.

**10** 나는 그것을 온라인으로 주문하는 것이 더 낫다. 그게 더 싸다.
  ▶ '~하는 것이 더 낫다'라는 뜻의 may as well 뒤에는 동사원형이 와야 하므로, to order를 order로 고쳐야 한다.

**11** 이 사고는 그의 부주의로 인한 것이었을지도 모른다.
  ▶ 과거 사실에 대한 불확실한 추측을 나타내는 표현은 may have p.p.이므로 being을 과거분사 been으로 고쳐야 한다.

**12** 내 생각에는 동물 실험은 허용되지 말아야 한다.
  ▶ ought to의 부정형은 ought not to이다.

**13** 그녀는 내 사무실에 자주 들러 차를 마시곤 했다.
  ▶ 조동사 would 뒤에 온 동사원형 stop과 등위접속사 and에 의해

병렬로 연결되어야 하므로, having을 동사원형 have로 고쳐야 한다.

**14** 그녀가 너에게 이야기하기를 거부하는 것이 당연하다. 그녀는 너에게 화가 났다.
▶ 문맥상 '~하는 것이 당연하다'라는 의미의 may well이 적절하다.

**15** 당신은 신청서를 이메일로 보내야 할 것입니다.
▶ 문맥상 '~해야 한다'라는 의미의 have to가 적절하다.

**16** 너무 늦었다. 그 환자는 더 일찍 처치를 받았어야 했다.
▶ 문맥상 과거 사실에 대한 후회나 유감을 나타내야 하므로, '~했어야 했다'라는 의미의 should have p.p.가 적절하다.

**17** 과학자들은 이 사막이 물고기로 가득했다고 말한다.
▶ 문맥상 현재와는 다른 과거의 상태를 나타내야 하므로 used to가 적절하다.

**18** ▶ '~했을 리가 없다'라는 의미의 cannot have p.p.의 형태로 쓴다.

**19** ▶ '~하기 위해 사용되다'라는 의미의 「be used to+동사원형」의 형태로 쓴다.

**20** ▶ '~할 수도 있었다'라는 의미의 could have p.p.의 형태로 쓴다.

**21** ▶ 제안을 나타내는 조동사 shall을 쓰되, 의문문이므로 「Shall I+동사원형 ~?」의 어순으로 쓴다.

**22** ▶ '~할 수밖에 없다'라는 뜻의 「cannot but+동사원형」 구문으로 쓴다.

**23** ▶ 예정을 나타내는 조동사 will 뒤에 동사원형 receive를 차례대로 쓴다.

**24** ▶ '~했음에 틀림없다'라는 의미의 must have p.p.의 어순으로 쓴다.

**25** ▶ 가능성을 나타내는 조동사 could 뒤에 동사원형 be를 차례대로 쓴다.

---

## Actual Test
p. 92

1 ③  2 ④  3 ⑤  4 ①  5 ②
6 ③  7 ④  8 ④  9 ④  10 ⑤

**11** I can hardly control myself.

**12** I would rather work from home than go to the office.

**13** We will never share your information with anyone.

**14** She cannot have lied in the previous interview.

**15** My students are used to working in groups.

**16** There might have been a misunderstanding between us.

**17** (1) ⓐ → would  (2) ⓓ → could have stayed

**18** (1) were often used to → often used to, 과거의 반복적인 행동을 나타내고 있으므로 were used to는 used to로 고쳐 써야 한다.
(2) should head → should have headed, 과거 행동에 대한 후회를 나타내고 있으므로 should have p.p.로 고쳐 써야 한다.

**19** even though access to them could have helped save lives

**20** ③

---

**1** 내가 당장 병원에 갈 필요가 있는가?
= 내가 당장 병원에 가야 하는가?
▶ '~해야 하는가?'라는 의미가 되어야 하므로 의무의 조동사 Should가 적절하다.

**2** 그는 그 제안을 받아들일 수밖에 없다.
▶ 「cannot but+동사원형」과 「have no choice but to+동사원형」은 '~할 수밖에 없다'라는 뜻이므로 cannot이 적절하다.

**3** 나는 전화로 통화하는 것보다 문자 메시지를 보내는 것을 선호한다.
= 나는 전화로 통화하느니 차라리 문자 메시지를 보내겠다.
▶ '차라리 ~하겠다'라는 의미가 되어야 하므로 would rather가 적절하다.

**4** • 당신의 나날이 즐겁기를!
• 제가 이 의자를 써도 될까요?
▶ 기원을 나타낼 때와 허락을 구할 때 쓰는 조동사 May가 적절하다.

**5** • 당신은 건강을 유지하기 위해 규칙적으로 운동하는 것이 낫다.
• 나는 그것을 이해하기 위해 주의 깊게 들어야만 했다.
▶ '~하는 것이 낫다'라는 의미의 had better와 '~해야 했다'라는 의미의 had to에 공통으로 포함된 had가 적절하다.

**6** ③ 내가 어렸을 때 우리 어머니는 나를 간지럽히곤 하셨다.
▶ 문맥상 '~하곤 했다'라는 의미가 되어야 자연스러우므로, 과거의 습관을 나타내는 조동사 used to로 고쳐야 한다.
① 나는 그의 놀라운 업적에 감탄할 수밖에 없다.
▶ 「cannot but+동사원형」은 '~할 수밖에 없다'라는 의미이므로 적절하다.
② 매일 그는 그 언덕을 뛰어서 오르내리곤 했다.
▶ 조동사 would는 과거의 습관을 나타내므로 적절하다.
④ 내가 소금을 더 넣지 말았어야 했는데. 그건 너무 짜다.
▶ 과거의 행동에 대한 후회나 유감을 나타내므로 shouldn't have p.p.는 적절하다.
⑤ 그 상자는 내 무릎에서 떨어졌음에 틀림없다.
▶ must have p.p.는 '~했음에 틀림없다'라는 뜻으로 문맥상 적절하다.

**7** ④ 나는 내 가족을 너무 오래 기다리게 하지 않는 것이 낫다.
▶ had better의 부정형은 had better not이다.
① 우리 오늘 점심 먹으러 어디로 갈까요?
▶ 제안을 나타내는 조동사 shall이 쓰인 것은 적절하다.
② 그 정직한 남자아이가 당신의 가방을 훔쳤을 리가 없다.
▶ 과거에 대한 부정적 추측을 나타내는 cannot have p.p.는 문맥상 적절하다.
③ 우리는 비가 그칠 때까지 여기 있는 것이 더 낫다.
▶ '~하는 것이 더 낫다'라는 의미의 「may as well+동사원형」은 문맥상 적절하다.
⑤ 당신은 당신의 비밀번호를 아무에게도 알려 주어서는 안 된다.

▶ '~해서는 안 된다'라는 의미의 「must not+동사원형」은 문맥상 적절하다.

**8** ⓐ 부서진 지붕은 빨리 교체되어야 한다.
▶ '~해야 한다'라는 의미의 have to가 3인칭 단수 주어에 맞게 has to로 쓰인 것은 적절하다.

ⓑ 당신은 이 눈보라 속에서 운전하지 말아야 한다.
▶ ought to의 부정 표현으로 to 앞에 not이 온 것은 적절하다.

ⓒ 그 아이들은 텔레비전 소리에 익숙했다.
▶ 「be used to+(동)명사(구)」는 '~에 익숙하다'라는 의미이므로 문맥상 적절하다.

ⓓ 이전 지원자들은 다시 지원할 필요가 없습니다.
▶ '~할 필요가 없다'라는 의미의 don't have to가 쓰인 것은 적절하다.

ⓔ 이 사건은 희생자가 구조될 수도 있었기 때문에 비극적이다.
▶ 과거에 일어날 수도 있었지만 일어나지 않은 일을 언급할 때 쓰는 표현은 could have p.p.이므로, being을 과거분사 been으로 고쳐야 한다.

**9** ④ 당신은 그 일이 제대로 이루어졌는지 확인하는 것이 낫다.
▶ 강한 충고를 나타내기 위해 「had better+동사원형」으로 쓴 것은 어법상 적절하다.

① 우리는 진작 병원에 전화했어야 했다.
▶ 과거에 대한 후회를 나타내는 표현은 should have p.p.이므로 calling을 과거분사 called로 고쳐야 한다.

② 그녀가 이 불안정한 상황에서 긴장을 느끼는 것이 당연하다.
▶ '~하는 것이 당연하다'라는 뜻의 may well 뒤에는 동사원형이 와야 하므로 feeling을 feel로 고쳐야 한다.

③ 나는 낡은 시계를 수리하느니 차라리 새 시계를 사겠다.
▶ 'B하느니 차라리 A하겠다'라는 표현은 「would rather A than B」이므로 to를 than으로 고쳐야 한다.

⑤ 그는 밤에 자신의 아들에게 잠자리 이야기를 읽어 주곤 했다.
▶ 문맥상 '~하곤 했다'라는 의미가 되어야 자연스러우므로, was used to를 과거의 습관을 나타내는 조동사 used to로 고쳐야 한다. 또는 '~하는 데 익숙하다'의 의미인 「be used to+(동)명사(구)」를 써서 read를 동명사 reading으로도 고칠 수 있다.

**10** ⑤ 나는 내 실수에 대해 내 친구들 탓을 하지 말았어야 했다.
▶ '~하지 말았어야 했다'라는 의미의 should not have p.p.의 쓰임은 적절하다.

① 어젯밤에 누가 내 차를 훔치려고 했음에 틀림없다.
▶ 과거의 부사구 last night으로 보아 과거에 대한 강한 추측이므로 must have p.p.를 써서 try를 have tried로 고쳐야 한다.

② 연구에 따르면 화성은 과거에 더 따뜻했을지도 모른다.
▶ 과거의 부사구 in the past로 보아 과거에 대한 불확실한 추측이므로 may have p.p.를 써서 be를 have been으로 고쳐야 한다.

③ 우리는 우리의 다음 프로젝트를 시작하는 게 더 낫다.
▶ '~하는 것이 더 낫다'라는 의미는 「may as well+동사원형」으로 나타내므로, getting을 get으로 고쳐야 한다.

④ 당신은 수영장 이용 허가를 요청해야 할 것이다.
▶ 두 개의 조동사를 연이어서 쓸 수 없으므로 must를 have to로 고쳐서 will have to로 나타낸다.

**11** ▶ 능력의 조동사 can 다음에 부정을 나타내는 부사 hardly, 동사원형 control을 차례대로 쓴다.

**12** ▶ 'B하느니 차라리 A하겠다'라는 의미의 「would rather A than B」 구문으로 쓴다.

**13** ▶ 의지의 조동사 will 다음에 부정어 never, 동사원형 share를 차례대로 쓴다.

**14** ▶ '~했을 리가 없다'라는 의미의 cannot have p.p.의 형태로 쓴다.

**15** ▶ '~하는 데 익숙하다'라는 의미의 「be used to+동명사구」 구문으로 쓴다.

**16** ▶ '~했을지도 모른다'라는 의미의 might have p.p.의 형태로 쓴다.

**17** 지문 해석 나는 젊었을 때 종종 늦게까지 일하곤 했다. 그날도 또 늦은 저녁이었다. 나는 생산 시스템의 특정 문제를 해결하려고 하다가 아들로부터 전화를 받았다. 그는 내가 보고 싶고 내가 집에 오기를 원한다고 말했다. 나는 사무실에서 밤을 샐 수도 있었지만, 가능한 한 빨리 집에 가야겠다고 생각했다. 나는 당장 사무실을 떠났다.
▶ⓐ 문맥상 '~하곤 했다'라는 의미가 되어야 자연스러우므로, will을 과거의 습관을 나타내는 조동사 would로 고쳐야 한다.
ⓓ 문맥상 과거에 일어날 수도 있었지만 일어나지 않은 일을 나타내는 could have p.p.의 형태가 되어야 하므로, stay를 과거분사 stayed로 고쳐야 한다.

**18** 지문 해석 나는 작은 마을에서 자랐고, 내 친구들과 나는 주말마다 종종 언덕을 오르곤 했다. 어느 날 우리는 그 지역을 탐험하기로 결정했다. 우리가 작은 나무 집을 발견했을 때, 하늘이 더 어두워졌고 나는 비가 오는 냄새를 맡을 수 있었다. 그 순간 우리는 집으로 향했어야 했지만, 우리는 머물렀다. 그러고 나서 비가 정말 심하게 내리기 시작했다.
▶(1) 과거의 반복적인 행동을 나타내고 있으므로 were used to는 used to로 고쳐 써야 한다.
(2) 과거 행동에 대한 후회를 나타내고 있으므로 should head는 should have headed로 고쳐 써야 한다.

**19** 지문 해석 마스크와 장갑과 같은 중요한 의료 물자의 부족은 생명을 앗아갔다. 과거의 많은 응급 상황에서, 의사들은 의료 물자에 대한 접근이 생명을 구하는 데 도움이 되었을 수도 있음에도 불구하고 그것들을 구할 수 없었다.
▶ 양보의 부사절에 해당하므로 양보의 접속사 even though, 주어와 동사를 차례대로 쓴다. 동사는 '~했을 수도 있다'라는 의미의 could have p.p.의 형태로 써야 한다.

**20** 지문 해석 다음번에 여러분이 별들로 가득 찬 하늘을 본다면, 누군가에게 단 하나의 별을 가리켜 보라. 그 사람은 여러분이 어떤 별을 보고 있는지 정확히 아는 것에 어려움을 겪을 것이다. 여러분이 별들의 패턴을 묘사하면 더 쉬울지도 모른다. 여러분은 "저기에 있는 밝은 별들의 저 큰 삼각형이 보여요?"와 같은 것을 말할 수 있다. 혹은 "대문자 W처럼 보이는 저 다섯 개의 별들이 보이나요?"라고 말할 수도 있다.
▶③ 현재 상황에서의 추측을 나타내므로 have been을 동사원형 be로 고쳐야 한다.
① 형용사구인 full of stars가 a sky를 뒤에서 수식하는 구조로 적절하다.

② '~하는 데 어려움을 겪다'라는 의미의 have a hard time -ing 구문이므로 적절하다.

④ '~할 수도 있다'라는 가능성을 나타내는 조동사 could가 동사원형 앞에 쓰였으므로 적절하다.

⑤ 관계대명사 that은 those five stars를 수식하는 형용사절을 이끌고 있으므로 적절하다.

# Chapter 8

# 가정법

## Unit 1 | 가정법 과거     p. 96

### 예문 해석

1 만약 내가 부자라면 저 차를 살 수 있을 텐데.
2 만약 내가 답을 안다면 너에게 말해 줄 수 있을 텐데.
 (→ 나는 답을 몰라서 너에게 말해 줄 수 없다.)
3 만약 당신이 길을 잃는다면 어떻게 할 건가요?
4 만약 그가 키가 더 크다면 그 청바지가 더 잘 어울릴 텐데.
5 만약 내가 나의 첫 사업을 다시 시작한다면 마케팅에 더 집중할 텐데.

### 어법 연결

6 내가 네 열쇠를 찾으면 네게 알려 줄게.
7 만약 내가 네 열쇠를 찾는다면 네게 알려 줄 텐데.

A 1 were 2 were 3 could
   4 would 5 had
B 1 had the courage 2 would swim
   3 there were no trees 4 could download
   5 were to fall

### 문제 해석

### A

1 만약 내가 너라면 Martin 선생님의 수업은 놓치지 않을 텐데.
2 만약 당신이 오늘 죽는다면 어떤 기분이겠는가?
3 만약 그에게 시간이 충분하다면 그는 우리와 함께할 수 있을 텐데.
4 만약 내가 두렵지 않다면 그것에 대해서 뭐라고 말할 것인가?
5 만약 그들이 모든 것을 상세히 다 써야 한다면 쓰는 데 시간이 너무 오래 걸릴 것이다.

### B

1 만약 내게 용기가 있다면 그녀에게 데이트를 신청할 텐데.
2 만약 그녀가 하루 쉰다면 하루 종일 바닷가에서 수영할 텐데.
3 만약 지구에 나무가 없다면 대부분의 동물들은 살아남을 수 없을 것이다.
4 만약 우리가 인터넷에 연결되어 있다면 그 파일을 다운로드할 수 있을 텐데.

5 만약 여러분이 블랙홀에 빠진다면 여러분의 몸에 무슨 일이 일어날까?

spell out ~를 상세히 다 쓰다  courage 용기

## Unit 2 | 가정법 과거완료     p. 97

### 예문 해석

1 만약 내가 더 부유했다면 저 차를 샀을 텐데.
2 만약 당신이 나에게 물어봤다면 나는 당신에게 답을 말해 주었을 텐데.
 (→ 당신이 나에게 물어보지 않아서 나는 당신에게 답을 말해 주지 않았다.)
3 만약 그가 더 열심히 공부했다면 시험에 합격했을 텐데.
 (→ 그는 더 열심히 공부하지 않아서 시험에 합격하지 못했다.)
4 만약 비가 오지 않았다면 Joe는 호숫가에 앉아 있을 수 있었을 텐데.
 (→ 비가 와서 Joe는 호숫가에 앉아 있을 수 없었다.)

### 어법 연결

5 만약 내가 피곤하지 않다면 너와 영화를 보러 갈 텐데.
6 만약 당신이 내 충고를 받아들였다면 돈을 잃지 않았을 텐데.

A 1 had been 2 had taken 3 have done
   4 had known 5 have survived
B 1 could have solved 2 would have been able to
   3 had been cleaner

### 문제 해석

### A

1 만약 그가 그곳에 있었다면 나를 도울 수 있었을 텐데.
2 만약 우리가 지하철을 탔다면 늦지 않았을 텐데.
3 만약 당신이 내 입장이었다면 어떻게 했겠습니까?
4 만약 그들이 자초지종을 알았다면 생각을 바꿨을 텐데.
5 만약 그 여자가 적절한 치료를 받았다면 살았을 텐데.

passionate 열정적인

## Unit 3 | 혼합가정법     p. 98

### 예문 해석

1 만약 그녀가 일찍 출발했다면 지금쯤 여기에 있을 수 있을 텐데.
2 만약 내가 돈을 더 모았다면 해외여행을 할 수 있을 텐데.
 (→ 내가 돈을 더 모으지 못해서 해외여행을 할 수 없다.)
3 만약 당신이 어젯밤에 그 약을 먹었다면 오늘 그렇게 몸이 아프지 않을 텐데.
 (→ 당신이 어젯밤에 그 약을 먹지 않아서 오늘 그렇게 몸이 아픈 것이다.)
4 만약 그녀가 중국어를 한다면 그 강의를 이해했을 텐데.
 (→ 그녀는 중국어를 못해서 그 강의를 이해하지 못했다.)

### 어법 연결

5 만약 그가 지난주에 팔을 다치지 않았다면 지금 농구를 하고 있을 텐데.

**A** **1** be **2** had snowed **3** have called
**4** go **5** had read

**B** **1** ○ **2** would be **3** had made **4** ○ **5** ○

---

### 문제 해석

**A**

**1** 만약 내가 그녀에게 청혼했다면 우리는 지금 함께일 텐데.
**2** 만약 지난주에 눈이 내렸다면 우리는 덴버에서 스키를 타고 있을 텐데.
**3** 만약 내가 너라면 그때 그에게 전화했을 텐데.
**4** 만약 어젯밤에 비가 오지 않았다면 우리는 지금 소풍을 갈 수 있을 텐데.
**5** 만약 내가 어제 그 장을 읽었다면 그 질문에 대답할 수 있을 텐데.

**B**

**1** 만약 John이 5년 전에 세상을 뜨지 않았다면 올해 80세일 텐데.
**2** 만약 내가 그 고기를 냉장고에 얼렸다면 그것은 지금 괜찮을 텐데.
**3** 만약 내가 미리 예약을 했다면 우리는 그 쇼를 보고 있을 텐데.
**4** 만약 그때 그녀가 나를 도와주지 않았다면 나는 지금 큰 곤경에 처해 있을 것이다.
**5** 만약 내가 등산을 포기하지 않았다면 더 건강할 수 있을 텐데.

pass away 사망하다 freeze 얼리다

---

### Unit 4 | that절 속의 가정법 현재     p. 99

**예문 해석**

1 그녀의 아버지는 그녀가 즉시 집에 가야 한다고 주장했다.
2 학생들은 시험 일정이 공표되어야 한다고 요구했다.
3 나는 그녀가 학위 없이 학교를 떠나지 않는 것이 바람직하다고 생각한다.
4 그가 회의에 참석하는 것은 중요하다.

**어법 연결**

5 목격자는 그 남자가 지갑을 훔치는 것을 보았다고 주장했다.

**A** **1** be submitted **2** join **3** rest
**4** was **5** deliver

**B** **1** ○ **2** be **3** sign **4** turn **5** ○

---

### 문제 해석

**A**

**1** 그녀는 내일까지 보고서가 제출되어야 한다고 요구했다.
**2** 그는 그녀에게 특정 장소에서 합류할 것을 요청했다.
**3** 의사는 그에게 최소 일주일은 쉬어야 한다고 권장했다.
**4** 투자자는 그 감독의 영화가 흥행 실패라고 주장했다.
**5** 회사가 적절한 시기에 제품을 납품하는 것이 매우 중요하다.

**B**

**1** 모든 아이들이 건강하고 행복한 것은 극히 중요하다.
**2** 왕은 그 보물을 섬에 묻으라고 명령했다.
**3** 그 변호사는 의뢰인이 서류에 서명할 것을 제안했다.

---

**4** 여러분이 숙제를 할 때 텔레비전을 끄는 것은 중요하다.
**5** 연구는 고래가 육지 포유동물에서 진화했음을 시사한다.

declare 공표[선언]하다 desirable 바람직한 vital 매우 중요한
essential 극히 중요한, 필수적인 investor 투자자 client 의뢰인
evolve 진화하다 mammal 포유동물

---

### Unit 5 | I wish+가정법 / as if[though]+가정법     p. 100

**예문 해석**

1 매일이 크리스마스라면 좋을 텐데.
 (→ 나는 매일이 크리스마스가 아니라서 아쉽다.)
2 아버지가 여전히 우리와 함께 계시면 좋았을 텐데.
 (→ 나는 아버지가 여전히 우리와 함께 계시지 않아서 아쉬웠다.)
3 어머니가 차에 가방을 두고 내리지 않으셨다면 좋을 텐데.
 (→ 어머니가 차에 가방을 두고 내리셔서 유감스럽다.)
4 내가 5월에 태어났다면 좋았을 텐데.
 (→ 내가 5월에 태어나지 않아서 아쉬웠다.)
5 나는 마치 공중에 떠 있는 기분이다.
 (→ 사실, 나는 공중에 떠 있지 않다.)
6 그는 마치 몹시 배고픈 것처럼 음식을 입에 넣었다.
 (→ 사실, 그는 몹시 배고픈 것은 아니었다.)
7 그녀는 마치 아무 일도 일어나지 않았던 것처럼 말한다.
 (→ 사실, 어떠한 일이 일어났다.)
8 그 남자는 마치 재난이 일어났던 것처럼 말했다.
 (→ 사실, 어떤 재난도 일어나지 않았다.)

**어법 연결**

9 그녀는 마치 자신이 부유한 것처럼 말한다.
 (→ 그녀는 어쩌면 부유할지도 모른다.)

**A** **1** had done **2** were **3** were
**4** would **5** had stayed
**B** **1** my team had done **2** she had not trusted
**3** my heart burst open

---

### 문제 해석

**A**

**1** 내가 2년 전에 그것을 다르게 했다면 좋을 텐데, 그럴 수가 없었다.
**2** 그녀는 마치 자신이 실제보다 20살 더 많은 것처럼 말한다.
**3** 그의 얼굴은 마치 곧 기절할 것처럼 창백해졌다.
**4** 나는 정말 피곤하다. 상사가 지금 내게 며칠 휴가를 준다면 좋겠다.
**5** 그는 마치 전날 밤을 꼬박 새운 것처럼 보였다.

**B**

**1** 우리 팀이 그 대회에서 더 잘하지 못해서 아쉽다.
 → 우리 팀이 그 대회에서 더 잘했다면 좋을 텐데.
**2** 그녀는 처음부터 그를 믿었던 것이 유감스러웠다.
 → 그녀는 자신이 처음부터 그를 믿지 않았다면 하고 바랐다.
**3** 사실, 내 심장은 터지지 않았다.
 → 마치 내 심장이 터지는 것 같았다.

float 뜨다 starve 굶주리다, 굶어 죽다 disaster 재난 faint 기절하다
burst 터지다

**예문 해석**

1 만약 그녀가 수학을 잘한다면 시험에 통과할 수 있을 텐데.
2 만약 내가 진실을 알지 못했다면 그 거짓말쟁이를 믿었을지도 모른다.
3 물이 없다면 농사도 없을 것이다.
4 네 도움이 없었다면 나는 그 프로젝트를 제때에 끝낼 수 없었을 것이다.
5 이제 우리가 학교에 가야 할 때이다.
6 그녀가 나에게 지도를 주었는데, 그렇지 않았다면 나는 길을 잃었을 것이다.
7 당신이 복권에 당첨되었다고 가정해 보라.
8 그녀가 우는 것을 본다면 당신도 그녀를 위해 같은 일을 할 것이다.
9 당신의 도움이 있다면 우리는 어려움에 처한 사람들을 더 많이 도울 수 있을 것이다.

**어법 연결**

10 현명한 사람이라면 그런 일은 절대 하지 않을 것이다.

A 1 But for 2 Had she been 3 were not for
   4 Without 5 otherwise
B 1 would have been more useful
   2 I not read the book
   3 it not for the Internet

**문제 해석**

A
1 당신의 지원이 없었다면 나는 상을 타지 못했을 것이다.
2 만약 그녀가 좀 더 조심했다면 그런 실수를 하지 않았을 텐데.
3 만약 중력이 없다면 우리는 공중에 떠 있을 것이다.
4 코치가 없었다면 Mike는 자신의 목표를 이루지 못했을 것이다.
5 나는 네가 그것을 알고 있다고 생각했는데, 그렇지 않았다면 나는 너에게 그것에 대해 말해 주었을 것이다.

farming 농사 lottery 복권 gravity 중력 achieve 이루다, 성취하다 inconvenient 불편한

## Review Test    p. 102

1 were to be  2 hadn't  3 had seen  4 had come
5 Were he  6 would you do  7 were  8 had known
9 (should) be  10 happened → had happened
11 avoided → (should) avoid
12 Had not I seen → Had I not seen
13 have been → be  14 were to offer you
15 If the Nazis had won
16 insisted that she (should) pay  17 wish you could see
18 I had taken that math course, could have answered the question
19 were a true friend of yours
20 it were not for cooperation
21 had not met the deadline
22 is about time you took a break
23 the heavy rain, the impact of the drought might have been worse
24 the firefighters had arrived late, the building would have been destroyed
25 he stopped at the red light, he would still be alive

1 만약 내가 다시 태어난다면 음악가가 될 텐데.
▶ 실현 가능성이 거의 없는 일을 가정하고 있으므로 「were to+동사원형」의 가정법을 사용한다.

2 만약 당신이 배우가 되지 않았다면 무엇을 했을까요?
▶ 과거 사실과 반대되는 일을 가정하는 가정법 과거완료 문장이므로, if절의 동사는 had p.p.의 형태가 되어야 한다.

3 그녀는 마치 그 영화를 본 것처럼 말했다.
▶ 주절보다 앞선 시점의 사실을 반대로 가정하는 문장이므로, 「as if+주어+had p.p.」의 가정법 과거완료를 쓴다.

4 네가 지난 주 Jennifer의 파티에 왔다면 좋을 텐데.
▶ 바라는 시점보다 앞선 과거의 일에 대한 아쉬움을 나타내므로, 「I wish+주어+had p.p.」의 가정법 과거완료를 쓴다.

5 만약 그가 키가 더 크다면 맨 위 선반에 닿을 수 있을 텐데.
▶ 현재 사실과 반대되는 일을 가정하는 가정법 과거(If he were taller, ~) 문장의 If가 생략되어 주어와 동사가 도치되었으므로 Were he가 적절하다.

6 만약 당신이 시험에서 부정행위를 하는 사람을 본다면 어떻게 할 것인가?
▶ 현재 사실과 반대되는 일을 가정하는 가정법 과거 문장이므로 would you do로 고쳐야 한다.

7 그들은 마치 실제 나이보다 50살 더 먹은 것처럼 느리게 이야기했다.
▶ 주절과 같은 시점의 사실을 반대로 가정하는 문장이므로, 「as if+주어+동사의 과거형」의 형태가 되도록 고쳐야 한다.

8 만약 그들이 그 사고에 대해 알았다면 그 행사를 취소했을 텐데.
▶ 가정법 과거완료 문장이므로, if절의 동사는 had p.p.의 형태로 고쳐야 한다.

9 여왕은 그 도둑을 감옥에 보내라고 명령했나.
▶ 주절의 동사 ordered는 명령의 의미이고 that절의 내용에는 당위성의 의미가 있으므로, that절의 동사를 「(should+) 동사원형」의 형태로 고쳐야 한다.

10 그녀와 말다툼을 한 후, 그는 마치 아무 일도 없었던 것처럼 집에 갔다.
▶ 주절(집에 간 것)보다 앞선 시점의 사실(싸움을 한 것)을 반대로 가정하는 문장이므로, 「as if+주어+had p.p.」의 형태로 고쳐야 한다.

11 그 의사는 그녀가 무거운 물건을 드는 것을 피해야 한다고 조언했다.
▶ 주절의 동사 advised는 충고의 의미이고, that절의 내용에는 당위성의 의미가 있으므로, that절의 동사는 「(should+)

동사원형」의 형태로 고쳐야 한다.

**12** 만약 내가 그것을 직접 보지 않았다면 그것을 믿지 않았을 것이다.
▶ 가정법 과거완료 문장에서 If가 생략되면 주어와 had가 도치되고, 이때 not이 있는 경우에는 not이 주어 뒤에 위치한다.

**13** 만약 공룡이 멸종하지 않았다면 오늘날의 세계는 어떨까?
▶ 혼합가정법 문장으로, If절은 과거에 대한 가정이지만 주절은 현재에 관한 내용이다. 따라서 주절의 동사는 과거형으로 고쳐야 한다.

**14** ▶ 실현 가능성이 낮은 일을 가정하는 가정법 과거 문장이므로, if절의 동사를 「were to+동사원형」의 형태로 쓴다.

**15** ▶ 혼합가정법 문장이므로, If절을 「If+주어+had p.p. ~」의 형태로 쓴다.

**16** ▶ 주장을 의미하는 동사 insisted를 쓴 다음 that절의 동사를 「(should+) 동사원형」의 형태로 쓴다.

**17** ▶ 바라는 시점과 바라는 내용이 현재에 대한 것이므로 조동사 can을 과거형 could로 써서 가정법 과거를 표현한다.

**18** 그 수학 과목을 듣지 않았기 때문에, 나는 그 문제에 답할 수 없었다.
→ 만약 내가 그 수학 과목을 들었다면 그 문제에 답할 수 있었을 텐데.
▶ 과거 사실과 반대되는 가정을 나타내므로, 「If+주어+had p.p. ~, 주어+조동사의 과거형+have p.p. …」의 가정법 과거완료 문장으로 쓴다.

**19** 당신의 진정한 친구라면 절대 당신을 위험에 빠뜨리지 않을 것이다.
→ 만약 그가 당신의 진정한 친구라면 절대 당신을 위험에 빠뜨리지 않을 것이다.
▶ 현재 사실과 반대되는 가정을 나타내는 가정법 과거 문장이므로, If절의 동사는 과거형으로 쓴다.

**20** 협력이 없다면 건전한 경쟁은 일어나지 않을 것이다.
→ 만약 협력이 없다면 건전한 경쟁은 일어나지 않을 것이다.
▶ '~가 없다면 …할 텐데'라는 의미의 가정법 과거 문장이므로, Without이 이끄는 구를 If it were not for ~로 바꿔 쓴다.

**21** Paul은 마감 시간에 맞추었는데, 그렇지 않았다면 그는 그 과목을 통과할 수 없었을 것이다.
→ 만약 Paul이 마감 시간에 맞추지 못했다면 그 과목을 통과할 수 없었을 것이다.
▶ '~했다면 …했을 텐데'라는 의미의 가정법 과거완료 문장이 되어야 하므로, If절을 「If+주어+had p.p. ~」의 형태로 쓴다.

**22** ▶ '이제 ~해야 할 때이다'라는 의미의 「It is about time+주어+동사의 과거형」 구문으로 쓴다.

**23** ▶ '~가 없었다면 …했을 텐데'라는 의미의 「But for+명사(구) ~, 주어+조동사의 과거형+have p.p. …」 구문으로 쓴다.

**24** ▶ '~했다면 …했을 텐데'라는 의미의 가정법 과거완료 문장이므로, 「If+주어+had p.p. ~, 주어+조동사의 과거형+have p.p. …」의 어순으로 쓴다.

**25** ▶ 혼합가정법 문장으로 괄호 안에 if가 주어져 있지 않으므로, 「Had+주어+p.p. ~, 주어+조동사의 과거형+동사원형 …」의 형태로 쓴다.

1 ④   2 ③   3 ⑤   4 ②   5 ④
6 ②   7 ③   8 ②   9 ⑤   10 ④

**11** If the weather had been nice yesterday, we would have gone swimming.

**12** Had I finished my homework earlier, I could watch the game now.

**13** I wish I did not have to go to work today.

**14** But for air, all living things would die. [All living things would die, but for air.]

**15** I felt as if I were walking on the moon.

**16** It is desirable that online education (should) be continued.

**17** (A) (should) say   (B) have accepted   (C) Had   (D) be

**18** (1) have stopped → stopped[(should) stop]
   (2) Have → Had

**19** otherwise, she could have been severely injured

**20** ④

**1** 만약 아이들에게 더 많은 씹기가 장려된다면 많은 치아 문제가 예방될 것이다.
▶ 가정법 과거 문장이므로, 주절의 동사로는 「조동사의 과거형+동사원형」의 형태가 적절하다.

**2** 만약 회의가 없었다면 우리는 더 오래 머물 수 있었을 텐데.
▶ 가정법 과거완료 문장에서 If가 생략되었으므로 「Had+주어+not+p.p. ~」의 형태가 되어야 한다.

**3** 불이 없었다면, 우리 선조들은 살아남기 위해 고군분투했을 것이다.
▶ '~가 없었다면 …했을 텐데'라는 의미의 가정법 과거완료 문장이므로, 주절의 동사는 「조동사의 과거형+have p.p.」의 형태가 되어야 한다.

**4** 기술이 없다면 삶은 더 힘들 것이다.
= 만약 기술이 없다면 삶은 더 힘들 것이다.
▶ '~가 없다면 …할 텐데'라는 의미의 가정법 과거 문장이므로, Without을 Were it not for ~ [If it were not for ~]로 바꿔 쓸 수 있다.

**5** 그가 그때 정직하지 못해서 유감이다.
= 그가 그때 정직했다면 좋을 텐데.
▶ 바라는 시점보다 앞선 과거의 일에 대한 아쉬움을 나타내므로 「I wish+주어+had p.p.」를 쓰되, 문맥상 정직했음을 소망하는 내용이므로 had been이 적절하다.

**6** ② 이제 네가 그 불량배들에게 맞서야 할 때이다.
▶ '이제 ~해야 할 때이다'라는 의미의 표현은 「It is about time+주어+동사의 과거형」이므로 stood로 고쳐야 한다. 또는 (should) stand로도 고칠 수 있다.
① 그는 마치 귀신을 본 것처럼 겁에 질려 보였다.
▶ 주절의 시제보다 앞선 시점에서의 사실과 반대되는 가정이므로 as if절의 과거완료 시제는 적절하다.
③ 만약 그녀가 태도를 바꾼다면 그것은 큰 차이를 만들 것이다.
▶ 주절의 시제로 보아 가정법 과거 문장이므로 과거형 동사 changed는 적절하다.

④ 그 감독은 대본이 철저히 확인되어야 한다고 요청했다.
▶ 주절의 동사가 요청을 나타내고 종속절의 내용에 당위성이 있으므로 that절에 쓰인 동사원형 be는 적절하다.

⑤ 만약 모든 사람이 다른 사람들의 장점을 본다면, 세상은 더 나은 곳이 될 텐데.
▶ 현재 사실에 대한 반대의 가정을 하는 가정법 과거 문장이므로, 「would+동사원형」은 적절하다.

**7** ③ 그 소방관은 불이 너무 빨리 접근했다고 주장했다.
▶ 문맥상 that절의 내용에 당위성이 없으므로, get을 대과거 had got이나 과거진행형 was getting으로 고쳐 직설법으로 나타내야 한다.

① 그녀는 내가 키가 더 커진다면 좋겠다고 바란다.
▶ 소망하는 시점과 같은 시점에 대한 바람이므로 「would+동사원형」은 적절하다.

② 만약 그가 더 젊다면 전 세계를 여행할 텐데.
▶ 가정법 과거 문장에서 If가 생략되었으므로 he와 were가 도치된 형태는 적절하다.

④ 만약 내가 너와 사랑에 빠지지 않았다면, 나는 진정한 사랑을 결코 경험하지 못했을 텐데.
▶ 가정법 과거완료 문장에서 If가 생략되었으므로 I와 had가 도치된 형태는 적절하다.

⑤ 만약 내가 당신에게 경기를 언제 시작해야 할지 말해 달라고 요청한다면 당신은 그렇게 할 수 있겠는가?
▶ 현재 사실과 반대되는 일을 가정하는 가정법 과거 문장의 If절에 쓰인 동사의 과거형 asked는 적절하다.

**8** ⓑ 내가 1970년대에 태어났다면 좋을 텐데.
▶ 바라는 현재 시점보다 더 먼저 일어난 일에 대한 바람을 나타내고 있으므로 과거동사 were는 과거완료 had been으로 고쳐야 한다.

ⓒ 그때 이후로 일 년이 지났지만 나는 그것이 마치 어제처럼 느껴진다.
▶ but 뒤의 문장에서 주절(I feel)과 같은 시점의 사실을 반대로 가정하고 있으므로, 가정법 과거가 되도록 be를 과거형 were로 고쳐야 한다.

ⓐ 만약 문의 사항이 있으시면 저에게 이메일을 보내 주십시오.
▶ If you should have ~에서 If가 생략된 후 주어와 동사가 도치되었으므로 적절하다.

ⓓ 이 정보가 모든 사람들에게 공유되는 것이 중요하다.
▶ 판단을 나타내는 형용사 important가 주절에 쓰이고 that절이 당위성을 내포하고 있으므로, 동사원형 be가 쓰인 것은 적절하다.

ⓔ 여러분이 빛의 속도로 움직일 수 있다고 가정해 보라.
▶ Suppose는 가정법 과거와 함께 쓰여 '~라고 가정해 보라'는 의미를 나타내므로 적절하다.

**9** ⑤ 만약 우리가 원숭이 한 무리에게 돈을 사용하도록 가르칠 수 있다면 무슨 일이 일어날 것인가?
▶ 현재 실현 가능성이 거의 없는 일을 가정하는 가정법 과거 문장의 형태이므로 적절하다.

① 만약 당신이 과거로 돌아갈 수 있다면 무엇을 바꿀 것인가?
▶ 현재 실현 가능성이 거의 없는 일을 상상하는 가정법 과거 문장이므로, If절의 조동사 can을 과거형 could로 고쳐야 한다.

② 당신의 조언이 없었다면 나는 곤경에 처할 수도 있다.
▶ '~가 없었다면'이라는 뜻의 표현은 「But for+명사(구)」이므로 that을 for로 고쳐야 한다.

③ 만약 그가 아프지 않았다면 계속 일할 수 있었을 것이다.
▶ 과거 사실과 반대되는 일을 가정하는 가정법 과거완료 문장이므로, if절의 동사 doesn't get을 hadn't got로 고쳐야 한다.

④ 바다가 없다면 지구에는 우리가 숨 쉬는 공기가 없을 것이다.
▶ 현재 사실의 반대를 가정하는 가정법 과거 문장이므로, 주절의 동사 wouldn't have had를 wouldn't have로 고쳐야 한다.

**10** ④ 학생들이 규칙을 따르지 않으면 Jones 선생님은 그들에게 벌을 주었다.
▶ if절은 가정이 아닌 과거에 특정한 일이 일어났던 조건을 나타내고 있다. 따라서 단순 조건문으로 나타낸 것은 적절하다.

① 만약 오늘이 나의 마지막 날이라면, 나는 모든 것에 감사할 것이다.
▶ 현재 사실과 반대되는 일을 가정하는 가정법 과거 문장이므로, 주절의 동사 would have been을 would be로 고쳐야 한다.

② 그 어린 여자아이는 마치 공주인 것처럼 행동했다.
▶ 주절과 같은 시점에서의 사실과 반대되는 가정을 나타내므로 as if 뒤에 가정법 과거 형태가 와야 한다. 따라서 is는 were로 고쳐야 한다.

③ 그녀는 그가 그의 이웃에게 도와달라고 부탁해야 한다고 조언했다.
▶ 충고를 나타내는 동사 advised 뒤의 that절에 당위성의 의미가 있으므로, that절의 동사 asked를 (should) ask로 고쳐야 한다.

⑤ 만약 동물들이 말할 수 있다면, 그들은 우리에게 할 말이 있을 것이다.
▶ If animals were able to talk에서 If를 생략하고 주어와 동사를 도치시킨 구문이므로, Were able animals를 Were animals able로 고쳐야 한다.

**11** ▶ 가정법 과거완료 문장이므로, 「If+주어+had p.p. ~, 주어+조동사의 과거형+have p.p. …」의 어순으로 쓴다.

**12** ▶ 혼합가정법 문장으로 괄호 안에 if가 주어져 있지 않으므로, 「Had+ 주어+p.p. ~, 주어+조동사의 과거형+동사원형 …」의 형태로 쓴다.

**13** ▶ 현재 이루기 힘든 소망을 나타내는 「I wish+주어+동사의 과거형」의 가정법 과거 문장으로 쓴다.

**14** ▶ '~가 없다면 …할 텐데'라는 의미의 「But for+명사(구) ~, 주어+ 조동사의 과거형+동사원형 …」 구문으로 쓴다.

**15** ▶ 주절과 같은 시점의 사실을 반대로 가정하고 있으므로, I felt 뒤에 「as if+주어+동사의 과거형」의 형태로 쓴다.

**16** ▶ 주절 It is desirable을 쓰고, that절에 당위성의 의미가 있으므로 동사를 「(should+) 동사원형」의 형태로 쓴다.

**17** 지문 해석 사과는 효과가 있다. 내 친구들 중 한 명인 Erin은 남자친구와 싸웠다. 그것은 그녀의 잘못이어서, 나는 그에게 미안하다고 말해야 한다고 그녀에게 제안했다. 만약 그녀가 사과를 했다면 그는 그것을 받아들였을 것이다. 그녀는 사과하지 않았다. 그들은 헤어졌고, 그녀는 지금 그것을 후회한다. 만약 그녀가 자신의 잘못을 인정했다면 지금 상황은 달라져 있을 수 있다.
▶ (A) 제안의 동사 suggested 뒤에 that절이 당위성의 의미를 내포하고 있으므로, that절의 동사를 (should) say로 고쳐야 한다.

(B) 과거 사실과 반대되는 일을 가정하는 가정법 과거완료 문장이므로, 주절의 동사를 would have accepted로 고쳐야 한다.

(C) 혼합가정법 문장의 If절에서 If가 생략되어 주어와 조동사 had가

도치되었으므로 Have를 Had로 고쳐야 한다.

(D) 혼합가정법 문장이므로 주절의 동사를 could be로 고쳐야 한다.

**18** 지문 해석 여러분의 태도를 바꾸는 것은 똑똑한 학생이 되는 데 있어서 매우 중요하다. 똑똑한 학생이 된다는 것은 책임을 지고 스스로를 가르치는 것을 의미한다. 이제 우리가 선생님들에게 의존하는 것을 그만둬야 할 때이다. 만약 여러분이 태도를 바꿨다면 훨씬 더 많은 지식을 발견했을 것이다. 하지만, 결코 늦지 않았다. 지금 책임을 져라.

▶(1) '이제는 ~해야 할 때이다'라는 의미는 「It is high time+주어+동사의 과거형」의 형태로 나타낸다. 동사의 과거형 대신 「(should+) 동사원형」으로도 쓸 수 있다.

(2) 가정법 과거완료 문장의 If절에서 If가 생략되어 주어와 조동사 had가 도치되었으므로 Have를 Had로 고쳐야 한다.

**19** 지문 해석 Daniel은 자신의 어머니를 맞이하기 위해 뛰어올랐다. 그는 뛰어올라 자신의 다리를 어머니에게 감쌌지만, 그녀는 그것에 준비가 되어 있지 않았다. 그의 어머니는 균형을 잃고 넘어질 뻔했다. 그녀는 옆에 있는 나무에 의해 구해졌는데, 그렇지 않았다면 그녀는 크게 다쳤을 수도 있다.

▶ 반대의 상황을 가정하는 부사 otherwise(그렇지 않았다면)를 추가한다. 과거 사실과 반대되는 일을 가정하는 가정법 과거완료 문장이므로, 「주어+조동사의 과거형+have p.p.」의 형태로 쓴다.

**20** 지문 해석 여러분은 평범한 세부 사항들을 기억할 가능성이 적다. 인간은 특이한 사건들을 떠올리는 데 능하다. 완벽한 예는 여러분이 무언가 재미있는 것을 볼 때이다. 만약 오늘 여러분의 동료들 중 한 명이 미키 마우스로 분장한다면, 여러분은 한 달 후에 그것을 기억할 것이다. 다른 동료들에 대한 다른 평범한 세부 사항들은 잊힐 것이다.

▶④ 현재 사실과 반대되는 일을 가정하는 가정법 과거 문장이므로, 주절의 동사는 would remember로 고쳐야 한다.

① '~할 가능성이 있다'라는 표현인 「be likely to+동사원형」의 쓰임은 적절하다.

② '~에 능하다'라는 표현인 be good at 뒤에 전치사의 목적어로 동명사 recalling이 온 것은 적절하다.

③ 형용사 funny가 대명사 something을 뒤에서 수식하고 있으므로 적절하다.

⑤ 가정법 과거 구문인 「would+동사원형」이 쓰였고 주어가 잊는 행위의 대상이므로 수동태 be forgotten은 적절하다.

# Chapter 9

# 명사 / 관사 / 대명사

## Unit 1 | 셀 수 있는 명사 vs. 셀 수 없는 명사     p. 108

예문 해석

1 컴퓨터와 세 권의 책이 책상 위에 있다.

2 우리 가족은 매주 일요일 밤에 저녁 식사를 하러 외출한다.

3 인터넷은 우리가 지식을 쉽게 공유하도록 도와준다.

4 Isabelle은 프랑스 파리에서 태어났다.

5 나는 대개 아침 식사로 우유와 빵을 먹는다.

6 빵 두 덩어리는 2달러이다.

어법 연결

7 직원들은 지금 회의 중이다.

8 그는 직원들이 안전하다고 말했다.

A **1** Friendship **2** bars **3** a bag
    **4** is **5** a glass

B **1** ○ **2** two bottles of water
    **3** ○ **4** a big family **5** ○

문제 해석

A

1 우정은 영혼에 꼭 필요하다.

2 나는 그녀에게 비누 세 개를 사 주었다.

3 어머니는 가방에 내 점심을 싸 주셨다.

4 10월은 여행하기에 좋은 시기이다.

5 그는 레드 와인 한 잔을 주문했다.

B

1 정보는 실제로 사용하지 않으면 가치가 없다.

2 매일 물 두 병을 마셔라.

3 예약은 필수이며 온라인으로 해야 한다.

4 Alice네 집은 대가족이다. 그녀에게는 여동생이 세 명 있다.

5 이곳에서는 식물이 자랄 공간이 없다.

worthless 가치 없는

## Unit 2 | 주의해야 할 명사     p. 109

예문 해석

1 수학은 우주의 언어이다.

2 20마일은 먼 거리이다.

3 그의 안경은 항상 더럽다.

4 이 가위는 천을 자르는 데 아주 좋다.

5 경찰은 이틀간 그들을 조사해 왔다.

6 대다수의 사람들은 그 법에 반대한다.

7 나는 거실에 모든 가구를 배치하려고 했다.

어법 연결

8 내 수입의 절반[나머지/3분의 1/대부분/대개]은 미래를 위해 저축된다.

9 그 어린 남자아이들 중 절반[나머지/3분의 1/대부분/대개]이 야구를 하고 있다.

A **1** is **2** go **3** was
    **4** leads **5** is

B **1** is **2** ○ **3** are **4** is **5** ○

## A

1 왜 대부분의 사람들에게 물리학은 어려운가?

2 검정색 신발은 검정색 양복에 어울린다.

3 나머지 주스는 냉동되어 있었다.

4 네덜란드가 디지털 혁신의 길을 이끈다.

5 가장 인기 있는 결제 수단은 신용 카드이다.

## B

1 무소식이 희소식이다.

2 30분은 아무것도 하지 않기에는 너무 길다.

3 소는 우유와 노동력과 같이 여러 목적으로 사용된다.

4 필리핀은 베트남의 동쪽에 위치해 있다.

5 이 지역의 대부분의 건물들은 100년 전에 지어졌다.

distance 거리  fabric 천, 직물  investigate 조사하다  furniture 가구
arrange 배치[정리]하다  income 수입  go with ~와 어울리다
innovation 혁신  labor 노동(력)

### Unit 3 | 부정관사/정관사  p. 110

**예문 해석**

1 개 한 마리가 그녀를 향해 달려갔다.

2 그는 시간당 25달러를 번다.

3 의사는 아픈 사람들을 치료한다.

4 나는 개가 한 마리 있다. 그 개는 꼬리가 길다.

5 내게 소금 좀 건네줄래?

6 플랫폼에 서 있는 남자는 나의 삼촌이다.

7 당신은 나를 도와줄 수 있는 유일한 사람이다.

8 나는 네 것과 같은 스웨터를 사고 싶다.

9 그녀는 이따금씩 바이올린을 연주한다.

**어법 연결**

10 다수의 표가 팔렸다.

11 아이들의 수가 줄었다.

**A** 1 ○ 2 the 3 A number of 4 a 5 ○

**B** 1 work for the same company
　2 handed a book to me
　3 the most successful soccer player

## A

1 나는 노트북 컴퓨터를 샀다. 그 노트북 컴퓨터는 사용하기 쉽다.

2 그는 두 번째 줄에 앉기로 결정했다.

3 많은 학생들이 오늘 결석했다.

4 직원들은 한 달에 한 번 월급을 받는다.

5 노인들은 추운 날씨에 쉽게 영향을 받는다.

decrease 줄다, 감소하다  row 줄, 열  currently 현재

### Unit 4 | 소유대명사/재귀대명사  p. 111

**예문 해석**

1 내 자전거는 낡고 녹슬었지만 그녀의 것은 새것이다.

2 내 친구 한 명이 너를 만나고 싶어 한다.

3 그는 거울에 비친 자신을 보고 있다.

4 그녀는 직접 그 프로젝트를 끝냈다.

**어법 연결**

5 나는 나 자신을 위해 샌드위치를 만들 것이다.

**A** 1 mine 2 yours 3 yourself
　4 herself 5 itself

**B** 1 yours 2 yours 3 himself

## A

1 네 책은 사물함에 있지만, 내 책은 집에 있다.

2 내가 어쩌다 네 우산 한 개를 집에 가져갔다.

3 파티에 있는 당신 자신을 상상해 보라.

4 그녀는 혼자 식당에 가서 혼자서 저녁을 먹었다.

5 승마 장비의 비용이 말 자체의 값보다 더 높다.

rusty 녹슨  accidentally 어쩌다, 우연히

### Unit 5 | 지시대명사/대명사 it  p. 112

**예문 해석**

1 나는 저기에 있는 저것보다 이것이 더 좋다.

2 건강이 돈보다 더 중요하다. 후자는 전자를 살 수 없다.

3 Thomas Carlyle은 이렇게 말했다. 압력 없이는 다이아몬드도 없다. (고통 없이는 결실도 없다.)

4 사느냐 죽느냐, 그것이 문제로다.

5 오리알 껍데기는 달걀 껍데기보다 더 두껍다.

6 나는 내 주변인들에게 친절을 보이려고 노력한다.

7 이 꽃병을 보아라. 그것은 물로 가득 차 있다.

8 식사 후에 피곤함을 느끼는 것은 흔한 일이다.

9 나는 사람들에게 '아니요'라고 말하기가 어렵다고 생각한다.

10 내가 Jamie를 만난 날은 바로 어제였다.

11 밖에 비가 오고 있다.

12 진정해. 너는 괜찮을 거야.

**어법 연결**

13 표지를 보고 책을 판단하지 마라.

**A** 1 it 2 that 3 That
　4 It 5 those

**B** 1 비인칭주어 2 가주어
　3 강조 구문

## A

1 어떻게 지내세요?
2 아기들의 시간 감각은 어른들의 시간 감각과는 다르다.
3 Amy는 회의에 자주 늦는다. 그것이 그를 화나게 한다.
4 내가 이것을 그리는 데 60년이 넘게 걸렸다.
5 도시에 있는 나무가 시골에 있는 나무보다 더 빨리 자라는가?

## B

1 거기까지 가는 데 30분이 걸린다.
2 이 모든 질문에 대답하기는 어렵다.
3 에너지 소비량이 가장 많은 나라는 바로 미국이었다.

pressure 압력  common 흔한  consumption 소비(량)

---

### Unit 6 | 부정대명사    p. 113

**예문 해석**

1 이 바지는 제게 너무 짧아요. 좀 더 긴 것으로 주시겠어요?
2 그녀는 개가 두 마리 있다. 하나는 흰색이고 나머지 하나는 검정색이다.
3 구슬이 세 개 있다. 하나는 빨간색, 또 다른 하나는 녹색, 나머지 하나는 파란색이다.
4 다섯 명의 남자들이 모였다. 한 명은 교사였고, 또 다른 한 명은 변호사였고, 나머지 모두는 작가였다.
5 어떤 사람들은 공부를 잘한다. 다른 사람들은 운동을 잘한다.
6 좀 더 드시겠습니까?
7 나는 '스타워즈' 영화는 어느 것도 본 적이 없다.
8 너는 원하는 펜을 어느 것이든 사용해도 된다.
9 이 장난감들을 보아라. 각각은 아메리카 원주민들에 의해 만들어졌다.
10 물이 모두 얼었다.
11 우리들 중 누구도 이 문제를 풀지 못했다.
12 그들 둘 다 독일 출신이다.
13 둘 다 파티에 가지 않을 것이다.

**어법 연결**

14 바구니에 담긴 사과들 대부분이 익었다.

A 1 the other  2 have  3 others
    4 some  5 Others
B 1 neither  2 none  3 Each

---

문제 해석

## A

1 펜이 두 개 있다. 하나는 검정색이고 나머지 하나는 빨간색이다.
2 학생들 대부분이 숙제를 제출했다.
3 네 개의 반지 중 하나는 파란색이고, 나머지 모두는 흰색이다.
4 나는 간식이 떨어졌다. 오늘 좀 사야 한다.
5 어떤 사람들은 읽기를 좋아한다. 다른 사람들은 쓰기를 좋아한다.

marble 구슬; 대리석  academics 학문  be out of ~가 떨어지다[소진되다]
strength 강점

---

### Review Test    p. 114

1 some  2 scissors  3 provides  4 a
5 the  6 yourself  7 his  8 look  9 were
10 another → the other  11 were → was
12 This → It  13 is → are  14 another
15 those  16 it  17 all
18 either is acceptable
19 Each of the houses has
20 Most of the work has
21 The young are different
22 The story was read by the writer himself.
23 My friend broke a cup of mine.
24 The influence of peers is stronger than that of parents.
25 another contains pens, and the other contains erasers

---

1 제게 탁자 위에 있는 쿠키를 몇 개 주세요.
  ▶ '몇 개'라는 의미의 부정대명사 some이 적절하다.

2 나는 실수로 가위에 손가락을 베였다.
  ▶ scissors(가위)는 두 개 이상의 부분이 모여 하나의 쌍을 이루는 명사이므로 항상 복수형으로 쓴다.

3 경제학은 세계의 가장 중요한 몇 가지 질문들에 대한 답을 제공한다.
  ▶ economics(경제학)와 같이 학문 이름을 나타내는 명사는 항상 단수 취급하므로, 3인칭 단수동사 provides가 적절하다.

4 재활용해야 할 이유는 많이 있다.
  ▶ 문맥상 '많은'이라는 의미가 되어야 자연스러우므로 a number of(많은)의 일부를 이루는 a가 적절하다.

5 대지진 이후 부상자들은 인근 병원으로 후송되었다.
  ▶ 형용사 앞에 와서 '~한 사람들'이라는 의미의 복수 보통명사를 만드는 정관사 the가 적절하다.

6 당신은 우선 당신 자신을 잘 돌보아라.
  ▶ 주어와 목적어가 동일한 대상이므로 목적어 you를 재귀대명사 yourself로 고쳐야 한다.

7 관리자는 그의 직원 한 명에게 사무실로 오라고 요청했다.
  ▶ 문맥상 목적어는 '그의 직원 한 명'이라는 의미의 이중소유격이 되어야 하므로, 목적격 him을 소유대명사 his로 고쳐야 한다.

8 두 제안 모두 우리에게 똑같이 매력적으로 보인다.
  ▶ 부정대명사 both는 복수 취급하므로 동사 looks를 복수형 look으로 고쳐야 한다.

9 경찰은 그 살인범을 잡지 못한 것에 대한 책임을 져야 한다.
  ▶ police는 항상 복수 취급하는 집합명사이므로 was를 복수형 were로 고쳐야 한다.

10 두 개의 언덕을 상상해 보라. 한 언덕은 300피트 높이로 보이고, 나머지 하나는 900피트 높이로 보인다.

▶ 두 개가 있을 때 하나는 one, 나머지 하나는 the other로 지칭한다. 따라서 another를 the other로 고쳐야 한다.

**11** 100명을 대상으로 한 조사에서 각 사람은 질문에 답하도록 요청받았다.
▶ 부정대명사 each는 단수 취급하므로 were를 단수형 was로 고쳐야 한다.

**12** 그 코미디언이 아이들을 웃기는 것은 쉬웠다.
▶ 진주어가 to부정사구이고, 가주어가 필요하므로 This를 It으로 고쳐야 한다.

**13** 그 조리법에는 밀가루 두 컵이 필요하다.
▶ 단위 명사가 복수형(cups)이므로, 이에 수를 일치시켜 동사 is를 복수형 are로 고쳐야 한다.

**14** 화장지 몇 통이 없어졌다. 한 통은 몇 시간 만에 다시 나타났고, 다른 한 통은 그 다음날 다시 나타났다.
▶ 여러 개 중에서 한 개를 이미 언급한 후 다른 하나를 추가로 언급하는 맥락이므로 부정대명사 another가 적절하다.

**15** 그녀의 태도는 교육받은 사람의 태도와는 달랐다.
▶ 복수명사 manners를 대신할 수 있는 지시대명사 those가 적절하다.

**16** 우정을 위한 시간을 가져라. 그것은 행복의 원천이다.
▶ 추상명사 friendship을 지칭하는 대명사가 필요하므로 단수형 대명사 it이 적절하다.

**17** 모든 정보를 주의 깊게 읽어 주세요.
▶ 문맥상 '모두'를 나타내는 부정대명사가 필요하므로 all이 적절하다.

**18** ▶ '둘 중 하나'를 의미하는 부정대명사 either를 주어로 쓰고, either는 단수 취급하므로 단수동사 is를 쓴다.

**19** ▶ '~의 각각'을 뜻하는 Each of를 이용하여 주어를 쓰고, each는 단수 취급하므로 단수동사 has를 쓴다.

**20** ▶ 부분을 나타내는 Most of와 the work를 주어 자리에 쓴다. work는 단수이므로 have를 단수동사 has로 바꿔 쓴다.

**21** ▶ '젊은이들'을 나타내도록 The young을 주어 자리에 쓴다. '~한 사람들'이라는 뜻의 「the+형용사」는 복수 취급하므로 복수동사 are를 쓴다.

**22** ▶ 수동태 문장이므로 주어 The story, 동사 was read, 「by+행위자」에 해당하는 by the writer를 차례대로 쓴다. 재귀대명사 himself는 강조하는 말 the writer 바로 뒤에 쓴다.

**23** ▶ 목적어를 '내 컵 한 개'라는 의미의 이중소유격으로 표현해야 하므로 a cup of mine의 어순으로 쓴다.

**24** ▶ 「비교급+than」을 이용하여 쓴다. '부모의 영향'인 the influence of parents에서 the influence의 반복 사용을 피하기 위해 지시대명사 that을 쓴다.

**25** ▶ 세 개 중에서 한 개를 이미 언급한 후이므로, 또 다른 하나는 another로, 나머지 하나는 the other로 쓴다.

---

## Actual Test
p. 116

1 ②  2 ④  3 ③  4 ②  5 ⑤

6 ④  7 ④  8 ⑤  9 ⑤  10 ②

**11** Ten dollars is the cost of membership.

**12** He traveled across the country by himself.

**13** Everyone liked that idea of hers.

**14** Please help yourself[yourselves] to the desserts.

**15** The number of foreign visitors to Korea has increased.

**16** Neither of them seems to be winning.

**17** (A) homework  (B) it
(C) them[these/those]  (D) yourself

**18** (1) are → is  (2) those → that

**19** another is an apple tree, and the others are orange trees

**20** ④

---

**1** 나는 새로운 일을 막 시작했지만, 예전 일이 그립다.
▶ my old job을 의미해야 하므로, 앞에 나온 명사인 job을 대신할 수 있는 대명사 one이 적절하다.

**2** 나는 내 스마트폰을 잃어버렸다고 생각했지만 그것을 차 안에서 찾았다.
▶ 잃어버린 바로 그 스마트폰을 지칭해야 하므로 대명사 it이 적절하다.

**3** 그는 다른 농부들을 만나 그들에게 자신의 농장이 그들의 것보다 더 크다고 말했다.
▶ 문맥상 their farms를 나타내야 하므로 소유대명사 theirs가 적절하다.

**4** ・하늘에서 밝게 빛나는 태양을 보라.
・그것은 내가 지금까지 먹어 본 것 중에서 최고의 파스타이다.
▶ 유일한 사물(sun)과 최상급(best) 앞에 와야 할 말로 정관사 the가 적절하다.

**5** ・그녀에게는 의학 지식이 좀 있다.
・나는 아시아 역사에 관한 책을 몇 권 읽었다.
▶ 셀 수 없는 명사인 knowledge와 셀 수 있는 명사의 복수형인 books 앞에 공통으로 쓸 수 있는 말로 부정형용사 some이 적절하다.

**6** ④ 서둘러. 벌써 9시야.
▶ 시간을 나타낼 때는 비인칭주어 it을 쓰므로, This를 It으로 고쳐야 한다.
① 저기 저것은 무엇인가?
▶ 공간상 먼 곳에 있는 것을 지칭하므로 지시대명사 that은 적절하다.
② 제가 당신의 책을 좀 가져가도 될까요?
▶ 이중소유격이 쓰였으므로 소유대명사 yours는 적절하다.
③ 우리에게는 남아 있는 선택지가 없다.
▶ 부정문에서 명사 앞에 부정형용사 any가 쓰였으므로 적절하다.
⑤ 아이들은 새가 둥지를 짓고 있는 것을 지켜보았다.
▶ 단수명사 the bird를 지칭하는 소유격 its가 쓰였으므로 적절하다.

**7** ④ 저희가 투숙하기 전에 호텔에 짐을 맡길 수 있나요?
▶ baggage는 셀 수 없는 집합명사이므로 항상 단수형으로 써야
한다.

① 마음에 드는 것은 어느 것이든 가져가라.
▶ '어느 것이든'이라는 의미의 부정대명사 any의 쓰임은 적절하다.

② 그들 둘 다 할 수 있는 한 최선을 다하고 있다.
▶「Both of+복수명사」는 복수 취급하므로 복수동사 are는
적절하다.

③ 수학은 양에 관한 학문이다.
▶ 학문명 Mathematics는 단수 취급하므로 단수동사 is는
적절하다.

⑤ 줄을 서고 있는 사람들은 인내심을 가져야 한다.
▶ 지시대명사 Those는 '~하는 사람들'의 뜻으로 쓰였으므로
적절하다.

**8** ⓒ 그녀는 에세이를 쓰는 것이 어렵다는 것을 알았다.
▶「동사(found)+목적어+목적격보어(difficult)+진목적어(to부정
사)」의 구조이므로, 목적어 자리의 that은 가목적어 it으로 고쳐야
한다.

ⓔ 우리 사회에서 노인들은 그들의 경험 때문에 존중받는다.
▶「the+형용사」가 복수 보통명사(~한 사람들)를 나타내고
있으므로, 동사 is를 복수형 are로 고쳐야 한다.

ⓐ 모든 의견은 중요하다.
▶ Every 뒤에는 단수명사와 단수동사가 오므로 적절하다.

ⓑ 두 개의 우산 중에서, 하나는 빨간색이고 나머지 하나는
검정색이다.
▶ 두 개의 물건 중 하나는 one, 나머지 하나는 the other로
나타내므로 적절하다.

ⓓ 그 도시 자체는 아름답지만, 당신은 그곳에 꼭 갈 필요는 없다.
▶ 재귀대명사 itself가 명사 The city를 뒤에서 강조하는 역할을
하므로 적절하다.

**9** ⑤ 그는 자신이 어떠한 변화도 꾀하지 않을 것임을 분명히 했다.
▶ 진목적어인 that절을 대신하여 가목적어 it이 목적어 자리에 쓰인
것은 적절하다.

① 신발이 너무 꽉 끼고 불편하다.
▶ shoes처럼 쌍을 이룬 명사는 항상 복수 취급하므로 동사 feels는
복수형 feel로 고쳐야 한다.

② 벤치에 앉아 있는 남자를 보아라.
▶ man은 현재분사구 sitting on the bench의 수식을 받고
있으므로, man 앞의 부정관사 a를 정관사 the로 고쳐야 한다.

③ 나는 신뢰가 사랑보다 더 중요하다고 생각한다.
▶ 추상명사 trust는 셀 수 없는 명사로서 단수 취급하므로 동사
are를 단수형 is로 고쳐야 한다.

④ 우리 근로자들의 3분의 1은 여전히 재택근무를 하고 있다.
▶ 부분을 나타내는 말(One-third of)과 함께 쓰인 명사(workers)의
수가 복수이므로 동사 is를 복수형 are로 고쳐야 한다.

**10** ② 친구를 갖는 유일한 방법은 친구가 되는 것이다.
▶ 앞에 나온 a friend를 대신하여 대명사 one이 쓰인 것은 적절하다.

① 냉장고에 물 두 병이 남아 있다.
▶ 단위 명사가 복수형(bottles)이므로, 이에 수를 일치시켜 동사 is를
복수형 are로 고쳐야 한다.

③ 만약 안경이 잘 맞지 않으면, 새것을 사세요.
▶ 앞에 나온 복수명사 glasses를 대신해야 하므로 a new one을
복수형 new ones로 고쳐야 한다.

④ 용감한 자들은 두려움에도 불구하고 결정을 내린다.
▶「the+형용사」가 복수 보통명사(~한 사람들)를 나타내고
있으므로, 동사 makes를 복수형 make로 고쳐야 한다.

⑤ 대부분의 건물들은 나무로 만들어졌다.
▶ 부분을 나타내는 말(Most of)과 함께 쓰인 명사(buildings)의
수가 복수이므로 동사 was를 복수형 were로 고쳐야 한다.

**11** ▶ 주어를 Ten dollars로 쓰고, 가격을 나타내는 명사는 하나의 단위로
취급하여 단수 취급하므로 동사 be를 단수형 is로 바꿔 쓴다.

**12** ▶「주어+동사+부사구」의 1형식 문장의 어순으로 쓰고, 문장 맨 끝에
'혼자서'라는 뜻의 by himself를 쓴다.

**13** ▶ 목적어는 이중소유격이 되어야 하므로, 「한정어(that)+명사(idea)+
of+소유대명사(hers)」의 어순으로 쓴다.

**14** ▶ '~를 마음껏 먹다'라는 의미의 관용 표현 help oneself to의
어순으로 쓴다.

**15** ▶ '~의 수'라는 뜻의 주어를 「The number of+복수명사」의 형태로
쓴다.

**16** ▶ '둘 중 어느 것도 아니다'라는 의미의 부정대명사 Neither를 활용해
주어를 쓴다.

**17** [지문 해석] 대부분의 젊은이들은 약간의 숙제를 많은 인스턴트 메시지
주고받기, 전화로 수다 떨기, 그리고 이메일 확인하기와 병행하기를
좋아한다. 여러분이 그것들에[이것들에] 동시에 집중할 수 있다는
것이 사실일 수도 있지만, 여러분 자신에게 정직해져 보아라. 공부에
집중하라. 하지만, 다른 오락거리를 보충할 수 있도록 여러분 자신에게
규칙적인 휴식을 허락하라.
▶ (A) homework는 셀 수 없는 명사이므로 단수형 homework로
고쳐야 한다.

(B) that절이 진주어이므로 this를 가주어 역할을 할 수 있는 it으로
고쳐야 한다.

(C) 앞에 언급된 복수의 행동들(a bit of homework, ~ checking
emails)을 가리키는 대명사가 와야 하므로 it을 them이나
these, 또는 those로 고쳐야 한다.

(D) but 뒤에 이어지는 명령문의 주어는 you이므로 목적어와 동일한
대상을 가리킨다. 따라서 목적어 자리의 you는 재귀대명사
yourself로 고쳐야 한다.

**18** [지문 해석] 나는 Sarah와 쇼핑하러 갔다. 그녀는 평범한 양말 두
켤레를 집어 들고 나에게 "검정색과 흰색 중 어느 것이 더 낫다고
생각하니?"라고 물었다. "어느 쪽이든 좋아." 나는 대답했다. 검정색
양말의 가격이 흰색 양말의 가격보다 조금 더 저렴해서, 그녀는 검정색
양말을 골랐다.
▶ (1) Either가 주어로 쓰인 경우 단수 취급하므로 동사 are를 단수형
is로 고쳐야 한다.

(2) 마지막 문장에서 those of the white pair는 the price of
the white pair를 의미해야 하므로 지시대명사 those를 단수형
that으로 고쳐야 한다.

**19** 지문 해석 뒤뜰에서 과실수를 기르는 것은 우리 동네에서 항상 인기가 있었다. 우리 집 마당에는 나무가 다섯 그루 있다. 하나는 복숭아나무이고, 또 다른 하나는 사과나무이고, 나머지 모두는 오렌지나무이다.

▶ 다섯 개 중에서 한 개를 이미 언급한 후이므로, 또 다른 하나는 another로, 나머지 모두는 the others로 쓴다. 각 주어에 대응하는 be동사는 주어의 수에 일치시켜 각각 is와 are로 바꿔 쓴다.

**20** 지문 해석 전염병은 우리 역사에서 한 번 이상 발생했다. 여전히 잘 알려진 것은 흑사병이다. 그것은 엄청나게 많은 사람들을 죽였다. 어떤 도시들에서는 너무 적은 수의 사람들이 살아남아서 죽은 사람들을 매장할 이가 없었다. 2019년 말에 코로나19 전염병이 시작되었다. 여러 백신의 개발에도 불구하고, 세계에 미치는 그것의 영향력은 강력했다. 전염병 외에도 역사가 자신을 반복하는 것 같은 경우가 그 밖에도 많다.

▶ ④ 명사구 the COVID-19 pandemic을 지칭하는 소유격 자리이므로 단수형 its로 고쳐야 한다.

① 대명사 One은 a pandemic을 의미하므로 적절하다.

② 문맥상 '많은'이라는 의미가 되어야 자연스러우므로 a number of가 쓰인 것은 적절하다.

③ 「the+형용사」는 '~한 사람들'이라는 의미를 나타낼 수 있으므로 적절하다.

⑤ 관계사절의 주어 history와 목적어가 동일한 대상이므로 재귀대명사 itself가 온 것은 적절하다.

---

## 누적 TEST Chapters 7-9  p. 119

1 ④  2 ②  3 ⑤  4 ①  5 ③  6 ①  7 ②

8 ③  9 ①  10 ③  11 ⑤  12 ④  13 ④

14 ought not to be allowed to pollute the river

15 Most of the information is available on the city's website.

16 The officer ordered that the soldiers line up.

17 should have brought something to drink

18 I wished my mother could explain what was happening.

19 I had practiced more, I would feel comfortable

20 (1) ⓑ, him → himself  (2) ⓓ, would → used to

21 (1) a her friend → a friend of hers  (2) is → were

22 ③

23 You may well be unable to control the unfairness of the world.

24 ①  25 Had I been born healthy

**1** 밖이 몹시 춥다. 나는 재킷을 가져왔어야 했다는 것을 깨달았지만 너무 늦었다.

▶ 문맥상 과거 사실에 대한 후회를 나타내므로 should have brought가 적절하다.

**2** 만약 내가 스무 명의 사람들이 올 줄 알았다면 음식을 더 많이 가져왔을 텐데.

▶ '(만약) ~했다면 …했을 텐데'라는 의미의 가정법 과거완료

문장이므로 종속절의 동사로는 had known이 적절하다.

**3** 파티에 초대된 네 명의 사람들 중에서 Mary만 올 수 있었고 다른 사람들은 올 수 없었다.

▶ 하나를 제외한 나머지 모두는 the others로 나타낸다.

**4** • 여러분은 다른 사람들의 험담을 하지 말아야 한다.
• 내 펜을 못 찾겠어요. 당신 것 좀 써도 될까요?

▶ • '~해서는 안 된다'라는 내용이 되어야 자연스러우므로 should not이 적절하다.

• '당신의 것'은 소유대명사 yours로 나타낸다.

**5** • 당신은 나에게 어느 것에 대해서도 거짓말하지 않는 것이 좋겠다.
• 내가 출발하기 전에 이메일을 확인했다면 좋을 텐데.

▶ • had better(~하는 것이 낫다)의 부정형은 had better not이다.

• 부사절 before I left가 과거시제인 것으로 보아, 「I wish+가정법 과거완료」의 형태가 되어야 하므로 had checked가 적절하다.

**6** • 그는 회의에 참석할 수 없을지도 모른다. 그는 바쁘다.
• 행운을 빌고 당신이 빨리 낫기를 바랍니다!

▶ 조동사 may에는 추측의 의미가 있으며, 「may+주어+동사원형」의 형태로 기원을 나타낼 수도 있다.

**7** • 그곳에 가장 빨리 가는 방법은 무엇인가?
• 저녁에 소낙눈이 내릴 가능성이 있다.

▶ 정관사 the는 최상급 앞과 특정한 때를 나타내는 말 앞에 쓴다.

**8** ③ 기술이 없다면 우리 대부분에게 삶은 즐겁지 않을 것이다.

▶ 「But for+명사」는 '~가 없다면'이라는 뜻으로 현재 사실과 반대되는 일을 가정하고 있으므로, 주절의 동사 won't be를 wouldn't be로 고쳐야 한다.

① 우리의 식사와 함께 와인 두 잔이 제공되었다.

▶ 단위 명사가 복수형(glasses)이므로 복수동사 were가 온 것은 적절하다.

② 그는 시외에 있었기 때문에 그 사고를 목격했을 리가 없다.

▶ cannot have p.p.는 과거에 대한 부정적인 추측을 나타내므로 적절하다.

④ 나는 그가 왜 그 일을 제시간에 끝낼 수 없었는지 궁금해할 수밖에 없다.

▶ '~할 수밖에 없다'라는 뜻은 「cannot but+동사원형」으로 나타내므로 적절하다.

⑤ 만약 당신이 젊은 자신에게 편지를 쓴다면 무엇을 쓰겠는가?

▶ 실현 가능성이 거의 없는 일을 가정하고 있으므로 「were to+동사원형」의 가정법 문장은 적절하다.

**9** ① 그녀는 긴 휴가 동안 늦잠을 자는 데 익숙했다.

▶ 맥락상 '~하는 데 익숙하다'라는 의미가 되어야 자연스러우므로 was used to 뒤의 sleep은 동명사 sleeping으로 고쳐야 한다. cf. 해당 문장을 '~하곤 했다'라는 의미로 해석할 수도 있는데, 이 경우 was used to를 used to로 고쳐야 한다.

② 나는 어렸을 때 매일 몇 시간씩 책을 읽곤 했다.

▶ 조동사 would는 과거의 습관을 나타내므로 적절하다.

③ 그들은 가까운 곳에 사는 자신의 사촌들을 몇 명 만났다.

▶ 이중소유격 some cousins of theirs의 쓰임은 적절하다.

④ 그의 병은 더 나은 의사에 의해 치료될 수도 있었다.
  ▶ '~할 수도 있었다'라는 의미의 could have p.p.가 쓰였고, 병이 치료되는 대상이므로 수동형 could have been treated로 쓴 것은 적절하다.

⑤ 만약 내가 너의 충고를 들었다면 시험에 떨어지지 않았을 텐데.
  ▶ 과거 사실과 반대되는 가정을 나타낸 가정법 과거완료 문장으로, If가 생략되어 종속절의 주어 I와 had가 도치된 것은 적절하다.

**10** ③ 모든 의견은 필연적으로 소수의 의견으로 시작한다.
  ▶ Every는 단수명사, 단수동사와 함께 쓰므로 opinions ~ start는 opinion ~ starts로 고쳐야 한다.

① 그들은 둘 다 마치 전에 만난 적이 한 번도 없었던 것처럼 행동했다.
  ▶ as if절의 가정이 주절의 시제보다 먼저 일어난 일에 대한 것이므로 가정법 과거완료가 쓰인 것은 적절하다.

② 음식이 잘못된 테이블로 전달되었음에 틀림없다.
  ▶ 문맥상 과거에 대한 강한 추측을 나타내는 must have p.p.는 적절하다.

④ 경제학은 인간이 어떻게 선택을 하는지에 관한 학문이다.
  ▶ 학문명 Economics는 단수 취급하므로 단수동사 is가 쓰인 것은 적절하다.

⑤ 그는 그녀가 경력을 위해 대도시로 이사해야 한다고 주장했다.
  ▶ 주장을 나타내는 동사 insist가 쓰였고 that절에 당위성이 있으므로 동사원형 move가 쓰인 것은 적절하다.

**11** ▶ 주어진 문장은 가정법 과거 문장으로, 완성된 문장은 If I were younger, I would (A)join you on your next trip.이다.

**12** ⓑ 그 두 진술 중 하나는 진실이고 다른 하나는 거짓이다.
  ▶ 두 개 중 한 개는 one, 다른 하나는 the other로 지칭하므로 부정대명사 another를 the other로 고쳐야 한다.

ⓐ 나는 수학을 공부하기보다는 차라리 새로운 언어를 배우겠다.
  ▶ 「would rather A(동사원형) than B(동사원형)」가 쓰인 문장으로, learn과 study가 모두 동사원형으로서 병렬 구조를 이루므로 적절하다.

ⓒ 부상자들은 치료를 위해 의료 센터로 옮겨졌다.
  ▶ 「The+형용사(~한 사람들)」는 복수 보통명사를 나타낼 수 있으므로 복수동사 were가 쓰인 것은 적절하다.

ⓓ 우리 각자가 서로에 대한 존중을 보여주는 것은 필수적이다.
  ▶ 판단을 나타내는 형용사 essential이 주절에 쓰였고 that절에 당위성이 있으므로 should가 생략된 것으로 볼 수 있다. 따라서 동사원형 show가 쓰인 것은 적절하다.

ⓔ 온실 효과가 없다면 우리 행성은 견딜 수 없을 정도로 추울 것이다.
  ▶ 현재 상황과 반대되는 상황에 대한 가정이므로 가정법 과거가 쓰인 것은 적절하다.

**13** ⓒ 당신의 리더십 기술은 대부분의 관리자들의 기술보다 더 뛰어나다.
  ▶ leadership skills라는 복수명사를 대신해야 하므로 지시대명사 that은 복수형 those로 고쳐야 한다.

ⓔ 당신은 내가 왜 그런 이미지를 그리고 싶게 되었는지 물어보는 것이 당연하다.
  ▶ '~하는 것이 당연하다'라는 의미는 「may well+동사원형」으로 나타내므로 to ask를 ask로 고쳐야 한다.

ⓐ 두 변호사 모두 유능했다.
  ▶ Both of는 복수명사, 복수동사와 함께 쓰이므로 어법상 적절하다.

ⓑ 어제 사고는 과속으로 인한 것이었을지도 모른다.
  ▶ 과거 사실에 대한 불확실한 추측을 나타내는 표현은 may have p.p.이므로 어법상 적절하다.

ⓓ 만약 그녀가 열차를 놓치지 않았다면 지금 모스크바에 있을 텐데.
  ▶ '(만약 과거에) ~했다면, (현재) …할 텐데'라는 의미의 혼합가정법 문장으로 어법상 적절하다.

**14** ▶ '~해서는 안 된다'라는 뜻의 ought not to를 쓰되, 주어 The miners는 허용되는 대상이므로 수동태 be allowed로 이어 쓴다.

**15** ▶ Most of 뒤에 단수명사 the information을 써서 주어를 구성하고, 이에 수를 일치시켜 동사 be를 단수형 is로 바꿔 쓴다.

**16** ▶ 과거시제이므로 동사는 ordered로 쓰며 그 뒤에 that절을 이어 쓴다. 명령을 나타내는 동사 ordered가 주절에 쓰였으므로 that절의 동사는 should가 생략된 동사원형으로 쓴다.

**17** ▶ 과거 사실에 대한 후회를 나타내는 문장이므로 동사를 should have p.p.의 형태로 쓴다.

**18** ▶ 소망하는 시점의 사실과 반대되는 가정이므로 I wished 다음에 가정법 과거가 오도록 can을 과거형 could로 바꿔 쓴다.

**19** ▶ '(만약 과거에) ~했다면, (현재) …할 텐데'라는 의미의 혼합가정법 문장이므로, 「if+주어+had p.p. ~, 주어+조동사의 과거형+동사원형」의 형태로 쓴다.

**20** ⓐ 내 전화기가 망가져서 나는 새것을 사야 한다.
  ⓑ 그는 화장실에 혼자 있을 때 혼잣말을 한다.
  ⓒ 만약 내가 예약을 했다면, 지금 호텔에 머무르고 있을 텐데.
  ⓓ 그 지역에 시계탑이 있었는데, 지금은 없다.
  ▶ ⓑ 문맥상 자기 자신에게 말을 하는 것이므로 목적어 him을 재귀대명사 himself로 고쳐야 한다.

  ⓓ 과거의 지속된 상태를 나타낼 때는 조동사 used to를 써야 한다. would는 지속된 상태를 나타낼 수 없다.

**21** 지문 해석 오늘 아침에 내 동료인 Mandy를 보았을 때, 그녀는 매우 신이 난 것처럼 보였다. 내가 그녀에게 이유를 물었더니, 그녀는 어제 자신의 친구 한 명이 아기를 낳았다고 말했다. 그녀는 마치 자신이 엄마인 것처럼 흥분했다.
  ▶ (1) 한정어(a)와 소유격(her)을 함께 써야 하므로 이중소유격인 a friend of hers로 고쳐야 한다.

  (2) 주절의 시제와 같은 시점에서의 사실과 반대되는 가정이므로 as if절의 동사 is를 were로 고쳐야 한다.

**[22-23]** 지문 해석
인생은 공평하지 않다. 좋은 사람들이 이기지 못할 수도 있다. 사람들은 실망에 익숙해져야 한다. 어떤 아이들이 키가 더 크다는 것은 공평하지 않다. 당신이 세상의 불공평함을 통제할 수 없는 것은 당연하다. 하지만 당신은 스스로를 통제할 수 있다. 당신이 어떻게 반응할지가 당신이 어떤 유형의 사람이 될 것인지를 결정할 것이다. 이제 당신이 반응하는 방식에 대해 책임을 져야 할 때이다.

**22** ▶ ③ 진주어인 that절을 대신할 가주어가 필요하므로 This를 It으로 고쳐야 한다.

  ① 추측을 나타내는 조동사 might 뒤에 부정을 나타내는 not이 온 것은 적절하다.

② '~에 익숙해지다'라는 표현은 「get used to+(동)명사(구)」로 나타내므로 명사 disappointment는 적절하다.

④ 스스로를 통제하라는 맥락이므로 주어와 목적어가 같은 대상을 지칭해야 한다. 따라서 재귀대명사 yourself는 적절하다.

⑤ 「It is time (that)+주어+가정법 과거」는 '이제 ~해야 할 때이다'라는 의미를 나타내므로 과거형 took가 온 것은 적절하다.

**23** ▶ '~하는 것이 당연하다'라는 의미는 「may well+동사원형」으로 나타내므로, may well 뒤에는 '~할 수 없다'라는 뜻의 be unable to를 쓴다.

**[24-25]** 지문 해석

수학은 내게 완벽한 직업인 것 같다. 그것은 모두에게 맞는 길은 아닐지 모르지만, 확실히 나에게는 맞는 길이다. 내가 부유하게 태어났다면, 생계를 위해 일을 할 필요가 없을 것이다. 내가 사랑하는 일을 하면서 생계를 유지할 수 있어서 다행이다.

**24** ▶ (A) Mathematics를 가리키는 대명사가 와야 하는데, 학문명은 단수 취급하므로 It이 적절하다.

(B) 앞서 언급된 단수명사 road를 대신해야 하므로 대명사 one이 적절하다.

**25** ▶ '(만약 과거에) ~했다면, (현재) …할 텐데'라는 의미의 혼합가정법 문장을 만든다. 그런데 총 5단어로 써야 하므로 If절의 If를 생략하고 주어와 조동사를 도치시켜서 Had I been born wealthy로 써야 한다.

# Chapter 10
# 형용사/부사

## Unit 1 | 형용사의 역할 p. 124

예문 해석

1 그것은 재미있는 농담이었다.
2 나는 그녀에게 특별한 무언가를 주고 싶다.
3 이 경기가 오늘 밤의 주요 이벤트이다.
4 하늘이 갑자기 어두워졌다.
5 사진 속의 남자아이는 행복해 보인다.
6 당신의 방을 깨끗하게 유지해 주세요.
7 네 접시 위에 있는 오징어가 살아 있는 것 같다.

A 1 live 2 older 3 scared 4 clean 5 main
B 1 with the former president
2 seems content with
3 leave your baby alone

문제 해석

**A**
1 그 가수는 라이브 음악 쇼를 진행할 것이다.
2 당신은 나이가 들수록 더 현명해질 것이다.
3 가서 그 겁에 질린 아이를 진정시켜라.
4 나무는 산소를 발생시킴으로써 환경을 깨끗하게 만든다.
5 대회의 주요 주제가 지금 발표될 것이다.

squid 오징어

## Unit 2 | 주의해야 할 형용사/수량 형용사 p. 125

예문 해석

1 이 그림에는 고인이 된 화가의 사인이 되어 있었다.
2 나는 오늘 아침에 직장에 지각했다.
3 이번에는 뭔가 다른 일을 해 보자.
4 이것은 상상할 수 있는 최고의 케이크이다.
5 그 도시에는 공원 몇 곳과 여러 채의 높은 건물들이 있다.
6 우리는 그것을 크림 같이 만들기 위해 약간의 우유와 많은 양의 버터가 필요하다.
7 나는 저 두 개의 아름답고 큰 나무 인형이 좋다.

어법 연결

8 파티에 올 사람들은 거의 없다.
9 경기 전까지 시간이 거의 남지 않았다.

A 1 a lot of 2 were
3 the best service imaginable
4 a little 5 nothing wrong
B 1 phone was present
2 those purple metal
3 all the ways possible

문제 해석

**A**
1 내일 오전에는 많은 양의 눈이 내리겠습니다.
2 많은 책이 그 공공 도서관에 기증되었다.
3 우리는 상상할 수 있는 최고의 서비스를 받았다.
4 빵의 맛을 더 좋게 하기 위해 설탕을 약간만 넣어라.
5 시야를 바꾸는 것에는 잘못된 것이 아무것도 없다.

**B**
1 그 방 안에는 전화기가 없었다.
2 저 보라색 금속 캔들을 보아라.
3 문제를 해결하기 위해 가능한 모든 방법을 생각해 보아라.

imaginable 상상할 수 있는 modify 바꾸다, 수정하다

**예문 해석**

1 그는 버스를 타기 위해 빨리 달렸다.
2 이 초콜릿 케이크는 맛이 아주 좋다.
3 그는 중국어와 영어를 꽤 잘한다.
4 놀랍게도, 그녀는 즉시 동의했다.
5 새로운 나라로 이주하는 것은 결코 쉽지 않다.
6 나는 항상 버스를 타고 학교에 간다.
7 그녀는 수화기를 들었다.
8 그것들을 치워 주시겠어요?

**어법 연결**

9 그는 내 조언을 구했다. / 그는 그것을 요청했다.

A 1 pretty sure 2 slowly 3 is usually 4 Luckily 5 it down
B 1 rarely agreed on anything
  2 worked very hard to tackle
  3 put off the meeting[put the meeting off]

**문제 해석**

A

1 나는 무엇을 해야 할지 매우 확신했다.
2 나는 그에 대한 진실을 서서히 깨달았다.
3 우리 엄마는 보통 평일에는 일하느라 바쁘시다.
4 다행히도, 나는 그 사고에서 다치지 않았다.
5 나는 파티에 초대를 받았지만 그것을 거절할 것이다.

tackle (문제 등을) 다루다

**예문 해석**

1 열심히 일하고 열심히 놀아라.
2 동굴 안에는 빛이 거의 없다.
3 내게는 그 숙제를 끝낼 충분한 시간이 없다.
4 그는 그곳에 혼자 갈 정도로 충분히 나이를 먹지 않았다.
5 이미 문은 닫혔다. 우리는 들어갈 수 없다.
6 나는 아직 준비가 안 됐다.
7 Aubrey와 Tom은 헤어졌지만, 그녀는 여전히 그에게서 연락을 받기를 바라고 있다.

A 1 late 2 big enough 3 closely 4 still 5 nearly
B 1 highly 2 ○ 3 hardly

**문제 해석**

A

1 늦어서 미안해요.
2 그 셔츠는 내게 충분히 크다.
3 그 의사는 환자의 상태를 면밀히 관찰했다.

4 그 책은 어디에 있나요? 아직도 그게 안 보입니다.
5 결국 거의 모두가 정답을 맞혔다.

B

1 그 연극의 줄거리는 매우 재미있다.
2 너는 여행을 위해 짐 싸는 걸 벌써 끝냈니?
3 나는 가라앉고 있었고 거의 움직일 수 없었다.

cave 동굴 monitor 관찰하다, 감시하다 status 상태 plot 줄거리

## Review Test     p. 128

1 happy   2 main   3 small black   4 nothing serious
5 few   6 can always   7 work them out
8 mad   9 listen to them
10 explain rarely → rarely explain   11 most → mostly
12 imaginable best view → best view imaginable
13 were → was   14 former   15 afraid   16 quite
17 already   18 Simply giving students time
19 feeling tired lately   20 finished five minutes early
21 was still awake
22 We often ignore small changes
23 He tried to cheer her up
24 doing a pretty good job
25 to go there yet

1 그 소식은 그녀를 매우 기쁘게 만들었다.
  ▶ 목적격보어 자리이므로 형용사 happy가 적절하다.

2 본관은 모퉁이를 돌면 바로 있다.
  ▶ 명사 building을 수식하는 말로 형용사 main이 적절하다.

3 나는 벽에 있는 두 마리의 작은 검정색 거미들을 보았다.
  ▶ 형용사가 여러 개일 경우 색상을 나타내는 형용사는 크기를 나타내는 형용사 뒤에 쓴다.

4 그가 왜 병원에 있는가? 심각한 일이 아니길 바란다.
  ▶ -thing으로 끝나는 대명사는 형용사가 뒤에서 수식하므로 nothing serious가 적절하다.

5 겨우 소수의 생존자들만이 산에서 집으로 돌아왔다.
  ▶ 셀 수 있는 명사인 survivors를 수식하는 수량 형용사로 a few가 적절하다.

6 당신은 항상 나를 믿어도 된다.
  ▶ 빈도부사 always는 조동사 뒤에 위치하므로 can always의 어순으로 고쳐야 한다.

7 우리는 여전히 문제가 있다. 우리는 그것들을 해결할 필요가 있다.
  ▶ work out은 「동사+부사」의 조합으로, 목적어 them은 대명사이므로 부사 out 앞에 써야 한다.

8 그의 시끄러운 이웃들은 그를 자주 화나게 만든다.
  ▶ 목적격보어 자리이므로 부사를 형용사로 고쳐야 한다.

**9** 여러분의 아이들에게 집중하고 그들의 말을 들어라.
▶ listen to는 「동사＋전치사」의 조합으로 목적어는 전치사 뒤에 위치해야 한다. 따라서 them to를 to them으로 고쳐야 한다.

**10** 어른들은 아이들에게 새로운 단어의 의미를 좀처럼 설명해 주지 않는다.
▶ 빈도부사 rarely는 일반동사 앞에 위치하므로 explain rarely를 rarely explain으로 고쳐야 한다.

**11** 우리 할머니는 매우 연세가 드셔서 주로 위층에 계신다.
▶ 문맥상 '주로 위층에 계신다'라는 의미가 되어야 자연스러우므로 most를 mostly로 고쳐야 한다.

**12** 그것은 상상할 수 있는 최고의 경치였다!
▶ 최상급을 동반하는 명사의 수식어가 -able[-ible]로 끝나는 경우 수식어는 명사 뒤에 위치하므로, imaginable best view를 best view imaginable로 고쳐야 한다.

**13** 우리 아빠가 오렌지 주스를 마시고 나니 그것은 거의 남지 않았다.
▶ 수량 형용사 Little의 수식을 받는 주어 orange juice는 셀 수 없는 명사로 단수 취급하므로 were를 단수형 was로 고쳐야 한다.

**14** Garry는 전(前) 세계 체스 우승자이다.
▶ 명사구 world chess champion을 수식하는 한정 용법의 형용사가 와야 하므로 former가 적절하다.

**15** 내 여동생은 뱀을 극도로 무서워한다.
▶ 주격보어 역할을 하는 서술 용법의 형용사가 와야 하므로 afraid가 적절하다.

**16** 당신의 친구들과 함께 책을 읽는 것은 꽤 흥미로울 수 있다.
▶ 형용사 interesting을 수식하는 부사가 와야 하고, 문맥상 '꽤'라는 의미의 부사가 오는 것이 자연스러우므로 quite가 적절하다.

**17** 영화가 벌써 시작되어서 우리는 서둘러야 한다.
▶ 동사의 현재완료형을 구성하는 has와 과거분사 started 사이에 올 수 있는 품사는 부사이다. 문맥상 '벌써'라는 뜻의 부사 already가 적절하다.

**18** ▶ '단순히 주는 것'이라는 의미이므로 simple을 부사 Simply로 바꿔서 동명사 giving 앞에 쓴다.

**19** ▶ late는 '최근에'라는 뜻의 부사 lately로 바꿔서 주격보어 tired 뒤에 쓴다.

**20** ▶ 과거분사 finished를 쓴 다음, '5분 일찍'이라는 의미의 five minutes early를 쓴다.

**21** ▶ '여전히'라는 뜻의 부사 still을 be동사 뒤에 쓴 다음, 주격보어인 awake를 쓴다.

**22** ▶ 빈도부사 often은 일반동사 ignore 앞에 쓴다. 명사 changes를 수식하는 형용사 small은 해당 명사 앞에 쓴다.

**23** ▶ cheer up은 「동사＋부사」의 조합으로, 목적어 her는 대명사이므로 부사 up 앞에 써야 한다.

**24** ▶ 형용사 good이 명사 job을 앞에서 수식하고, 부사 pretty가 형용사 good을 앞에서 수식하도록 배열한다.

**25** ▶ '~할 필요가 없다'라는 의미를 나타내기 위해 don't need 뒤에 to부정사구 to go there를 쓴다. 그 뒤에 '아직'이라는 의미의 부사 yet을 쓴다.

## Actual Test                                    p. 130

1 ③  2 ⑤  3 ④  4 ②  5 ③
6 ②  7 ③  8 ①  9 ④  10 ⑤
**11** They are completely aware of the situation.
**12** She hardly buys anything new for her kids.
**13** The students found it comfortable to study in their rooms.
**14** Nothing bad will happen to you.
**15** Can you pick them up?
**16** Consistency always brings better results.
**17** (A) adorable  (B) few  (C) silently  (D) asleep
**18** (1) closely → close  (2) highly → high
**19** is usually quite costly
**20** ③

---

**1** 사진 속의 남자아이들은 만족스러워[두려워 / 깨어 있어 / 비슷하게] 보인다.
▶ 동사 look의 주격보어 자리인데, '살아 있는'이라는 뜻의 형용사 live는 한정 용법으로만 쓰이는 형용사이므로 빈칸에 들어갈 수 없다.

**2** 좋은 관계를 유지하는 데 많은[약간의 / 상당한 / 많은] 노력이 필요하다.
▶ 셀 수 없는 명사 effort를 수식하는 자리인데, many는 셀 수 있는 명사만을 수식하는 수량 형용사이므로 빈칸에 들어갈 수 없다.

**3** 제가 기름[조언 / 도움 / 피드백]을 좀 얻을 수 있을까요?
▶ 셀 수 없는 명사를 수식하는 수량 형용사 a little의 수식을 받는 명사 자리인데, tickets는 셀 수 있는 명사이므로 빈칸에 들어갈 수 없다.

**4** • 플라스틱은 만들고 재활용하는 비용이 싸다.
• 그들은 서로를 거의 모른다.
▶ 주격보어 역할을 할 수 있는 형용사 cheap과 동사 know를 수식할 수 있는 부사 hardly가 적절하다.

**5** • 시험 전에 긴장을 느끼는 것은 지극히 정상이다.
• 마감일이 가까워지고 있다.
▶ 형용사 normal을 수식할 수 있는 부사 perfectly와 동사 is drawing을 수식할 수 있으면서 '가까이'라는 의미를 가진 부사 near가 적절하다.

**6** ② 나는 그에게 전적으로 동의한다.
▶ agree with는 「동사＋전치사」의 조합으로, 목적어는 전치사 앞에 올 수 없다. 따라서 목적어 him은 전치사 with 뒤에 와야 한다.
① 이용 가능한 모든 수단을 사용하라.
▶ every가 명사를 동반하는 경우 -able[-ible]로 끝나는 형용사는 명사 뒤에 위치하므로 means 뒤에 위치한 available은 적절하다.
③ 그녀는 그것을 곰곰이 생각할 시간이 필요하다.
▶ think over는 「동사＋부사」의 조합으로 목적어가 대명사인 경우 부사 앞에 위치한다. 따라서 over 앞에 위치한 it은 적절하다.

④ 다행히도, 그는 곧 새로운 일자리를 구했다.
　▶문장 전체를 수식하는 부사 Fortunately는 적절하다.
⑤ 계란은 때때로 요리에서 날것으로 사용된다.
　▶빈도부사 sometimes는 be동사 뒤에 위치하므로 적절하다.

**7** ③ 뇌우가 심해질 것이다.
　▶동사 become 뒤에는 주격보어 역할을 할 수 있는 형용사가 와야 하므로 형용사 severe로 고쳐야 한다.
① 나는 저녁 식사로 무언가 따뜻한 것을 원한다.
　▶대명사 something을 수식하는 형용사는 뒤에 위치해야 하므로 warm이 something 뒤에 온 것은 적절하다.
② 그는 회의에 참석해야 한다.
　▶be동사 뒤에 주격보어 역할을 하는 형용사 present가 온 것은 적절하다.
④ 그녀의 언니는 오늘 결혼할 것이다.
　▶형용사 elder는 한정 용법으로 쓰여 명사 sister를 수식하므로 적절하다.
⑤ 내 새 검정색 차에 굵힌 자국이 있다.
　▶형용사가 여러 개일 때 나이를 나타내는 형용사 뒤에 색을 나타내는 형용사가 위치하므로 new black의 어순은 적절하다.

**8** ⓐ 몇몇 학생들은 숙제의 중요성을 부인할 수도 있다.
　▶수량 형용사 A little은 셀 수 없는 명사만 수식하므로, 셀 수 있는 명사인 students를 수식하는 A few로 고쳐야 한다.
ⓑ 신선한 공기가 들어오도록 창문을 열어 두어라.
　▶「동사＋목적어＋목적격보어」 구조로, 부사 openly를 목적격보어 역할을 할 수 있는 형용사 open으로 고쳐야 한다.
ⓒ 새로운 회원은 새롭게 형성된 그룹에 가입할 수 있다.
　▶부사 newly가 형용사 formed를 수식하므로 적절하다.
ⓓ 나는 지갑을 잃어버려서 그것을 찾고 있다.
　▶look for는 「동사＋전치사」 구조로 목적어 it이 전치사 for 뒤에 왔으므로 적절하다.
ⓔ 그녀는 선물을 받았을 때 행복하다고 느꼈다.
　▶동사 felt 뒤에 주격보어 역할을 히는 형용사 happy가 왔으므로 적절하다.

**9** ④ 탁자에서 뛰어내리는 것은 가능한 최악의 생각이었다.
　▶-ible로 끝나는 형용사가 「최상급＋명사」를 뒤에서 수식하는 구조는 적절하다.
① 그는 몇 시간 후에 집에 왔다.
　▶수량 형용사 a few는 셀 수 있는 명사의 복수형과 함께 쓰이므로 hour를 복수형 hours로 고쳐야 한다.
② 좋은 건강을 위해서는 약간의 소금이 필요하다.
　▶수량 형용사 A little의 수식을 받는 주어 salt는 셀 수 없는 명사로 단수 취급하므로 are를 단수형 is로 고쳐야 한다.
③ 코요테는 이 지역에서 거의 안 보인다.
　▶빈도부사 scarcely는 be동사 뒤에 위치해야 한다.
⑤ 부끄러워하는 학생은 교실에서 뛰쳐나왔다.
　▶형용사 ashamed는 서술 용법으로만 쓰일 수 있으므로 The ashamed student는 The embarrassed student 혹은 The student who was ashamed로 고쳐야 한다.

**10** ⑤ 모두를 위해 내가 충분히 복사해 놨다.
　▶명사 copies를 앞에서 수식하는 형용사 enough의 쓰임은 적절하다.

① 나는 다시는 당신을 실망시키지 않겠다.
　▶let down은 「동사＋부사」의 조합으로, 목적어 you는 대명사이므로 부사 down 앞에 써야 한다.
② 택시 운전사가 벌써 도착했다.
　▶'아직'이라는 의미의 yet은 부정문이나 의문문에 오는 부사이므로, 주어진 문장을 The taxi driver has arrived already. 또는 The taxi driver hasn't arrived yet.으로 고쳐야 한다.
③ 당신은 그것을 요구하기만 하면 된다.
　▶ask for는 「동사＋전치사」의 조합으로, 목적어는 전치사 앞에 올 수 없으므로 목적어 it은 전치사 for 뒤에 써야 한다.
④ 이곳의 근로자들은 대부분 여성이다.
　▶문맥상 '대부분'이라는 말이 필요하므로 most를 mostly로 고쳐야 한다.

**11** ▶동사 are의 주격보어 자리에 형용사 aware를 쓰되, 부사 completely가 형용사 aware를 앞에서 수식하는 어순으로 배열한다.

**12** ▶빈도부사 hardly는 일반동사 buys 앞에 쓰고, -thing으로 끝나는 대명사는 형용사가 뒤에서 수식하므로 new는 anything 뒤에 쓴다.

**13** ▶「동사＋가목적어(it)＋목적격보어＋진목적어(to부정사구)」 구조로 쓰되, 목적격보어 자리에 형용사 comfortable을 쓴다.

**14** ▶주어 Nothing은 -thing으로 끝나는 대명사이므로, 형용사 bad가 주어를 뒤에서 수식하도록 쓴다.

**15** ▶pick up은 「동사＋부사」의 조합으로, 목적어 them은 대명사이므로 부사 up 앞에 쓴다.

**16** ▶'항상'이라는 뜻의 빈도부사 always를 일반동사 brings 앞에 쓴다.

**17** 지문 해석 나의 일곱 번째 생일에, 엄마는 목줄을 매고 기다리고 있는 강아지로 나를 놀라게 하셨다. 그것은 아름다운 황금빛 털과 사랑스러운 꼬리를 가지고 있었다. 나는 그 강아지를 어딘지 데리고 다녔고 매일 밤 같이 잤다. 몇 달 후, 그 강아지가 도망가 버렸다. 엄마가 내 방 문간에서 조용히 나를 바라보시는 동안 나는 몇 시간 동안 울었다. 나는 슬픔에 지쳐 마침내 잠들었다.
　▶(A) 명사 tail을 수식하는 형용사가 필요하므로 형용사 adorable로 고쳐야 한다.
　(B) 셀 수 있는 명사(months)를 수식할 수 있는 수량 형용사 few로 고쳐야 한다.
　(C) 동사 watched를 수식할 수 있는 부사 silently로 고쳐야 한다.
　(D) '잠이 든'이라는 의미의 서술 용법으로 쓰이는 형용사 asleep으로 고쳐야 한다.

**18** 지문 해석 9월 보름달의 아름다움을 즐길 때이다. 보름달을 포착하기에 가장 좋은 시기는 달이 지평선에 가깝게 떠오르는, 일몰 직후이다. 그것은 하늘 높이 떠 있을 때보다 조금 더 크게 보일 것이다.
　▶(1) 문맥상 '가깝게'라는 의미가 되어야 하므로, closely(면밀히)는 close로 고쳐야 한다.
　(2) 문맥상 '높이'라는 의미가 되어야 하므로, highly(상당히, 매우)는 high로 고쳐야 한다.

**19** 지문 해석 특별한 행사이든 사업상 책무이든, 어떤 이유로든 여행을 하는 것은 보통 꽤 비싸다. 그래서 당신이 해외로 여행하는 것을 계획하고 있다면, 경비를 파악하는 것이 중요하다.

▶ 빈도부사 usually는 동사 is 뒤에 쓰고, 주격보어 자리에는 '비싼'이라는 뜻의 형용사 costly를 쓴다. costly를 수식하는 부사 quite는 costly 앞에 쓴다.

20 상당히 효율적인 리더들은 종종 사람들에 대한 집중력을 잃는다. 그것은 더 사람 중심인 활동이 그들을 느리게 할 것이라는 믿음 때문이다. 하지만, 관계를 쌓고, 팀을 고무시키고, 다른 사람들을 발전시키는 것은 매우 중요하다. 효율성 및 작업 수행에 강력히 집중하는 것은 이러한 리더들을 전반적으로 덜 효과적으로 만든다. 그 결과 조직 분위기에 부정적인 영향을 미치고 팀원들의 심신 소모를 유발하는 경우가 빈번하다.

▶ ③ slow down은 「동사+부사」의 조합으로, 목적어 them은 대명사이므로 부사 down 앞에 써야 한다.

① 부사 Highly는 형용사 efficient 앞에서 형용사를 수식하고 있으므로 적절하다.

② 뒤에 명사구가 이어지므로 전치사 because of는 적절하다.

④ 주어가 세 개의 동명사구가 연결된 복수 형태이므로 복수동사 are는 적절하다.

⑤ 「make+목적어(these leaders)+목적격보어」 구조에서 less effective는 형용사로 목적격보어 역할을 할 수 있으므로 적절하다.

# Chapter 11

# 비교

## Unit 1 | 원급을 이용한 비교 구문          p. 134

**예문 해석**

1 새 도로는 예전 것만큼 좁다.
2 그녀는 자기 어머니만큼 노래를 아주 잘했다.
3 집 안에 있는 것은 밖에 나가는 것만큼 재미있지는 않다.
4 가능한 한 빨리 집에 돌아오렴.
5 해왕성은 지구보다 네 배 더 크다.
6 Erin은 그의 행동에 화가 났다기보다는 오히려 걱정스러웠다.
7 당신은 이번에 원하는 만큼 많은 책을 빌려도 됩니다.

**어법 연결**

8 걷는 것은 뛰는 것만큼이나 건강에 좋다.
9 내 자전거는 Peter의 것만큼 오래되지는 않았다.
10 우리는 가능한 한 빠르게 뛰려고 했다.

**A** 1 good  2 as  3 possible
　4 many  5 not so much
**B** 1 light  2 yours[your chair]  3 ○
　4 as fast as we could  5 twice as expensive as

**문제 해석**

**A**

1 그 사과 파이는 생긴 것만큼이나 맛이 좋아!
2 나는 내 상사만큼 열심히 일하려고 노력한다.
3 그는 가능한 한 자주 경주자의 속도를 테스트했다.
4 내 정원에 네가 원하는 만큼 많은 꽃을 심어라.
5 우리는 졸리기보다는 오히려 지쳤다.

**B**

1 내 몸이 깃털만큼 가볍게 느껴졌다.
2 내 의자는 네 것만큼 편안하지는 않다.
3 Tony는 너만큼 많은 돈을 쓰지는 않았다.
4 우리는 이곳에 가능한 한 빨리 도착했다.
5 유기농 식품은 비유기농 식품보다 두 배 더 비싸다.

narrow 좁은  Neptune 해왕성  organic 유기농의

## Unit 2 | 비교급을 이용한 비교 구문          p. 135

**예문 해석**

1 때로는 말하는 것이 문자 메시지를 주고받는 것보다 더 쉽다.
2 유럽에서 축구는 농구보다 더 인기 있다.
3 Brandon은 Betty보다 차를 덜 조심성 있게 몬다.
4 대학은 학생들에게 고등 교육을 제공한다.
5 날이 점점 더 추워져서, 나는 재킷을 입었다.
6 당신은 공부하면 할수록 더 똑똑해질 것이다.
7 새 박물관은 이전 것보다 두 배 더 크다.
8 그 휴대 전화 케이스는 가격이 겨우 10달러이다.
9 그 손목시계는 가격이 1천 달러나 된다.

**문법 PLUS**

10 그녀의 실적이 내 실적보다 더 우수했다.

**A** 1 wakes up earlier than
　2 more than his brother does
　3 three times faster than
　4 the heavier it feels
　5 less crowded than other beaches
**B** 1 high and high → higher and higher
　2 No more than → No less than
　3 less than → more than

**문제 해석**

**A**

1 그녀의 남편은 조깅하러 가기 위해 그녀보다 더 일찍 일어난다.
2 그는 남동생보다 더 강아지를 그리워한다.
3 습지는 숲보다 세 배 더 빠르게 사라지고 있다.
4 내가 그것을 오래 들수록 그것은 내게 더 무겁게 느껴진다.
5 이 해변은 부산의 다른 해변보다 덜 붐빈다.

wetland 습지  spend 지출(액)

## Unit 3 | 최상급을 이용한 비교 구문     p. 136

**예문 해석**

1 바이칼 호는 세상의 모든 호수 중에서 가장 깊다.
2 이 방은 그 호텔에서 가장 비싸다/저렴하다.
3 이 사전은 모든 사전들 중에서 최고이다.
4 80퍼센트가 넘는 사람들이 음악을 들을 때 가장 빠르게 일했다.
5 Eric은 자신의 친구들과 놀 때 가장 신이 난다.
6 Katherine Hepburn은 역대 최고의 여배우들 중 한 명이다.
7 그녀는 내가 지금까지 만난 여성들 중 가장 아름답다.
8 로스앤젤레스는 미국에서 두 번째로 가장 큰 도시이다.

**어법 연결**

9 인생에서 가장 큰 기쁨 중 하나는 자녀가 자라는 것을 보는 것이다.

**A** 1 the best   2 (the) most interesting
    3 the most important
**B** 1 is   2 ○   3 I have ever
    4 tourist attractions   5 ○

**문제 해석**

**A**

1 그녀는 반에서 최고의 체스 선수이다.
2 이것은 모든 주제들 중에서 가장 흥미롭다.
3 그것은 그 미술관에서 가장 중요한 그림이었다.

**B**

1 하늘에서 가장 밝게 빛나는 별들 중 하나는 시리우스이다.
2 대부분의 사람들은 환한 햇살을 받을 때 가장 행복해한다.
3 이 소설은 내가 지금까지 읽어 본 책 중 가장 지루하다.
4 N서울타워는 서울에서 가장 유명한 관광 명소 중 하나이다.
5 강원도의 설악산은 한국에서 세 번째로 가장 높은 산이다.

tourist attraction 관광 명소

## Unit 4 | 최상급 표현 / 비교급·최상급의 강조     p. 137

**예문 해석**

1 너는 세상에서 가장 행복한 사람이다.
2 세상의 어떤 사람도 너만큼 행복하지는 않다.
3 세상의 어떤 사람도 너보다 더 행복하지는 않다.
4 너는 세상의 다른 어떤 사람보다 더 행복하다.
5 우리 버스로 가자. 그게 택시로 가는 것보다 훨씬 더 저렴해.
6 다행히도, 그는 걷고 나서 기분이 훨씬 더 나아졌다.
7 그녀는 국내에서 단연코 가장 유명한 화가이다.
8 이것이야말로 빵을 굽기에 가장 좋은 버터이다.

**문법 PLUS**

9 두 그림 중 어느 것이 더 낫나요?
10 Sam은 둘 중에 더 잘생긴 남자아이이다.

**A** 1 the smallest planet
    2 as[so] small as
    3 smaller than
    4 smaller than any other planet
    5 smaller than all the other planets
**B** 1 ○   2 ○   3 the better   4 the very largest   5 ○

**문제 해석**

**A**

1 수성은 태양계에서 가장 작은 행성이다.
2 태양계의 어떤 행성도 수성만큼 작지는 않다.
3 태양계의 어떤 행성도 수성보다 더 작지는 않다.
4 수성은 태양계의 다른 어떤 행성보다 더 작다.
5 수성은 태양계의 다른 모든 행성들보다 더 작다.

**B**

1 나는 상하이가 중국에서 단연코 최고의 도시라고 생각한다.
2 그 음악가는 그 곡을 훨씬 더 마음에 들어 할 것이다.
3 그는 둘 중에 더 나은 선수이다.
4 이곳이야말로 이 부근에서 가장 큰 공장이다.
5 그 교복은 중학교 교복보다 훨씬 더 근사했다.

Mercury 수성   solar system 태양계   fancy 근사한, 고급의

## Review Test     p. 138

1 important   2 far   3 least
4 much   5 thinner   6 arriving
7 deeper and deeper   8 less healthy
9 the tallest   10 healthier → the healthier
11 as six times → six times as   12 than → to
13 far → by far   14 could → can
15 times bigger than Mars
16 the longest day (of the three planets)
17 (1) (two times) more moons than
    (2) most moons (of the three planets)
18 one of   19 any other   20 no other   21 the better
22 makes as many mistakes as
23 was the second lowest
24 better, much more expensive
25 the politest person I have ever met

1 여러분이 등산하고 있을 때 양말은 신발만큼 중요하다.
    ▶ 원급 비교 문장으로, 동사 are의 주격보어 역할을 할 수 있는 형용사가
      와야 한다.

2 세계는 이제 그 어느 때보다도 훨씬 더 많은 것을 소비한다.
    ▶ 비교급을 강조할 때는 far, much, even, still, a lot 등을 쓰며,
      very는 사용할 수 없다.

**3** 당신의 인생에서 가장 덜 중요한 것은 무엇인가?
▶ 앞에 the가 있고 뒤에 범위를 나타내는 표현 in your life가 왔으므로, '가장 덜 ~한'이라는 뜻의 최상급 least가 적절하다.

**4** 멕시코는 이탈리아만큼 많은 양의 와인을 생산하지는 않는다.
▶ 원급 비교 문장으로, 물질명사 wine을 수식하는 수량 형용사로 much가 적절하다.

**5** 당신이 더 높이 갈수록 공기는 더 희박해진다.
▶ 「the+비교급 ~, the+비교급 …」 구문이므로 thin을 비교급 thinner로 고쳐야 한다.

**6** 늦게 도착하는 것이 일찍 도착하는 것보다 더 안 좋다는 것을 기억하라.
▶ 비교 구문에서 비교하는 대상은 문법적으로 형태가 같아야 하므로, 동명사구 arriving late의 형태에 맞춰 to arrive를 arriving으로 고쳐야 한다.

**7** 인부들은 계속해서 구멍을 점점 더 깊게 팠다.
▶ '점점 더 ~하게'라는 의미가 되어야 하므로 「비교급+and+비교급」의 형태로 고쳐야 한다.

**8** 과일 주스는 있는 그대로의 과일보다 건강에 덜 좋다.
▶ 접속사 than으로 보아 비교급 비교 문장이므로 least healthy를 less healthy로 고쳐야 한다.

**9** John은 키가 175센티미터이다. David는 키가 180센티미터이다. Chris는 키가 185센티미터이다. Chris가 가장 키가 크다.
▶ 문맥상 'Chris가 가장 키가 크다'라는 의미가 되어야 하므로 the taller를 최상급 the tallest로 고쳐야 한다.

**10** 식탁 위에 더 많은 다양함이 있을수록 여러분은 더 건강해진다.
▶ 「the+비교급 ~, the+비교급 …」 구문이므로 비교급 healthier 앞에 정관사 the를 써야 한다.

**11** 에스프레소는 드립 커피보다 여섯 배 더 진하다.
▶ '~보다 … 배 더 –한'이라는 의미는 「배수사+as+원급+as」의 어순으로 나타낸다.

**12** 자기 자신보다 더 열등한 사람은 아무도 없다.
▶ inferior와 같이 -or로 끝나는 형용사의 경우 비교 대상 앞에 than이 아닌 to를 쓴다.

**13** 저 소설은 도서관에서 단연코 가장 인기 있는 것이다.
▶ 최상급을 강조할 때는 by far를 써야 한다. far는 비교급을 강조할 때 쓴다.

**14** 글쓰기 전문가들은 "가능한 한 많은 말을 삭제하세요."라고 말한다.
▶ '가능한 한 ~한'이라는 의미는 「as+원급+as one can」의 형태로 나타내고, can은 주절의 시제와 일치시켜야 하므로 could를 can으로 고쳐야 한다.

**15** 지구는 화성보다 거의 두 배 정도 더 크다.
▶ 「배수사+비교급+than」 구문을 사용하여 지구와 화성의 크기를 비교하는 문장을 완성한다.

**16** 수성은 (세 행성 중에서) 날이 가장 길다.
▶ 「the+최상급(+of)」 구문을 사용하여 세 행성 간에 날의 길이를 비교하는 문장을 완성한다.

**17** (1) 화성은 지구보다 (두 배) 더 많은 위성을 가지고 있다.
(2) 화성은 (세 행성 중에서) 가장 많은 위성을 가지고 있다.
▶ (1) 화성이 지구보다 위성의 수가 더 많으므로 비교급을 사용하여 문장을 완성한다.
(2) 화성이 세 행성 중에 가장 많은 위성이 있으므로 「the+최상급(+of)」 구문을 사용하여 문장을 완성한다.

**18** 그것은 새로운 생각과 아이디어를 자극하는 가장 좋은 방법들 중 하나이다.
▶ '가장 ~한 …들 중 하나'라는 의미의 「one of the+최상급+복수명사」의 형태가 되도록 쓴다.

**19** Josh는 반에서 다른 어떤 남자아이보다 더 사교적이다.
▶ '다른 어떤 ~보다 더 …한'이라는 의미의 「비교급+than any other+단수명사」의 형태가 되도록 쓴다.

**20** 어떤 그림도 '모나리자'만큼 유명하지는 않은 것 같다.
▶ '어떤 ~도 …만큼 – 하지 않은'이라는 의미의 「부정 주어(no other) ~ as+원급+as」의 형태가 되도록 쓴다.

**21** 이 온라인 강좌는 둘 중에 더 낫다.
▶ '둘 중에 더 ~한 것'이라는 의미의 「the+비교급+of the two」의 형태가 되도록 쓴다.

**22** ▶ 원급을 이용한 「as many+명사+as」 구문으로 쓴다.

**23** ▶ 최상급을 이용한 「the+서수+최상급」 구문으로 쓴다.

**24** ▶ 부사 much를 비교급 앞에 써서 비교급을 강조한다.

**25** ▶ 최상급을 이용한 「the+최상급(+that)+주어+have[has] ever+p.p.」 구문으로 쓴다.

## Actual Test
p. 140

1 ⑤  2 ②  3 ④  4 ①  5 ④
6 ⑤  7 ⑤  8 ③  9 ⑤  10 ②
**11** This drink was the better of the two
**12** by far the warmest place
**13** make our lives much easier
**14** Yesterday was the most amazing day that I have ever had.
**15** I think that this is the saddest part of the movie.
**16** The sailors realized that the lake was deepest at that spot.
**17** (1) Casablanca is the largest city in Morocco.
(2) it is the most delicious Moroccan food
**18** (1) bigger → biggest  (2) youngest → the youngest
**19** (1) higher → highest  (2) '가장 높은 습도'라는 최상급의 의미가 되어야 하므로, higher를 highest로 고쳐 써야 한다.
**20** ②

**1** 만약 당신의 친구가 쿠키를 열 개 갖고 있고, 당신이 여덟 개를 갖고 있다면, 당신은 그보다 더 적은 쿠키를 가진 것이다.

▶문맥상 친구보다 더 적은 쿠키를 갖고 있다는 의미가 되어야 하므로 비교급 fewer가 적절하다.

**2** 가까운 이웃이 먼 사촌보다 더 낫다.
▶뒤에 than이 이어지는 것으로 보아 빈칸에는 비교급이 들어가야 하므로 better가 적절하다.

**3** 그녀는 자신의 사랑하는 가족과 해변에 있을 때 가장 행복했다.
▶비교 대상이 없으며 문맥상 '가장 행복한'이라는 의미가 되어야 자연스러우므로 빈칸에는 최상급이 들어가는 것이 적절하다.

**4** ▶문맥상 원급 비교가 와야 하고, 동사 enjoyed를 수식하는 부사 much가 와야 자연스러우므로 빈칸에는 as much as가 적절하다.

**5** ▶more than ~ 이상인

**6** ① 도쿄는 일본에서 가장 큰 도시이다.
② 일본의 어떤 도시도 도쿄만큼 크지는 않다.
③ 일본의 어떤 도시도 도쿄보다 더 크지는 않다.
④ 도쿄는 일본의 다른 어떤 도시보다 더 크다.
⑤ 도쿄는 일본의 모든 도시들만큼 크다.
▶①~④는 모두 도쿄가 일본에서 가장 큰 도시라는 최상급을 표현하는 문장들이다. ⑤를 ①~④와 같은 최상급을 표현하는 문장으로 바꾸려면 「비교급+than all the other+복수명사」의 형태로 써야 한다.

**7** ⑤ 가스 불은 촛불보다 훨씬 더 뜨겁다.
▶비교급을 강조할 때 very는 사용할 수 없고, much, even, far, still, a lot 등을 써야 한다.
① 몇몇 아이들은 다른 아이들보다 더 느리게 성장한다.
▶부사 slowly의 비교급 형태로 more slowly는 적절하다.
② 그의 운전 실력은 자기 아버지의 실력보다 더 뛰어나다.
▶superior와 같이 -or로 끝나는 형용사의 경우 비교 대상 앞에 to를 쓰므로 적절하다.
③ 그는 가능한 한 빠르게 달려서 몸을 공중으로 내던졌다.
▶'가능한 한 ~하게'라는 뜻의 「as+원급+as one can」이 쓰였고, can은 주절의 시제와 일치시켜야 하므로 과거형 could가 온 것도 적절하다.
④ 그것은 우리가 생각했던 것만큼 나쁘지는 않았다.
▶원급 비교의 부정형 문장으로 앞의 as는 so로 바꿔 쓸 수 있으므로 적절하다.

**8** ③ 네가 더 많이 연습할수록 그것은 더 쉬워진다.
▶「the+비교급 ~, the+비교급 …」 구문이므로, easy를 비교급 easier로 고쳐야 한다.
① 사진을 찍는 것은 그에게 일이라기보다는 오히려 취미이다.
▶「not so much A as B(A라기보다는 오히려 B)」가 쓰였으므로 적절하다.
② 전쟁보다 더 심각한 것이 있는가?
▶형용사 serious의 비교급 형태로 more serious는 적절하다.
④ 그것은 한국에서 역대 세 번째로 가장 강력한 태풍으로 기록되었다.
▶「the+서수+최상급」 구문이 쓰인 문장으로 적절하다.
⑤ 그녀는 가능한 한 많은 시간을 손주들과 보냈다.
▶「as much+명사+as possible」 구문이 쓰인 문장으로, 불가산 명사 time을 수량 형용사 much가 수식하는 것은 적절하다.

**9** ⓓ 그녀의 여름휴가는 단 3일로 짧다.
▶문맥상 '겨우 ~밖에, ~일 뿐'의 뜻이 되어야 자연스러우므로 no less than을 no more than으로 고쳐야 한다.
ⓔ 보스턴은 여전히 국내에서 가장 안전한 도시 중 하나이다.
▶「one of the+최상급」 뒤에는 복수명사가 이어져야 하므로, city를 cities로 고쳐야 한다.
ⓐ 상황이 극도로 심각했다.
▶「as+원급+as」 구문이 쓰인 구조로, be동사의 주격보어로 형용사 bad가 온 것은 적절하다.
ⓑ 물은 보기보다 훨씬 더 깊다.
▶부사 much가 비교급을 강조하므로 적절하다.
ⓒ 나의 새 프로젝트는 지난번 것보다 훨씬 더 어렵다.
▶부사 even이 비교급을 강조하므로 적절하다.

**10** ② 구세대는 매우 많은 어려움들을 겪어 왔다.
▶The older generation은 구체적인 비교 대상이 필요 없이 '더 ~한'을 나타내는 표현으로 적절하다.
① 점점 더 많은 아이들이 스마트폰을 하면서 여가 시간을 보낸다.
▶문맥상 '점점 더 많은'이 자연스러우므로, Many and many를 More and more로 고쳐야 한다.
③ 그 소프트웨어는 그들의 움직임의 가장 작은 세부 사항들을 조종한다.
▶한정 용법으로 쓰인 최상급 smallest 앞에 정관사 the를 넣어야 한다.
④ 나는 시내 근처에 살지만, Sue는 훨씬 더 가까이에 산다.
▶the very는 최상급을 강조하는 말이므로, 비교급 closer를 강조하는 much, even, far, still, a lot 등으로 고쳐야 한다.
⑤ 여성 응답자들의 비율은 남성 응답자들의 비율보다 두 배 더 높았다.
▶「배수사+as+원급+as」 구문이므로, 비교급 higher를 원급 high로 고쳐야 한다.

**11** ▶동사 was 다음에 「the+비교급+of the two」의 어순으로 쓴다.

**12** ▶최상급 앞에 최상급 강조 표현 by far를 쓴다.

**13** ▶「make+목적어+목적격보어」의 구조로 쓰되, 비교급 easier 앞에 비교급 강조 표현 much를 쓴다.

**14** ▶최상급을 이용한 「the+최상급+that+주어+have[has] ever+p.p.」 구문으로 쓴다.

**15** ▶I think that 다음에 오는 절을 「the+최상급+of」 구문으로 쓴다.

**16** ▶that절에 최상급을 이용하여 문장을 완성하되, 비교 대상이 없으므로 deepest 앞에는 정관사 the를 쓰지 않는다.

**17** 지문 해석 카사블랑카는 모로코에서 가장 큰 도시이다. 나는 작년에 모로코로 여행을 갔을 때 카사블랑카를 방문했다. 내가 가장 좋아하는 모로코 음식은 쿠스쿠스이다. 나는 그것이 가장 맛있는 모로코 음식이라고 생각한다. 여러분이 모로코를 탐험할 기회를 갖는다면 쿠스쿠스를 먹어 볼 것을 추천한다.
▶(1) '… 중에서 가장 ~한'이라는 의미의 「the+최상급+in」의 형태로 나타낸다.
(2) '가장 맛있는'이라는 의미가 되도록 최상급 the most delicious를 이용하여 문장을 완성한다.

**18** 지문 해석 내가 학생들에게 가르치는 가장 큰 것들 중 하나는 나이가 들면서 여러분의 관점뿐만 아니라 능력도 바뀔 것이라는 것이다. 그것은 정상이다. 어떤 사람들은 그들이 가장 영광스러운 시절을 한참 지났다고 불평하지만, 나는 그들에게 오늘이 그들의 인생에서 가장 젊은 날이라고 말해 준다.

▶ (1) 「one of the＋최상급＋복수명사」 구문이 되어야 하므로 bigger를 biggest로 고쳐야 한다.

(2) 한정 용법으로 쓰인 최상급 youngest 앞에 정관사 the를 써야 한다.

**19** 지문 해석 세계에서 가장 습도가 높은 곳은 적도와 해안 근처에 위치해 있다. 일반적으로, 가장 습도가 높은 도시는 남아시아와 동남아시아에 있다. 예를 들어, 파키스탄의 수쿠르는 인더스 강에 위치해 있고 세계에서 가장 습도가 높은 도시들 중 하나이다. 지금까지 기록된 가장 높은 습도는 2003년 사우디아라비아의 화씨 95도 이슬점이었다.

▶ '가장 높은 습도'라는 최상급의 의미가 되어야 하므로, higher를 highest로 고쳐 써야 한다.

**20** 지문 해석 농부가 필요한 양보다 더 많은 곡물을 가지고 있고 목동은 마실 수 있는 양보다 더 많은 우유를 가지고 있다고 하자. 만약 그들이 약간의 밀을 약간의 우유와 교환한다면, 그들은 자신들의 곡물과 우유를 최대한 활용할 수 있다. 사람들이 말하는 것처럼, 모두가 혜택을 얻는다. 물론 한 시점에서의 교환은 분업이 있을 때에만 이득이 된다.

▶ ② 뒤에 than이 있으므로 much를 비교급인 more로 고쳐야 한다.

① more grain 다음에 비교 대상을 나타내는 접속사 than의 쓰임이 적절하다.

③ 조건의 부사절을 이끄는 접속사 if는 적절하다.

④ everybody는 단수 취급하므로 단수동사 wins가 온 것이 적절하다.

⑤ 주어가 an exchange이므로 단수동사 pays가 온 것은 적절하다.

# Chapter 12

# 전치사

## Unit 1 | 장소·위치의 전치사
p. 144

예문 해석
1 나는 과학에 관한 책을 읽는 것을 좋아한다.
2 놀랍게도, 그녀는 시험에 합격했다.
3 그 차는 길모퉁이에서 멈췄다.
4 그녀는 잔디밭에 앉아 있었다.
5 우리 삼촌은 호텔 로비에서 손님들을 맞이하셨다.
6 부엌 싱크대 위에 창문을 추가로 냈다.
7 해가 지평선 아래로 졌다.

8 그 남자아이는 엄마와 아빠 사이에 앉는 것을 좋아한다.
9 Rachel은 학급 친구들 사이에서 매우 인기 있었다.

어법 연결
10 그녀는 새로운 것들을 배우는 데 흥미가 있다.
11 나는 그 일이 왜 일어났는지 모른다.

**A** 1 on 2 at 3 in 4 at 5 in
**B** 1 among 2 over 3 behind
   4 below 5 joining

문제 해석

**A**
1 나는 지갑이 땅에 떨어져 있는 것을 발견했다.
2 한 낯선 남자가 문 앞에 서 있다.
3 내 남편은 뒷마당에서 바비큐를 준비하고 있었다.
4 우리는 주유하기 위해 다음 주유소에 들르기로 결정했다.
5 그녀는 걷다가 들판에서 일하는 한 수도승을 봤다.

**B**
1 나는 상자 속 물건들 사이에서 내 열쇠를 발견했다.
2 그 도둑은 담을 넘었다.
3 그는 등 뒤에서 빠른 발소리를 듣고 뒤를 돌아봤다.
4 그 비행기는 산 아래의 공터에 착륙했다.
5 너는 우리 그림 동호회에 가입하는 것에 관심이 있니?

**to one's surprise** 놀랍게도 **fill up** 주유하다 **monk** 수도승
**burglar** 도둑, 강도 **footstep** 발소리, 발자국

## Unit 2 | 시간의 전치사
p. 145

예문 해석
1 뮤지컬은 오후 7시에 시작할 것이다.
2 그는 한밤중에 크게 쾅 하는 소리를 들었다.
3 그 상점은 5월 1일에 개업한다.
4 나는 화요일에 구직 면접이 있다.
5 여름 방학은 7월에 시작한다.
6 내 남동생은 2010년에 태어났다.
7 나는 5년 동안 해외에 있었다.
8 나는 여름 동안에 매일 수영했다.
9 나는 수요일까지 과제물을 제출해야 해서, 수요일까지 바쁠 것이다.
10 지난 크리스마스 이래로 Laura는 자기 아들을 보지 못했다.
11 2008년부터 2020년까지 미국의 열 중 여섯 가구가 반려동물을 키웠다.
12 구입 후 14일 이내에는 물품을 교환할 수 있습니다.
13 10분 후에 배가 출발할 것이다.

어법 연결
14 회의는 오후 6시 이후에 시작될 것이다.
15 회의는 사장이 도착한 후에 시작될 것이다.

**A** 1 on 2 in 3 at 4 During 5 by

**B** 1 within 2 since 3 until

---

### 문제 해석

**A**

1 우리는 어머니의 생신날에 특별한 식사를 했다.

2 20세기에 어떤 역사적 사건이 일어났는가?

3 그녀는 취침 시간에 아이들에게 이야기를 읽어 주곤 했다.

4 세미나 도중에 갑자기 휴대 전화가 울렸다.

5 모든 일은 내년 4월까지 완료될 것이다.

**B**

1 우리는 이틀 내로 당신에게 수리공을 보내드리겠습니다.

2 2000년대 초반 이후로 갈등이 계속되고 있다.

3 이 시장은 매주 토요일에 오전 9시부터 오전 11시 30분까지 열린다.

bang 쾅 (하는 소리) household 가구, 가정 historical 역사적인
conflict 갈등

---

### Unit 3 | 원인·수단·방향의 전치사    p. 146

#### 예문 해석

1 Kevin은 퍼즐을 완성한 후에 기뻐서 소리 질렀다.

2 그녀는 그 소식을 듣고 슬퍼서 울었다.

3 그 영화배우는 60세의 나이에 암으로 죽었다.

4 야구 경기는 비 때문에 연기되었다.

5 그녀는 왼손으로 공을 잡았다.

6 헬멧을 쓰지 않고 자전거를 타는 것은 위험할 수 있다.

7 나는 고기를 덜 먹음으로써 내 식단을 바꿨다.

8 Brian은 채용 박람회를 통해 일자리를 구했다.

9 그 상자는 내 무릎에서 바닥으로 떨어졌음에 틀림없다.

10 우리는 신발을 벗고 개울을 건너갔다.

#### 어법 연결

11 나는 교통 정체 때문에 회의에 늦었다.

12 나는 교통이 정체되어서 회의에 늦었다.

**A** 1 with 2 for 3 through 4 with 5 because of

**B** 1 along 2 onto 3 of

---

### 문제 해석

**A**

1 팬케이크 반죽을 숟가락으로 30초 동안 섞으세요.

2 그 선수가 득점했을 때 관중들은 기뻐서 환호했다.

3 헛소문은 인터넷을 통해 빠르게 퍼질 수 있다.

4 그녀의 입술과 턱이 두려움으로 떨리기 시작했다.

5 악천후 때문에 경기가 취소되었다.

**B**

1 길가에는 키 큰 야자수가 서 있다.

2 최대 스무 장의 사진을 우리의 웹 사이트에 업로드하세요.

---

3 전 세계에서 천만 명이 넘는 사람들이 그 병으로 죽었다.

job fair 채용 박람회 stream 개울, 시내 batter 반죽 tremble 떨리다
palm tree 야자수 maximum 최대[최고]

---

### Unit 4 | 기타 전치사    p. 147

#### 예문 해석

1 그것은 모험을 떠나는 한 남자아이에 대한 이야기이다.

2 나는 영화에서 연기하는 것에 대해 늘 꿈꾼다.

3 Jones 씨는 인공지능에 관한 책을 출간했다.

4 많은 국회의원들이 그 법안에 찬성하여 투표했다.

5 당신은 사형 제도에 반대하시나요?

6 Burton 부부는 나를 가족의 일원으로 대했다.

7 너를 제외하고 우리 모두는 파티에 갈 준비가 되었다.

8 그는 나이에 비해서 매우 성숙하다.

#### 어법 연결

9 그 미술가는 많은 장애물에도 불구하고 조각품을 완성했다.

10 그 미술가는 많은 장애물이 있었음에도 불구하고 조각품을 완성했다.

**A** 1 of 2 despite 3 about 4 on 5 for

**B** 1 against 2 except 3 as

---

### 문제 해석

**A**

1 나는 기타 수업을 수강하는 것에 대해 생각하는 중이다.

2 그녀는 자신이 가진 모든 재산에도 불구하고 여전히 겸손했다.

3 그 고객은 상점의 방침에 대해 화가 났다.

4 우리는 여성 안전과 관련된 캠페인을 시작하기로 결정했다.

5 8시간 근무는 너무 길다. 나는 더 짧은 근무 시간에 찬성한다.

Congress 의회[국회] bill 법안 death penalty 사형 제도 mature 성숙한
sculpture 조각품 humble 겸손한

---

### Review Test    p. 148

1 on 2 between 3 during 4 by 5 because of

6 inventing 7 about[of] 8 until[till] 9 along

10 between → among 11 take → taking

12 in → on 13 Though → Despite[In spite of]

14 over 15 since 16 with 17 for

18 sitting at a desk 19 put a knife in the dishwasher

20 other participants before a meeting

21 a long career as an interior designer

22 of Europe doubled in the nineteenth century

23 the paint dry completely for a couple of days

24 is open every day except New Year's Day

25 took off at midday and landed 10 hours later

1 그녀는 중지에 금반지를 끼고 있었다.
▶ 접촉해 있는 곳을 나타내므로 전치사 on이 적절하다.

2 너는 식사와 식사 사이에 음식을 먹지 말아야 한다.
▶ 문맥상 '식사와 식사 사이'라는 명확히 구분되는 것을 가리키므로 전치사 between이 적절하다.

3 그의 할아버지는 제1차 세계 대전 동안 군대에서 전투를 했다.
▶ 명사구 the First World War는 특정 기간을 나타내므로 전치사 during이 적절하다.

4 그 공사는 내년까지 완료될 것으로 예상된다.
▶ 일의 완료나 기한을 나타내므로 전치사 by가 적절하다.

5 증가하는 전력 수요 때문에 전기 요금이 오르고 있다.
▶ 뒤에 명사구가 이어지고 있으므로 전치사 because of가 적절하다.

6 ▶ 전치사 뒤에는 (대)명사나 명사 상당 어구가 와야 하므로 동명사로 고쳐야 한다.

7 ▶ 뒤에 이야기의 주제에 해당하는 내용이 이어지고 있으므로 전치사 about이나 of로 고쳐야 한다.

8 ▶ 특정 시점(다음 생일)까지의 '계속'을 의미하는 전치사 until이나 till로 고쳐야 한다.

9 ▶ '~를 따라서'라는 의미의 전치사 along으로 고쳐야 한다.

10 나는 군중 사이에서 몇몇 익숙한 얼굴들을 보았다.
▶ the crowd(군중)는 명확히 구분되지 않는 집단의 개념이므로 전치사 between을 among으로 고쳐야 한다.

11 당신은 지하철을 타고 출근함으로써 교통 정체를 피할 수 있다.
▶ 전치사 뒤에는 (대)명사나 명사 상당 어구가 와야 하므로 take를 동명사 taking으로 고쳐야 한다.

12 미국 학생들은 매해 독립기념일에 학교에 가지 않는다.
▶ 특정한 날 앞에 사용하는 전치사 on으로 고쳐야 한다.

13 비평가들의 혹평에도 불구하고 나는 그 영화가 매우 재미있다고 생각했다.
▶ 뒤에 명사구가 이어지고 있으므로, 접속사 Though를 전치사 Despite나 In spite of로 고쳐야 한다.

14 우리 집 지붕 위에서 달이 빛났다.
▶ '~ (바로) 위에'라는 뜻의 위치의 전치사 over가 적절하다.

15 그 상점은 지난달 이후로 문을 닫았다.
▶ '~ 이래로 (지금까지)'라는 뜻의 시간의 전치사 since가 적절하다.

16 인도인들은 포크를 사용하는 대신에 오른손으로 음식을 먹는다.
▶ '~로, ~를 가지고'라는 뜻의 수단·방법의 전치사 with가 적절하다.

17 만약 몇 명의 사람들만 더 우리에게 투표해 주었다면 우리는 선거에서 이겼을 텐데.
▶ '~에 찬성하는'이라는 뜻의 전치사 for가 적절하다.

18 ▶ 명확한 지점을 나타내는 장소·위치의 전치사 at을 사용하여 완성한다.

19 ▶ 내부를 나타내는 장소·위치의 전치사 in을 사용하여 완성한다.

20 ▶ '~ 전에'라는 뜻의 시간의 전치사 before를 사용하여 완성한다.

21 ▶ '~로서'라는 뜻의 전치사 as를 사용하여 완성한다.

22 ▶ 세기를 나타내는 말 the nineteenth century 앞에 시간의 전치사 in을 써서 완성한다.

23 ▶ 「let+목적어+목적격보어(동사원형)」의 구문으로 쓰고, 기간을 나타내는 말 a couple of days 앞에 시간의 전치사 for를 써서 완성한다.

24 ▶ 부사구 every day 다음에 「except+목적어」의 어순으로 쓴다.

25 ▶ 특정 시점을 나타내는 말 midday 앞에 시간의 전치사 at을 써서 완성한다.

## Actual Test                                    p. 150

1 ③  2 ②  3 ⑤  4 ④  5 ④
6 ②  7 ④  8 ③  9 ②  10 ⑤
11 lives in a burrow below the ground
12 was coming toward him across the parking lot
13 is eight thousand meters above sea level
14 There was an earthquake and the floor shook under my feet.
15 She pulled the blanket over her head and stayed in bed.
16 Belgium lies between France, Germany, Luxembourg and the Netherlands.
17 a car accident occurred because of[due to/owing to] someone speeding
18 (1) during → for  (2) by joy → for[with] joy
19 (1) although → despite[in spite of]
   (2) 뒤에 명사구 these obstacles가 있으므로, 접속사 although를 전치사 despite나 in spite of로 고쳐 써야 한다.
20 ②

1 ▶ 접촉해 있는 곳을 나타낼 때 쓰는 전치사 on이 적절하다

2 ▶ 내부를 나타낼 때 쓰는 전치사 in이 적절하다.

3 언덕 뒤편으로 해가 사라졌고 하늘이 잿빛으로 변했다.
▶ 장소를 나타내는 the hills 앞에는 장소의 전치사 behind가 오는 것이 적절하다. 전치사 on은 문맥상 자연스럽지 않다.

4 부모들은 자녀들 앞에서 돈에 대해 언쟁하지 말아야 한다.
▶ money는 언쟁의 주제에 해당하는 것이므로, 주제를 나타낼 때 쓰는 전치사 about이 적절하다.

5 Jacob은 강연을 통해서 수백만 달러를 벌었다.
▶ his speech는 돈을 번 수단에 해당하는 것이므로, 수단을 나타낼 때

쓰는 전치사 through가 적절하다.

**6** ② 그녀는 항상 모자를 자기 곁에 가까이 두었다.
▶ 문맥상 '~ 외에'라는 뜻의 전치사 besides를 '~ 옆에'라는 뜻의 전치사 beside로 고쳐야 한다.

① 나는 일주일 내로 그 돈을 갚을 것이다.
▶ 문맥상 '(일정 기간) ~ 이내에'라는 뜻의 전치사 within이 a week 앞에 온 것은 적절하다.

③ 만약 당신의 앞에 곰이 있는 것을 본다면 갑작스럽게 움직이지 마라.
▶ 문맥상 '~ 앞에'라는 뜻의 전치사 in front of가 you 앞에 온 것은 적절하다.

④ 어르신들을 제외한 대부분의 마을 사람들은 그 관습을 몰랐다.
▶ 문맥상 '~를 제외하고'라는 뜻의 전치사 except가 the elders 앞에 온 것은 적절하다.

⑤ 한국과 미국은 이번 주 월요일에 무역 문제에 관한 회담을 열었다.
▶ 회담의 주제를 나타내는 말 trade issues 앞에 전치사 on이 온 것은 적절하다.

**7** ④ 내일 오후까지 비가 계속 내릴 것이다.
▶ 특정 시점(내일 오후)까지의 '계속'을 나타내는 전치사 until이나 till로 고쳐야 한다. 전치사 by는 일의 완료나 기한을 나타낸다.

① 우리는 호수 옆에 텐트를 쳤다.
▶ 문맥상 '~ 옆에'라는 뜻의 next to가 the lake 앞에 온 것은 적절하다.

② 당신은 리더로서 많은 결정을 내려야 한다.
▶ 뒤에 a leader가 있으므로, 문맥상 '~로서'의 뜻으로 자격을 나타내는 전치사 As가 온 것은 적절하다.

③ 당신은 그 기사를 잡지의 마지막 페이지에서 보게 될 것이다.
▶ 기사가 실린 위치를 나타내는 말 앞에 전치사 on이 온 것은 적절하다.

⑤ 수백만 명의 사람들이 전쟁에 반대하여 캠페인을 벌였다.
▶ 문맥상 '~에 반대하는[맞서]'이라는 뜻의 전치사 against가 온 것은 적절하다.

**8** ⓐ 그는 통나무집 밖에서 땅바닥에 침구를 폈다.
▶ 접촉해 있는 곳을 나타내므로 전치사 on은 적절하다.

ⓑ 당신은 이 버튼을 누름으로써 의자를 뒤로 젖힐 수 있다.
▶ 문맥상 방법을 나타내는 '~함으로써'라는 의미의 전치사 by와 동명사 pressing이 온 것은 적절하다.

ⓔ 지구 온난화 때문에 빙하가 녹고 있다.
▶ 문맥상 '~ 때문에'라는 뜻의 전치사 due to가 온 것은 적절하다.

ⓒ Mark는 항상 자신의 만년필로 모든 공식 문서에 서명한다.
▶ his fountain pen은 도구에 해당하므로, 전치사 for를 with로 고쳐야 한다.

ⓓ 그 여성은 일본으로 비행하는 동안 내 옆에 앉아 있었다.
▶ the flight to Japan은 특정 기간을 나타내는 명사구이므로 전치사 for를 during으로 고쳐야 한다. for는 숫자로 표현된 구체적인 기간과 함께 쓴다.

**9** ② 나는 4시 이후부터 Fred를 찾는 중이다.
▶ 문맥상 '4시 이후로' 계속 찾고 있다는 의미이므로 전치사 for는 since로 고쳐야 한다. for 뒤에는 숫자로 된 구체적인 기간을 나타내는 말이 와야 한다.

① 그들은 그 소포를 칼로 개봉했다.
▶ 문맥상 도구를 나타내는 전치사 with가 a knife 앞에 온 것은 적절하다.

③ 의사소통 기술은 21세기에 가장 중요하다.
▶ 세기를 나타낼 때는 전치사 in을 쓰므로 적절하다.

④ 바닷가 근처에 살았을 때 나는 소금기 어린 공기 냄새를 맡을 수 있었다.
▶ 문맥상 '~ 근처에'라는 뜻의 전치사 near가 the sea 앞에 온 것은 적절하다.

⑤ 고객들은 서둘러서 선반에서 상품들을 집어낸다.
▶ 문맥상 '~로부터, ~에서'라는 뜻의 전치사 off가 shelves 앞에 온 것은 적절하다.

**10** ⑤ 잠자리에 드는 가장 나쁜 시간은 자정 이후이다.
▶ 문맥상 '~ 후에'라는 뜻의 시간의 전치사 after는 적절하다.

① 나는 차량 소음 때문에 잠잘 수가 없었다.
▶ 문맥상 '~ 때문에'라는 의미가 되어야 하므로 전치사 of를 because of[due to/owing to]로 고쳐야 한다.

② 그는 그 책 더미 속에서 한 권을 골랐다.
▶ 명확히 구분되지 않는 집단 앞에는 전치사 between 대신에 among을 써야 한다.

③ 종이 울렸고 아이들 무리가 운동장으로 달려 나갔다.
▶ 문맥상 above(~ 보다 위에)를 방향을 나타내는 전치사 onto(~ 쪽으로)로 고쳐야 한다.

④ Kate는 일주일 후에 출장에서 돌아올 것이다.
▶ '(말하는 시점을 기준으로) 일주일 후에'라는 의미가 자연스러우므로 전치사 since를 in으로 고쳐야 한다.

**11** ▶ '땅 아래의 굴속에서'라는 말은 전치사 in과 a burrow, 전치사 below와 the ground의 어순으로 쓴다.

**12** ▶ '주차장을 가로질러 그를 향해'라는 말은 전치사 toward와 him, 전치사 across와 the parking lot의 어순으로 쓴다.

**13** ▶ '해발'이라는 말은 전치사 above와 sea level을 차례대로 써서 나타낸다.

**14** ▶ '~ (바로) 아래에'라는 뜻의 전치사 under를 my feet 앞에 써서 완성한다.

**15** ▶ '~ (바로) 위에'라는 뜻의 전치사 over를 her head 앞에 써서 완성한다.

**16** ▶ 국가는 명확히 구분되는 개념이므로 '~ 사이에'라는 뜻의 전치사 between을 사용하여 완성한다.

**17** 지문 해석 오늘 아침, 나는 평소와 같은 시간에 집을 나섰지만 예상치 못한 교통 체증이 있었다. 나는 회의에 참석해야 했기 때문에 늦을 여유가 없었다. 나는 차 안에서 기다리면서 라디오를 켰다. 라디오 방송에 따르면, 누군가가 과속했기 때문에 교통사고가 발생했다. 나는 절망적으로 차 안에서 기다렸다.
▶ 원인·이유를 나타내는 전치사 because of[due to/owing to]를 사용하여 완성한다.

**18** 지문 해석 그 할머니는 비행기를 타고 파리에 도착했다. 그녀는 몇 년 만에 처음으로 첫 손자를 만날 예정이었다. 딸의 가족은 5년 동안

해외에서 살고 있어서 그들을 자주 방문하는 것은 쉽지 않았다. 그녀는 들뜬 마음으로 택시를 타고 곧장 딸의 집으로 향했다. 초인종을 누르자 그녀는 진심으로 환영을 받았고, 기뻐서 눈물을 흘렸다.

▶ (1) five years는 숫자로 된 구체적인 기간을 나타내는 말이므로 전치사 during을 for로 고쳐야 한다.

(2) 문맥상 '기뻐서 눈물을 흘렸다'라는 인과의 의미가 되어야 하므로, 전치사 by를 원인·이유의 전치사 for[with]로 고쳐야 한다.

**19** 지문 해석 날고 있는 새들의 사진을 찍는 것은 많은 사진작가들의 꿈인데, 아마추어 사진작가들과 전문 사진작가들 모두에게 그렇다. 그렇지만, 새의 속도, 비행 방식, 당신의 카메라의 성능을 포함한 많은 요인들이 이 목표를 어렵게 만들 수 있다. 이것에 있어서 훨씬 더 어려운 것은 배경에 있는 해가 당신의 사진에 빛 번짐을 일으킬 수 있다는 점이다. 하지만, 이러한 장애물에도 불구하고 만일 당신이 다음과 같이 한다면 날고 있는 새들을 찍는 것이 가능하다.

▶ 뒤에 명사구 these obstacles가 있으므로, 접속사 although를 전치사 despite나 in spite of로 고쳐 써야 한다.

**20** 지문 해석 '독립선언서'를 쓴 Thomas Jefferson은 미국의 세 번째 대통령이었다. 그는 1743년 4월 13일 버지니아 주에서 태어났다. 그의 대통령 재임 기간 동안, 그가 이룬 가장 큰 업적 중 하나는 루이지애나 매입이었다. 미시시피 강에서 로키 산맥에 이르는 루이지애나의 영토 전체가 미국의 일부가 되었다. 일부의 반대에도 불구하고, Jefferson의 현명한 결정으로 인해 루이지애나 매입지는 미국의 크기를 두 배로 늘렸다.

▶ ② 특정 기간(대통령 재임 기간)을 나타내는 말이 있으므로 전치사 For는 During으로 고쳐야 한다.

① 전치사 of는 '~의'의 의미를 나타내므로 적절하다.

③ 「one of+최상급+복수명사」가 주어이므로 단수동사 was가 온 것은 적절하다.

④ '~부터 …까지'를 나타낼 때 「from ~ to …」를 쓰므로 전치사 from이 온 것은 적절하다.

⑤ 뒤에 명사구가 오므로 '~에도 불구하고'라는 뜻의 전치사 Despite가 온 것은 적절하다.

## 누적 TEST Chapters 10-12     p. 153

1 ⑤   2 ④   3 ②   4 ②   5 ③   6 ①   7 ④

8 ③   9 ④   10 ④   11 ②   12 ③   13 ⑤

**14** Her score was even worse than her sister's.

**15** Some people are against keeping wild animals in the zoo.

**16** This app finds you all the places accessible with a wheelchair.

**17** more and more angry with him

**18** in spite of their success

**19** he will be there to pick you up

**20** (1) ⓐ, hardly → hard   (2) ⓒ, as → than

**21** (1) more → many   (2) because of → because

**22** ②

**23** The more you know about the genre, the better books you will produce.

**24** ②

**25** are sometimes as effective as actual medicine

**1** 그녀의 잠재력과 의지력이 그녀를 살아 있게 해 주었다.

▶ 동사 kept의 목적격보어 자리이므로 서술 용법의 형용사 alive가 적절하다. 나머지는 모두 한정 용법으로만 쓰이는 형용사이다.

**2** 우리는 가능한 한 많은 회원들이 참석한 모습을 보고 싶다.

▶ 뒤에 as possible이 나온 것으로 보아, 「as+원급+as possible」의 원급 비교 구문이 되어야 한다. members는 셀 수 있는 명사의 복수형이므로 many의 수식을 받아야 한다.

**3** 다리의 통증에도 불구하고 그는 마라톤을 완주했다.

▶ 뒤에 명사구(the pain in his leg)가 있고 문맥상 '~에도 불구하고'라는 의미가 되어야 자연스러우므로 전치사 Despite가 적절하다.

**4** • 당신의 입에서 안 좋은 냄새가 난다면 그것은 건강 문제의 징후일 수도 있다.

• 태풍은 그 마을에 심하게 피해를 입혔다.

▶ • 동사 smells의 주격보어 역할을 하는 형용사 bad(나쁜)가 적절하다.

• 동사 damaged를 수식하는 부사 badly(심하게)가 적절하다.

**5** • 부유해질수록 걱정이 더 커진다.

• 커피가 진할수록 나는 더 좋다.

▶ 두 문장 모두 '~하면 할수록 더 …하다'라는 의미의 「the+비교급 ~, the+비교급 …」 구문이 쓰였으므로, 각 문장의 빈칸에는 「the+비교급」이 들어가야 한다.

**6** • 당신이 회의에 참석할 것인지 여부를 화요일까지 제게 알려 주세요.

• 당신은 페퍼민트 잎 몇 장을 물에 끓여서 허브차를 만들 수 있다.

▶ 첫 번째 문장에서는 기한을 나타내는 전치사가, 두 번째 문장에서는 방법을 나타내는 전치사가 필요하므로 '~까지, ~함으로써'라는 의미의 전치사 by가 적절하다.

**7** • 우리는 연극이 시작하기 전까지 시간이 별로 없다.

• 모든 사람들이 밤보다는 낮 동안에 훨씬 더 안전함을 느낀다.

▶ 셀 수 없는 명사 time을 수식하는 수량 형용사와 비교급 safer를 강조하는 부사로 쓰일 수 있는 말로 much(많은, 훨씬)가 적절하다.

**8** ③ 채식은 젊은 사람들 사이에서 인기를 얻고 있다.

▶ young people과 같이 명확히 구분되지 않는 집단 앞에는 전치사 among을 쓴다.

① 그는 새 정장을 입으니 잘생겨 보였다.

▶ 동사 look(~해 보이다)의 주격보어로 형용사 handsome이 온 것은 적절하다.

② 이 배낭은 고작 콜라 한 캔 정도의 무게이다.

▶ no more than 겨우 ~밖에, ~일 뿐

④ 이것이 우리가 마셔 본 모든 와인들 중에 가장 덜 비싼 것이다.

▶ 「the+최상급+of」 구문이 쓰였고, of 뒤에 복수명사가 온 것은 적절하다.

⑤ Jeff는 보트 위에 올라타서 노를 저어 강을 건너가기 시작했다.
▶ 방향을 나타내는 전치사 onto(~ 위에)와 across(~를 가로질러)의 쓰임은 적절하다.

**9** ④ 그 탑은 시카고의 다른 어떤 건물보다 더 높다.
▶ '다른 어떤 ~보다 더 …한'이라는 의미의 「비교급+than any other+단수명사」 구문이므로, buildings를 단수형 building으로 고쳐야 한다.
① 많은 돈이 왕실의 결혼식에 쓰였다.
▶ plenty of(많은)는 셀 수 있는 명사와 셀 수 없는 명사 앞에 모두 올 수 있다.
② 키위에는 오렌지보다 두 배 더 많은 비타민 C가 있다.
▶ '~보다 … 배 더 – 한'이라는 의미는 「배수사+as+원급+as」로 나타낼 수 있고, vitamin C는 셀 수 없는 명사이므로 앞에 much가 온 것은 적절하다.
③ 나는 몇 분 후에 실험실로 출발할 것이다.
▶ '~ 후에'라는 뜻의 전치사 in의 쓰임은 적절하다.
⑤ 그들은 대회 우승자를 아직 발표하지 않았다.
▶ 부사 yet(아직)은 부정문과 함께 쓰므로 적절하다.

**10** ④ 그 이야기들은 누군가가 그것들을 기록하기까지 전해 내려왔다.
▶ wrote down은 「동사+부사」의 조합으로, 목적어 them은 대명사이므로 부사 down 앞에 와야 한다.
① 나는 경력 초반에 많은 난제에 직면했다.
▶ many는 셀 수 있는 명사(challenges)를 수식하고, 부사 early는 동사(faced)를 수식하므로 적절하다.
② 벽난로 위에 그림이 있다.
▶ '~보다 위에'는 전치사 above로 나타내므로 적절하다.
③ 분명히, 우리 인간은 모든 종들 중 가장 창의적이다.
▶ 부사 Obviously가 문장 전체를 수식하고, 「the+최상급+of+복수명사」 구문이 쓰였으므로 적절하다.
⑤ 시골 지역의 의료 서비스는 도시 지역에서 제공되는 것보다 질이 더 낮다.
▶ -or로 끝나는 형용사의 경우 비교 대상 앞에 than 대신 to를 쓴다.

**11** ▶ 'A라기보다는 오히려 B'의 의미는 「not so much A as B」 구문으로 나타낸다. 완성된 문장은 It is not so much a movie (A) as a series of disconnected scenes.이다.

**12** ⓐ 모든 예술가는 말하고자 하는 고유한 무언가를 갖고 있다.
▶ -thing으로 끝나는 대명사는 형용사가 뒤에서 수식하므로 something unique는 적절하다.
ⓑ 그녀는 둘 중에서 더 적합한 후보이다.
▶ 「the+비교급+of the two」: '둘 중에 더 ~한'
ⓔ 그 보안 요원은 우리를 면밀히 지켜보았다.
▶ 부사 closely(면밀히)가 동사 watched를 수식하므로 적절하다.
ⓒ 나는 30분 동안 교통 체증에 갇혀 있었다.
▶ half an hour와 같이 숫자로 된 구체적인 기간 앞이므로 전치사 during을 for로 고쳐야 한다.
ⓓ 그것은 내가 지금까지 맛본 것들 중 가장 훌륭한 초콜릿이다.
▶ '지금까지 ~한 것들 중 가장 …한'이라는 의미의 「the+최상급(+that)+주어+have[has] ever+p.p.」 구문이므로 more를 the most로 고쳐야 한다.

**13** ⓒ 그녀는 계속해서 문제를 확인하고 그것들을 해결해 나갔다.
▶ work out은 「동사+부사」의 조합으로, 목적어 them은 대명사이므로 부사 out 앞에 써야 한다.
ⓓ 그 팀은 가능한 한 빨리 조사를 시작하려고 노력했다.
▶ '가능한 한 ~하게'라는 의미의 「as+원급+as one can」 구문이 쓰였고, 과거의 일이므로 can을 could로 고쳐야 한다.
ⓐ 그들은 모두 그 제안에 찬성했다.
▶ 전치사 for는 '~에 찬성하는'이라는 뜻이므로 문맥상 적절하다.
ⓑ Michael의 아이디어는 아주 좋은 것 같으니, 당신은 그것에 대해 생각해 봐야 해요.
▶ 동사 sounds의 주격보어로 형용사 great가 쓰인 것과 '~에 대해'라는 뜻의 전치사 about이 쓰인 것은 적절하다.
ⓔ 그 도서관은 시에서 두 번째로 가장 많은 장서를 갖고 있다.
▶ 「the+서수+최상급」: ~ 번째로 가장 …한

**14** ▶ 비교급 강조 부사 even 뒤에 worse than을 쓰고, 비교 대상은 '그녀의 성적'과 '여동생의 성적'이므로, her sister를 소유대명사 her sister's로 바꿔 써야 한다.

**15** ▶ 전치사의 목적어로는 명사 역할을 하는 어구가 와야 하므로 전치사 against 뒤에 keep를 동명사 keeping으로 바꿔 써야 한다.

**16** ▶ 「all+명사+-ible」의 어순으로 쓴다. 셀 수 있는 명사 place는 all the 뒤에서 복수형 places로 바꿔 써야 한다.

**17** ▶ '점점 더 ~한'이라는 의미는 「비교급+and+비교급」 구문으로 나타낸다.

**18** ▶ in spite of ~에도 불구하고

**19** ▶ '(차에) 태우다'라는 뜻의 pick up은 「동사+부사」의 조합이므로, 대명사 목적어 you는 부사 up 앞에 쓴다.

**20** ⓐ 이른 아침의 서리는 땅을 딱딱한 상태로 유지시켰다.
ⓑ 파도는 자장가만큼이나 평화롭게 들린다.
ⓒ 여행은 내가 예상했던 것보다 네 배 더 오래 걸렸다.
ⓓ 그 자선 단체는 작년 이후부터 아픈 아이들을 위해 모금해 왔다.
▶ ⓐ 동사 kept의 목적격보어 자리이므로 부사 hardly를 형용사 hard로 고쳐야 한다.
ⓒ 「배수사+비교급+than」의 형태가 되어야 하므로 as를 than으로 고쳐야 한다. 또는 원급 비교 구문인 four times as long as로 고쳐야 한다.

**21** 지문 해석 한 남자가 신문을 읽다가 "Mary, 봐요. 여성이 어떻게 남성보다 하루에 약 두 배 더 많은 단어를 사용하는가에 관한 기사가 있어요."라고 아내에게 말한다. 그러자 아내는 "그건 우리가 당신들에게 모든 것을 두 번씩 말해 줘야 하기 때문이지요."라고 대답한다.
▶ (1) 여성이 남성보다 약 두 배 더 많은 단어를 사용한다는 내용이므로, 「배수사+as+원급+as」 구문이 되도록 more를 many로 고쳐야 한다.
(2) 뒤에 절이 이어지고 있으므로 전치사 because of를 접속사 because로 고쳐야 한다.

당신은 소설을 쓸 때 자신이 선택한 장르에 익숙해야 한다. 작가들은 때때로 몇 가지의 실수를 범한다. 가장 흔한 실수들 중 하나는 인기 있는 장르의 책을 충분히 읽지도 않고 그 장르를 써 보려 하는 것이다. 당신은 현재의 시장 동향에 대해 조사를 해야 할 뿐만 아니라, 당신이 독자로서 즐기는 장르를 선택해야 한다. 당신이 그 장르에 대해 더 많이 알수록 더 좋은 책들을 만들 것이다.

**22** ▶② 주어가 「One of the+최상급+복수명사」의 형태이므로 동사 are를 단수형 is로 고쳐야 한다.

　① a few는 셀 수 있는 명사를 수식하므로 mistakes 앞에 온 것은 적절하다.

　③ 전치사 뒤에는 명사(구)나 명사 상당 어구가 와야 하므로, 동명사 reading이 온 것은 적절하다.

　④ '~에 대한'의 뜻으로 전치사 on이 온 것은 적절하다.

　⑤ as는 전치사로 '~로서'의 의미를 나타내므로 적절하다.

**23** ▶'~하면 할수록 더 …하다'라는 내용이므로 「the+비교급 ~, the+비교급 …」의 구문을 이용하여 쓴다.

**[24-25]** 지문 해석
위약은 때때로 실제 약만큼 효과가 있다. 사람들이 위약을 먹으면, 그것은 종종 그들의 기분을 훨씬 더 낫게 만든다. 과학자들은 위약이 왜 그렇게 잘 듣는지 잘 모른다. 그들은 그 이유가 마음속의 기대로 인해 호르몬이 혈류로 방출되기 때문이 아닌가 하고 생각한다.

**24** ▶(A) 뒤에 비교급 better가 있으므로, 비교급을 강조하는 부사 far가 적절하다.

　(B) 문맥상 마음속의 기대 '때문에' 호르몬이 방출된다는 의미가 되어야 하므로 due to가 적절하다.

**25** ▶「as+원급+as」의 원급 비교 문장으로 구성한다. 이때 빈도부사 sometimes는 be동사 뒤에 쓴다.

## Chapter 13

# 접속사

### Unit 1 | 등위접속사　　　　p. 158

**예문 해석**

1 식탁 위에 사과와 딸기가 있다.
2 그는 음악을 듣고 노래를 부르는 것을 좋아한다.
3 Jacob은 산책하러 나갔는데, 갑자기 비가 오기 시작했다.
4 Helen은 아름답지만 쌀쌀맞다.
5 나는 피곤했지만 그 일을 끝내야 했다.
6 파란색과 빨간색 중에 어떤 색이 더 좋니?

7 나는 단편 소설을 쓰는 것이나 정원에서 일하는 것을 즐긴다.
8 그녀는 머리가 아파서 약을 먹었다.

**문법 PLUS**

9 식물에 물을 자주 주어라, 그러면 그것은 잘 자랄 것이다.
10 일찍 잠자리에 들어라, 그렇지 않으면 너는 내일 피곤할 것이다.

**A** 1 or 2 and 3 or 4 and 5 but
**B** 1 or 2 so 3 and 4 and 5 but

**문제 해석**

**A**

1 차와 커피 중에 어느 것이 더 좋니?
2 우리 아버지와 어머니 두 분 모두 런던 출신이시다.
3 슈퍼 문은 일 년에 서너 차례 뜬다.
4 그는 휴대 전화를 끄고 자신의 일에 집중했다.
5 그녀는 경력이 많았으나 그곳에 취직하지 못했다.

**B**

1 코트를 입어라, 그렇지 않으면 너는 감기에 걸릴 것이다.
2 매트는 제공되지 않으니, 본인의 것을 가져오세요!
3 너희 어머니의 조언을 들어라, 그러면 너는 후회할 일이 없을 것이다.
4 그녀는 문 쪽으로 가서 그곳에 누가 있는지를 확인하려고 문을 열었다.
5 나는 책상 앞에 앉았는데, 갑자기 타자기가 작동하지 않았다.

**cold-hearted** 쌀쌀맞은, 냉담한 **short story** 단편 소설 **typewriter** 타자기

### Unit 2 | 상관접속사　　　　p. 159

**예문 해석**

1 그녀는 밤낮으로 늘 책을 읽는다.
2 그가 아니라 네가 이 혼란에 대해 책임을 져야 한다.
3 그 사고는 그의 몸뿐만 아니라 마음에도 영향을 미쳤다.
4 당신은 나와 Janet 둘 중 한 명과 함께 머무를 수 있습니다.
5 파란색 드레스와 하얀색 드레스 모두 사이즈 4로는 없습니다.

**어법 연결**

6 돈뿐만 아니라 보석도 도난 당했다.
7 박쥐와 고래 둘 다 포유동물이다.

**A** 1 and 2 or 3 nor 4 but 5 but
**B** 1 but 2 or 3 wealthy 4 wants 5 were

**문제 해석**

**A**

1 피자와 파스타 둘 다 인기 있는 이탈리아 음식이다.
2 고객들은 현금이나 신용카드 중 하나를 사용할 수 있다.
3 이 치마는 짧지도 길지도 않다. 그것은 적당한 길이이다.
4 오늘 날씨는 더울 뿐만 아니라 습했다.
5 나는 미국이 아니라 캐나다에서 영어를 공부했다.

**B**

1 그 사진은 컬러 사진이 아니라 흑백 사진이다.
2 여러분은 온라인이나 유선으로 수강 신청할 수 있습니다.
3 그 배우는 부유할 뿐만 아니라 잘생겼다.
4 선수들과 코치 모두 경기에서 지는 것을 원하지 않는다.
5 운전사와 승객 둘 다 그 사고로 부상을 당했다.

mammal 포유동물　length 길이　humid 습한

## Unit 3 | 명사절을 이끄는 종속접속사 I　　　　p. 160

**예문 해석**

1 기후가 빠르게 변해 왔다는 것은 틀림없는 사실이다.
2 그는 그 아이가 강에서 수영하고 있었다고 말했다.
3 그녀의 장점은 매우 부지런하다는 것이다.
4 나는 내가 최종 시험에 합격했다는 소식을 방금 들었다.
5 Gary는 자신이 전 세계를 여행한다는 사실을 자랑스러워했다.

**문법 PLUS**

6 네가 집에 돌아와서 나는 기뻐.
7 이제 네가 떠나야 한다니 아쉽다.

**A** 1 that there may be spirits in the house, 보어
　2 That you didn't know anything about it, 주어
　3 that you can have anything you truly want, 동격
　4 that my father wrote poems to my mother, 주어
　5 that drinking tea is healthier than drinking coffee,
　　목적어
**B** 1 possible과 life 사이　2 sorry와 you 사이
　3 discovered와 I 사이　4 idea와 students 사이
　5 is와 change 사이

**문제 해석**

**A**

1 소문에 의하면 그 집에는 유령이 있을지도 모른다.
2 네가 그것에 관해 아무것도 몰랐다는 것은 변명이 안 된다.
3 당신이 진정으로 원하는 것은 무엇이든지 가질 수 있다는 믿음이 있다.
4 우리 아버지가 어머니에게 시를 써 주셨다는 것은 놀라운 사실이다.
5 연구는 차를 마시는 것이 커피를 마시는 것보다 건강에 더 좋다는 것을
　보여 주었다.

**B**

1 지구 너머에 생명체가 존재할 가능성이 있다.
2 네가 그 계획을 포기했다니 유감이다.
3 나는 휴대전화 케이스를 놓고 왔다는 것을 깨달았다.
4 나는 학생들에게 더 많은 신체 활동이 필요하다는 의견에 동의한다.
5 현실은 변화는 어려울 수 있으나 필요하다는 것이다.

certain 틀림없는, 확실한　strong point 장점　exist 존재하다

## Unit 4 | 명사절을 이끄는 종속접속사 II　　　　p. 161

**예문 해석**

1 그녀가 약속을 지킬지 의심스럽다.
2 나는 그 정보가 정확한지 아닌지 모른다.
3 나는 그가 안전한지 걱정스럽다.
4 문제는 그가 그 계획에 동의할 것인가이다.
5 Mary는 자신이 왜 학교에 지각했는지 설명했다.
6 무엇이 지진을 일어나게 했는가는 불확실하다.
7 당신은 회의가 얼마나 오래 걸릴 것이라고 생각하십니까?

**어법 연결**

8 그는 내가 답을 아는지 모르는지를 내게 물었다.

**A** 1 Whether　2 whether　3 whether / if
　4 whether　5 whether / if
**B** 1 how I should explain　2 ○　3 ○
　4 how long the medicine lasts
　5 What do you believe

**문제 해석**

**A**

1 그가 오든 안 오든 그것은 내게 중요하지 않다.
2 그의 관심사는 자신의 건강이 곧 호전될 여부이다.
3 우리는 그 계획이 승인될지 예측할 수 없다.
4 파티의 성공은 Eric이 참석할지 여부에 달려 있다.
5 그녀는 주지사 선거에 출마할지 여부를 발표하지 않았다.

**B**

1 나는 상황을 어떻게 설명해야 할지 잘 모르겠다.
2 잠시 동안 그는 무엇이 자신을 깨웠는지 궁금했다.
3 누가 그 자리에 적합한지 내게 말해 줄래요?
4 중요한 것은 약효가 얼마나 오래 가느냐이다.
5 너는 무엇이 학교를 안전하고 건전하게 만든다고 생각하니?

doubtful 의심스러운　uncertain 불확실한　governor 주지사

## Unit 5 | 부사절을 이끄는 종속접속사 I　　　　p. 162

**예문 해석**

1 그녀가 방으로 들어왔을 때 아무도 잠들어 있지 않았다.
2 제가 식탁을 치우는 동안 기다려 주세요.
3 나는 도서관 밖으로 나오면서 한기를 느꼈다.
4 너는 해변에 가기 전에 날씨를 확인해야 한다.
5 내가 역에 도착했을 때쯤 기차는 이미 떠나버렸다.
6 감자가 익을 때까지 수프를 끓여라.
7 내가 고국을 떠난 이래로 10년이 지났다.
8 그 남자아이가 공을 던지자마자 그의 개가 그것을 쫓아갔다.
9 그녀는 너무 화가 났기 때문에 아무 말도 하지 않았다.
10 냉장고에 음식이 없어서 우리는 외식하기로 결정했다.

11 비행기가 지연되어서 그들은 두 시간 동안 기다려야 했다.

12 비록 비가 내렸지만 우리는 산책하러 갔다.

13 어떤 사람들은 커피에 설탕을 넣는 것을 좋아하는 반면, 다른 사람들은 커피를 블랙으로 마시기를 좋아한다.

**어법 연결**

14 식사를 하는 동안 그는 그것에 대해 생각하고 있었다.

15 나는 피곤했지만 그 일을 끝마쳤다.

**A** 1 though  2 as soon as  3 because  4 until

**B** 1 while  2 since  3 while  4 as[since]

**문제 해석**

**A**

1 그 남자아이는 점심을 많이 먹었음에도 불구하고 여전히 배고픔을 느낀다.

2 그녀는 열차가 정차하자마자 빠르게 내렸다.

3 다이아몬드는 희귀하기 때문에 값비싸다.

4 우리는 건물 보수 공사가 끝날 때까지 기다려야 한다.

**B**

1 내가 출장 가 있는 동안 내 고양이들을 돌봐 줘.

2 Emily는 운전면허를 딴 이후로 2만 마일이 넘는 거리를 주행했다.

3 어떤 지역에는 비가 많이 내리는 반면, 다른 지역은 사막과 같다.

4 나는 그녀와 공유할 소식이 있어서 그녀를 만나러 갔다.

chase 쫓다  rare 희귀한

---

## Unit 6 | 부사절을 이끄는 종속접속사 II  p. 163

**예문 해석**

1 만약 네가 피곤하다면 내가 운전할게.

2 만약 네가 계획을 갖고 있지 않다면 일을 그만두지 마라.

3 당신은 일단 일을 시작하면 그것을 끝내야 한다.

4 비가 올 경우를 대비해서 너는 우산을 가져가는 편이 낫다.

5 네가 내 책을 돌려주기만 한다면 그것을 빌려 가도 된다.

6 빨리 회복하기 위해서 충분한 휴식을 취하라.

7 네가 잠에서 깨어날 수 있도록 네게 전화할게.

8 Andrew는 너무 아파서 학교에 결석했다.

9 날씨가 너무 좋아서 그들은 소풍을 갔다.

**어법 연결**

10 만약 가입하신다면 저희는 귀하에게 매주 월요일에 무료 소식지를 보내드리겠습니다.

11 나는 Megan이 축제에 올 것인지 알고 싶다.

**A** 1 unless  2 if  3 Once  4 in case  5 is

**B** 1 so that we can have a snack
　　2 such delicious soup that I'll have
　　3 so much that she couldn't even breathe

---

**문제 해석**

**A**

1 만약 당신이 생선을 냉장고에 넣어 두지 않으면 그것은 상할 것이다.

2 만약 우리가 위험에 처한다면 지하실로 갈 수 있다.

3 당신이 일단 나쁜 습관에 빠지면 그것에서 쉽게 벗어날 수가 없다.

4 리조트에 수영장이 있을 경우를 대비해서 수영복을 가져가자.

5 만약 내일 춥다면 나는 다운재킷을 입을 것이다.

quit 그만두다  absent 결석한  newsletter 소식지

## Review Test  p. 164

1 but  2 or  3 Whether  4 that  5 After
6 to study  7 whether  8 but  9 because[as/since]
10 or → and  11 know → knows
12 does it cost → it costs  13 will see → see
14 but  15 or  16 and  17 but
18 the possibility that you may be
19 so (that)[in order that] you won't make
20 so painful that they'd rather not
21 since he began to investigate
22 can't guarantee you a ticket unless you pay now
23 Even though babies have poor eyesight, they prefer
24 has such beautiful eyes that I can't take my eyes off her
25 It remains a mystery whether there are aliens

---

1 그녀는 노르웨이를 벗어났으나 전쟁이 끝난 후에 돌아왔다.
　▶괄호 앞뒤의 내용이 서로 상반되므로 접속사 but이 적절하다.

2 우리는 목표를 달성하기 위해 경쟁하거나 협력한다.
　▶상관접속사 「either A or B」 구문이므로 접속사 or가 적절하다.

3 그 남자가 살아남았는지 아닌지 여전히 알 수 없다.
　▶'~인지 (아닌지)'라는 뜻으로 문장 맨 앞에서 주어 역할을 하는 명사절을 이끌 수 있는 접속사는 Whether이다.

4 전문가들은 디지털 작업이 혁신에 부정적인 영향을 미치지 않았다고 말한다.
　▶'~라고[~하는 것]'라는 뜻의 명사절을 이끄는 접속사는 that이다.

5 당신은 그 과정을 마친 후에 수료증을 받을 것이다.
　▶두 개의 절이 시간의 접속사 After(~한 후에)로 이어지는 것이 문맥상 자연스럽다.

6 혼자 공부하는 것과 여럿이서 공부하는 것 중 어느 것이 더 나은가?
　▶등위접속사로 연결된 두 요소는 문법적 형태가 동일해야 하므로 to부정사로 고쳐야 한다.

7 사람들은 그녀가 금메달을 딸지 여부에 주목하고 있다.
　▶전치사의 목적어 역할을 하는 명사절을 이끌 수 있는 접속사 whether로 고쳐야 한다.

**8** 인생은 속도가 아니라 방향이다.
▶ 문맥상 '…가 아니라 ~'라는 의미가 되어야 자연스러우므로, 상관접속사 「not A but B」 구문이 되도록 but으로 고쳐야 한다.

**9** 그녀는 Catherine이 듣는 것을 원치 않았기 때문에 조용히 말했다.
▶ 뒤에 절이 있으므로 접속사 because[as/since]로 고쳐야 한다.

**10** 헬멧을 써라, 그러면 당신은 중상을 입을 가능성이 더 적다.
▶ 문맥상 '~해라, 그러면 …'라는 의미가 되어야 자연스러우므로, 등위접속사 or를 and로 고쳐야 한다.

**11** 나의 부모님과 남동생 모두 내가 창업을 했다는 것을 모른다.
▶ 「neither A nor B」가 주어 자리에 올 때 문장의 동사는 B에 일치시키므로 3인칭 단수동사 knows로 고쳐야 한다.

**12** 너는 일등석을 타고 가는 데 얼마나 많은 비용이 드는지 아니?
▶ 의문문이 문장의 일부로 쓰였으므로 간접의문문의 어순(「의문사+주어+동사」)이 되도록 고쳐야 한다.

**13** 당신이 Julie를 만나면, Johnson 씨가 그녀에게 전할 메시지가 있다고 전해 주세요.
▶ 시간을 나타내는 부사절에서는 미래의 일을 현재시제로 나타내므로, will see를 see로 고쳐야 한다.

**14** 이것은 경연 대회가 아니고 도전 과제이다.
▶ 문맥상 '…가 아니라 ~'라는 의미가 되어야 자연스러우므로, 상관접속사 「not A but B」 구문의 일부인 but이 적절하다.

**15** 한 번에 한 가지 일을 하라, 그렇지 않으면 작업의 질이 좋지 못할 것이다.
▶ 문맥상 '~해라, 그렇지 않으면 …'라는 의미가 되어야 자연스러우므로 등위접속사 or가 적절하다.

**16** 컴퓨터와 휴대전화 둘 다 우리의 일상생활을 지배하고 있다.
▶ 문맥상 '~와 … 둘 다'라는 의미가 되어야 자연스러우므로, 상관접속사 「both A and B」 구문의 일부인 and가 적절하다.

**17** 그는 그 책을 읽었을 뿐만 아니라 읽었던 것을 기억했다.
▶ 문맥상 '…뿐만 아니라 ~도'라는 의미가 되어야 자연스러우므로, 상관접속사 「not only A but (also) B」 구문의 일부인 but이 적절하다.

**18** ▶ 명사 possibility와 접속사 that이 이끄는 동격절을 차례대로 쓴다.

**19** ▶ '~하도록'이라는 뜻의 목적의 접속사 so (that)[in order that]를 사용한다.

**20** ▶ '너무 ~해서 …하다'라는 뜻의 「so+형용사/부사+that …」 구문을 사용한다.

**21** ▶ '~한 이후로'라는 뜻의 시간의 접속사 since를 사용한다.

**22** ▶ 주절 다음에 접속사 unless가 이끄는 조건의 부사절을 차례대로 쓴다.

**23** ▶ 접속사 Even though가 이끄는 양보의 부사절과 주절을 차례대로 쓴다.

**24** ▶ 「such+형용사+명사+that …」(너무 ~해서 …하다)의 어순으로 쓴다.

**25** ▶ '~인지 (아닌지)'라는 뜻의 whether가 이끄는 명사절은 문장 맨 뒤에 쓰고, 주어 자리에는 가주어 It을 쓴다.

---

## Actual Test
p. 166

1 ① 2 ② 3 ⑤ 4 ③ 5 ③
6 ⑤ 7 ② 8 ⑤ 9 ③ 10 ②
11 Where do you think Karen is from?
12 Both my cousins and my aunt speak Chinese fluently.
13 They talked so loudly that I couldn't concentrate on my work.
14 until[till] her mother returned
15 while rabbits are eaten by foxes
16 once they get home in the evening
17 Though[Although] the paintings of Vincent van Gogh are very expensive today, he was poor when he was alive.
18 (1) such that → so (that)[in order that]  (2) Unless → If
19 (1) if or not → if 또는 whether (or not)
(2) 명사절을 이끄는 종속접속사 whether 바로 뒤에는 or not을 쓸 수 있지만, if 바로 뒤에는 쓸 수 없다.
20 ③

---

**1** 당신은 휴가 때 집에 있는 것과 낚시하러 가는 것 중에 어느 것을 더 좋아하는가?
▶ 선택 가능한 두 요소를 연결하는 등위접속사 or가 적절하다.

**2** 신규 직원들을 고용하는 것은 시간과 노력을 모두 필요로 한다.
▶ 문맥상 '~와 … 둘 다'라는 의미가 되어야 자연스러우므로, 상관접속사 「both A and B」의 일부인 and가 적절하다.

**3** 기존에 쓰던 세탁기가 고장 났음에도 불구하고 그는 새 세탁기를 사지 않았다.
▶ 문맥상 '~에도 불구하고'라는 뜻의 양보의 접속사 although가 적절하다.

**4** ▶ 명사절을 이끌면서 '어떻게'라는 뜻을 가진 의문사 how가 적절하다.

**5** ▶ '~하는 동안에'라는 뜻으로 시간의 부사절을 이끄는 접속사 While이 적절하다. 주절과 부사절의 주어가 같은 경우, 부사절의 「주어+be동사」는 생략할 수 있다.

**6** ⑤ 학생들뿐만 아니라 그들의 선생님도 수학여행에 들떠 있었다.
▶ 「not only A but (also) B」가 주어 자리에 올 때 동사는 B에 일치시키므로 3인칭 단수동사 was로 고쳐야 한다.
① 나는 Sam에게서 펜을 빌렸고 그것을 돌려주었다.
▶ 두 개의 동사를 시간상 순차적으로 연결하는 등위접속사 and의 쓰임은 적절하다.
② 당신이 나가 있는 동안 Anderson 씨가 전화했습니다.
▶ 문맥상 시간을 나타내는 부사절을 이끄는 접속사 while은 적절하다.

③ 그는 졸업하자마자 일자리를 구하기를 바란다.
　▶시간의 접속사가 이끄는 부사절은 미래의 일을 현재시제로 나타내므로 graduates는 적절하다.

④ 만약 그들이 화가 나면 목소리를 높일 것이다.
　▶문맥상 조건을 나타내는 부사절을 이끄는 접속사 if는 적절하다.

**7** ② 그 소식은 너무 충격적인 것이어서 나는 평정을 유지할 수가 없었다.
　▶명사 a shock로 보아 「such a[an]+명사+that …」 구문이 되어야 하므로, so를 such로 고쳐야 한다.

① 우리는 적이 아니라 친구이다.
　▶문맥상 '…가 아니라 ~'라는 의미의 상관접속사 「not A but B」는 적절하다.

③ 불을 줄여라, 그렇지 않으면 냄비에 든 음식이 타버릴 것이다.
　▶문맥상 '~해라, 그렇지 않으면 …'라는 의미의 「명령문, or …」는 적절하다.

④ 내가 해변에 도착할 때쯤에는 해가 떠 있을 것이다.
　▶문맥상 시간을 나타내는 부사절을 이끄는 by the time(~할 때쯤에는)이 온 것은 적절하다.

⑤ 선수들이 경기장에 들어올 때 관중들은 환호했다.
　▶'~할 때'라는 뜻의 시간의 접속사 as가 쓰인 것은 적절하다.

**8** ⓒ Chris는 마라톤에 참가할지 말지를 결정하지 못했다.
　▶명사절을 이끄는 접속사 if 바로 뒤에는 or not을 쓸 수 없으므로, or not을 삭제하거나 if or not을 whether (or not)로 고쳐야 한다.

ⓔ 너는 내가 Sarah에게 데이트를 신청하면 어떻게 될 거라고 생각하니?
　▶주절이 Do you suppose ~?의 형태이므로 의문사 what을 문장 맨 앞에 써서 What do you suppose ~?로 고쳐야 한다.

ⓐ 떨어져서 물에 빠질지도 모르니 호수 근처에서 놀지 마라.
　▶문맥상 조건의 접속사 in case(~할 경우를 대비해서)가 부사절을 이끄는 것은 적절하다.

ⓑ 한국 드라마가 전 세계적으로 인기 있다는 것은 사실이다.
　▶문장의 주어 자리에 가주어 It이 오고, 뒤에 that이 이끄는 명사절이 왔으므로 적절하다.

ⓓ 다른 회원들뿐만 아니라 그 또한 훈련에 싫증이 났다.
　▶「B as well as A」가 주어 자리에 올 때, B에 동사의 수를 일치시키므로 was가 온 것은 적절하다.

**9** ③ 나는 중요한 사항을 기억하기 위해 강의를 주의 깊게 들었다.
　▶문맥상 '~하기 위해서'라는 뜻의 접속사 so that이 부사절을 이끄는 것은 적절하다.

① 우리는 밖에 나가서 산책을 해야 한다.
　▶should 이하의 두 동사가 접속사 and에 연결된 형태로, 문법적 형태가 동일하도록 과거동사 took를 동사원형 take로 고쳐야 한다.

② 그와 그녀 둘 다 어떻게 상황을 설명해야 할지 모른다.
　▶「neither A nor B」가 주어 자리에 오면 동사는 B에 일치시키므로 동사 know를 3인칭 단수형 knows로 고쳐야 한다.

④ 경찰은 그 남성이 권총을 들고 있는지 여부를 조사했다.
　▶뒤에 or not이 있는 것으로 보아 명사절은 '~인지 아닌지'라는 의미가 되어야 하므로 접속사 that을 whether나 if로 고쳐야 한다.

⑤ 여러분의 뇌가 뉴런의 연결망을 가지고 있다는 개념을 생각해 보라.
　▶the idea 뒤에 오는 절이 the idea를 보충 설명하고 있으므로 if를

동격의 접속사 that으로 고쳐야 한다.

**10** ② 누군가가 당신을 지켜보고 있다는 느낌을 가져 본 적이 있는가?
　▶명사 feeling을 보충 설명하는 동격절을 이끄는 접속사 that은 적절하다.

① 아내와 나 둘 중 한 명이 결혼식에 갈 것이다.
　▶「either A or B」가 주어 자리에 올 때 동사는 B에 일치시키므로 동사 are를 1인칭 단수형 am으로 고쳐야 한다.

③ 상세한 일정을 세워라, 그러면 당신은 마감 기한을 지킬 것이다.
　▶문맥상 '~해라, 그러면 …'라는 의미가 되어야 자연스러우므로, 등위접속사 or를 and로 고쳐야 한다.

④ 나는 밤에 국수를 먹어서 속이 거북하다.
　▶because of 뒤에 절이 있으므로, because of를 접속사 because[as/since]로 고쳐야 한다.

⑤ 내비게이션 시스템은 우리가 어디로 가고 있는지를 알려 준다.
　▶의문사 where가 이끄는 절은 간접의문문이므로, where are we를 where we are의 어순으로 고쳐야 한다.

**11** ▶간접의문문(「의문사+주어+동사」)의 어순으로 쓴다. 단, do you think가 있으므로 의문사 where를 문장 맨 앞에 쓴다.

**12** ▶주어를 「both A and B」의 형태로 쓰고, 동사는 복수형으로 쓴다.

**13** ▶「so+부사+that …」(너무 ~해서 …하다)의 어순으로 쓴다.

**14** ▶'~할 때까지'라는 뜻의 접속사 until[till]을 사용하여 시간의 부사절을 완성한다.

**15** ▶'~인 반면에'라는 뜻의 접속사 while을 사용하여 대조의 부사절을 완성한다.

**16** ▶'일단 ~하면'이라는 뜻의 접속사 once를 사용하여 조건의 부사절을 완성한다.

**17** 지문 해석 빈센트 반 고흐의 그림은 오늘날에는 매우 비싸지만, 그는 생전에는 가난했다. 그는 일생 동안 가난에 시달렸다. 놀랍게도, 그는 살아 있는 동안 오직 한 점의 그림만 팔았다. 그는 그 당시 예술가로서 명성이나 부를 얻지 못했다.
　▶양보의 접속사 Though[Although]를 사용하여 두 개의 절을 연결하고, 등위접속사 but은 생략한다.

**18** 지문 해석 과학 실험을 시작하기 전에, 여러분 자신을 안전하게 지킬 수 있도록 장갑과 보호 안경을 모두 착용하세요. 실험을 시작한 후에는 여러분이 얼굴을 만지지 마세요. 만약 화학 물질이 피부에 닿을 경우 가능한 한 빨리 물로 헹구세요.
　▶(1) 문맥상 '~하도록'이라는 의미가 되어야 자연스러우므로 such that을 so (that)이나 in order that으로 고쳐야 한다.
　　(2) 문맥상 '만약 ~한다면'이라는 의미가 되어야 자연스러우므로 Unless를 If로 고쳐야 한다.

**19** 지문 해석 나는 집으로 가는 비행기를 타고 있었다. 갑자기 비행기가 흔들리기 시작했다. 기장은 안전을 위해 모든 승객들이 자리에 앉아 안전벨트를 매야 한다고 안내 방송을 했다. 내 옆에 앉은 남자는 매우 창백해 보였다. 나는 그의 건강이 걱정되었다. 그래서 나는 그가 괜찮은지 아닌지 물어보았다.
　▶명사절을 이끄는 종속접속사 whether 바로 뒤에는 or not을 쓸 수 있지만, if 바로 뒤에는 쓸 수 없다.

**20** **지문 해석** 만약 당신이 이어폰을 너무 오래 사용하면 어떻게 되는가? 이어폰을 정상적으로 사용하면 큰 문제가 발생하는 경우가 많지 않다. 하지만 만약 당신이 그것들을 너무 오래 사용한다면, 그것은 청력 손실이나 귀 통증을 일으킬 수 있다. 그것들을 적절하게 사용할 뿐만 아니라, 적당한 음량으로 음악을 듣는 것도 중요하다. 당신이 청력 문제를 겪고 싶지 않다면, 그것들을 너무 자주 사용하지 마라.

▶ ③ 문맥상 'A와 B 둘 중 하나(either A or B)'라는 의미가 되어야 자연스러우므로, nor는 or로 고쳐야 한다.

① 문맥상 조건의 접속사 if는 적절하다.

② 주어의 핵심 명사가 of earphones의 수식을 받는 Normal use이므로 단수동사 does가 온 것은 적절하다.

④ 부사 adequately가 동사 use를 수식하므로 적절하다.

⑤ 문맥상 조건의 접속사 Unless는 적절하다.

# Chapter 14

# 관계사

## Unit 1 | 관계대명사의 역할 및 격　　p. 170

**예문 해석**

1 사람들 앞에서 이야기하는 사람은 누구든 그 전에 불안해한다.

2 갈색 드레스를 입고 있는 여자는 내 여동생이다.

3 문을 닫은 식당은 내가 가장 좋아하는 곳이다.

4 그는 그녀가 Susan의 파티에서 만났던 사람이다.

5 이것은 내가 현재 읽고 있는 책이다.

6 Bill은 집이 우리 집 옆에 있는 남자아이이다.

7 그녀에게는 꼬리가 짧은 개 한 마리가 있다.

**어법 연결**

8 내게서 선물을 받은 그 남자는 매우 기뻐했다.

**A** **1** who **2** whom **3** are **4** which **5** whose

**B** **1** ○ **2** stands **3** which[that]

**문제 해석**

**A**

1 그녀는 내게 휴대 전화를 빌려주었던 여성이다.

2 이분이 내가 여기서 만나기로 했던 사람이다.

3 그는 이용 가능한 방들을 당신에게 보여 줄 것이다.

4 그가 10년 전에 샀던 차는 고장 났다.

5 그녀는 그 존재가 거의 잊힌 성으로 향하고 있다.

**B**

1 그녀는 Thomas라는 이름을 가진 남자와 사랑에 빠졌다.

2 파란색으로 페인트칠된 그 집은 동네에서 쉽게 눈에 띈다.

3 3시간 이상 진행될 이 프로그램을 위해 옷을 따뜻하게 입으세요.

beforehand 그 전에, 미리 existence 존재, 실존

## Unit 2 | 관계대명사 that / what　　p. 171

**예문 해석**

1 나는 강가에 앉아 있는 노인과 개를 보았다.

2 이것은 그녀가 지금까지 그렸던 것 중 최고의 그림이다.

3 그는 네가 신뢰할 수 있는 유일한 사람이다.

4 그 예술가는 사회를 이롭게 할 일을 하고 싶어 했다.

5 그가 말하고 있는 것은 나로 하여금 좌절감을 느끼게 한다.

6 나는 선생님께서 수업 시간에 말씀하신 것에 관해 생각했다.

7 그 새 휴대 전화는 내가 정말로 갖고 싶어 하는 것이다.

**어법 연결**

8 나는 그가 이야기한 소문을 믿지 않는다.

9 나는 괴물이 그 호수에 산다는 소문을 믿지 않는다.

**A** **1** that **2** What **3** that

　　**4** that **5** what

**B** **1** the same ring that I lost yesterday

　　**2** pictures of what he described

　　**3** a man and his house that disappeared

**문제 해석**

**A**

1 반짝이는 것이 모두 금은 아니다.

2 그 남자아이가 그린 것은 손이었다.

3 나는 내게 어울리는 것을 하나도 찾을 수가 없다.

4 이것은 내가 지금까지 경험한 것 중에서 최고의 식사이다.

5 이 책은 내가 생일 선물로 받고 싶어 했던 것과는 너무 달랐다.

glitter 반짝이다 trace 흔적, 자취

## Unit 3 | 전치사+관계대명사 / 관계대명사의 생략　　p. 172

**예문 해석**

1 Bob이 이야기하고 있던 남자는 내 남편이었다.

2 내가 서평을 썼던 책이 탁자 위에 있다.

3 우리는 Diana가 추천했던 식당에서 식사를 했다.

4 우리를 향해 손을 흔들고 있는 여자는 나의 어머니이다.

**어법 연결**

5 그와 사랑에 빠졌던 여자는 한 달 전에 그를 떠났다.

6 내가 묵었던 리조트에는 멕시코 식당이 있었다.

**A** **1** ○ **2** to which **3** ○ **4** that 또는 생략 **5** ○

**B** **1** with whom **2** of which

　　**3** × **4** to whom **5** ×

**A**

1 그는 내가 주목하는 남자이다.

2 프린터가 연결되어 있는 컴퓨터를 준비하세요.

3 약간의 소금이 더해진 물이 끓고 있다.

4 그들이 맨 먼저 검사하곤 했던 것은 우리의 침대였다.

5 잠자는 동안 수행되는 중요한 일들이 좋은 건강을 유지하도록 돕는다.

**B**

1 Emma와 함께 사는 사람은 그녀의 가장 친한 친구이다.

2 네가 어제 말한 그 차는 팔렸다.

3 산 위로 떠오르는 해를 보아라.

4 당신은 소개받지 않은 사람과는 이야기하면 안 된다.

5 그는 그 당시의 과학자들에게는 드문 단 한 가지의 언어만 알고 있었다.

inspect 검사[조사]하다  carry out ~를 수행하다  maintain 유지하다

---

## Unit 4 | 관계부사   p. 173

**예문 해석**

1 이곳은 지역 주민들이 매일의 식료품을 사는 시장이다.

2 이곳이 우리가 살았던 곳이다.

3 너는 그 사고가 발생한 시각을 기억하니?

4 이것이 그녀가 회의에 참석하지 않았던 이유이다.

5 그는 자신이 증거물을 찾아낸 방법을 내게 말해 주었다.

6 나는 내 딸이 태어난 날을 생생히 기억한다.

7 그녀는 그 수수께끼를 푼 방법을 내게 말해 주지 않았다.

**어법 연결**

8 우리는 작년에 보수된 미술관에 방문할 것이다.

9 우리는 유명한 그림들을 전시 중인 미술관에 방문할 것이다.

**A** 1 when  2 where  3 that

　　4 why  5 where

**B** 1 which[that]  2 where[in which]  3 ○

---

**A**

1 나는 우리가 다시 만나게 될 때를 고대한다

2 나는 우리 조부모님이 결혼하셨던 교회를 보았다.

3 그 발명품은 사람들이 의사소통하는 방식을 변화시켰다.

4 전쟁은 그녀가 고국을 떠난 이유였다.

5 교장 선생님은 열두 명의 결승전 출전자들이 모여 앉은 좌석을 향해 미소 지었다.

**B**

1 최고의 경치를 가진 도시에 대해 내게 말해 줘.

2 당신이 새로운 무언가를 시도했던 상황을 서술하시오.

3 이것은 인간이 다른 종(種)들보다 더 영리한 또 다른 이유이다.

local 주민, 현지인  finalist 결승전 출전자  gather 모이다

---

## Unit 5 | 관계사의 계속적 용법   p. 174

**예문 해석**

1 내 여동생은 6살이고 매우 귀엽다.

2 나의 여섯 살배기 여동생은 매우 귀엽다.

3 내가 가장 좋아하는 영화는 '시네마 천국'인데, 나는 지금까지 그것을 열 번은 보았다.

4 그 남자아이는 계속 시끄러운 소리를 냈고, 그것은 사람들을 화나게 했다.

5 그 디자이너는 파리에서 태어났는데, 그곳에서 그녀는 평생을 살았다.

6 그의 할아버지는 2010년에 돌아가셨는데, 그때 그는 3살이었다.

7 James는 네 아이들 중 한 명인데, 그들 모두가 키가 크다.

8 그는 몇 권의 책을 썼고, 그중 일부가 그에게 많은 돈을 벌게 해 주었다.

9 나는 세 가지 선택 사항 중 하나를 선택하라는 요청을 받았는데, 그중 어느 것도 내 마음에 들지 않았다.

**문법 PLUS**

10 나는 시장에서 Jessy를 보았는데, 그녀는 남자친구와 함께 있었다.

**A** 1 which  2 who  3 where

　　4 which  5 whom

**B** 1 who sat quietly on the sofa

　　2 when the weather is pleasant

　　3 none of whom knew one another

---

**A**

1 그에게는 나이 든 개가 있는데, 그 개는 그의 가장 친한 친구이다.

2 Cindy는 친절하고 너그러우며, 반에서 인기가 있다.

3 Echo 공원은 내가 즐겨 가는 곳인데, 아름다운 호수가 있다.

4 그에게는 차가 네 대 있는데, 그중 일부는 연식이 20년도 더 넘었다.

5 우리 할머니에게는 형제 두 분과 자매 두 분이 있는데, 그분들 모두 건강하시다.

**B**

1 그는 Carl을 힐긋 보았는데, 그는 소파에 조용히 앉아 있었다.

2 두바이에 방문하기 가장 좋은 때는 12월이며, 그때 날씨가 쾌적하다.

3 그녀는 여러 명의 다른 사람들과 함께 캠퍼스 근처에 살고 있었는데, 그들 중 누구도 서로를 알지 못했다.

option 선택(할 수 있는 것)  generous 너그러운, 관대한  glance 힐긋 보다

---

## Unit 6 | 복합관계사   p. 175

**예문 해석**

1 우리와 함께하기를 원하는 사람은 누구든지 환영입니다.

2 내가 누구에게 물어보더라도 똑같은 답을 얻었다.

3 나는 그가 내게 말하는 것은 무엇이든지 들을 것이다.

4 무슨 일이 일어나더라도 우리는 그것을 극복할 수 있다.

5 당신은 원하는 것은 어느 것이든지 살 수 있다.

6 당신이 어느 것을 선택하더라도 그것을 마음에 들어 할 것이다.
7 원하실 때 언제든지 제게 전화 주세요. 저는 늘 집에 있거든요.
8 당신이 말레이시아를 언제 방문하든 그곳은 덥고 습할 것이다.
9 그는 자신이 원하는 곳은 어디든지 거주할 권리를 갖고 있다.
10 네가 어디에 가든지 나는 너를 따라갈 거야.
11 아무리 많이 공부하더라도 나는 여전히 물리학이 어렵다고 생각한다.

문법 PLUS
12 나는 아무리 일찍 일어나도 늘 지각한다.

A 1 Whatever  2 Whoever
  3 whichever  4 However
B 1 whatever  2 Wherever
  3 Whoever  4 Whenever

### 문제 해석

A
1 당신이 무엇을 하든 믿음을 잃지 마라.
2 권력을 잡고 있는 사람은 누구든지 더 적게 말하고 더 많이 일하는 법을 배워야 한다.
3 바텐더들이 당신이 고르는 음료가 어떤 것이든지 만들어 줄 것이다.
4 아무리 상사를 만족시키려고 열심히 노력해도, 그는 실패했다.

B
1 배가 고프면 원하는 것은 무엇이든지 드세요.
2 그녀가 지금 어디에 있든 그것은 중요하지 않다.
3 누가 걸어 들어오더라도 그 노인은 늘 인사했다.
4 당신이 할 수 없는 것을 말할 때마다, 당신이 할 수 있는 것을 말하라.

faith 믿음, 신뢰  satisfy 만족시키다

## Review Test
p. 176

1 who  2 when  3 where  4 that
5 What  6 whom  7 However  8 why[that]
9 which  10 where → when[that]
11 who → whose  12 that → which
13 which I was interested → in which I was interested
   또는 (which) I was interested in
14 what  15 which  16 Whatever  17 whom
18 whenever I help others
19 whatever they want
20 which makes me irritated
21 whichever you choose
22 Whoever the visitor is
23 that I remember about her
24 who[that] are like us
25 Whenever I take my dog for a walk [At any time when I take my dog for a walk]

1 그는 그것을 찾을 수 있는 사람에게 매력적인 보상을 약속했다.
▶ 관계사절에서 동사 could find의 주어 역할을 하는 주격 관계대명사 who가 적절하다.

2 오늘은 그가 내게 결혼하자고 한 날이다.
▶ 선행사 the day를 수식하는 절을 이끄는 관계부사 when이 적절하다.

3 그녀의 가족은 뉴욕으로 돌아갔고, 그곳에서 그녀는 어린 시절을 보냈다.
▶ 콤마(,) 뒤에 완전한 절이 있으므로 관계부사 where가 적절하다.

4 그 노동자들은 자신들이 대우받고 있는 방식에 화가 나 있다.
▶ 선행사 the way와 함께 쓸 수 있는 관계사는 that이다. the way와 관계부사 how는 같이 쓸 수 없다.

5 그 위인이 말하고 있는 것은 좋은 음악과 나쁜 음악이 있다는 것이다.
▶ 앞에 선행사가 없고, 뒤에 목적어가 없는 불완전한 절이 있으므로 관계대명사 What이 적절하다.

6 그녀는 우리가 이야기하고 있었던 그 여자이다.
▶ 전치사의 목적어로 목적격 관계대명사가 와야 하므로 whom으로 고쳐야 한다. that은 전치사의 목적어 자리에 올 수 없다.

7 아무리 네가 외로움을 느끼더라도 너는 결코 혼자가 아니다.
▶ '아무리 ~하더라도'라는 뜻의 부사절을 이끄는 복합관계부사 However로 고쳐야 한다.

8 이것은 기술이 흔히 저항을 받는 이유들 중 하나이다.
▶ 뒤에 완전한 절이 있으므로, 선행사 the reasons를 수식하는 절을 이끄는 관계부사 why[that]로 고쳐야 한다.

9 내가 음반을 가지고 있는 그 가수의 곡들은 내가 가장 좋아하는 것들이다.
▶ 「전치사+관계대명사」에서 전치사 뒤에 관계대명사 that은 올 수 없으므로, 목적격 관계대명사 which로 고쳐야 한다.

10 2000년대는 많은 것들이 크게 변했던 시기였다.
▶ a time은 시간을 나타내는 선행사이므로 관계부사 where를 when[that]으로 고쳐야 한다.

11 그 배우는 전쟁에서 아들을 잃은 남자를 연기했다.
▶ 선행사가 a man이고 관계사절에서 명사(son)를 수식하므로 who를 소유격 관계대명사 whose로 고쳐야 한다.

12 나는 온라인으로 계란 한 팩을 샀는데, 이 중 일부는 금이 가 있었다.
▶ 선행사는 a pack of eggs이고, 이 중 일부에 대한 설명이 뒤에 이어지고 있으므로 「부정대명사+of+목적격 관계대명사」로 나타낸다. of 뒤에 관계대명사 that은 쓸 수 없으므로 which로 고쳐야 한다.

13 내가 관심을 가졌던 화제는 인공 지능이었다.
▶ '~에 관심이 있다'는 be interested in으로 관계대명사 which 앞에 in이 오거나 I was interested 뒤에 in을 써야 한다. 전치사 in이 관계사절 끝에 올 경우 관계대명사 which는 생략할 수 있다.

14 장을 볼 물품들의 목록을 만들자. 그게 지금 우리가 해야 할 일이야.
▶ 문장에서 보어 역할을 하는 명사절을 이끌 수 있는 관계대명사 what이 적절하다.

**15** 사람들은 자신이 사는 사회적인 환경의 영향을 받는다.
▶ 선행사 the social contexts를 수식하는 절을 이끌면서, 전치사 in의 목적어 역할을 하는 목적격 관계대명사 which가 적절하다.

**16** 내가 무엇을 시도하든, 부모님은 항상 나를 격려해 주셨다.
▶ '무엇이 ~하더라도'라는 뜻의 부사절을 이끄는 복합관계대명사 Whatever가 적절하다.

**17** 그에게는 친구가 많고, 그들 모두가 여행하기를 좋아한다.
▶ 선행사 many friends에 대한 부가 정보를 주는 「부정대명사(all)+of+목적격 관계대명사」 구문이므로 목적격 관계대명사 whom이 적절하다.

**18** 나는 다른 사람들을 도울 때마다 기분이 정말 좋다.
▶ at any time when은 복합관계부사 whenever로 바꿔 쓸 수 있다.

**19** 그녀는 자신의 아이들에게 그들이 원하는 것은 무엇이든지 하게 해 주었다.
▶ '~하는 것은 무엇이든지'라는 뜻의 anything that은 복합관계대명사 whatever로 바꿔 쓸 수 있다.

**20** Jackson은 항상 모든 것에 대해 불평하는데, 그것이 나를 짜증나게 한다.
▶ 「접속사+대명사」인 and it은 관계대명사로 바꿔 쓸 수 있는데, 앞의 절 전체가 선행사에 해당하므로 관계대명사 which를 사용하여 문장을 완성한다.

**21** 네가 어느 것을 선택하더라도 나는 네 결정을 존중할 것이다.
▶ no matter which는 복합관계대명사 whichever로 바꿔 쓸 수 있다.

**22** ▶ '~가 누구든지'라는 뜻의 부사절을 이끄는 복합관계대명사 Whoever를 써서 문장을 완성한다.

**23** ▶ 선행사에 the only가 포함되어 있으므로 관계대명사 that을 사용하여 문장을 완성한다.

**24** ▶ 선행사 people을 수식하는 절을 이끌면서, 관계사절의 주어 역할을 하는 주격 관계대명사 who[that]를 사용하여 완성한다.

**25** ▶ '~할 때마다'라는 뜻의 부사절을 이끄는 복합관계부사 Whenever를 사용한다. Whenever 대신 At any time when도 쓸 수 있다.

## Actual Test
p. 178

1 ① 2 ③ 3 ② 4 ③ 5 ⑤
6 ④ 7 ② 8 ② 9 ① 10 ③
**11** some of which are Italian
**12** you buy what you see first [you buy the thing which[that] you see first]
**13** Wherever you live and whoever you are
**14** A person who[that] can never take a risk can't learn anything.
**15** Many people ask me the reason why[that] my Spanish is good.

**16** We will give $1,000 to local charities which[that] help the homeless.
**17** Paris is a city where[that] people want to go at least once.
**18** (1) that → what  (2) What → Whatever
**19** (1) way how → way (that)  (2) way와 관계부사 how는 같이 쓸 수 없으므로, way 또는 way that으로 고쳐 써야 한다.
**20** ④

**1** Alice는 런던에서 일해 왔는데, 올 겨울에는 자기 사업을 시작하게 될 것이다.
▶ 주어 Alice를 추가 설명하는 절을 이끄는 계속적 용법의 주격 관계대명사 who가 적절하다.

**2** 우리는 주인이 사망했거나 병에 걸린 개를 보살핀다.
▶ 선행사는 any dog이고 뒤에 명사(owner)가 나왔으므로 해당 명사를 수식하는 소유격 관계대명사 whose가 적절하다.

**3** 나는 우리가 나이아가라 폭포를 가까이에서 보았던 날을 잊지 않았다.
▶ 시간을 나타내는 선행사(the day)를 수식하는 절을 이끄는 관계부사 when이 적절하다.

**4** • 우리는 다른 의견을 가진 사람은 누구든지 그와 기꺼이 이야기를 나눌 것이다.
• 당신은 누구와 여행하더라도 그들에게서 배울 것이다.
▶ 명사절과 부사절을 이끌 수 있으며 '~하는 사람은 누구든지', '누가 ~하더라도'라는 의미를 가진 복합관계대명사 whoever가 적절하다.

**5** • Hockley는 여러 독특한 상점을 볼 수 있는 곳이다.
• Wolsey는 로마에 방문했고, 그곳에서 그는 교황을 만나기를 바랐다.
▶ • '~하는 곳'이라는 의미가 되어야 자연스러우므로, 장소를 나타내는 관계부사 where가 적절하다.
• 빈칸 뒤의 절은 앞의 Rome을 추가 설명하는 내용이므로, 계속적 용법의 장소를 나타내는 관계부사 where가 적절하다.

**6** ④ Sean은 그것에 관해 다소 화가 나 있었고, 그것은 당연한 일이다.
▶ 앞의 절 전체를 선행사로 받는 계속적 용법의 주격 관계대명사 which가 적절하다.
① 그는 집중을 유지하는 방법을 내게 알려 주었다.
▶ 선행사 the way를 수식하는 관계부사 대신 쓸 수 있는 that이 적절하다.
② 그들은 처음으로 나를 정말로 격려해 주었던 사람들이다.
▶ 선행사에 서수(first)가 포함되어 있으므로 관계대명사 that이 적절하다.
③ 당신은 첫발을 내딛기만 하면 된다.
▶ 선행사에 All이 포함되어 있으므로 관계대명사 that이 적절하다.
⑤ 생명력을 얻는 유일한 좋은 생각들은 적어둔 것들이다.
▶ 선행사에 The only가 포함되어 있으므로 관계대명사 that이 적절하다.

**7** ② 필요한 것은 당신의 고객들의 말을 듣는 것이다.
▶ 앞에 선행사가 없고 주어는 '필요한 것'이라는 의미가 되어야

자연스러우므로, 선행사를 포함하는 관계대명사 What으로 고쳐야 한다.

① Douglas는 대개 혼자서 시간을 보내는 남자아이였다.
▶ 선행사가 a boy이고, 관계사절에서 주어 역할을 하므로 주격 관계대명사 who는 적절하다.

③ 내가 산 토스터가 작동하지 않는다.
▶ 선행사 The toaster 뒤에 목적격 관계대명사 which[that]가 생략된 형태로 적절하다.

④ 그녀는 어느 곳에 가든지 현지 음식을 먹어 보는 것을 아주 좋아한다.
▶ 문맥상 '어디에 ~하든지'라는 뜻의 복합관계부사 Wherever가 부사절을 이끌고 있는 구조는 적절하다.

⑤ 그것들은 전통적인 수요 법칙이 적용되지 않는 상품이다.
▶ 관계사절의 동사구 apply for에서 전치사 for가 관계대명사 which 앞에 온 것은 적절하다.

8 ⓐ 세번 강은 일부가 웨일스에 위치해 있으며, 영국에서 가장 긴 강이다.
▶ 선행사 The River Severn 뒤의 관계사절에 주어가 없으므로 관계부사 where를 주격 관계대명사 which로 고쳐야 한다.

ⓒ 그는 산에 올랐는데, 그 산의 대부분이 눈으로 덮여 있었다.
▶ 「부정대명사+of+관계대명사」에서 전치사 of 뒤에 관계대명사 that은 올 수 없으므로, 관계대명사 which로 고쳐야 한다.

ⓑ 그녀는 파티에서 모든 사람의 시선을 사로잡는 노란색 드레스를 입었다.
▶ 주격 관계대명사 that이 선행사 a yellow dress를 수식하는 절을 이끌고 있으므로 적절하다.

ⓓ 한 세대에서 학습된 것은 그다음 세대에서 기억된다.
▶ 선행사를 포함한 관계대명사 What이 이끄는 명사절이 문장에서 주어 역할을 하므로 적절하다.

ⓔ 벽난로가 있는 또 하나의 방이 있다.
▶ 선행사 another room을 수식하는 절을 이끄는 주격 관계대명사 which는 적절하다.

9 ① 그의 할아버지는 1950년에 태어났는데, 그해에 한국 전쟁이 시작되었다.
▶ 관계부사 when이 선행사 1950을 추가 설명하는 절을 이끌고 있으므로 적절하다.

② 그는 두 번째 책을 출판했고, 이것은 그에게 전국적인 인지도를 가져다주었다.
▶ 관계대명사 that은 계속적 용법으로는 사용할 수 없으므로 관계대명사 which로 고쳐야 한다.

③ 당신이 원할 때는 언제나 저희를 방문하실 수 있습니다.
▶ 목적어(us) 뒤의 절은 '~할 때는 언제나'라는 의미가 되어야 자연스러우므로, 복합관계대명사 whichever를 복합관계부사 whenever로 고쳐야 한다.

④ 우리는 계속 갈 수 없는 지점에 도달했다.
▶ 선행사가 a point(지점)이므로 관계부사 how를 where로 고쳐야 한다.

⑤ 어떤 세안제를 고르더라도 우선 그것을 꼭 피부에 시험해 보세요.
▶ 문장 맨 앞의 절은 문맥상 '무엇을 ~하더라도'라는 뜻의 부사절이 되어야 하므로, What을 복합관계대명사 Whatever로 고쳐야 한다.

10 ③ 그냥 그것을 구매했던 판매인에게 영수증을 가져가시면 됩니다.
▶ 선행사(the dealer)를 수식하는 절을 이끄는 동시에 전치사 from의 목적어 역할을 하는 목적격 관계대명사 whom은 적절하다.

① 우리는 우리의 목표를 달성하기 위해 필요한 것은 무엇이든지 할 것이다.
▶ 동사 will do 뒤에 문맥상 '~하는 것은 무엇이든지'라는 뜻의 명사절이 와야 자연스러우므로, 복합관계대명사 whoever를 whatever로 고쳐야 한다.

② Chris는 지역 학교에 다녔고, 그곳에서 그는 라틴어를 배웠다.
▶ which 뒤에 완전한 절이 있고, 선행사 local schools에 대한 부연 설명을 하고 있으므로 계속적 용법의 관계대명사 which는 관계부사 where로 고쳐야 한다.

④ 당신이 아무리 화가 나더라도 그들에게 친절하게 대하려고 노력하라.
▶ 문맥상 '아무리 ~하더라도'라는 뜻의 부사절이 와야 하므로, How를 복합관계부사 However로 고쳐야 한다.

⑤ 그해는 그녀가 올림픽에서 금메달을 땄던 해이다.
▶ 선행사가 때를 나타내는 the year이므로 관계부사 where를 when[that]으로 고쳐야 한다.

11 ▶ 선행사 many dishes를 추가 설명하는 관계사절을 some of which를 이용하여 완성한다.

12 ▶ that이 이끄는 종속절의 주어와 동사인 you buy 뒤에 목적어를 관계대명사 what을 이용하여 완성한다. what 대신에 the thing which[that]로 쓸 수 있다.

13 ▶ '어디에/누가 ~하든지'라는 뜻의 복합관계사 wherever와 whoever를 이용하여 완성한다.

14 ▶ 주어 A person 다음에 주격 관계대명사 who[that]를 추가하여 문장을 완성한다.

15 ▶ the reason 다음에 관계부사 why[that]를 추가하여 완성한다.

16 ▶ local charities 다음에 주격 관계대명사 which[that]를 추가하여 문장을 완성한다.

17 지문 해석 프랑스의 수도인 파리는 세계에서 가장 아름다운 도시 중 하나이다. 그곳은 패션, 카페, 박물관, 미술관으로 잘 알려져 있다. 파리는 사람들이 적어도 한 번은 가고 싶어 하는 도시이다.
▶ 장소를 나타내는 선행사 a city 뒤에 관계부사 where 또는 that을 추가하여 문장을 완성한다.

18 지문 해석 여러분은 하고 있는 것을 그만두고 여러분의 열정을 따르고 싶은 충동을 가져 본 적이 있는가? Michael Landon이 말했다. "당신이 무엇을 하고 싶든, 그것을 지금 하라. 오직 내일만이 그렇게 많을 뿐이다(시간은 한정되어 있다)." 인생은 여러분이 항상 예상치 못한 것을 마주하게 될 여행이다. 해야 할 중요한 일이 있다면, 지금 해야 한다.
▶ (1) 동사 stop의 목적어는 '여러분이 하고 있는 것'이라는 뜻의 명사절이 되어야 하므로, that을 선행사를 포함하는 관계대명사 what으로 고쳐야 한다.
(2) '무엇을 ~하든지'라는 뜻의 부사절이 되어야 하므로, What을 복합관계대명사 Whatever로 고쳐야 한다.

**19** 지문 해석 요즘, 전화번호를 포함한 개인 정보를 훔치는 범죄자들이 더 많아지고 있다. 다행히도, 여러분이 그것을 예방할 수 있는 중요한 방법이 있다. 될 수 있으면 암호를 가능한 한 자주 변경하라.

▶ way와 관계부사 how는 같이 쓸 수 없으므로, way 또는 way that으로 고쳐 써야 한다.

**20** 지문 해석 Eddie는 지루한 삶을 살아온 노인이다. 어느 날 비극적인 사고로 그는 죽는다. 그는 사후 세계에서 깨어났고, 그곳에서 그는 천국이 목적지가 아니라는 것을 알게 된다. 그곳은 다섯 명의 사람들이 당신의 삶을 설명해 주는 곳인데, 그들 중 일부는 당신이 알고 지냈던 사람들이다. Eddie의 다섯 사람은 한 명씩 지상에서의 그와의 인연을 설명하고, 그가 태어난 이유를 알려 준다.

▶ ④ 「부정대명사+of+관계대명사」에서 전치사 of 뒤에 관계대명사 who는 올 수 없으므로, whom으로 고쳐야 한다.

① 선행사가 an old man인 관계사절에서 주어 역할을 하는 주격 관계대명사 who는 적절하다.

② 선행사 the afterlife에 대해서 추가 설명을 하는 절을 이끄는 계속적 용법의 관계부사 where는 적절하다.

③ your life는 다섯 명의 사람들에 의해 설명되는 대상이므로 수동태 is explained는 적절하다.

⑤ 선행사 the reason을 수식하는 절을 이끄는 관계부사 why는 적절하다.

# Chapter **15**

# 특수 구문

## Unit 1 | 부정 표현     p. 182

예문 해석

1 그들 중 어느 누구도 내 제안에 동의하지 않았다.

2 그녀는 부모로부터 어떤 도움도 받지 않았다.

3 그는 전문가의 조언을 늘 따르는 것은 아니다.

4 그녀가 말하는 것이 반드시 사실은 아니다.

5 주말에는 서두르는 사람들이 거의 보이지 않는다.

6 나는 좀처럼 텔레비전으로 뉴스를 보지 않는다.

문법 PLUS

7 폭우로 인해 일찍 도착한 사람들이 거의 없었다.

8 그것에 관한 의혹은 거의 남아 있지 않다.

**A** 1 all 2 no 3 hardly

    4 few 5 None

**B** 1 rarely attack humans for food

    2 is not always easy

    3 never had children of her own

suggestion 제안 landscape 풍경

## Unit 2 | 생략/삽입/동격     p. 183

예문 해석

1 나는 그 영화를 못 봤지만 내 여동생은 (그 영화를) 봤다.

2 어떤 이들에게 삶은 즐거움이지만 다른 이들에게는 (삶이) 고통이다.

3 그녀는 스무 살밖에 되지 않았지만 성공적인 사업가였다.

4 그 여성은, 내 생각에는 천사 같다.

5 동물은, 인간과는 달리 특정 언어를 갖고 있지 않다.

6 나의 가장 친한 친구들 중 한 명인 John이 우리 동호회에 가입했다.

7 그는 금메달을 따겠다는 자신의 꿈을 이뤘다.

8 동물들이 의사소통할 수 있다는 사실에는 의심의 여지가 없다.

어법 연결

9 그녀가 돌아올 것이라는 소식이 널리 퍼졌다.

10 그가 신문에서 읽은 소식이 널리 퍼졌다.

**A** 1 I hope 2 do 3 she was

    4 she is 5 I believe

**B** 1 the idea of buying a new car

    2 a dream that she would become an actress

    3 Nauru, an island in the Pacific Ocean

문제 해석

**A**

1 네가 대회에서 우승하기를 빌게.

2 이 향수는 장미처럼 향기로운 냄새가 난다.

3 그녀는 어린 소녀였을 때 일해야 했다.

4 나의 할머니는 비록 연세가 드시긴 했지만 열정이 넘치신다.

5 그들은 길을 잃고 잘못된 길로 접어든 것 같다.

suffering 고통, 괴로움 passion 열정 the Pacific Ocean 태평양

## Unit 3 | 도치     p. 184

예문 해석

1 우리 집 뒤편에는 큰 나무가 서 있었다.

2 저기 버스가 온다.

3 저기 그가 온다.

4 여기 네 우산이 있어.

5 자, 간다.

6 오늘에서야 나는 Green 박사를 인터뷰할 수 있었다.

7 나는 휴대 전화를 잃어버렸을 뿐만 아니라 직장에도 지각했다.

8 내 평생 북극광을 한 번도 본 적이 없다.

9 내 남동생은 게임을 하기를 원했고 나도 역시 그랬다.

10 나는 그 계획에 동의할 수 없었고 내 친구도 마찬가지였다.

11 그녀는 춤을 잘 추지 못한다. 나도 마찬가지이다.

12 책상 아래에 교과서들이 있다.

---

A 1 comes the snow 2 ○ 3 are

   4 so did 5 ○

B 1 Just near the beach is a small beautiful park.

   2 Hardly could we believe that he was still alive.

   3 Little do I know about the history of the country.

## 문제 해석

**A**

1 여기 눈이 온다.

2 그녀는 화가 나도 결코 목소리를 높이지 않는다.

3 방 안에는 부모를 기다리는 아이들이 많다.

4 그 여성은 9시에 아침 식사를 하러 왔고 그 남성도 역시 그랬다.

5 지배인은 나를 보지 못했고 종업원도 마찬가지였다.

**B**

1 해변 바로 근처에 작고 아름다운 공원이 있다.

2 우리는 그가 여전히 살아 있다는 것을 거의 믿을 수가 없었다.

3 나는 그 나라의 역사에 관해서 아는 바가 거의 없다.

## Unit 4 | 강조    p. 185

### 예문 해석

1 Harrison은 작년에 파리에서 Susan을 만났다.

2 작년에 파리에서 Susan을 만난 사람은 바로 Harrison이었다.

3 Harrison이 작년에 파리에서 만난 사람은 바로 Susan이었다.

4 Harrison이 작년에 Susan을 만났던 곳은 바로 파리였다.

5 Harrison이 파리에서 Susan을 만났던 때는 바로 작년이었다.

6 나는 정말 너와 함께 있기를 원한다.

7 그녀는 정말로 혼자서 해외를 여행하기를 바란다.

8 그들은 생계를 유지하려고 정말로 매우 열심히 일했다.

### 문법 PLUS

9 John이 무엇을 깨뜨렸니? → John이 깨뜨린 것이 뭐였니?

---

A 1 It was you that[who] made a big mistake yesterday.

   2 They do believe that their plan will work.

   3 He did want to work in the bookstore.

   4 It was a century ago that[when] the forests were so thick.

   5 It is the simpler product that[which] gives a business a competitive advantage.

B 1 It was in front of my house that[where] I met him.

   2 It is this sauce that[which] makes the meat delicious.

   3 Jackson did want to go back to his hometown.

**A**

1 너는 어제 큰 실수를 저질렀다.

2 그들은 자신들의 계획이 잘될 것이라고 믿는다.

3 그는 서점에서 일하기를 원했다.

4 그 숲이 백 년 전에는 아주 울창했다.

5 더 단순한 상품이 기업에 경쟁 우위를 준다.

competitive advantage 경쟁 우위

## Review Test    p. 186

1 It    2 Hardly could we    3 realize    4 of

5 so    6 stood an apple tree    7 It was

8 The city of New York    9 does try

10 both of them → neither of them

11 no of them → none of them

12 never → rarely/seldom    13 do → do not[don't]

14 None    15 any of    16 No    17 Not all

18 The fact that he had lied to her

19 It is your body that[which]

20 a hope of returning to their native land

21 nor did we see the cathedral

22 Little is known about him

23 fully charged, the battery will last up to five hours

24 get the most out of their athletes, while others don't

25 in my experience, is quite rainy in the winter

---

1    축제가 열린 것은 바로 어제였다.
    ▶ 부사 yesterday가 강조된 It was ~ that 강조 구문이므로 It이 적절하다.

2    우리는 더운 날씨 때문에 거의 잠들 수가 없었다.
    ▶ 부정어 Hardly가 강조되어 문두에 왔고 문장에 조동사가 있으므로 주어와 조동사가 도치되어 「Hardly+조동사+주어+동사원형」의 어순이 된다.

3    오늘에서야 그녀는 결혼반지를 잃어버렸다는 것을 깨달았다.
    ▶ 부정어구 도치 문장에 쓰인 동사가 일반동사일 때 「부정어구+do+주어+동사원형」의 형태가 된다.

4    그는 오늘 저녁에 콘서트에 가자는 의견에 찬성했다.
    ▶ going ~ this evening은 앞에 나온 the idea를 부연 설명하는 명사구이므로 동격의 전치사 of가 적절하다.

5    내 남동생은 과학에 흥미가 있고 나도 역시 그렇다.
    ▶ 앞에 나온 긍정문을 받아 '~도 역시 그렇다'라는 뜻을 나타낼 때는 「so+be동사/조동사+주어」의 형태로 쓴다.

6    그녀의 뒷마당에는 사과나무가 서 있었다.
    ▶ 장소의 부사구가 강조되어 문장 맨 앞에 왔으므로 밑줄 친 부분을 도치시켜 「동사+주어」의 어순으로 고쳐야 한다.

**7** 내가 방금 전화 통화했던 사람은 바로 Jessica였다.

  ▶ 사람(Jessica)을 강조할 경우, 강조할 말을 It is와 that[who(m)] 사이에 두고, 과거시제이므로 It was로 고쳐야 한다.

**8** 뉴욕이라는 도시는 세계에서 가장 활력 있는 도시들 중 하나이다.

  ▶ 주어 부분의 The city와 의미상 동격인 New York은 명사이므로 that을 동격의 전치사 of로 고쳐야 한다.

**9** Sarah는 단순한 생활 방식을 추구하려고 정말 노력한다.

  ▶ does가 강조 역할을 하므로 동사 tries를 원형으로 고쳐야 한다.

**10** ▶ '둘 중 누구도 ~ 않다'라는 뜻의 전체 부정 문장이므로 대명사 both를 neither로 고쳐야 한다.

**11** ▶ 몇 켤레의 운동화들 모두 어울리지 않았다는 전체 부정의 내용이므로 no of them을 none of them으로 고쳐야 한다.

**12** ▶ '좀처럼 ~ 않는'이라는 뜻이 되어야 하므로 부정 부사 never를 rarely나 seldom으로 고쳐야 한다.

**13** ▶ '반드시 ~ 것은 아니다'라는 뜻의 부분 부정 문장이므로 do를 do not [don't]으로 고쳐야 한다.

**14** ▶ '아무도 ~않다'라는 뜻의 None이 적절하다.

**15** ▶ 부정어 not과 함께 쓰여 '… 중에서 누구도 ~않다'라는 뜻을 나타내는 any of가 적절하다.

**16** ▶ 명사 앞에 붙어 '어떤 …도 ~않다'라는 뜻을 나타내는 한정어 No가 적절하다.

**17** ▶ '모두 ~ 것은 아니다'라는 뜻의 부분 부정 문장을 만드는 Not all이 적절하다.

**18** ▶ 주어 The fact 뒤에 접속사 that을 써서 주어를 부연 설명하는 동격절을 연결한다.

**19** ▶ It is와 that[which] 사이에 강조할 말인 your body를 두어 완성한다.

**20** ▶ 목적어 a hope 뒤에 전치사 of를 써서 목적어를 부연 설명하는 동격의 동명사구를 연결한다.

**21** ▶ '~도 역시 그렇지 않다'라는 뜻을 nor를 사용하여 나타낼 때 「nor+be동사/조동사+주어+동사원형」의 형태로 쓴다.

**22** ▶ 부성의 의미를 나타내는 대명사 Little을 주어로 하여 문장을 완성한다.

**23** ▶ When이 이끄는 부사절 다음에 주절을 차례대로 쓴다. 부사절의 주어가 주절의 주어(the battery)와 같으므로, 부사절에서 주어와 be동사를 생략하여 문장을 완성한다.

**24** ▶ 주절 다음에 접속사 while이 이끄는 부사절을 차례대로 쓴다. 부사절에서 don't 이하의 부분(get ~ athletes)은 주절과 동일하므로, 반복을 피하기 위해 부사절에서 생략된다.

**25** ▶ in my experience가 주어(London)와 동사(is) 사이에 콤마(,)로 삽입된 구조로 문장을 완성한다.

**Actual Test** p. 188

1 ④ 2 ⑤ 3 ① 4 ② 5 ③

6 ⑤ 7 ③ 8 ② 9 ① 10 ④

**11** cannot consume all the meat by himself

**12** Few people will read and understand

**13** took me to some wonderful places that tourists rarely[seldom] visit

**14** I do not[don't] know both of his parents.

**15** I did hope you would come and enjoy the party.

**16** It was early in the morning when[that] Kelly saw him coming.

**17** he has a dream that people will live in harmony

**18** (1) so do → so did

  (2) neither couldn't → neither could

**19** (1) it was not (2) it ~ that 강조 구문으로 쓰인 문장으로 과거 시제이므로, it is not을 it was not으로 고쳐 써야 한다.

**20** ⑤

---

**1** 당신이 이 지역에서 훌륭한 해산물 요리를 발견하게 될 곳은 바로 Rudy's Restaurant입니다.

  ▶ 강조하는 대상이 장소의 부사구(at Rudy's Restaurant)이므로 where나 that이 적절하다.

**2** 우리는 자신이 틀릴 수도 있다는 사실을 인정해야 한다.

  ▶ 빈칸 뒤의 절은 앞에 나온 the fact를 부연 설명하는 내용이므로 동격의 접속사 that이 적절하다.

**3** Elena는 고급반을 수강하기로 결정했고 나도 역시 그랬다.

  ▶ 앞에 나온 긍정문을 받아 '~도 역시 그렇다'라는 뜻을 나타내는 부사 so가 적절하다.

**4** ▶ 부정어구 none of them이 문장 앞에 와서 주어와 동사가 도치된 문장으로, 과거형 일반동사가 쓰였으므로 빈칸에는 did가 적절하다.

**5** ▶ '둘 다 ~않다'라는 뜻의 전체 부정 문장이므로 대명사 Neither가 적절하다.

**6** ① 우리는 지구가 더 따뜻해지고 있다는 사실을 간과하지 말아야 한다.
  ② 그들은 무언가가 바뀔 것이라는 희망으로 그것에 맞서 싸웠다.
  ③ 학생들은 놀이공원에 갈 것이라는 소식에 기뻐했디.
  ④ 그들은 세월이 흐르면서 성격이 바뀔 수 있다는 믿음을 가지고 있다.
  ⑤ 그녀는 Mike에게 자신이 가진 계획에 대해 말할 것이다.

  ▶ ⑤의 that은 선행사 the plan을 수식하는 목적격 관계대명사인 반면, ①~④의 that은 동격절을 이끄는 접속사이다.

**7** ③ 여기에 네가 어제 산 카메라가 있다.

  ▶ 장소의 부사 Here가 강조되어 문장 맨 앞에 왔으므로 주어와 동사를 도치시켜 Here is the camera의 어순으로 고쳐야 한다.

  ① 그녀는 하루 종일 단 한 마디도 하지 않았다.

  ▶ 부정어구 Not one word가 문장 맨 앞에 와서 주어와 동사가 도치되었으므로 적절하다.

② 그 아래에는 이러한 말이 있었다. "최선을 다하라."
▶ 장소·방향의 부사구가 문장 맨 앞으로 오더라도 주어의 수에 동사를 일치시키므로 복수동사 were는 적절하다.

④ 영국에서는 기온이 좀처럼 섭씨 26도 이상으로 오르지 않는다.
▶ 부정어 Rarely가 문장 맨 앞에 와서 주어와 동사가 도치된 형태이므로 적절하다.

⑤ 축구 시합이 끝나지 않았고 농구 시합도 마찬가지이다.
▶ 앞의 부정문을 받아서 '~도 역시 그렇지 않다'라는 뜻을 나타낼 때 「Neither+be동사/조동사+주어」의 형태로 쓰므로 적절하다.

8 ⓐ 해결책은 사실 우리가 생각했던 것보다 더 쉽다.
▶ in fact가 주어와 동사 사이에 삽입된 구조로 적절하다.

ⓒ 우리 모두가 흥미를 잃지 않는 분야는 과연 무엇인가?
▶ It is ~ that 강조 구문에서 강조되는 말을 What으로 바꿔 의문문 형태로 만든 것으로 적절하다.

ⓔ 돈과 권력이 당신을 반드시 성공으로 이끄는 것은 아니다.
▶ '반드시 ~ 것은 아니다'라는 뜻의 부분 부정 문장으로 적절하다.

ⓑ 나는 그것이 어떻게 작용하는지는 모르겠지만, 그것은 정말 효과가 있다.
▶ 주어(it)가 3인칭 단수이며 문장이 현재시제이므로 강조 역할의 do를 does로 고쳐야 한다.

ⓓ 그 잡지에는 수많은 제품 광고들이 있었다.
▶ 장소의 부사구 In the magazine이 문장 맨 앞에 와서 주어와 동사가 도치된 문장으로, 주어의 수에 맞춰 동사 was를 복수형 were로 고쳐야 한다.

9 ① 나는 저녁 식사를 만드는 동안 오디오 북을 들었다.
▶ while이 이끄는 부사절의 주어가 주절의 주어(I)와 같아서 부사절의 주어와 be동사(was)가 생략된 문장이므로 적절하다.

② 만일 여러분이 작은 일을 제대로 할 수 없다면 큰 일을 결코 제대로 하지 못할 것이다.
▶ 부정 부사 never에 부정의 의미가 내포되어 있으므로 부정어 not을 삭제해야 한다.

③ 주식은 안전한 투자가 아니며 이제는 금도 마찬가지이다.
▶ '~도 역시 그렇지 않다'라는 뜻을 나타내기 위해서는 no를 neither나 nor로 고쳐야 한다.

④ 안내 데스크에 한 중년 남성이 서 있었다.
▶ 장소의 부사구 At the front desk가 강조되어 문장 맨 앞에 왔으므로 주어와 동사가 도치된 stood a middle-aged man으로 고쳐야 한다.

⑤ 그녀가 공항에 도착하자마자 비가 내리기 시작했다.
▶ 부정어 Hardly가 강조되어 문장 맨 앞에 왔으므로 주어와 동사를 도치시켜 had she ~로 고쳐야 한다.

10 ④ 나의 중학교 수학 선생님이셨던 Jones 선생님은 다정하고 인내심이 강하셨다.
▶ 주어 Mr. Jones를 부연 설명하는 명사구를 콤마(,)로 연결하였으므로 적절하다.

① 그녀는 혼자 낚시하러 가는 것을 즐긴다. 나도 역시 그렇다.
▶ '나도 혼자 낚시하러 가는 것을 즐긴다'라는 뜻이 되어야 하므로, am을 대동사 do로 고쳐야 한다.

② 그는 그녀가 자신을 신뢰하지 않는다고 생각하지만, 그녀는 그를 정말로 신뢰한다.

▶ but 뒤에 이어지는 절에서 주어(she)가 3인칭 단수이며 문장이 현재시제이므로, 강조 역할의 do를 does로 고쳐야 한다.

③ Kevin은 그에게 버스 요금을 주었을 뿐만 아니라, 따뜻한 식사도 대접해 주었다.
▶ 부정어구 Not only가 강조되어 문장 맨 앞에 왔으므로, did Kevin give로 도치시켜야 한다.

⑤ 대부분의 사람들이 믿을 수 없을 정도로 마음을 열게 될 수 있는 반면에, 어떤 사람들은 그럴 수가 없다.
▶ 부사절의 become ~ open-minded가 주절에서도 반복되어 생략된 구조이므로, don't를 can't로 고쳐야 한다.

11 ▶ '모두 ~ 것은 아니다'라는 뜻의 부분 부정 문장이 되어야 하므로 all을 추가하여 완성한다.

12 ▶ 부정의 의미를 나타내는 수량 형용사 Few를 추가하여 문장을 완성한다.

13 ▶ 관계대명사절의 동사 앞에 '좀처럼 ~않는'이라는 뜻의 부정 부사 rarely나 seldom을 추가하여 완성한다.

14 ▶ '둘 다 ~ 것은 아니다'라는 뜻의 부분 부정 문장은 not과 both를 사용하여 나타낸다.

15 ▶ '정말 ~했다'라는 뜻은 동사 앞에 강조 역할의 did를 써서 나타낸다.

16 ▶ '이른 아침에'라는 뜻의 시간의 부사구는 It was와 when[that] 사이에 넣어 강조한다.

17 지문 해석 'A Dream'이라는 시는 Tabassum에 의해 쓰였다. 그는 사람들이 조화롭게 사는 꿈을 가지고 있다고 말한다. 그는 이 상황이 영원히 지속되어 우리가 평화롭게 살기를 바란다.
▶ a dream 다음에 접속사 that이 이끄는 동격절을 쓴다.

18 지문 해석 그날은 크리스마스 아침이었고, 고아원의 아이들은 일 년 내내 이날만을 기다려 왔다. 모든 남자아이들은 자기만의 장난감을 갖기를 원했고, 여자아이들도 역시 그러했다. 하지만 선생님들은 그들 모두에게 줄 선물을 사기 위한 충분한 돈을 구할 수 없었고, 교장 선생님도 마찬가지였다.
▶ (1) '~도 역시 그러했다'라는 뜻의 과거시제 문장이므로, so do를 so did로 고쳐야 한다.
(2) neither에 부정의 의미가 내포되어 있으므로 could 뒤의 부정어 not을 없애야 한다.

19 지문 해석 인류는 오랫동안 달에 관심을 가져 왔다. 그러나 과학자들이 실제로 그것을 연구하기 시작한 것은 바로 갈릴레오의 시대가 되어서였다. 거의 5세기 동안, 연구원들은 달이 어떻게 형성되었는지에 대해 연구해 왔다.
▶ it ~ that 강조 구문으로 쓰인 문장으로 과거시제이므로, it is not을 it was not으로 고쳐 써야 한다.

20 지문 해석 당신은 흔히 건축의 노벨상이라고 불리는 상이 있다는 것을 알고 있는가? 그것은 프리츠커 건축상인데, 많은 건축가들이 그 상을 받기를 원한다. 2004년에 이 상은 Zaha Hadid에게 수여되었다. 여성이 프리츠커 건축상을 수상한 것은 그때가 사상 처음이었다. 그녀는 훌륭한 건축가이자 예술가, 디자이너였다. 독일의 유명한 소방서는 그녀가 디자인했고 한국의 동대문 디자인 플라자도 그녀가 디자인했다.

▶ ⑤ Dongdaemun Design Plaza in South Korea was designed by her의 의미이므로, did를 was로 고쳐야 한다.

① 관계대명사절이 수식하는 a prize가 건축의 노벨상이라고 불리는 대상이므로 수동태인 is called가 쓰인 것은 적절하다.

② 목적격 관계대명사 which가 계속적 용법으로 쓰여 앞에 나온 프리츠커 건축상에 대한 부연 설명을 하는 절을 이끌므로 적절하다.

③ this prize가 Zaha Hadid에 수여된 것이므로 수동태 was awarded는 적절하다.

④ 선행사 the first time in history를 수식하는 절을 이끄는 관계사 that은 적절하다.

## 누적 TEST Chapters 13-15                                p. 191

1 ④  2 ④  3 ②  4 ⑤  5 ④  6 ③  7 ①

8 ③  9 ②  10 ①  11 ②  12 ③  13 ②

14 Either you or your brother has to clean up the mess.

15 She wasn't invited to the party, and neither was I.

16 The hotel which has beautiful views is popular with tourists.

17 Not all of my cousins came

18 so (that) we can get a good seat

19 whom you have just spoken

20 (1) ⓑ, which → that
   (2) ⓒ, the way how → the way[how/the way that]

21 (1) which → that  (2) he will → will he   22 ④

23 Whoever makes a new attempt wins.

24 ②  25 nor would she answer the question

1   그의 누이도 그의 형도 그가 어디에 있는지 알지 못했다.
    ▶ 뒤에 nor가 있으므로 상관접속사 「neither A nor B」 구문의 Neither가 적절하다.

2   나는 따뜻하고 햇볕이 잘 드는 장소로 여행 가고 싶다.
    ▶ 장소를 나타내는 선행사 a place를 수식하는 절을 이끄는 관계부사 where가 적절하다.

3   사람들은 웃음소리와 환호성으로 응했고, 나도 그랬다.
    ▶ '~도 역시 그렇다'라는 의미는 「so+be동사/조동사+주어」로 나타내며, 일반동사 responded가 있으므로 so did I가 적절하다.

4   • 내가 울적할 때마다 우리 팀 동료들이 나를 격려해 준다.
    • 그는 무엇을 시작하더라도 그것을 제시간에 끝낸다.
    ▶ 문맥상 '~할 때마다'와 '무엇을 ~하더라도'라는 의미의 부사절을 이끌 수 있는 복합관계사 whenever와 Whatever가 적절하다.

5   • Janet은 내가 그 계약서에 서명했는지를 물었다.
    • 그것은 아주 대단한 영화여서 비평가들에게서 극찬을 받았다.
    ▶ • '~인지 (아닌지)'라는 의미의 명사절을 이끌 수 있는 접속사 whether가 적절하다.
    • 문맥상 '너무 ~해서 …하다'라는 의미가 되어야 자연스러우므로, 「such a(n)+형용사+명사+that …」 구문의 that이 적절하다.

6   • 나는 내가 지금까지 이룬 것이 자랑스럽다.

• 나는 네가 이 경험을 통해 무엇을 배웠는지 궁금하다.
    ▶ • 전치사 of의 목적어로 '내가 지금까지 이룬 것'이라는 의미인 명사절이 와야 하므로, 관계대명사 what이 적절하다.
    • 동사 wonder의 목적어로 '네가 이 경험을 통해 무엇을 배웠는지'라는 의미의 명사절이 와야 하므로, 의문사 what이 적절하다.

7   • 중요한 점은 취미가 우리의 삶의 질을 높인다는 것이다.
    • 그녀가 기자가 되기로 결심한 시기는 이른 나이였다.
    ▶ • 보어절을 이끄는 접속사 that이 적절하다.
    • 부사구 at an early age를 강조하는 It was ~ that 강조 구문이므로 that이 적절하다.

8   ③ 그녀는 너무 피곤해서 거의 걸을 수가 없었다.
    ▶ 부사 hardly는 '거의 ~않다'라는 의미로 부정의 의미를 내포하고 있으므로 not 등의 부정어와는 함께 쓰지 않는다. 따라서 could hardly 또는 could not으로 고쳐야 한다.

    ① Alex가 1등을 해서 상을 받았다.
    ▶ 등위접속사 and가 두 동사를 연결하는 구조로 적절하다.

    ② 둥근 시계는 그 방과 정말 잘 어울린다.
    ▶ 강조 역할의 do가 동사 go를 강조하는 구문으로 주어가 3인칭 단수이므로 does가 쓰였다.

    ④ 그 개는 낯선 사람들에게 짖을 뿐만 아니라 그들을 물기도 한다.
    ▶ 상관접속사 「not only A but (also) B」 구문이 쓰인 문장으로 적절하다.

    ⑤ 퓰리처상을 받은 작가의 그 책은 베스트셀러가 되었다.
    ▶ 선행사가 The book이고 뒤에 명사 author가 나왔으므로 소유격 관계대명사 whose는 적절하다.

9   ② 그는 Brady가 돌아올 정확한 날짜를 알고 있다.
    ▶ 문맥상 the exact date는 뒤에 이어지는 절의 수식을 받아야 하므로, which를 관계부사 when 또는 that으로 고쳐야 한다.

    ① 너는 그를 만나자마자 알아볼 것이다.
    ▶ 시간의 부사절에서 미래의 일은 현재시제로 나타내므로 As soon as가 이끄는 부사절에서 현재시제 see가 쓰인 것은 적절하다.

    ③ Lisa가 그 초대를 수락할 것인지는 분명하지 않다.
    ▶ '~인지 (아닌지)'라는 의미의 명사절을 이끌 수 있는 접속사 whether가 온 것은 적절하다.

    ④ 그 문서 중 어느 것도 대중에게 공개되지 않았다.
    ▶ '~ 중에서 어느 것도 …않다'라는 뜻의 None of가 쓰였고, of 뒤에 오는 주어에 동사의 수를 일치시키므로 were가 온 것도 적절하다.

    ⑤ 이곳은 내가 미국에 처음 왔을 때 살았던 집이다.
    ▶ the house와 I 사이에 목적격 관계대명사 that[which]이 생략된 형태로 적절하다.

10  ① Freddy는 노래도 잘하고 피아노도 잘 친다.
    ▶ 상관접속사 「both A and B」로 연결된 A와 B는 문법적 형태가 동일해야 하고, 전치사 at의 목적어이므로 동사 play를 동명사 playing으로 고쳐야 한다.

    ② 특별한 의미를 지닌 선물이 무엇보다 최고이다.
    ▶ 선행사 Gifts를 주격 관계대명사 which가 이끄는 절이 수식하는 구조로 적절하다.

    ③ 지금 자라, 그러지 않으면 너는 내일 1교시 수업을 놓칠 것이다.
    ▶ '~해라, 그렇지 않으면 …'이라는 의미이므로 등위접속사 or가 온 것은 적절하다.

④ 결과에 실망하기는 했지만 나는 나 자신이 자랑스러웠다.
　▶ 부사절과 주절의 주어가 동일하므로, 부사절의 「주어+be동사」인 I was가 생략된 형태는 적절하다.
⑤ 분명해 보이는 것은 그녀가 긍정적인 답을 듣기 원한다는 것이다.
　▶ 관계대명사 What이 주어절을 이끌고, 접속사 that이 보어절을 이끌고 있으므로 적절하다.

**11** ▶ 부정어구 Not a single mistake가 문장 맨 앞에 와서 주어와 동사가 도치된 문장이다. 완성된 문장은 Not a single mistake (A) did I find in your writing.이다.

**12** ⓐ 차량 뒷좌석에는 두 명의 남성들이 있었다.
　▶ 부사구가 강조되어 문장 앞에 와서 주어와 동사가 도치되더라도, 동사는 주어의 수에 일치시켜야 하므로 was를 were로 고쳐야 한다.
ⓒ 경찰은 그녀가 유죄라는 증거를 찾았다.
　▶ the evidence와 she was guilty는 의미상 동격이므로, which를 동격의 접속사 that으로 고쳐야 한다.
ⓓ Byron은 법률 회사에서 일하는데 자기 분야에서 전문가이다.
　▶ 관계대명사 that은 계속적 용법으로 사용할 수 없으므로, 주격 관계대명사 who로 고쳐야 한다.
ⓑ 당신이 원하신다면 둘러보세요.
　▶ 조건의 접속사 if가 이끄는 부사절에서 to 뒤의 have a look around가 앞 내용과 반복되어 생략된 문장으로 어법상 적절하다.
ⓔ 네가 80점을 받지 못하면 그 시험을 통과하지 못할 것이다.
　▶ 조건의 부사절에서 미래의 일은 현재시제로 나타내므로 접속사 unless가 이끄는 부사절에서 현재시제 get이 온 것은 적절하다.

**13** ⓑ 나는 내일 야구 경기가 취소될 것인지 궁금하다.
　▶ if는 명사절을 이끄는 접속사로 쓰였으므로 미래의 일을 미래시제로 표현해야 한다. 따라서 is canceled는 will be canceled로 고쳐야 한다.
ⓒ 이것은 내가 찾고 있는 대답이 아니다.
　▶ 「전치사+관계대명사」에서 전치사 뒤에 관계대명사 that은 올 수 없으므로 that을 which로 고쳐야 한다.
ⓐ 이것은 내가 생각하기에 최고의 결정이다.
　▶ I believe가 문장 중간에 삽입된 구조로 적절하다.
ⓓ 당신은 21세 미만이므로 술을 사는 것이 허용되지 않습니다.
　▶ 이유를 나타내는 접속사 Since가 이끄는 절이 포함된 문장으로 적절하다.
ⓔ 경제 성장은 사회 변화를 일으키는데, 그것들 중 일부는 부정적이다.
　▶ 선행사는 changes이고 이 중 일부에 대한 추가 설명을 부정대명사를 사용하여 some of which로 연결하였으므로 적절하다.

**14** ▶ 상관접속사 「either A or B」를 사용하여 주어를 구성한다. 이때 동사의 수는 B(your brother)에 일치시켜야 하므로, have to를 has to로 바꿔 쓴다.

**15** ▶ 두 번째 절은 '～도 역시 그렇지 않다'라는 의미이므로 「neither+be동사+주어」의 어순으로 쓴다. 과거의 일을 나타내고 있으므로 동사 be를 과거형 was로 바꿔 써야 한다.

**16** ▶ The hotel이 핵심 주어이고, 이를 관계대명사 which가 이끄는 절이 수식하는 구조로 쓴다. 주어가 3인칭 단수이므로 동사 be를 is로 바꿔

써야 한다.

**17** ▶ '모두 ～ 것은 아니다'라는 의미의 부분 부정은 Not all ~의 형태로 나타낸다.

**18** ▶ 접속사 so (that)을 사용하여 목적(~하도록)을 나타내는 부사절을 완성한다.

**19** ▶ 주어 The woman을 수식하는 관계대명사절을 구성한다. 전치사 뒤에는 목적격 관계대명사 whom을 써야 한다.

**20** ⓐ 벽에 그려진 그림들은 매우 인상적이다.
ⓑ 동물에게는 도덕성이 없다고 믿는 의견이 있다.
ⓒ 위대한 문학은 우리가 세상을 보는 방식을 바꿀 수 있다.
ⓓ 우리가 호텔을 나서자마자 비가 쏟아져 내리기 시작했다.
　▶ ⓑ animals don't have morality가 the belief를 부연 설명하고 있으므로 which를 동격의 접속사 that으로 고쳐야 한다.
　▶ ⓒ 선행사 the way와 관계부사 how는 동시에 같이 쓸 수 없으므로, 둘 중 하나만 쓰거나 the way 뒤에 how 대신 that을 써야 한다.

**21** 　지문 해석　진리를 구하는 자는 티끌보다 더 겸손해야 한다. 세상은 먼지를 발로 짓밟지만, 진리를 구하는 자는 먼지도 그를 짓밟을 수 있을 만큼 매우 겸손해야 한다. 그때서야 그는 진리를 엿볼 것이다.
　▶ (1) which 뒤에 완전한 절이 이어지고 있으므로, which를 접속사 that으로 고쳐 「so+형용사+that …」(너무 ～해서 …하다) 구문이 되도록 한다.
　▶ (2) 부정어구 Not till then이 강조를 위해 문장 맨 앞에 왔으므로 주어 he와 조동사 will의 어순을 바꿔 써야 한다.

**[22-23]** 　지문 해석
새로운 시도를 하는 사람은 누구든지 승리한다. 바꾸기가 가장 어려운 관행은 우리가 당연하게 여기는 것들이다. 우리를 가장 큰 곤경에 빠뜨리는 것은 바로 '모두가 알고 있는' 것들이다. 우리가 확실히 알고 있는 것이 우리가 배워야 할 것을 방해한다. 우리는 믿을 수 있다고 증명된 접근법으로는 탐색될 수 없는 세상에서 살고 있다.

**22** ▶ ④ 전치사 of의 목적어는 '우리가 배워야 할 것'이라는 뜻의 명사절이 되어야 하므로, 선행사를 포함하는 관계대명사 what으로 고쳐야 한다.
　▶ ① 주어에서 핵심이 되는 명사가 practices이므로 복수형 동사 are가 온 것은 적절하다.
　▶ ② the things that "everybody knows"가 It is ~ that 강조 구문으로 강조된 형태이므로 It's는 적절하다.
　▶ ③ 주어는 '우리가 확실히 알고 있는 것'이라는 뜻이 되어야 자연스러우므로 관계대명사 What은 적절하다.
　▶ ⑤ 선행사 a world를 수식하는 절을 이끌면서 관계대명사절의 주어 역할을 하는 주격 관계대명사 that은 적절하다.

**23** ▶ '～하는 사람은 누구든지'라는 의미의 복합관계대명사 whoever를 사용하여 주어를 구성한다. 명사절이 주어로 쓰일 때는 단수 취급하므로 동사를 wins로 바꿔 써야 한다.

**[24-25]** 　지문 해석
"무슨 일이야?" June은 친구에게 물었다. Lois는 그녀의 눈을 마주치려 하지도 않았고, 그 질문에 대답하려고 하지도 않았다. 오히려 June을 외면하고 침묵했다. June은 자신이 무엇을 해서 친구를 화나게 했으며, 이 상황을 어떻게 해결할 수 있는지 알지 못했다. 그 일이 있은 후로, 그녀는 이메일을

통해 몇 번이나 연락하여 Lois에게 왜 화가 났는지를 물어보았지만, 그녀가 받은 대답은 침묵뿐이었다.

24 ▶(A) 빈칸 이하의 절은 문맥상 '그녀가 이 상황을 어떻게 해결할 수 있는지'라는 의미가 되어야 자연스러우므로, 명사절을 이끄는 의문사 how(어떻게)가 적절하다.

(B) 빈칸 이하의 절은 문맥상 '그녀가 왜 화가 났는지'라는 의미가 되어야 자연스러우므로, 명사절을 이끄는 의문사 why(왜)가 적절하다.

25 ▶부정의 의미가 있는 접속사 nor를 맨 앞에 쓰고, 부정어가 절의 맨 앞에 왔으므로 「조동사(would)＋주어(she)」의 어순으로 쓴다.